浙江省"十一五"重点建设教材

物理课程与教学论

沈建民　编著

科学出版社

北　京

内 容 简 介

本书是浙江省"十一五"重点建设教材之一。本书以新一轮基础教育课程改革为依托,在一个比较宽阔的视野中通过"十论",即中学物理"课程内涵论、课程资源论、教学背景论、教学理念论、学习策略论、教学设计论、概念规律教学论、实验设计论、教学研究论和专业成长论",全面深入地阐述了与当前新课程改革相匹配的中学物理课程与教学等方面的基础知识和基本技能,并在理论阐述中渗透了丰富生动的实践案例,能使学生在理论与实践的结合中了解当前基础教育物理新课程改革的动向和要求,为学生毕业后顺利地"走进新课程并与物理新课程一起成长"奠定初步且重要的基础。

本书可作为高等院校物理学(教师教育)专业物理教学论课程的教材,也可作为中学物理或科学教师自学进修的参考书,并可供课程与教学论专业(物理或科学方向)的研究生及教育硕士拓展提升时参考。

图书在版编目(CIP)数据

物理课程与教学论/沈建民编著.—北京:科学出版社,2011
(浙江省"十一五"重点建设教材)
ISBN 978-7-03-031176-4

Ⅰ.①物… Ⅱ.①沈… Ⅲ.①物理学-教学理论-教材 Ⅳ.①O4

中国版本图书馆 CIP 数据核字(2011)第 097443 号

责任编辑:昌 盛 郝泽潇/责任校对:桂伟利
责任印制:徐晓晨/封面设计:华路天然设计工作室

科 学 出 版 社 出版
北京东黄城根北街 16 号
邮政编码:100717
http://www.sciencep.com

北京虎彩文化传播有限公司 印刷
科学出版社发行 各地新华书店经销

*

2011 年 6 月第 一 版 开本:720×1000 1/16
2021 年 7 月第八次印刷 印张:17 1/4
字数:340 000
定价:49.00元
(如有印装质量问题,我社负责调换)

前　言

　　2001年9月义务教育新课程的实验工作开始展开，2004年9月普通高中新课程也正式进入试验与实施阶段，目前基础教育新课程改革已步入了横向提升和纵向推进的阶段。而新课程的实施使教师必须面对课程的基本内涵、课程的改革背景与目标、课程内容、课程资源，和教师的教学理念、教学设计、专业成长，以及学生的学习方式等一系列新问题。目前全国各师范院校的权宜之计或应对策略是，使师范生在走上讲台之前补上最重要的一课（以讲座的形式）：让准实习生学习《新课程的理念与创新——师范生读本》（钟启泉、崔允漷主编，高等教育出版社2003年7月版）。为了让物理学（教师教育）专业的实习生和毕业生能顺利地"走进新课程并与物理新课程一起成长"，很有必要让该专业的师范生在校期间系统地学习与新课程改革相匹配的中学物理课程与教学等方面的基础知识和基本技能，了解当前基础教育物理新课程改革的动向和要求。为此，我们编写了《物理课程与教学论》一书。

　　在本书的第1章"中学物理课程内涵论"中，借助于"课程与基础教育新课程"和"物理课程标准内容简析"这两节的内容，让学生初步了解课程的基本内涵、新课程改革的背景与目标、新课程背景下学校课程的各种类型，以及为什么要从以往的"教学大纲"走向现行的"课程标准"，并简读了物理新课程的"内容标准"。在第2章"中学物理课程资源论"中，通过理论阐述和"案例描述"的有机结合，让学生初步熟悉本次课程改革新提出的"课程资源"及生成性课程资源的含义，以及如何在中学物理教学中进行有效利用，目的是让学生初步走进中学物理新课程。

　　在此基础上，我们首先从宏观层面阐述了以下四个方面的内容："中学物理教学的时代背景"——现代国际教育改革的背景分析、当代中国教育改革的背景考察、中学物理课程改革的回顾与走向，以及新课程背景下学生学习方式的变革；"中学物理教学的基本理念"——传统课堂教学的价值观、现代课堂教学的价值观、物理课程改革的基本理念，以及中学物理新课程教学的基本理念；"中学物理学习的基本策略"——中学生学习的心理学依据、中学生学习物理的兴趣特点及常见问题，以及针对这些常见的问题，从心理学的视角提出一些中学生学习物理的有效策略或方法；"中学物理教学的过程设计"——新课堂教学设计的一般模式、基本特征，以及相关教学案例的设计与解读等，目的是为了让学生在一个比较宽阔的视野中来认识当今的中学物理教学。

　　其次，从微观层面上阐述了中学物理"概念、规律和实验"的教学。在第7章"物理概念规律教学论"中，阐述了物理概念和规律在中学物理教学中的重要性及一些基本的教学要求,目的是让学生掌握中学物理教学中两种最基本、最重要的课例的教学要求。在第8章"中学物理实验设计论"中,在概述物理实验教学的重要性和基本要求的基础上,重点阐述了各类设计性实验的设计思想和研究实践,以体现素质教育的核心内涵——培养学生创新精神与实践能力。

最后,从再从宏观层面阐述了"中学物理的教学研究"——中学物理教学研究的内容选择、中学物理教学研究的理论基础(教育传播理论、现代学习理论、现代教学理论等),以及中学物理教学研究的论文撰写(教学论文的基本结构、撰写教学论文的基本环节、参考文献与注释的区别等)。在第10章"物理教师专业成长论"中,主要阐述了教师专业成长的一般理论,以及中学物理教师专业成长的三种基本的草根路径——"说课"、"教学案例的撰写"和"校本行动研究"。其用意是为学生毕业前撰写毕业论文和毕业后如何从教学"新手"到教学"能手"再到教学"超手",甚至教学"千手"奠定初步且重要的基础。

另外,在本书每章的后面设有:拓展资料、相关链接、专家视点或参考样例。通过开设"窗口"和安装"接口"的方式,增强该课程教学的弹性,以适应不同学生的需求,体现"以学生发展为本"的新课程改革理念。

总之,本书以我国新一轮基础教育课程改革的大背景为依托,通过"十论",即中学物理"课程内涵论、课程资源论、教学背景论、教学理念论、学习策略论、教学设计论、概念规律教学论、实验设计论、教学研究论和专业成长论",从宏观到微观再到宏观,分别阐述了中学物理新课程的课程内涵、课程资源,中学物理教学的时代背景、基本理念,学生学习物理的有效策略,教师的课堂教学设计,物理概念和物理规律的教学要求,物理实验的分类及设计,中学物理教学研究的内容及写作环节,以及物理教师的专业成长理论,等。

在编著本书的过程中,编者不仅参阅和参考了大量的书籍、杂志和网站并录用了部分内容,而且也得到了科学出版社高等教育出版中心昌盛编辑的悉心指导和大力帮助。为此,在定稿付梓之时,谨向有关的作者和相关的人员表示深切的感谢。谢谢你们,没有你们的关心、支持和帮助,就不可能有本书的及时问世。从这个意义上说,本书是集体智慧的结晶。

由于编者学识水平有限,书中一定存在不足和不妥之处,敬请同行专家与学者不吝指正,以使本书至臻完善。

沈建民
2011年3月写于湖州

教学建议与课时分配

"物理教学论"是一门综合性和实践性都很强的物理教师教育课程。该课程的学时数一般为48学时,其中理论讲解占32学时,实验实训占16学时。为便于使用本书的教师顺利地完成教学任务,特提供该课程的教学建议与课时分配,供大家参考。

篇章名称	章节内容	教学建议	学时分配
中学物理课程内涵论	课程与基础教育新课程	初步讲解课程的基本含义与表现形式;新课程背景下学校课程的各种类型。	1
	物理课程标准内容简析	重点解读初中和高中物理新课程的内容标准。	2
中学物理课程资源论	新课程背景下课程资源的新视野	初步讲解课程资源的含义与分类;新课程背景下课程资源的新视野。	1
	中学物理生成性课程资源的有效利用	在解读生成性课程资源概念的基础上,结合实例重点讲解生成性课程资源的利用方式。	2
中学物理教学背景论	教育改革的时代背景	初步讲解现当代国际、国内教育改革的宏观背景。	1
	中学物理新课程与学生学习方式的变革	在简要回顾中学物理课程改革的历程和初步讲解学习方式的概念的基础上,通过具体的案例重点解读新课程所倡导的自主学习、探究学习和合作学习三种学习方式。	2
中学物理教学理念论	新课程所倡导的教学理念	在初步分析传统课堂教学的价值观的基础上,重点解读新课程所倡导的核心教学理念——"以学生发展为本"的内涵。	1
	中学物理新课程的基本理念	在初步讲解初中物理和高中物理课程改革的基本理念的基础上,重点解读中学物理新课程教学的基本理念。	1
中学物理学习策略论	中学生学习的心理学依据及常见问题	在结合实例初步解读认知结构和先行组织者等概念的基础上,重点讲解中学生学习物理的思维特点和常见问题。	2
	中学生学习物理的有效策略	在初步讲解学习策略及其类别的基础上,结合实例重点讲解中学物理的各种学习策略。	2
中学物理教学设计论	教学设计的内涵与模式	在讲解教学设计的概念、发展历程及分层的基础上,初步解读教学设计模式的建构依据。	1
	新课堂教学设计的要素与特征	结合具体的案例重点讲解课堂教学设计的结构要素及宏观特征。	3
物理概念规律教学论	中学物理概念的教学	在初步介绍物理学科的特点和物理概念教学的重要性的基础上,结合实例重点讲解物理概念的教学要求。	2

iv 教学建议与课时分配

续表

篇章名称	章节内容	教学建议	学时分配
物理概念规律教学论	中学物理规律的教学	在初步介绍物理规律的特点与总结物理规律的方法及物理规律教学的重要性的基础上，结合实例重点讲解物理规律的教学要求。	2
中学物理实验设计论	中学物理实验教学概述	在初步介绍物理实验的作用及分类的基础上，重点讲解各类实验的教学要求。	1.5
	中学物理实验设计与研究	在结合具体例子介绍中学物理实验的几种设计方法的基础上，重点讲解各类实验的设计与研究。	2.5
中学物理教学研究论	中学物理教学研究的内容选择	学生自学。	0
	中学物理教学研究的理论基础	学生自学。	0
	中学物理教学研究的论文撰写	结合毕业论文学生自学。	0
物理教师专业成长论	教师专业成长的一般理论	初步讲解教师专业化的内涵和教师专业成长的几个阶段。	1
	教师专业成长之"说课"	在介绍说课的内涵与类型的基础上，重点讲解说课的表述形式和表述内容，以及注意事项。	1
	教师专业成长之"教学案例的撰写"	学生自学。	0
	教师专业成长之"校本行动研究"	在初步介绍校本行动研究的含义与特点的基础上，结合案例重点解读校本行动研究操作的一般程序。	1
课程实训	模拟上课	学生试教，教师讲评。	4
	说课训练	学生说课，教师讲评。	4
课程实验	必修实验	根据本校的仪器设备在附录1中选择3个课程实验项目作为必修实验。	6
	选修实验	根据本校的仪器设备在附录1中选择1个课程实验项目作为选修实验。	2
		机动	2
		学时合计	48

目 录

前言
教学建议与课时分配
第1章 中学物理课程内涵论 ································· 1
  1.1 课程与基础教育新课程 ································· 1
    1.1.1 如何理解课程的内涵 ································· 2
    1.1.2 新课程改革的背景与目标 ································· 6
    1.1.3 新课程背景下学校课程的类型 ································· 9
  1.2 物理课程标准内容简析 ································· 12
    1.2.1 从"教学大纲"走向"课程标准" ································· 12
    1.2.2 物理新课程的内容标准简读 ································· 15
  【拓展资料】我国物理课程的前身——格致学 ································· 27

第2章 中学物理课程资源论 ································· 29
  2.1 新课程背景下课程资源的新视野 ································· 29
    2.1.1 课程资源的含义与分类 ································· 29
    2.1.2 课程资源的新视野 ································· 31
    2.1.3 开发和利用课程资源举例 ································· 34
  2.2 中学物理生成性课程资源的有效利用 ································· 38
    2.2.1 生成性课程资源及其价值 ································· 38
    2.2.2 生成性课程资源的利用 ································· 40
    2.2.3 中学物理生成性课程资源利用的参考案例 ································· 45
  【相关链接】学生的"错误认知"成了课程资源开发和利用的载体 ································· 47

第3章 中学物理教学背景论 ································· 48
  3.1 教育改革的时代背景 ································· 49
    3.1.1 现代国际教育改革的背景分析 ································· 49
    3.1.2 当代中国教育改革的背景考察 ································· 52
  3.2 中学物理新课程与学生学习方式的变革 ································· 54
    3.2.1 中学物理课程改革的回顾与走向 ································· 54
    3.2.2 新课程背景下学生学习方式的变革 ································· 59

3.2.3　新课程背景下物理教学案例三则 ·············· 64
　【相关链接】新中国成立前后基础教育课程改革的回顾 ·············· 72

第4章　中学物理教学理念论 ·············· 75
4.1　新课程所倡导的教学理念 ·············· 75
　　4.1.1　传统与现代课堂教学价值观的比较 ·············· 75
　　4.1.2　新课程对教师课堂教学的基本要求 ·············· 79
4.2　中学物理新课程的基本理念 ·············· 81
　　4.2.1　物理课程改革的基本理念 ·············· 81
　　4.2.2　中学物理新课程教学的基本理念 ·············· 84
　【专家观点】教学理念及其层次 ·············· 86

第5章　中学物理学习策略论 ·············· 88
5.1　中学生学习的心理学依据及常见问题 ·············· 88
　　5.1.1　中学生学习的心理学依据 ·············· 88
　　5.1.2　中学生学习物理的兴趣特点及常见问题 ·············· 92
5.2　中学生学习物理的有效策略 ·············· 96
　　5.2.1　学习策略及其类别 ·············· 96
　　5.2.2　中学物理的学习策略 ·············· 98
　【拓展资料】图式和学习的信息加工模型 ·············· 105

第6章　中学物理教学设计论 ·············· 108
6.1　教学设计的内涵与模式 ·············· 108
　　6.1.1　教学设计的内涵 ·············· 108
　　6.1.2　新课堂教学设计的一般模式 ·············· 110
6.2　新课堂教学设计的要素与特征 ·············· 112
　　6.2.1　新课堂教学设计模式中的要素解读 ·············· 112
　　6.2.2　新课堂教学设计的特征分析 ·············· 134
　　6.2.3　中学物理教学设计案例与解读二则 ·············· 137
　【专家视点】课堂要动态生成，也要预设成功 ·············· 147

第7章　物理概念规律教学论 ·············· 149
7.1　中学物理概念的教学 ·············· 149
　　7.1.1　物理学科的特点 ·············· 149
　　7.1.2　物理概念教学的重要性 ·············· 151
　　7.1.3　重点物理概念的教学要求 ·············· 152
　　7.1.4　如何搞好中学物理概念的教学 ·············· 154
7.2　中学物理规律的教学 ·············· 156

  7.2.1 物理规律的特点与总结物理规律的方法 ················· 157
  7.2.2 物理规律教学的重要性 ································· 160
  7.2.3 重点物理规律的教学要求 ······························ 161
  7.2.4 如何搞好中学物理规律的教学 ························ 163
【相关链接Ⅰ】物理概念的分类及教学 ································· 165
【相关链接Ⅱ】物理规律课堂教学"十要" ····························· 166

第8章 中学物理实验设计论 ·· 171
8.1 中学物理实验教学概述 ·· 171
  8.1.1 中学物理教学必须以实验为基础 ···················· 171
  8.1.2 中学物理实验的种类 ································· 173
8.2 中学物理实验设计与研究 ··· 178
  8.2.1 中学物理实验的设计方法 ····························· 178
  8.2.2 演示实验的设计与研究 ································ 181
  8.2.3 学生分组实验的设计与研究 ·························· 184
  8.2.4 课外实验的设计与研究 ································ 187
【相关链接Ⅰ】一道开放性实验题的11种设计 ······················· 191
【相关链接Ⅱ】自制教具演示"失重现象" ····························· 192

第9章 中学物理教学研究论 ·· 194
9.1 中学物理教学研究的内容选择 ·································· 194
  9.1.1 课程标准和教学内容的研究 ·························· 194
  9.1.2 教学规律和实验设计的研究 ·························· 195
  9.1.3 学生的认知规律和学习策略的研究 ·················· 196
9.2 中学物理教学研究的理论基础 ·································· 197
  9.2.1 教育传播理论 ··· 197
  9.2.2 现代学习理论 ··· 200
  9.2.3 现代教学理论 ··· 203
9.3 中学物理教学研究的论文撰写 ·································· 207
  9.3.1 论文的基本结构及撰写要求 ·························· 207
  9.3.2 撰写教学论文的基本环节 ····························· 209
  9.3.3 参考文献与注释的区别 ································ 212
【参考样例】浅谈高中物理教学中的例题设计 ······················· 214

第10章 物理教师专业成长论 ··· 220
10.1 教师专业成长的一般理论 ······································· 220
  10.1.1 教师专业化的内涵和专业成长阶段 ················ 220

10.1.2 教师专业发展规划的制定 ·· 225
　10.2 教师专业成长之"说课" ·· 227
　　　10.2.1 说课的内涵与类型 ·· 228
　　　10.2.2 说课的表述形式和表述内容 ··· 229
　　　10.2.3 说课应遵循的原则与注意事项 ··· 230
　10.3 教师专业成长之"教学案例的撰写" ····································· 232
　　　10.3.1 教学案例的含义与特点 ·· 233
　　　10.3.2 撰写教学案例的意义与策略 ··· 235
　　　10.3.3 教学案例的写作模式 ·· 239
　10.4 教师专业成长之"校本行动研究" ··· 240
　　　10.4.1 行动研究的发展与本土化历程 ··· 240
　　　10.4.2 校本行动研究的含义与特点 ··· 243
　　　10.4.3 校本行动研究的程序与案例 ··· 246
　【参考样例】真菌在超重环境下的变异 ··· 249

参考文献 ·· 253
附录1　课程实验项目 ·· 255
附录2　实验测量中的准确度、有效数字和误差 ······························ 264

第1章 中学物理课程内涵论

2001年6月,教育部印发了《基础教育课程改革纲要(试行)》(以下简称《纲要》)。关于课程内容,《纲要》指出,要"改变课程内容'难、繁、偏、旧'和过于注重书本知识的现状,加强课程内容与学生生活以及现代社会和科技发展的联系,关注学生的学习兴趣和经验,精选终身学习必备的基础知识和技能。"关于课程管理,《纲要》指出,要"改变课程管理过于集中的现状,实行国家、地方、学校三级课程管理,增强课程对地方、学校及学生的适应性。"关于课程结构,《纲要》指出,要"改变课程结构过于强调学科本位、科目过多和缺乏整合的现状,整体设置九年一贯的课程门类和课时比例,并设置综合课程,以适应不同地区和学生发展的需求,体现课程结构的均衡性、综合性和选择性。"关于课程实施,《纲要》指出,要"改变课程实施过于强调接受学习、死记硬背、机械训练的现状,倡导学生主动参与、乐于探究、勤于动手,培养学生搜集和处理信息的能力、获取新知识的能力、分析和解决问题的能力以及交流与合作的能力。"关于课程功能,《纲要》指出,要"改变课程过于注重知识传授的倾向,强调形成积极主动的学习态度,使获得基础知识与基本技能的过程同时成为学会学习和形成正确价值观的过程。"关于课程评价,《纲要》指出,要"改变课程评价过分强调甄别与选拔的功能,发挥评价促进学生发展、教师提高和改进教学实践的功能。"

1.1 课程与基础教育新课程

《纲要》的印发,为新一轮基础教育课程的实验指明了前进的方向。截至2005年[①],九年一贯的义务教育课程改革的实验工作已在全国全面铺开,开始执行新的课程方案,使用新的教材。普通高中阶段的课程改革也积极推进,2003年开始组织新高中课程的实施与推广工作,并于2004年正式颁布了普通高中课程计划、各学科课程标准,这标志着新一轮普通高中课程改革方案的纲领性文本编制工作基本结束。截至2010年,普通高中新课程自2004年在广东、山东、海南、宁夏四个省(自治区)开始实施后,现已扩展到江苏(2005年),浙江、福建、安徽、辽宁、天津(2006年),北京、

---

① 2001年,全国29个省、直辖市的42个区县成为第一批国家基础教育课程改革实验区(包括2002年进入的北京1个、浙江3个),开始新课程实验;2002年9月,实验规模扩大到全国的570个县(区)、市(其中省级实验区528个);2003年9月,全国有1642个县(区)、市(新增实验区1072个)进入新课程;2004年9月,全国起始年级使用新课程的学生人数达同年级学生数的65%~70%左右;2005年秋季,全国义务教育阶段中小学各起始年级原则上都启用新课程。

吉林、黑龙江、湖南、陕西(2007年)，山西、江西、河南、新疆(2008年)，河北、内蒙古、湖北、云南(2009年)，重庆、贵州、西藏、四川、甘肃(2010年)，外加教育部批准的独立课程改革实验区上海市(1999年)共有29个省(直辖市、自治区)。

1.1.1 如何理解课程的内涵

新一轮基础教育课程改革，特别是校本课程(school-based curriculum)的建设和实施要求中小学教师首先必须对"课程"这个概念有一个基本的理解和把握。其实，在课程成为一个独立的研究领域之前，课程是作为教学论的一个基本问题来研究的。1918年美国学者博比特(F. Bobbitt)出版了《课程》(*The Curriculum*)一书，这才标志着课程论作为一个独立学科正式诞生，从此揭开了对课程一般原理和编制技术两个方面近百年的研究。

1. 课程的基本含义

1) 我国古代"课程"一词的本义

根据有关史料，在"课程"一词尚未出现以前，我国古籍中就有关于教育内容及其进程安排的记载。如《礼记·内则》篇中有"六年，教之数与方名"、"九年，教之数日。十年，出就外傅。居宿于外，学书计。""十有三年学乐，诵诗，舞勺，成童舞象，学射御。二十而冠，始学礼。"《礼记·王制》篇中有"乐正崇四术，立四教，顺先王诗、书、礼、乐以造士。春秋教以礼乐，冬夏教以诗书。"《礼记·学记》篇中有"古之教育，家有塾，党有庠，术有序，国有学。比年入学，中年考校：一年视离经辨志，三年视敬业乐群，五年视博习亲师，七年视论学取友，谓之小成。九年知类通达，强立而不反，谓之大成。"①在我国，课程一词最早出现于唐朝。唐朝孔颖达在《五经正义》里为《诗经·小雅·巧言》中"奕奕寝庙，君子作之"一句注疏："教护课程，必君子监之，乃得依法制。"据考这是课程一词在汉语文献中的最早显露。《诗经》里的"奕奕寝庙，君子作之"，直解为"宏伟的殿堂，由君子主持建成"，这里"奕奕"形容"宏伟"状；"寝庙"指殿堂、庙宇，喻伟大的事业；"君子"乃指有德者，全句的喻义为："伟大的事业，乃有德者维持"。孔颖达用"课程"一词指"寝庙"及其喻义"伟业"，既指"伟业"，其含义必然十分广泛，这远远超出了学校教育的范围。宋朝朱熹在《朱子全书·论学》中频频提及"课程"，如："宽着期限，紧着课程"；"小立课程，大做功夫"等。所谓"宽着期限，紧着课程"意为时间要放得宽一点，但课业要抓得紧一点。也就是说，读书不能求速成，但必须抓紧时

---

① 这段话的大意是：古代的教育制度，20户人家设一私塾，500户的县设一学堂，12500户的行政区设学校，国都设大学。大学每年招收学生，每隔一年考查一次。第一年考查学生分析课文的能力和志趣；第三年考查学生的专业思想是否巩固，同学之间能否相亲相助；第五年考查学生的知识是否广博，对教师是否敬爱；第七年考查学生研究学问的本领和识别朋友的能力，合格的就叫做"小成"。到第九年，学生对于学业已能触类旁通，他们的见解行动已能坚定不移，这就叫做"大成"。

间,振作精神,不能疲疲沓沓,松松垮垮。所谓"小立课程,大做功夫"意思是说学习内容要精简,但却要下大功夫去钻研、思考,以求巩固。朱熹所用的"课程"主要指功课及其进程,这与今天日常语言中"课程"的意义已极为相近。从我国古籍记载看,"课程"一词的含义,既包括教学科目(学科),又包括这些科目的教学顺序和时间。

2) 西方课程(curriculum)一词的含义

在英语国家,课程(curriculum)一词最早出现在英国教育家斯宾塞(H. Spencer)的《什么知识最有价值》(*What Knowledge is of Most Worth*,1859年)这一文章中。其含义为"教育内容的系统组织"。如果从词源上来分析,西方的课程(curriculum)一词是从拉丁语"currere"一词派生出来的,意为"跑道"(race-course)——规定赛马者[①]的行程。这与教育中"学习内容进程"之意较接近。根据这个词源,最初的课程定义是"学习之道"(course of study),转义为"学习的进程",简称学程[②]。这一解释在各种英文词典中很普遍,英国牛津字典、美国韦伯字典、《国际教育字典》(*International Dictionary of Education*)都是这样解释的。但这种解释在当今的课程文献中受到越来越多的质疑,并对课程的拉丁文词源有了新的理解。"currere"一词的名词形式意为"跑道",由此课程就是为不同学生设计的不同轨道,从而引出了一种传统的课程体系;而"currere"的动词形式是指"奔跑",这样理解课程的着眼点就会放在个体认识的独特性和经验的自我建构上,就会得出一种完全不同的课程理论和实践。

随着时代和社会的发展,以及专家学者对课程研究的不断深入,要想给课程下一个特定的、精确的、统一的定义,并为大家所认可,目前几乎是不可能的。因为在教育领域,课程概念至今依然众说纷纭,莫衷一是,正如美国课程论专家斯考特(R. D. V. Scotter)所说,课程是一个最普遍使用而定义最差的教育术语。但人们要研究课程理论,理解课程实践,首先必须对课程这一概念的含义有一个基本认识。为此,我们可以初步认为,课程的基本含义是"课业及其进程的简称。通俗地说,课程是指教学内容及其进程的安排。"

2. 课程的表现形式

课程的表现形式有两种,分别是文本形式和实践形式。

1) 课程的文本形式

课程的文本形式,由宏观到微观,依次包括课程计划、课程标准、教科书和其他教学材料。

---

① 赛马者,即体育比赛中的运动员而非教练员,故在教育领域中,赛马者相当于"学生"而非"教师"。

② 此时的"课程"是指功课及其进程,仅仅指学习内容的安排次序和规定,少有涉及教学方法上的要求和约成,因此只能称作"学程"。但到了近代,随着赫尔巴特"四段教学法"等的引入,人们开始关注教学的程序或阶段,这时课程的含义才从"学程"变成了"教程"。

- 课程计划是对某一学段课程的整体规划。包括各类课程的比例关系、具体的课程门类、开设顺序、时间分配等。它是学校教学的依据,也是制定学科课程标准、编撰教科书和其他教学材料的依据。解放前,我们将它称为"学校课程标准",解放后学习前苏联我们将它称为"教学计划",1992 年,将它改称为"课程计划"。

- 课程标准是按门类确定一定学段的课程水平及课程结构的纲领性文件,是一个国家对基础教育课程的基本规范和质量要求。教育部 2001 年颁布的《基础教育课程改革纲要》中明确指出:国家课程标准是教材编写、教学、评估和考试命题的依据,是国家管理和评价课程的基础。应体现国家对不同阶段的学生在知识与技能、过程与方法、情感态度与价值观等方面的基本要求,规定各门课程的性质、目标、内容框架,提出教学建议和评价建议。新课程的课程标准由以下五个要素构成:①前言:结合本课程的特点,阐述课程的性质与地位、基本理念、本标准的设计思路。②课程目标:又分总体目标和学段目标或分类目标。目标内容包括知识与技能、过程与方法、情感态度与价值观等三个方面。③内容标准:根据课程目标,阐述课程的具体内容。④实施建议:主要包括教学建议、评价建议、课程资源的开发与利用以及教材编写建议等。在适当的时候还有典型案例,帮助教师理解。⑤术语解释(附录):有的课程标准还对标准中出现的一些重要概念进行解释和说明,以帮助使用者更好地理解和实施。

- 教科书是按照课程标准的规定,分学科门类和年级编写的教学材料,有文字材料和视听材料等形式。除了教科书之外,还有一些辅助性的教学材料,如练习册、教学参考书、推荐的课外读物、多媒体学习材料等。

2)课程的实践形式

美国课程论专家古德莱德(J. I. Goodlad)从课程在不同层次上所起的作用不同,把课程分为理想的课程、正式的课程、理解的课程、运作的课程、体验的课程等五种类型[①]。

- 理想的课程(ideological curriculum),即由一些研究机构、学术团体和课程专家从理论和实践的角度进行必要性论证后提出并倡导学校应该开设的课程。例如,现在有人提议在中学开设 STS(science-technology-society)教育课程,并从理论和实践两方面论证了其开设的必要性,但至今该课程未被官方所采纳,这种课程就属于理想的课程。

- 正式的课程(formal curriculum),也称"官方课程"(official curriculum),是由国家和教育行政部门采纳、规定并正式列入学校课程表中课程,包括国家和教育行政部门颁布的课程计划、课程标准和教材等。

---

① 与古德莱德划分的五种课程类型相似,我国也有学者从课程的基本要素和学校课程的实际情况角度出发,提出课程有四种不同的存在形态:计划的课程、教的课程、学的课程和考的课程。具体内容详见:徐玉珍.改造我们的课程观[A].全国课程专业委员会秘书处.21 世纪中国课程研究与改革[C].北京:人民教育出版社,2001.198—200.

- 理解的课程(understood curriculum),也称领悟的课程(perceived curriculum),即任课教师在课程实施之前实际所领会的课程。这是教师对课程"应该是怎样的"和"实际上是怎样的"的理解和领悟。由于不同教师对正式课程有不同的理解和解释方式,因此教师对课程的领会与正式课程之间会有一定的差距。
- 运作的课程(operational curriculum),即任课教师在课堂上实际实施的课程。由于教学条件的限制和学习者接受能力的不同,课堂上实际实施的课程与教师所理解或领悟的课程也会有一定距离。
- 经验的课程(experienced curriculum),即学生实际体验到的课程。由于每个学生对事物都有自己特定的理解和感受,因而对同一门课程不同的学生会有不同的学习体验或经验。

古德莱德对课程的纵向分类,是在课程由理想状态"流"向实践,最终转化为学生经验的过程中所截取的五个重要的"断面",每个断面都是课程存在的一种重要的实践形式,如果将其连缀起来就变成了课程转换的链条。另外,古德莱德的这一划分很清晰地指出了课程在实践中的主体变更和形态变化,对课程实施很有启迪。由于教师对课程实际是什么或应该是什么的领会,与正式课程之间有一定的距离;教师理解或领悟的课程和他们实际实施的课程之间也有一定的差异。这样会减弱正式课程的某些预期的影响。因此,如何把官方的正式课程有效地转化为学生的经验课程,是值得我们一线中小学教师深思和践行的。

3. 对课程内涵的理解与把握

通过以上两部分的了解,我们对课程有了初步的认识与理解。所谓课程,简单地说是课业及其进程的简称。通俗地说,课程是指教学内容及其进程的安排。课程不仅有文本形式,还有实践形式。但要深入地理解与把握课程的内涵,需要我们"动"、"静"结合。

后现代课程观[①]认为,课程不仅是预先设定的目标或计划,不仅是由一系列材料所组成的静态文本,不仅是文化传承的工具,而且是学习者自己主动建构的过程,是学习者运用自己的头脑形成对事物或现象的解释和理解的过程,是探索问题、发现问题、解决问题的过程,也是建构和创造文化的过程。建立在后现代知识观基础上的课程观甚至认为,课程不再是确定性的产品,而是一个不断展开的动态过程。课程与其说是"跑道",不如说是"在跑道上跑"的过程[②],也就是个人根据自己经验的结构在社

---

① "后现代"是相对"现代"而言的。现代课程观最具代表性的课程理论是"泰勒原理"(Tyler rationale),即课程开发的四个步骤(也称"4W"说),而美国课程专家多尔(William E. Doll)在运用后现代主义所提出的观点、原则、问题与方法考察课程领域后,提出了"4R"说:丰富性(richness)、回归性(recursion)、关联性(relation)、严密性(rigor),以取代泰勒原理为核心的现代课程理论。详细阐述请参阅:[美]小威廉姆·多尔.《后现代课程观》(*A Post-Modern Perspective on Curriculum*). 王红宇译. 北京:教育科学出版社,2000.

② 如多尔认为"课程不再是被视为固定的、先验的'跑道',而成为达成个人转变的'通道'。"见:[美]多尔.后现代课程观[M].王红宇译.北京:教育科学出版社,2000.6.

会中对知识进行不断重组与建构,它强调的是跑的过程以及个体在课程实践中的体验,强调奔跑者通过理解和对话寻找意义和发现意义的活动。

总之,要深入地理解与把握课程,我们必须"动"、"静"结合。从静态的视角来看,课程包括各种课程文本,如课程计划、课程标准、教材等;从动态的角度看,课程是一种活动,既包括课程范式变革这样的宏观、剧烈的课程运动,也包括课程由理想到正式,再到领悟过程中这样中观、"平静"的课程活动,还包括课程在课堂上的运作、经验中的微观、细致的课程活动。从这个意义上来说,我们认为,课程不仅是"跑道",更是"在跑道上跑"的过程。

1.1.2 新课程改革的背景与目标

课程在学校教育中处于核心地位,教育目标、价值主要通过课程来体现和实施,因此,课程改革是教育改革的核心内容。启动于新世纪之交的我国第八次基础教育新课程改革,将实现我国中小学课程从学科本位、知识本位向关注每一个学生发展的历史性转变。

1. 新课程改革的背景

我国基础教育的发展和既往的七次课程改革,都取得了巨大的成就,对于促进我国政治、经济、科技、文化等各个方面的发展做出了巨大贡献。但是,新课程改革之前我国基础教育的现状同时代发展对教育的要求和肩负的历史重任之间仍存在着巨大的反差。

第一,固有的知识本位、学科本位问题没有得到根本的转变,所产生的危害影响至深,这与时代对人的要求形成了极大的反差。工业经济时代学校教育的中心任务是传授知识,因而,系统的知识几乎成为"课程"的代名词。知识之所以占据如此重要的地位,是因为人们赋予了知识一些"神圣"的特征。知识不仅是绝对的,而且也是客观的,因而,知识成为了外在于人的、与人毫无关系的、类似于地下的矿物那样的客观存在物。对于知识而言,人们唯一能做的事情,就是"发现"。对于学校里的学生而言,他们的任务乃是接受、存储前人已经"发现"了的知识。在这种知识观的指导下,学校教育必然会出现书本中心、教师中心、死记硬背的现象。"课程即教学的科目"或"课程是教学内容和进展的总和"等是人们普遍认同的观点。需要明确指出的是,这里的"教学科目"或"教学内容"主要是教师在课堂中向学生传授分门别类的知识。这种课程观最大的弊端是:教师向学生展示的知识世界具有严格的确定性和简约性,这与以不确定性和复杂性为特征的学生真实的生活世界毫不匹配,教育、课程远离学生的实际生活。在实践中,与知识、技能的传授无直接关系的校内外活动,往往被看做是额外的负担而遭到排斥。这种知识本位的课程显然是不符合时代需要的。

知识属于人的认识范畴,是人在社会实践中形成并得到检验的。从这个意义上讲,"知识"更像动词(即知识乃是一种"探究的活动"),而不是名词(即知识是绝对的、不变的"结论")。换言之,无论新知识的获得或是现成知识的掌握,都离不开人的积极参与,离不开认识主体的活动。学生掌握知识的过程,实质上是一种探究的过程、选择的过程、创造的过程,也是学生科学精神、创新精神,乃至正确世界观逐步形成的过程。为此,必须拆除阻隔学校与社会、课程与生活之间融会贯通的藩篱。惟有如此,学生才会感到,学习是生活的需要而不是额外的负担;并且,原先在被迫接受的"学习"活动中处于边缘位置,有时甚至作为教育的消极因素而遭到排斥的情感、体验等才能获得与理智同等的地位。

第二,传统的应试教育势力强大,素质教育不能真正得到落实。自1840年鸦片战争以来,始终萦怀于中国人民心中的"强国梦",伴随于科学技术高速发展的"知识爆炸",以及普遍存在于"后发型国家"一定发展阶段教育之选拔功能的突显等因素,又使我国学校的课程体系表现出下列一些特征:对于书本知识的热衷追求使学生的学习负担和厌学情绪不断加重,学生为考试而学、教师为考试而教。人们已经把当时我国基础教育课程体系存在的种种弊端概括为"应试教育"。

1986年《中华人民共和国义务教育法》[①]颁布,我国开始依法实施义务教育。但由于缺乏构建和实施义务教育课程的经验积累,致使新课程改革以前的课程方案显现出种种问题:教育观念滞后,人才培养目标同时代发展的需求不能完全适应;思想品德教育的针对性、实效性不强;课程内容存在着"繁、难、偏、旧"的状况;课程结构单一,学科体系相对封闭,难以反映现代科技、社会发展的新内容,脱离学生经验和社会实际;学生死记硬背、题海训练的状况普遍存在;课程评价过于强调学业成绩和甄别、选拔的功能;课程管理强调统一,致使课程难以适应当地经济、社会发展的需求和学生多样化发展的需求。这些问题的存在,以及它们对实施素质教育的制约及产生的不良影响,都足以说明推进课程改革的必要性和针对性。要实施素质教育,课程改革势在必行。

2. 新课程改革的目标

义务教育是国家为每个适龄儿童今后的发展和从事终身学习(long-life learning)打基础的教育,是提高全民族素质的教育。普通高中教育是在九年义务教育基础上进一步提高国民素质、面向大众的教育,是基础教育的重要阶段。因此,新课程

---

① 义务教育法,是指规范义务教育过程中各方权利、义务的法律规范的总称。我国在这方面的立法主要是1986年7月1日起执行的《中华人民共和国义务教育法》,2006年6月29日,全国人大常委会审议通过了修订的《中华人民共和国义务教育法》,于2006年9月1日实施。新修订的《中华人民共和国义务教育法》进一步明确了我国义务教育的三项特征,即公益性、统一性和义务性。并呈现出六大亮点,即首次明确义务教育免收学杂费;以法律形式保障义务教育经费投入;法律规定促进义务教育均衡发展;学校乱收费主管人员将受罚;立法明确实施素质教育;保障校园安全写进法律。

改革应贯彻国家的教育方针,以邓小平同志的"三个面向"为指导思想,全面推进素质教育。具体目标为[①]:

1)实现课程功能的转变

改变课程过于注重知识传授的倾向,强调形成积极主动的学习态度,使学生获得基础知识与基本技能的过程同时成为学会学习和形成正确价值观的过程。即从单纯注重传授知识转变为引导学生学会学习,学会合作,学会生存,学会做人,打破传统的基于精英主义思想和升学取向的过于狭窄的课程定位,而关注学生"全人"的发展。

2)体现课程结构的均衡性、综合性和选择性

改变课程结构过于强调学科本位、科目过多和缺乏整合的现状,整体设置九年一贯的课程门类和课时比例,并设置综合课程[②],以适应不同地区和学生发展的需求,体现课程结构的均衡性、综合性和选择性。新课程减少了课程门类,对各门具体课程之间的比重进行了重大调整;新课程从小学至高中设置"综合实践活动"[③]课程,内容主要包括信息技术教育、研究性学习、社区服务与社会实践以及劳动与技术教育等,并强化了校本课程;普通高中新课程结构由学习领域、科目、模块三个层次构成,并实行学分制和选修制。新课程结构的这种转变,以保证学生全面、均衡、富有个性地发展。

3)密切课程内容与生活和时代的联系

改变课程内容"难、繁、偏、旧"和过于注重书本知识的现状,加强课程内容与学生生活以及现代社会和科技发展的联系,关注学生的学习兴趣和经验,精选终身学习必备的基础知识和技能。课程内容切实反映学生生活经验,努力体现时代特点,将会有效地改变学生学习生活和现实世界相脱节的状况,极大地调动学生学习的主动性和积极性。

4)改善学生的学习方式

改变课程实施过于强调接受学习、死记硬背、机械训练的现状,倡导学生主动参与、乐于探究、勤于动手,培养学生搜集和处理信息的能力、获取新知识的能力、分析和解决问题的能力以及交流与合作的能力。学习方式的这种转变,意味着教师必须改变以往学习内容的呈现方式;关注学生的学习过程和方法,关注学生是用什么样的手段和方法、通过什么样的途径获得知识的。

5)建立与素质教育理念相一致的评价与考试制度

建立一种发展性的评价体系,以改变课程评价过分强调甄别与选拔的功能,发挥

---

① 教育部基础教育司.走进新课程——与课程实施者对话[M].北京:北京师范大学出版社,2002.13—15.
② 本次课程改革在义务教育阶段设置的综合课程共有7门,分别是《品德与生活》(1～2年级)、《品德与社会》(3～6年级)、《科学》(3～6年级)、《历史与社会》(7～9年级)、《科学》(7～9年级)、《艺术》(1～9年级)、《体育与健康》(7～9年级).
③ "综合实践活动"是新一轮基础教育课程体系中设置的必修课程,自小学三年级开始设置,每周平均3课时。"综合实践活动"是一门具有三级管理特征的课程。国家规定课程名称、内容指向、课程比例、开设年限以及相应的指导意见;地方教育管理部门根据地方差异,加以指导和管理,进行统一协调与分类指导;学校根据学生的需要与学校的实际,进行校本化的开发和实施。概括起来就是,国家规定、地方指导、校本开发。

评价促进学生发展、教师提高和改进教学实践的功能。一是,要建立促进学生全面发展的评价体系,使评价不仅要关注学生在语言和数理逻辑方面的发展,而且要发现和发展学生多方面的潜能,发挥评价的教育功能。二是,要建立促进教师不断提高的评价体系,以强调教师对自己教学行为的分析与反思,使教师从多渠道获得信息,不断提高教学水平。三是,要将评价看做是一个系统,从形成多元的评价目标、制定多样的评价工具,到广泛的收集各种资料,形成建设性的改进意见和建议,每一个环节都是通过评价促进发展的不可或缺的部分。

6)实行三级课程管理制度

改变课程管理管理过于集中的状况,实行国家、地方、学校三级管理的课程,增强课程对地方、学校及学生的适应性。新课程改革从我国的国情出发,妥善处理课程的统一性与多样性的关系,建立国家、地方、学校三级课程管理体制[①],实现了集权与放权的结合。三级课程管理制度的确立,有助于教材的多样化,有利于满足地方经济、文化发展的需要和学生发展的需要。三级课程管理政策的运行,为课程适应地方经济、文化发展的特殊性,以及满足学生个性发展的需要、体现学校办学的独特性创造了良好的条件。

从目前来看,新课程改革取得了突破性的成就,主要表现在以下方面:第一,初步推动了统一要求前提下教材的多样化,即"一标多本"的教材体系建设;第二,改变了单一的学科课程体系和课程结构,设置了综合实践活动课程;第三,打破了必修课程一统天下的局面,增设了选修课程;第四,打破了只有"分科课程"的状况,开始发展综合课程;第五,改变了过分集中的管理制度,建立了中央、地方、学校三级管理的课程体制;第六,教师等教育工作人员和其他社会人员基本接受和认同新课程的有关理念和做法,教育教学观念发生根本变革,学生主体性日益深入人心和受到尊重;第七,课堂教学中,教与学的方式正在发生根本的变化。

1.1.3 新课程背景下学校课程的类型

新课程改革之前,在学校课程中学科课程、分科课程、必修课程和国家课程占据绝对主导地位,并且皆以显性课程的形式列入学校的课程表中。针对这一状况,新课程改革设计了与学科课程相对应的经验课程,与分科课程相对应的综合课程,与必修课程相对应的选修课程,并为开发与国家课程相对应的地方课程和校本课程提供了较大的空间,并关注与显性课程相对应的隐性课程的潜在价值,以及与预设课程相对而言的生成课程的独特作用。

---

① 学者吕达1989年赴英国对中小学课程改革进行专题考察后,于1990年撰文提出我国应实行三级课程、三级管理的建议,并探讨国家课程、地方课程和学校课程的权限与职责。经过多年的理论探讨和课程管理实践的探索,1999年《中共中央国务院关于深化教育改革全面推进素质教育的决定》正式提出了"建立新的基础教育课程体系,试行国家课程、地方课程和学校课程"。需要注意的是,此处"学校课程"的确切含义是"校本课程"。

1. 学科课程与经验课程

这是从课程内容所固有的属性来区分的两种类型。

- 学科课程(subject curriculum)是一种以学科为中心来设计、编定的课程。学科课程的主导价值在于传承人类文明,使学生掌握人类积累下来的文化遗产。
- 经验课程(experience curriculum),也称活动课程(activity curriculum)是相对于系统的学科知识而言,侧重于学生的直接经验的课程。这种课程的主要特点就在于动手"做",在于手脑并用,在于脱离开书本而亲身体验生活的现实,以获得直接经验。经验课程的主导价值在于使学生获得关于现实世界的直接经验和真切体验。

2. 分科课程与综合课程

这是从课程内容的组织方式来区分的两种类型。

- 分科课程(subject-separate curriculum)又称为单科课程,是以学科体系、结构和内容为中心组织的课程。这种课程有较强的逻辑体系,注重知识的传授,知识相对独立,但不利于联系实际和吸收新学科知识。分科课程的主导价值在于使学生获得逻辑严密和条理清晰的文化知识。分科课程有着悠久的历史,我国古代的"六艺"(礼、乐、射、御、书、数),古希腊、罗马的"七艺"(文法、修辞、逻辑、算术、几何、音乐、天文)都是古老的分科课程。
- 综合课程(integrated curriculum)是指打破传统分科课程的知识领域,组合两个或两个以上的相关学科领域而构成的课程。如由物理、化学、生物和自然地理等组合而构成的"科学"课程。综合课程的主导价值在于通过相关学科的整合,促进学生认识的整体性发展并形成把握和解决问题的全面的视野与方法。

3. 必修课程与选修课程

这是从课程计划中对课程实施的要求来区分的两种类型。

- 必修课程(regular curriculum)是指为全体学生打好共同的知识和能力基础而开设的课程。必修课程的主导价值在于培养和发展学生的共性。
- 选修课程(elective curriculum)是指为了适应学生的学习兴趣、个性特长及未来发展倾向而由学生自主选修的课程。选修课程的主导价值在于满足学生的兴趣、爱好,培养和发展学生的个性。

4. 国家课程、地方课程与校本课程[①]

这是从课程设计、开发和管理主体来区分的三种类型。

- 国家课程(national curriculum)是指体现国家的教育意志和要求而由国家统一组织开发并在全国范围内实施的课程。因此,国家课程的主导价值在于通过课程体现国家的教育意志。

---

① 校本课程是指以校为本的、基于学校的实际状况、为了学校的发展,由学校自主开发的课程。在我国,它特指在国家基础教育课程计划中预留出来的、允许学校自主开发的、在整个课程计划中占10%~25%的课程。

● 地方课程(local curriculum)是指体现和满足地方社会发展的现实需要而由地方组织开发并在本地实施的课程。因此,地方课程的主导价值在于通过课程满足地方社会发展的现实需要。

● 校本课程(school-based curriculum)是指展示学校的办学宗旨和特色而由学校根据本校实际自主开发并在本校实施的课程。因此,校本课程的主导价值在于通过课程展示学校的办学宗旨和特色。

5. 显性课程与潜在课程

这是从学校课程对学生发展产生影响的方式上来区分的两种类型。

● 显性课程(manifest curriculum)是指为实现一定的教育目标在学校情境中以直接的、明显的方式呈现的课程。通俗地讲,显性课程是学校教育中有计划,有组织地实施的,并列入"课程表"中的所谓正式课程(formal curriculum)。显性课程的主导价值在于教育目标明确,对学生的发展能够产生直接的影响。

● 潜在课程(hidden curriculum)又称隐蔽课程、非正式课程,是指在学校情境中以间接的、内隐的方式呈现的课程。隐性课程是广义的学校课程的组成部分。它不在课程计划中反映,不通过正式的教学进行,通常体现在学校和班级的情境之中,包括物质情境(如学校建筑、设备、花草等)、文化情境(如教室布置、校园文化、各种仪式活动等)和人际情境(如师生关系、同学关系、校风、班风、教师态度等)。这些情境都会对学生的知识、情感、信念、意志、行为和价值观等方面起着潜移默化的作用,从而促进或干扰教育目标的实现。其主要特点有:①潜在性。由于它是非正式的课程,所以具有一定的潜在性;②持久性。由于隐性课程往往是潜移默化地发挥作用,所以对学生能够产生持久的影响;③两面性。即它既可以发挥积极的影响,也可以产生消极的影响。潜在课程的主导价值在于通过渗透的方式对学生的发展产生熏陶作用,以影响和改变学生的思想意识。

6. 预设课程与生成课程

这是按课程目标的确定是在课程实施过程之前还是在课程实施过程之中来区分的两种类型。

● 预设课程(scheduled curriculum)是指由教育者按照一定的目标在课程实施之前经过精心设置的课程。预设课程以泰勒的目标模式[①]为代表,它是由课程专家精心设计的、教师可以按部就班运用的课程,它强调课程是事先规定好的"跑道",教师

---

① 泰勒在1949年出版的《课程与教学的基本原理》(*Basic Principles of Curriculum and Instruction*)一书中提出了课程编制的"四个经典问题",即(1)学校应该达到哪些教育目标?(2)提供哪些教育经验才能实现这些目标?(3)怎样才能有效地组织这些教育经验?(4)我们怎样才能确定这些目标正在得到实现?这"四个经典问题"实际上是课程编制的4个步骤:(1)确定目标;(2)选择经验;(3)组织经验;(4)评价结果。其中,确定目标是最为关键的一步,因为其他所有步骤都是围绕或紧跟目标陈述的。所以,泰勒用了全书近一半的篇幅来论述如何确定目标。从这个意义上来说,泰勒的课程编制模式称为"目标模式",即著名的"泰勒原理"(Tyler Rationale)。

与学生的任务就是循着固定的跑道行进并到达预定的终点。课程的一切方面都被机械化了,它有着既定而明确的课程目标、固定而客观的课程内容、机械的实施过程以及封闭的课程评价,呈现出一种典型的"输入——产出"线性程序,而课程中的不确定和非预期性因素受到根本忽视。对此,美国太平洋橡树学院的约翰·尼莫(John Nimmo)教授曾形象地将它比喻为"罐头式课程"。"罐头"的制作由课程专家负责,教师的职责在于将"罐头"(课程)取出,学生的任务就是吞咽这些可口或不可口的"罐头"。在工具理性的支配下,它表现出对社会强烈的适应性品质而根本僭越了课程的超越性情怀,这样课程无奈地沦为社会所操纵的工具,学生也被塑造成工具式的角色,其主体性与个性遭致无情的漠视与践踏,其反思批判精神与创造能力出现奇异的匮乏。

● 生成课程(emergent curriculum)是指以真正的对话情境为依托,在教师、学生、教学材料、环境等多种因素的持续相互作用过程中动态生长的建构性课程。生成课程的目标是在师生的活动中形成的。在教育内容方面,生成课程注重学生的兴趣和需要,把学生的经验看成是课程内容的一个重要来源,把教学材料看成是供学生建构、创造学习经验的媒介、素材或工具。在师生关系方面,生成课程强调教师与学生共同开发课程,教师是学生学习积极的支持者、引导者和平等的合作者。在生成课程中,课程就具有了全新的含义,课程真正实现了由"名词"到"动词"的根本跃迁。课程不再仅仅只是已知的结论性知识,而是师生通过对话探究知识并获得发展不断生成的活生生的动态过程。

上述各类课程所具有的特定价值以及每组课程类型所具有的价值互补性,意味着它们在学校课程结构中都拥有着不可或缺的地位,即在新课程背景下,学校的课程结构应当是由各种课程类型共同构成的一个有机的统一体。

1.2 物理课程标准内容简析

2001年《基础教育课程改革纲要(试行)》颁布,制定了包括初中物理课程在内的九年义务教育各科课程标准。2003年4月,教育部公布了普通高中物理课程标准。课程标准从研制到公布,表明我国新一轮基础教育课程改革已全面展开。

1.2.1 从"教学大纲"走向"课程标准"

"课程标准"并不是一个新名词。早在1912年,中国南京临时政府教育部就颁布了《普通教育临时课程标准》,此后,"课程标准"一词在中国一直沿用了40年。新中国成立初期,我国颁布了小学各科和中学个别科目的课程标准(草案)。1952年后,我国学习前苏联的教育模式才改用"教学大纲"。

新一轮基础教育课程改革将教师业已熟知的"教学大纲"改成"课程标准",这是否仅仅是名称的变换,"课程标准"与以前的"教学大纲"到底有什么区别?

1. 课程标准与教学大纲的区别

国家课程标准是国家课程的基本纲领性文件，是国家对基础教育课程的基本规范和质量要求，是教材编写、教学、评估和考试命题的依据，是国家管理和评价课程的基础。它体现国家对不同阶段的学生在知识与技能，过程与方法，情感态度与价值观等方面的基本要求，规定各门课程的性质、目标、内容框架，提出教学和评价建议。而教学大纲是由政府教育行政部门颁布的指导学科教学的纲领性文件，它既是国家意志的体现，也是指导教师施教的重要凭借。"课程标准"与以前的"教学大纲"相比，主要区别在于：

- 课程标准着眼于未来国民素质，而教学大纲着眼于内容规定。也就是说，课程标准主要是对学生在经过某一学段之后的学习结果的行为描述；而教学大纲则是对教学内容的具体规定，即关注教学的重点、难点、时间分配等具体内容。
- 课程标准是国家制定的某一学段的共同的、统一的基本要求；而教学大纲则限定的是内容的最高难度。
- 课程标准在关注知识和技能目标的同时，要关注学生学习的过程、方法、情感、态度及价值观；而教学大纲侧重强调的是知识和技能目标，关注的是基本的教学目标、教学内容、教学要求及若干教学建议。
- 课程标准突破学科中心，为学生终身发展打基础；而教学大纲则以学科为中心。
- 课程标准注重学生的学，强调学习的过程和方法；而教学大纲则强调教师的教。
- 课程标准更加关注人的发展过程，提出多元评价建议，评价不仅考察学生对知识的掌握，而且重视学生学习的过程和体验；而教学大纲则更多地关注学生学习的结果。
- 课程标准为教材编写、教师教学及学业评价留下了创造空间。也就是说，教师不是教科书的执行者，而是教学方案（课程）的开发者，即教师是"用教科书教，而不是教教科书"；而教学大纲不仅对教学目标和教学内容作出清晰明确的规定，而且规定了知识点的具体要求及深度、难度指标，多数教学大纲还规定了详细的教学顺序，以及各部分内容的课时等，忽视了教师主动性和创造性作用的发挥。

另外，课程标准的框架包括"前言"、"课程目标"、"内容标准"、"实施建议"和"附录"五部分。课程标准除了叙述明晰的课程性质、崭新的课程理念、全面的课程目标外，在"内容标准"和"实施建议"中均提供了典型的案例，以便于使用者理解和创新，以确保在课程实施中能有效地落实新课程的核心理念——"为了中华民族的复兴，为了每一位学生的发展"。这与以往的教学大纲有着显著的区别。它们之间的比较如表1-1所示。

表 1-1 课程标准与教学大纲的框架结构比较

课程标准		教学大纲
前言	课程性质	
	课程基本理念	
	课程标准设计	
课程目标	知识与技能	教学目的
	过程与方法	
	情感态度与价值观	
内容标准	学习领域、目标及行为目标	教学内容及要求
实施建议	教学建议	教学建议
	评价建议	★课时安排
	教材编写建议	★教学中应注意的问题
	课程资源开发与利用建议	★考核与评价
附录	术语解释	
	案例	

2. 为什么要从"教学大纲"走向"课程标准"

如前所述,与"课程标准"相比,"教学大纲"明显地存在着以下弊端:①从目标上,只规定了知识和技能方面的要求;②内容偏难、偏深、偏窄,对绝大多数学生来说,要求偏高;③只强调教学过程,忽视课程的其他环节;④"刚性"太强,缺乏弹性和选择性。随着时代的发展和社会的进步,我国原有的教学大纲及课程设置所暴露出的局限性已经明显不能适应素质教育发展的要求。以"课程标准"取代过去的"教学大纲",能真正将"以人为本"的理念和思想落实到师生的课程生活中。因此,从"教学大纲"到"课程标准",不仅仅是一个简单的词语替换,它更是基于以下四方面的考虑。

● 课程的价值取向从精英教育转向大众教育

教学大纲要求过高,教学内容存在"繁、难、偏、深、旧、窄"的情况。同时,对各科的教学内容、教学要求做了统一的硬性规定,缺乏必要的弹性和选择性。这种现状导致大多数学生学习负担过重,学生辍学率增加,不利于学生的全面发展。

● 课程目标着眼于学生素质的全面提高

教学大纲关注的是学生在知识和技能方面的要求,而课程标准着眼于未来社会对国民素质的要求。本次课程改革以促进学生发展为宗旨,确立了"知识与技能"、"过程与方法"、"情感态度与价值观"三位一体的课程目标。

● 从只关注教师教学转向关注课程实施过程

教学大纲顾名思义是各学科教学工作的纲领性文件,教师的教学是教学大纲关注的焦点,缺乏对课程实施,特别是学生学习过程的关注。

● 课程管理从刚性转向弹性

本次课程改革把实施三级管理政策作为重要目标,给地方和学校创造性地执行国家课程提供了政策保障。

1.2.2 物理新课程的内容标准简读

物理新课程的"内容标准"在"知识与技能"、"过程与方法"、"情感态度与价值观"三维课程目标的引领下,规定了物理课程的基本学习内容和应达到的基本要求。"内容标准"注意物理知识的学习和实验能力的培养,强调科学过程和科学方法的学习,关注科学·技术·社会的观念的渗透,注重科学态度与科学精神的培养。

1. 初中物理新课程的内容标准

初中物理新课程的"内容标准"由科学探究和科学内容两部分组成。其中将科学探究列入内容标准,旨在将学习重心从过分强调知识的传承和积累向知识的探究过程转化,从学生被动接受知识向主动获取知识转化,从而培养学生的科学探究能力、实事求是的科学态度和敢于创新的探索精神。而科学内容分为物质、运动和相互作用、能量三大部分。

1) 科学探究

科学探究的形式是多种多样的,其要素有:提出问题、猜想与假设、制订计划与设计实验、进行实验与收集数据、分析与论证、评估、交流与合作。在学生的科学探究中,其探究过程可以涉及所有的要素,也可以只涉及部分要素。科学探究渗透在教材和教学过程的不同部分。科学探究的问题可以是学生提出的,也可以是教师提出的,可以是《标准》所要求的科学内容,也可以是与《标准》科学内容有关的交叉学科的内容。科学探究的形式有课堂内的探究性活动和课堂外的家庭实验、社会调查及其他学习活动。

【样例】 影响电磁铁磁性强弱的因素[①]

● 提出问题(教师提出)

课堂上教师问:电磁铁的磁性强弱和什么因素有关?如果改变通过电磁铁的电流或者改变电磁铁的匝数,它的磁性强弱会变吗?

● 假设与猜想

学生相互议论:假设通过电磁铁的电流由 1A 增加到 2A,电磁铁的磁性会怎样?是否可以这样推测:导线中的 2A 电流是两股 1A 电流汇合而成的,每股电流都产生一个磁场,两个相同磁场合在一起,电磁铁的磁性增强了。

如果电磁铁的电流不变,线圈由 100 匝增加到 200 匝,它的磁性又会怎样?是否可以这样推测:200 匝线圈是由两组 100 匝线圈组合而成的,每组线圈都产生一个磁场,两个相同磁场合在一起,电磁铁的磁性增强了。

通过以上推测可以想到:电磁铁的线圈匝数越多,通过的电流越大,电磁铁的磁性将越强。

---

① 本样例摘自《全日制义务教育物理课程标准(实验稿)》。

● 制订计划与设计实验

通过怎样的实验来检验以上猜想呢？这个实验需要解决三个问题,同学们讨论了解决这三个问题的各种可能方法:

(1)怎样测量电磁铁磁性的强弱?

学生A:看它能吸起多少根大头针或小铁钉。

学生B:看它能吸起多少铁屑(用天平称)。

学生C:看它对某一铁块的吸引力(用弹簧测力计把被电磁铁吸住的铁块拉开时弹簧测力计的读数)有多大。

(2)怎样改变和测量通过电磁铁线圈的电流?

学生D:用滑动变阻器改变线圈中的电流,用电流表测量电流的大小。

学生E:用增减电池来改变线圈中的电流,用串联小灯泡的亮度来比较电流的大小。

(3)怎样改变电磁铁线圈的匝数?

学生F:使用中间有抽头、能改变线圈匝数的现成电磁铁产品。

学生G:临时制作电磁铁线圈,边实验、边绕制。

教师建议:用学生C,D,F提出的方法来组成探究实验的方案。

● 进行实验与收集数据

按照教师的建议,学生分小组进行实验操作:把开关、滑动变阻器、电流表、电磁铁串联起来接到电源上,当滑动变阻器取不同值时测量电流和电磁铁对铁块的吸引力,把测量数据填入下表(表1)。

表1

电流/A				
电磁铁对铁块的引力/N				

改变线圈匝数,调节滑动变阻器,使电流保持不变,测量不同匝数时电磁铁对铁块的吸引力,把实验数据填入下表(表2)。

表2

匝数				
电磁铁对铁块的引力/N				

● 分析与论证

各个小组从本组实验的表1数据看到,当电磁铁线圈匝数不变、电流逐渐增大时,电磁铁对铁块的吸引力是同步增大的;从表2数据看到,在电流相同的情况下、电磁铁线圈的匝数增加时,电磁铁对铁块的吸引力是同步增大的。由此可以证实:电磁铁的磁性强弱和电磁铁线圈的匝数、通过电磁铁线圈的电流有关,电磁铁线圈的匝数越多、电流越大,磁性越强。

● 评估

回顾以上操作,看看有什么不妥的地方:当改变线圈匝数的时候,是否确实做到了线圈中电流和线圈的形状都不变?当测量电磁铁的吸引力时,是否用的是同一个铁块?有没有其他因素影响了实验结果?如果这些因素在实验中都作了充分的考虑,实验的结果应该是可靠的。

● 交流与合作

各个小组把实验过程和结果写成实验报告,并分别在班上报告本组的实验结果,进行讨论和交流。

2)科学内容

课程标准将科学内容分为物质、运动和相互作用、能量三大部分。每一部分又分设了较为具体的二级主题。表1-2列出了"科学内容标准"中的一级主题与二级主题。

表1-2 "科学内容标准"中的一、二级主题

一级主题	二级主题
物质	物质的形态和变化
	物质的属性
	物质的结构与物体的尺度
	新材料及其应用
运动和相互作用	多种多样的运动形式
	机械运动和力
	声和光
	电和磁
能量	能量、能量的转化和转移
	机械能
	内能
	电磁能
	能量守恒
	能源与可持续发展

(1)一级主题分析

● 物质

各种物体、微粒和场,都是以不同形式存在着的物质。"物质"所涉及的科学内容,多数与日常生活和自然现象密切相关,与新材料的发展前沿相联系。学习这些内容不仅能让学生在3~6年级科学课程的基础上进一步认识物质世界,而且有利于学生树立正确的科学观。

这部分内容大致分为三类。第一类是对于身边物质的初步认识,教学时应注意联系学生的生活;第二类是对于物质结构和物体尺度的初步认识,这部分内容由于尺度太小或太大,人类缺少直接经验,因此教学中应注意科学方法的运用;第三类是和当前蓬勃发展的材料科学相联系的,教学中应该注意让学生体会科学、技术、社会的关系。

● 运动和相互作用

物质处于永恒的运动中,不同的物质和不同的运动形式又发生着相互作用。了解物质的运动和相互作用的规律,是认识物理现象所必需的。这部分内容具有很强的规律性,对它的学习有利于发展学生的科学探究能力和解决问题的能力,有利于培养学生的科学态度和科学精神。

教师在这部分内容的教学中,应该让学生经历对知识探究和领悟的过程,发展获取信息、处理信息和解决实际问题的能力。

● 能量

能量的转化和守恒是自然科学的核心内容之一,从更深的层次上反映了物质运动和相互作用的本质。它广泛渗透在各门学科中,并和各种产业及日常生活息息相关。这部分内容对于学生树立科学的世界观、联系生活生产实际、形成可持续发展的意识以及进一步学习其他科学技术,都是十分重要的。

这部分内容具有较强的综合性,教师在教学中应该注意和本课程其他部分的联系,注意和其他学科的融合,注意可再生能源的开发、环境保护等可持续发展观念的体现。

(2) 二级主题中的内容标准分析

限于篇幅,下面仅对"物质"这一主题下的第一个二级主题"物质的形态和变化"中的第四个内容标准——"能说出生活环境中常见的温度值。了解液体温度计的工作原理。会测量温度。"作一初步的分析,便于大家"以点带面",深入地理解和把握课标中"科学内容"的内涵。

● 内容标准解读

内容标准用"说出"这一行为动词将第一个内容目标定位在"了解"层次;用"了解"这一行为动词将第二内容目标定位在"了解"层次;用"会"这一行为动词将第三个内容目标定位在技能目标中的"独立操作"层次。

● 课堂教学建议

对于"生活中常见的温度值",一些是学生可以从日常生活中得到的,如沸水的温度、人的正常体温;一些则需要从课本上得到,如一些晶体的熔点、一些液体的沸点等等。所以,建议教师采用课堂教学、布置任务(生活调查、资料查阅)等多种方式进行,同时还应培养学生一定的对温度的估测能力。对于"液体温度计的工作原理",由于课标对"物体的热胀冷缩"的属性没有具体要求,许多学生会弄不明白温度计中的液体为何遇热上升、遇冷下降。所以,建议教师采用"科学探究"的方式来进行。对于"会测量温度"这一技能目标,建议教师一定要让学生独立操作,不仅要"应知",更要"应会"。

另外,在教学中学生可能会提出各种各样的问题。例如,温度计是谁发明的? 太阳表面的温度是怎样测量的? 为此,教师还应广泛查阅有关资料,给学生提供更多的背景知识。

● 教学片断欣赏

【教学片断】

探究"液体温度计的工作原理"[①]

师:请同学们思考这样一个问题:(出示两杯水)你能用多少种办法判断这两杯水哪是热水,哪是冷水?

生甲:冒"白气"的是热水。

生乙:用手摸一摸,烫手的是热水。

师:同学们的方法都很好,大家的实验桌上都有一个内封红色墨水、顶插细玻璃管的小瓶子,我们能不能用它来判断哪个杯子盛的是热水,哪个杯子盛的是凉水?大家讨论一下!

(学生讨论)

生:可以。因为它放入热水中后,细管中的红色水柱会上升。

师:这位同学说的对不对?怎样去检验?

生:试一试就行了。

师:好!在每组的实验桌上都有这样的小瓶子,同学们不妨做一下实验。请同学们先看投影,注意看清实验要求。

【投影内容】 ①操作要求:每组先选派一位同学专门负责记录实验现象,然后小组其他同学中的一位向装有小瓶子的烧杯中倒入热水,一分钟之后,再将小瓶子取出放入盛有冷水的烧杯中。②观察要求:仔细观察细管中的红色水柱在倒入热水之后和放入盛有冷水的烧杯中之后分别有什么变化?③思考与讨论:这种实验现象说明了什么?

师:开始实验

(学生边实验边讨论,教师巡回指导)

师:在实验过程中,你观察到水柱有何变化?

生:小瓶子在热水中时,水柱会缓缓上升,而放在冷水中时,水柱又会缓缓下降。

师:回答得很好!那么为什么会发生这样的现象呢?

生:是热胀冷缩的原因。(说明:学生已经在小学的科学课中学习过相关知识)

师:非常好,这个实验告诉我们水或其他液体有热胀冷缩的性质。同学们想一想,我们可否利用液体的这种性质,制作一种仪器呢?大家讨论一下。

(学生讨论)

师:同学们猜想一下,常用的温度计是利用什么原理制成的?

---

① 该教学片断改编自:张大昌.新课程理念与初中物理课程改革[M].长春:东北师范大学出版社,2002. 101—102.

生：是根据热胀冷缩的性质制成的。

师：太棒了！由此，我们通过一个探究实验学习了液体温度计的工作原理。

【说明】 学生在回答教师的提问时有时往往会答不全或答不对，这时教师千万不能代替学生回答，需要教师进行必要的启发和引导，使学生逐步认识到，液体温度计的工作原理是液体的热胀冷缩的性质。

2. 高中物理新课程的内容标准

高中物理新课程的"内容标准"由科学探究及物理实验能力要求、共同必修模块、选修模块三大部分组成。

1）科学探究及物理实验能力要求

物理学是一门以实验为基础的自然科学。在高中物理课程各个模块中都安排了一些典型的科学探究或物理实验。高中学生应该在科学探究和物理实验中达到如表 1-3 所示的要求[①]。

表 1-3 科学探究及物理实验能力要求

科学探究要素	对科学探究及物理实验能力的基本要求
提出问题	能发现与物理学有关的问题 从物理学的角度较明确地表述这些问题 认识发现问题和提出问题的意义
猜想与假设	对解决问题的方式和问题的答案提出假设 对物理实验结果进行预测 认识猜想与假设的重要性
制订计划与设计实验	知道实验目的和已有条件，制订实验方案 尝试选择实验方法及所需要的装置与器材 考虑实验的变量及其控制方法 认识制订计划的作用
进行实验与收集数据	用多种方式收集数据 按说明书进行实验操作，会使用基本的实验仪器 如实记录实验数据，知道重复收集实验数据的意义 具有安全操作的意识 认识科学收集实验数据的重要性
分析与论证	对实验数据进行分析处理 尝试根据实验现象和数据得出结论 对实验结果进行解释和描述 认识在实验中进行分析论证是很重要的
评估	尝试分析假设与实验结果间的差异 注意探究活动中未解决的矛盾，发现新的问题 吸取经验教训，改进探究方案 认识评估的意义

---

① 该要求摘自《全日制普通高中物理课程标准（实验）》。

续表

科学探究要素	对科学探究及物理实验能力的基本要求
交流与合作	能写出实验探究报告 在合作中注意既坚持原则又尊重他人 有合作精神 认识交流与合作的重要性

普通高中物理课程中的"科学探究"较之义务教育阶段初中物理课程中的"科学探究"有了更高、更全面的要求。另外,《标准》把"科学探究及物理实验能力要求"与"共同必修模块"、"选修模块"并列,作为内容标准的三大部分,由此不难看出,在高中物理课程中"科学探究"和"物理实验"占有非常重要的地位。

限于篇幅,下面仅对"提出问题"这一科学探究要素中的"能发现与物理学有关的问题"和"进行实验与收集数据"这一科学探究要素中的"按说明书进行实验操作,会使用基本的实验仪器"分别作一初步的解读,便于大家"以点带面",深入地理解和把握课标中"科学探究及物理实验能力要求"的内涵。

- 能发现与物理学有关的问题[①]

发现问题是提出问题的前提,只有发现了问题,才可能提出问题。然而,怎样才能发现问题?我们可以通过对发现问题的过程分析,来理解"能发现问题"的能力要求。下面我们就以历史上首位诺贝尔物理学奖获得者伦琴(W. K. Roentgen)发现 X 射线(X-radiation)的过程加以说明。

1895 年 11 月 8 日,伦琴用克鲁克斯管做实验,克鲁克斯管用黑纸板包着,离管子不远的凳子上放有一张亚铂氰化钡纸。伦琴给管子通电时,偶然发现亚铂氰化钡纸上出现了一条特殊的荧光。伦琴认为,荧光要靠光线照射才能激发,荧光是在克鲁克斯管通电时才发生的,而克鲁克斯管被黑纸板包着,不可能有光照射在亚铂氰化钡纸上,因此引起了伦琴的疑问:荧光效应究竟是不是来自于克鲁克斯管?如果是,它到底是什么?伦琴的进一步研究导致发现了 X 射线。

我们来看伦琴发现问题的过程:第一,伦琴发现了亚铂氰化钡纸发出荧光的现象(此时,只存在着一个现象,还没有形成问题);第二,亚铂氰化钡纸的荧光效应的产生不符合原有的认知,被黑纸板包着的克鲁克斯管不可能有光线射到亚铂氰化钡纸上,事实和原有认知发生了矛盾,伦琴在分析了这一矛盾后提出了问题。对伦琴来说,以上这个过程或许在一瞬间就完成了,但它的确是提出问题的两个环节:发现现象和对现象的质疑。在科学探究中,一个有价值的提问都应该由这两个环节构成的,或者说具有这两个特征。只有现象的发现而没有质疑,看到什么就在看到现象的后面加一

[①] 该内容摘自廖伯琴,张大昌.普通高中物理课程标准(实验)解读[M].武汉:湖北教育出版社,2004.27—28.

个问号,这样的提问是没有价值的。同样,没有以客观事实为基础的荒唐疑问也是没有探究价值的。上述分析提示我们,在高中物理教学中要发展学生提出问题的能力,应该从两个方面入手:一是养成仔细观察的习惯,善于捕捉新现象;二是不断地把新现象和自己的认知相联系,增强质疑的意识。

- 按说明书进行实验操作,会使用基本的实验仪器①

义务教育的物理课程标准要求学生会阅读简单仪器的说明书,进入高中阶段的学生,物理知识比初中更丰富,对物理知识的理解、运用的能力比初中更强,在按说明书进行实验操作的时候,因而有条件对说明书中的内容作更深入的理解。例如学生实验中的简式电阻箱,箱内有 4 个 10 位刷形开关,开关的接线柱上所连接的电阻共有以下 8 种规格,它们都是串联的。分别控制这 4 个开关,就可以调节电阻箱的阻值,其范围是 0—9999Ω,最小步进值是 1Ω。

阻值/Ω	1	5	10	50	100	500	1000	5000
功率/W	1	1	1	1	1	1/2	1/2	1/2
最大电流/A	0.9	0.4	0.28	0.13	0.09	0.029	0.02	0.009

我们从说明书中看这些电阻的规格,虽然表格中列出的是功率和最大电流,但应该理解到这些不同规格的电阻能承受的最大电压是不同的,例如我们把 2V 电压加在 10Ω 电阻上,它是安全的,加在 1Ω 电阻上就超载了;又如把 4V 电压加在电阻箱上,电阻箱的电阻调节为 11Ω 时,对 10Ω 电阻来说已经超载,但与其串联的 1Ω 电阻却是安全的。理解了说明书的内容,才能进行符合要求的操作。

初中物理教学中,学生初步熟悉了天平、弹簧测力计、量筒、温度计、电流表、电压表、滑动变阻器等简单实验仪器的操作,进入高中后,对这些基本仪器的使用仍有进一步掌握的必要。例如滑动变阻器,初中只作限流用,使用时只用滑动变阻器上两个接线柱,随着高中欧姆定律问题的深入,用滑动变阻器提供一个从零开始的变化电压来进行实验,已经有了需求和可能。学生用滑动变阻器和电源、用电器组成混联分压电路应用于高中物理实验,同时用上了 3 个接线柱,使滑动变阻器的使用进一步达到"会"的水平。

在初中物理的基础上,高中物理课程中的基本仪器具有新的内容:共同必修模块中的打点计时器,电路模块中的多用表,电磁感应模块中的检流表,交变电流模块以及机械振动与机械波模块中的示波器等,都是高中物理课程相关模块的基本仪器,学生应该会正确使用这些仪器。

正确使用高中物理实验的基本仪器,包括了解仪器的使用要求,辨明仪器的测量范围和最小分度值,正确地装配仪器,正确地操作仪器,正确读取仪器的读数等。

---

① 该内容摘自廖伯琴,张大昌.普通高中物理课程标准(实验)解读[M].武汉:湖北教育出版社,2004.35—36.

2)共同必修模块与选修模块

根据高中新课程方案,普通高中课程由学习领域、科目、模块三个层次构成。新课程设置8个学习领域(语言与文学、人文与社会、体育与健康、数学、科学、艺术、技术、综合实践活动),每一个领域由课程价值相近的若干科目组成,每个科目由若干模块组成。高中物理课程是普通高中科学这一学习领域中的一门基础课程,该课程由4个系列、12个模块构成,如图1-1所示。其中物理1和物理2两个模块为共同必修模块,其余10个模块皆为选修模块。

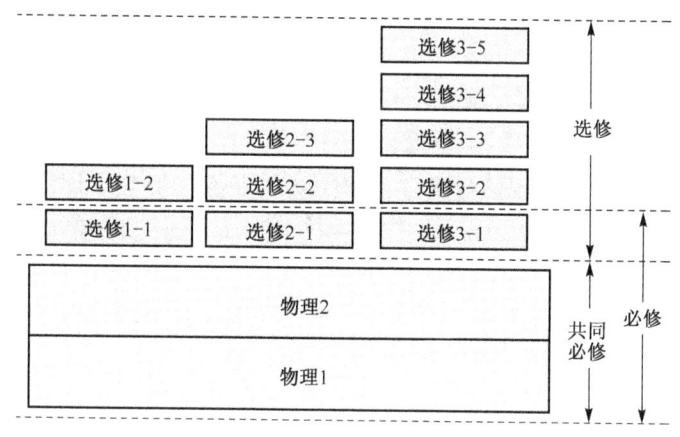

图1-1　高中物理课程结构框图

● 共同必修模块(物理1　物理2)

共同必修模块是为全体普通高中学生设计的,也是全体普通高中学生的共同学习内容。在该模块中,学生通过学习运动、相互作用及运动规律、能量等物理学的核心内容以及相关的实验,经历一些科学探究活动,初步了解物理学的特点和研究方法,体会物理学在生活和生产中的应用以及对社会发展的影响,同时也为了解自己的兴趣和发展潜能,并为下一步选学选修模块做准备。共同必修模块旨在引导学生经历对自然规律的探究过程,学习基本的物理内容,了解物理学的思想和研究方法,初步认识物理学对科学技术、经济、社会的影响,培养学生科学精神和科学态度。

物理1模块由运动的描述、相互作用与运动规律两个二级主题构成。本模块的概念和规律是学习高中物理其他模块的基础,有关实验在高中物理中具有典型性。学生需要通过这些相关的物理实验学习基本的操作技能和研究方法,体会实验在物理学中的地位及在人类认识世界中的作用。在本模块中,学生将在学习物理基础知识的同时,初步经历对自然规律的探究过程,从中体会物理学的思想,并在情感态度与价值等方面受到熏陶。

物理2模块由机械能和能源、抛体运动与圆周运动、经典力学的成就与局限性三个二级主题构成。在本模块中,学生将通过机械能、曲线运动的规律和万有引力等内容的学习,进一步了解物理学力学部分的核心内容,体会高中物理课的特点和学习方法,为以后进一步学习打好基础,为后续模块的选择做准备。在本模块中,学生还将初步了解一些近代物理的内容,这些内容将为学生进一步了解世界开启一扇窗户。

- 选修系列(选修 1-1　选修 1-2)

物理学的发展是人类文化的重要组成部分;物理学的技术应用在推动人类社会发展的同时,也引起了资源耗竭、环境破坏等一系列问题。基于这样的考虑,本系列课程模块以物理学的核心内容为载体,侧重物理学与社会的相互关联和相互作用,突出物理学的人文特色,注重物理学与日常生活、社会科学以及人文学科的融合,强调物理学对人类文明的影响。在本系列中,学生在学习物理学的内容及其技术应用的同时,将会更多地体会到物理学的发展对人类文化、人类社会的影响,更深入地认识科学、技术与社会的关系。

选修 1-1 模块由电磁现象与规律、电磁技术与社会发展、家用电器与日常生活三个二级主题构成。在本模块中,学生将经历从观察、认识形式多样的电磁现象到构建统一的电磁理论的探究过程,了解这些知识产生的历史背景,以及由此引发的人类思维、生产方式、生活方式的变革,认识科学技术和社会发展的互动关系,体验科学家不畏艰辛、勇于探索和创新的精神。

选修 1-2 模块由热现象与规律、热与生活、能源与社会发展三个二级主题构成。本模块以能量的使用为主线,学生在学习物理学基础知识和方法的同时,将认识科学技术和社会发展的互动关系,以及由此引发的人类思维、生产方式、生活方式的变革;思索科学、技术与社会协调发展的关系,培养可持续发展的意识。

- 选修系列(选修 2-1　选修 2-2　选修 2-3)

物理学对于技术的发展和人类文明的进步起着重要的作用。在日常生活中,从交通工具、家用电器直到医疗设备等,物理学的技术应用已经深入到每个角落。基于这样的思考,本系列课程模块以物理学的核心内容为载体,侧重从技术应用的角度展示物理学,强调物理学与技术的结合,着重体现物理学的应用性、实践性。在本系列中,学生要了解一些与技术直接相关的物理学知识;认识一些用科学知识解决技术问题的基本途径;在学习物理内容和技术应用的过程中加深对科学技术的亲近感;体会科学与技术相互促进又相互制约的关系以及科学技术与社会发展的关系。

选修 2-1 模块由电路与电工、电磁波与信息技术两个二级主题构成。电磁现象和电磁规律是物理学研究的重要对象,同时也是应用最广泛的物理学内容之一。在本模块中,学生将学习与电路和电磁波相关的技术内容——电工和信息技术,通过学习电能的应用认识物理学对于技术、经济和社会发展的意义;通过了解集成电路及微电子技术的应用认识物理学对日常生活、经济、社会所产生的重大影响。

选修 2-2 模块由力与机械、热与热机两个二级主题构成。生活和生产中的各种结构都与人们对力的认识密切相关,各种传动机构和工作机械的使用方便了我们的生活。热机的使用使人类突破了体力和畜力的局限,在更广阔的领域发展生产力。在本模块中,学生将学习与力现象和热现象相关的技术内容——机械和热机,通过学习各种传动机构和工作机械的原理来认识机械的使用对于人类社会发展的重要意义;通过了解各种类型的热机的工作原理及新型热机的发展趋势来体会科学技术对于经济、社会进步的意义。

选修 2-3 模块由光与光学仪器、原子结构与核技术两个二级主题构成。光现象是日常生活中最常见的物理现象之一。各种光学仪器在日常生活中十分常见。人类对于微观世界的认识与核技术的发展是 20 世纪最伟大的科学技术成就之一。在本模块中,学生将学习与光现象和原子结构相关的技术内容——光学仪器和核技术,通过学习各种光学仪器的工作原理和在生活、生产中的应用来认识光学仪器对于日常生活、经济社会的重大影响;通过学习核反应的原理和核能的应用与防护来认识核技术对于经济、社会发展的意义以及可能产生的问题。

● 选修系列(选修 3-1 选修 3-2 选修 3-3 选修 3-4 选修 3-5)

物理学是一门基础自然科学,它所研究的是物质的基本结构、最普遍的相互作用、最一般的运动规律以及所使用的实验手段和思维方法。经典物理学奠定了两次工业革命的基础;近代物理学推动了信息技术、新材料技术、新能源技术、航空航天技术、生物技术等的迅速发展,继而推动了人类社会的变化。基于这样的考虑,本系列课程模块侧重让学生较全面地学习物理学的基本内容,进一步了解物理学的思想和方法,较为深入地认识物理学在技术中的应用以及对经济、社会的影响。在本系列中,学生在学习较系统、较全面的物理学的基本内容的同时,将进一步增进对科学的理解,发展实验技能和科学探究能力,深入体会"科学—技术—社会"的关系。

选修 3-1 模块由电场、电路、磁场三个二级主题构成。本模块是高中物理的核心内容之一,主要包括以下两个方面的内容。第一个方面的内容是对"场是除实物以外物质存在的另一种形式"的认识。学生通过电场和磁场的学习不仅要知道电场和磁场的基本性质,了解电场和磁场规律在科学技术、生产和生活中的应用,而且要加深对于世界的物质性和物质运动的多样性的认识。第二个方面的内容是关于电路的学习。学生通过电路的学习不仅需要理解闭合电路的规律、认识电路元器件和电路参数的物理意义等,而且要了解电路的研究在现代科技发展中的作用,以及与日常生活的密切联系。

选修 3-2 模块由电磁感应、交变电流、传感器三个二级主题构成。本模块内容具有以下三个特点。第一,具有较强的理论意义。电磁感应规律是物理学发展史中划时代的伟大发现,它进一步揭示了电与磁之间的内在联系,是具有里程碑意义的重大发现。第二,具有较强的社会意义。电磁感应规律的研究和交流电的使用,使人类社会进入了电气化时代,电能已成为今天人类生活、生产和科技发展所应用的主要能量形式。现代信息技术的三大支柱是信息的获取、传递与处理,传感器则是获取信息的主要渠道之一,为此,我国与所有发达国家都在致力于研究发展传感器的技术。第三,实践性较强。本模块的大部分内容都要求通过实验、探究与活动来展现,所以教师应让学生尽可能多经历一些科学探究的过程,领悟物理学研究的思想与方法。基于本模块的三个特点,教师在教学中不仅要让学生经历科学探究的过程,而且要重视它们的理论意义和社会意义。

选修 3-3 模块由分子理论与统计思想、固体、液体与气体、热力学定律与能量守恒、能源与可持续发展四个二级主题构成。在本模块中,学生将要求用能量的观点分析热运动的问题,从宏观和微观两个角度认识热现象的规律,应用统计思想和能量转化与守恒的规律解释现象、处理问题。学生通过这一模块的学习将进一步认识能源开发、消耗和环境保护等方面的问题,树立可持续发展的意识、社会参与意识,以及对社会负责的态度。

选修 3-4 模块由机械振动与机械波、电磁振荡与电磁波、光、相对论四个二级主题构成。在本模块中,学生将首先通过机械波的学习认识波动的一般规律,进而学习电磁波和光,最后将初步接触相对论的知识,从而拓展视野,激发进一步探索科学奥秘的兴趣。另外,本模块是继续学习物理学和其他科学技术的基础,也是了解现代科学技术的基础。

选修 3-5 模块由碰撞与动量守恒、原子结构、原子核、波粒二象性四个二级主题构成。在本模块中,学生将学习关于原子、原子核等微观粒子的初步知识。这是了解现代科学技术的基础,也是继续学习物理学以及相关科学技术的基础。历史上,对于电磁波、原子结构的认识,典型地展示了人类认识自然规律的科学方法;而对于微观粒子的波粒二象性的认识,则表现了人类直接经验的局限性。因此,学生在本模块的学习中,要注意体会其中的科学方法、科学思想,感受科学的和谐美。动量守恒定律是自然界的基本守恒定律之一,是研究微观粒子所必需的知识,要在学习原子结构和原子核的内容之前学习它。

新一轮基础教育课程改革正在向纵深推进,面对新课程改革(包括中学物理课程改革)所带给我们的机遇与挑战,我们得向美国作家斯宾塞·约翰逊(Spencer Johnson)所著的《谁动了我的奶酪》①(*Who moved my cheese*)中的两只小老鼠"嗅嗅"和"匆匆"学习,与时俱进,立即行动,让我们一起走进中学物理新课程。

思考题

1. 常听中小学教师或校长说:"课程就是教学的科目"。你对这一说法有何评价?

---

① 该书生动地描绘了四个角色:两只小老鼠"嗅嗅"(Sniff)和"匆匆"(Scurry),两个小矮人"哼哼"(Hem)和"唧唧"(Haw)在面对外界环境发生变化时所具有的不同态度及所采取的不同行动,深刻地阐述了"变是唯一的不变"这一生活真谛。

2. 举例说明教师认识并把握新课程背景下学校课程的各种类型有什么意义或价值?
3. "课程标准"与以往的"教学大纲"相比,有什么新的功能?
4. 将科学探究列为内容标准的一部分有何意义和价值?
5. 你认为新的高中物理课程结构将会对学生的发展有何积极的意义?
6. 请尝试对"内容标准"中的某一二级主题下的某一条目作一解读。

【拓展资料】

我国物理课程的前身——格致学

虽然物理学的源头可追溯到远古,但在我国,直到19世纪末含有物理知识的"格致"才列为学校的课程。"格致"一词源于我国儒家《礼记·大学》篇中"格物、致知、诚意、正心、修身、齐家、治国、平天下"的"八条目"。即"格物致知",简称"格致",意指探究事物的道理。中国清代末年被用作对西方传入的物理、化学、动物、植物等自然科学的统称。如《清史稿》卷一百七·志八十二·选举二记载:"格致科目分六:天文,地质、高等算学、化学、物理、动植物"。又如《清会典》卷一百记载"凡格致之学有七:力学、水学、声学、气学、火学、光学、电学"。在我国,物理作为学校的一门独立学科较晚,最早溶于"格致"之内,过后则纳入"自然科学"或"理科"、"理化"之中,最后才独立出来。格致之类的理科知识在我国"入学"较晚,应归咎于重文轻理的旧教育。我国早年的学校只设文科课程而无理科课程,直到1887年10月,京师同文馆才添"算学"一科取士,始含"格致"。在此之前虽有格致课本传入我国,如《格致》、《格致须知二集》、《格致启蒙》等,但理化从格致中独立出来作为课本传入始于1887年广学会出版的《理化》。学校开设包括物理在内的近代新科学是随"西学"的传播而发展起来的。1893年,湖北自强学堂等新型学校始设包含物理知识的格致课,成为我国新教育的萌芽。在此之前,格致还未成为学校的科目。1897年,清朝礼部在"注重实用"的宗旨下,才议准陕西等省创立格致实学书院,开设格致、天算等,至此,"格致"才正式被官方列入学校课程。从我国新教育萌芽(1893年)至格致最先取得"学籍"(1897年)的四年间出版的格致类教科书有《格致书院课程》、体现物理学与数学内在联系的《物算教科书》等。

1898年,"初级格致学"、"高级格致学"开始跻身于京师大学堂所设的20多门课程之中。当时的格致教科书是朱开甲、王显理等人创办的《格致新闻》,每月一册,用连史纸石印,请教士演讲,并实地试验。

1901年,普通学报社出版《石印报小册》,每月一册,所载分经文、文算、格致、博物及外国语等,成为当时许多学堂的教科书。可见,我国物理教材的最初形成是以"月刊"的形式发行的。这种期刊类教材,不仅可以设立特别栏目,满足不同的个性需要,发展学生的个性特征,而且还可以时时反映与所学的内容相关的生活趣事、科技新成就、物理界的新闻人物。并经常变换插图、版式设计等,吸引学生的好奇心,提高对物理的学习兴趣。同时还有助于在学生、教师与教材之间建立反馈——矫正机制,不断吸取成败的经验教训,促进教学质量的提高。

1901年,因八国联军侵京,火烧圆明园,国受创痛巨深,力求改革,"兴学育才",始设大学预备科,所涉物理知识与19世纪末相比多了声学和光学两部分。1902年,依据《钦定学堂章程》,京师大学堂格致科、政科、艺科、仕学馆、师范馆等均开设物理,至此,物理学才从格致中独立出来。当时国人一边自编教材,一边翻译英美课本。如《物理学》、法国《中等格致课本》卷三:物理学、《物理学教科书》和《物理易解》等。物理课最初只在大学开设,后又在中学设置,至光绪末年又进入了个别小学课程,相应的教科书诸如《小学简明物理教科书》等,不过由于它与儿童思维发展的阶段性相抵触,当时就被清朝学部列入了批斥和无庸审定的教材。

总之,作为我国物理课程前身的格致学,不仅对我国提高当时民众的科学素养、科学救国起到了巨大的推动作用,而且还对后来我国的物理教材形成力、热、声、光、电等结构产生了直接的影响,体现了物理课程结构的继承性。

(资料来源:原载于《物理教学》2002年第5期,作者为河南省平顶山市一中的司德平老师。编入时编者略有改动。)

第 2 章　中学物理课程资源论

课程资源(curriculum resource)是新一轮基础教育课程改革所明确提出的一个重要概念。本次课程改革强调课程资源,是因为"没有课程资源的广泛支持,再美好的课程改革设想也很难变成中小学的实际教育成果"[①]。为此,在基础教育各科的《课程标准》中都提出了开发和利用课程资源的建议。鉴此,中学物理教师在实施新课程的过程中要逐步树立并强化课程资源的意识。

2.1　新课程背景下课程资源的新视野

有这样一个说法,美国的教师教学生画苹果时,提上一袋苹果,一人分一个,让学生看、摸、闻,甚至咬上几口,然后开始画苹果。结果,大多数学生第一次画出来的像西瓜,第二次画出来的像梨子,第三、四次画出来的才像苹果;而中国的教师教学生画苹果时,只带一支粉笔,先对全班学生讲画苹果的注意事项,然后在黑板上一笔一划地示范,学生照着老师的样板画出来。结果,所有的学生第一次画出来的就像苹果。从学生学习的质量而言,美国的学生虽然画得费劲且不太像苹果,但画出来的却是"生活中的苹果"、"自己的苹果",中国的学生虽然画得轻松且很像苹果,但画出来的却是"黑板上的苹果"、"老师的苹果"。如果我们从课程资源的角度来审视,那么中美教师的课程资源意识是不一样的。显然,教师运用不同质的课程资源对于促进学生发展的作用是大不相同的。那么什么是课程资源? 如何有效地开发和利用课程资源呢?

2.1.1　课程资源的含义与分类

课程资源是新一轮基础教育课程改革所提出的一个重要概念。无论是国家课程的创造性实施,还是地方课程和校本课程的开发与建设,都应该充分发挥当地社区和学校的课程资源优势,为促进学生有个性的健康和多样化发展和教师的专业成长服务。

1. 课程资源的含义

所谓课程资源,是指"形成课程的要素来源以及实施课程的必要而直接的条件"[②]。例如,知识、技能、经验、活动方式与方法、情感态度与价值观以及培养目标等

[①] 朱慕菊.走进新课程——与课程实施者对话[M].北京:北京师范大学出版社,2002.213.
[②] 吴刚平.课程资源的理论构想[J].教育研究,2001,(9):59.

方面的因素,就是课程的要素来源。它们的特点是作用于课程,并且能够成为课程的要素。又如,直接决定课程实施范围和水平的人力、物力和财力,时间、场地、媒介、设备、设施和环境,以及对于课程的认识状况等因素,就属于课程实施的条件。它们的特点是作用于课程却并不是形成课程本身的直接来源,但它在很大程度上决定着课程的实施范围和水平。当然,现实中的许多课程资源往往既包含着课程的要素来源,也包含着课程实施的条件,如图书馆、博物馆、实验室、互联网络、人力和环境等。这是广义的课程资源,简单地说,是指有利于实现课程目标的各种素材性和条件性因素的总和。除此之外,还有狭义的课程资源,它仅指形成课程的直接因素来源。

课程与课程资源存在着十分密切的关系。没有课程资源也就没有课程可言,有课程就一定有课程资源作为前提。但是它们毕竟还不是一回事,课程资源的外延范围远远大于课程本身的外延范围,它只有在经过相应的加工并付诸实施时才能真正进入课程。课程实施的范围及水平,一方面取决于课程资源的丰富程度,另一方面更取决于课程资源的开发和运用水平,也就是课程资源的适切程度。

2. 课程资源的分类

为了更好地认识和把握内涵丰富且外延宽广的课程资源,我们或按一定的根据把某些资源归属到一起,或按不同的特点,把某些资源区分开来,这就是我们所说的课程资源的分类。由于分类的标准不同,课程资源可以划分出许多不同的类型,但目的都是要帮助澄清课程资源的基本概念框架,加深人们对于课程资源的理解。

1) 素材性课程资源和条件性课程资源

按照课程资源的功能特点,可以把课程资源划分为素材性课程资源和条件性课程资源两大类。如前所述,所谓素材性课程资源是指形成课程的素材或直接来源。如知识、技能、经验、感受、创意、问题、困惑、活动方式与方法、情感态度与价值观及培养目标等。所谓条件性课程资源是指不是形成课程本身的直接来源,但却决定课程实施的范围和水平。如人力、物力和财力,时间、场地、媒介、设备、设施和环境,以及对课程的认识状况等。

2) 校内课程资源和校外课程资源

按照课程资源的空间分布,大致可以把课程资源划分为校内课程资源和校外课程资源两大类。凡是学校范围之内的课程资源,就是校内课程资源,超出学校范围的课程资源就是校外课程资源。如校外图书馆、科技馆、博物馆、网络资源以及乡土资源等。校内外课程资源对于课程实施是非常重要的,但它们在性质上还仍有所区别,就利用的经常性和便捷性来讲,校内课程资源的开发和利用应该占据主要地位,校外课程资源则更多地起到一种辅助作用。所以我们一方面要最大限度地利用学校内部的课程资源,另一方面也要加强利用校外课程资源,帮助学生与学校以外的环境打交道。

3) 显形课程资源和隐形课程资源

按照课程资源的存在方式,可以把课程资源划分为显形课程资源和隐形课程资源两大类。显形课程资源是指看得见摸得着,可以直接运用于教育教学活动的课程资源。如教材、计算机网络、自然和社会中的实物、活动等。作为实实在在的物质存在,显形课程资源可以直接成为教育教学的便捷手段或内容,相对易于开发和利用。而隐形课程资源是指以潜在的方式对教育教学活动施加影响的课程资源。如学校和社会风气、家庭氛围、师生关系等,与显形课程资源不同,其作用方式具有间接性和隐蔽性的特点,它们不能构成教育教学的直接影响。从这个意义上来说,隐形课程资源的开发与利用更需付出艰辛的努力。

4) 自然课程资源和社会课程资源

按照课程资源的性质,可以把课程资源划分为自然课程资源和社会课程资源两大类。自然课程资源突出"天然性"和"自发性",如用于生物课程的动植物、微生物;用于地理课程的地形、地貌和地势,等等。而社会课程资源突出"人工性"和"自觉性",如为了保存和展示人类文明成果的公共设施,图书馆、博物馆、展览馆,等等。

5) 物质形态的课程资源和精神形态的课程资源

按照课程资源的存在形态,可以把课程资源划分为物质形态的课程资源和精神形态的课程资源两大类。物质形态的课程资源,如文化教育机构(图书馆、博物馆、少年宫)、风景名胜、文物古迹、广播电视、网络、现代化的教学设备等。精神形态的课程资源,如社会生活方式、价值规范、行为准则、人际关系、校风、学风、社会风气等。

值得我们注意的是,新课程背景下课程资源不是为了作概念的注脚,也不是为了旁征博引、补充课程的内容,而是为了帮助学生更好地理解、掌握课程的教育内容,促进学生全面而有个性的发展。

2.1.2 课程资源的新视野

课程资源的开发和利用就是把理论上属于课程资源的资源要素发掘出来,真正为学校教育服务。课程资源的开发和利用不仅要遵循一定的原则和一定的筛选机制,而且需要开拓创新,积极拓展课程资源开发和利用的新视野,并关注教学过程中动态生成的课程资源,以体现出不同于传统做法的时代特色。

1. 课程资源的筛选机制

从当前我国课程改革的趋势来看,凡是有助于创造出学生主动学习和和谐发展的资源,都应该加以开发和利用。但究竟哪些资源才是具有开发和利用价值的课程资源,还必须通过一定的筛选机制的过滤才能确定。从课程理论的角度讲,至少要经过三个筛子的过滤筛选,才能确定课程资源的开发价值:第一个筛子是教育哲学,即课程资源要有利于实现教育的理想和办学的宗旨,反映社会的发展需要和进步方向;

第二个筛子是学习理论,即课程资源要与学生学习的内容条件相一致,符合学生身心发展的特点,满足学生的兴趣爱好和发展需求;第三个筛子是教学理论,即课程资源要与教师教学修养的现实水平相适应。所以,开发课程资源,特别是开发素材性课程资源,必须反映教育的理想和目的、社会发展需要、学生发展需求、学习内容的整合逻辑和师生的心理逻辑。

为使课程资源的筛选机制更好地发挥作用,还必须注意两个重要原则。其一,优先性原则。学生需要学习的东西很多,远非学校教育所能包揽,因而必须在可能的课程资源范围内和充分考虑课程成本的前提下突出重点,并使之优先得到运用。其二,适应性原则。课程的设计和课程资源的开发与利用不仅要考虑学生的共性情况,更要考虑特定学生对象的具体特殊情况。如果要为特定教育对象确定恰当的目标,那么仅仅考虑他们已经学过的内容还不够,还需要考虑他们现有的知识、技能和素质背景。除了考虑学生群体的情况外,还要考虑教师群体的情况。只有这样,课程资源才能得到更加充分合理的开发与利用。

2. 新课程背景下课程资源的新视野

新课程对教师的挑战之一就是要树立崭新的课程资源观。课堂教学是由文本、教师、学生及环境等构筑的动态生成系统。课堂教学的过程,不是一个被动的传递与执行教材资源的过程,而是一个动态的生成资源、利用资源、提升资源和创造资源的过程。限于篇幅,下面仅从课堂教学的三个最基本的要素:教材、教师、学生来阐述课程资源的新视野[①]。

1) 教材不再是唯一的课程资源,但仍是最基本的课程资源

长期以来,我国中小学课程资源的结构比较单一,除了把教材作为唯一的课程资源外,在课程资源的开发主体、基地、内容、条件等方面也很单一,而且未能形成有机整体。从而导致人们误以为教材就是唯一的课程资源。一提到开发和利用课程资源,就想到要订购教材,或者编写教材,甚至进口国外教材。但是,从课程资源的含义以及新课程的实施要求来看,尽管教材(主要是教科书)直到现在依然是首要的课程资源,但它已不再是唯一的课程资源,而且随着"一标多本"(一个课程标准,多种版本教材)的出现,其相对作用正呈下降的趋势,所以,在认识上我们要打破教材作为唯一课程资源的神话,合理构建课程资源的结构和功能,即使在教材的开发和建设方面,也需要进行结构上的突破,体现时代发展的多样化要求。与以往把教材作为唯一的课程资源相比,现在我们应对教材的态度发生变化。教材不再是唯一的课程资源,但仍是最基本的课程资源。为此,教材的编写应当符合课程标准的要求,应精选对学生终身发展必备的基础知识与基本技能,同时也要从学生的兴趣出发,尝试以多样、有

---

① 沈建民.新课程背景下课程资源的新视野[J].教学月刊(中学版),2006,6(下):23—25.

趣、富有探索性的材料和方式展示教育内容,并且能够提出观察、实验、操作、调查、讨论等方面的建议。在课程政策上要鼓励学校选用通过审定的教材;要鼓励教师从"教教材"向"用教材教"扩展,教师应对教材进行"二次开发",可以调整、筛选与补充。但这并不意味着学校和教师可以完全放弃或拒绝教材,这在课程政策上是不允许的。从本质上说,教材是课程资源的一部分,但它具有特殊性,它在很大程度上反映了国家的意志,反映了国家对于基础教育的基本质量要求,为基础教育提供了一个落实课程标准的参照性标杆与尺度,是政策性很强的课程资源。目前,地方、学校和教师都无权拒绝选用教材。教材虽不再是唯一的课程资源,但它不是可有可无的课程资源,而是最基本的课程资源。

2)教师不仅是重要的课程资源而且也是课程资源的创造者

课程资源,无论是素材性课程资源还是条件性课程资源,对于课程目标的实现范围和水平都是非常重要的。但是,在课程资源普遍紧张的情况下,哪些课程资源在整个课程资源中居于主导位置,对于课程资源结构功能发挥具有决定意义呢?

对于条件性课程资源来说,必须首先保证的是实施课程最基本的时间和空间,比如课时保证和为基本的人身安全及课程选修所必须的场地、物资和设备。这是基础教育课程实施的前提条件,没有这样的条件保证,就谈不上课程实施的问题。在具备了这些基本条件之后,条件性课程资源的建设则要量力而行。素材性课程资源的开发和利用与条件性课程资源的开发和利用相比,则有更大的灵活性和创造空间。其中,兼具条件性与素材性课程资源两种性质的教师的要素在整个课程资源,特别是素材性课程资源的开发和利用中起主导和决定性的作用。换句话说,教师不仅决定课程资源的鉴别、开发、积累和利用,是素材性课程资源的重要载体,而且教师自身就是课程实施的首要的基本条件资源。所以,从这个意义上来讲,教师是最为重要的课程资源,教师的素质状况决定了课程资源的识别范围、开发与利用的程度以及发挥效益的水平,事实上,随着课程教材改革和学校内部教育教学改革的深化,教师是教育改革关键性因素的观点,越来越引起人们的关注。许多教师甚至在自身以外的课程资源极其紧缺的情况下,"化腐朽为神奇",实现了课程资源价值的"超水平"发挥。从这个意义上来说,教师又是课程资源的创造者。

3)学生的"错误认知"和"创新思维"也是值得开发和利用的课程资源

新课程背景下,学生不仅是课程教学的"对象"、"主体",也是课程教学"资源"的重要构成和生成者。学生进入教学的初始状态,是教学能否对学生发展起真实、有效作用的基础性资源,也是课堂上师生交互作用的起点。学生在课堂活动中的状态,包括他们的学习兴趣、积极性、注意力、学习方法与思维方式、合作能力与质量、发表的意见、建议、观点,提出的问题与争论乃至错误的回答和创新的火花等,无论是以言语,还是以行为、情绪方式来表达,都是教学过程中的生成性资源。通过教学后学生呈现的变化状态,则是评价性资源和下一个教学流程的基础性资源。有了这种"活资源"的意识,教师才会在课前、课堂和课后,把自己的心思不只是放在教材、教参和教案上,而是努力放在研究学生、倾听学生、发现学生上,才会不把学生在课堂中的活动、回答看作是一种对教师教的配合,才会珍视来自学生的反馈信息,创新课程资源。

建构主义理论指出,知识是由个体建构而成的,这意味着学生的知识获得就不再是对外部信息的简单接受,而是一个对外部信息的能动的加工过程,这种加工必须以原有知识和经验为基础。因为当问题一旦呈现在他们面前时,他们一定会提取原有知识和经验,依靠其已有的知识背景,对新问题作出合乎逻辑的假设和判断。以原有知识作为新的知识的生长点是新知识形成的最大特点。美国教育心理学家奥苏贝尔(D. P. Ausubel)更精辟地认为,"假如让我把全部教育心理学仅仅归结为一条原理的话,我将一言以蔽之曰:影响学习的唯一最重要的因素,就是学习者已经知道了什么。要探明这一点,并应据此进行教学"。为此,在课堂教学中我们既要聆听学生的"乐音"又要善于倾听学生的"噪音"。因为课堂教学中学生的"错误认知"和"创新思维"这些"噪音"和"乐音"就真实地反映了学生的"认知现状",内蕴着值得我们重视并可加以开发和利用的课程资源。只有这样,才能使"把思考还给学生"这一新课程所倡导的教学理念付之于教学行动之中;才能根据学生在课堂学习中的反馈信息再对预设的教学流程作出实时的动态调整或调适,以实现新课堂教学过程预设与生成的统一。

丰富的课程资源不仅仅需要经费的支持,需要设备的支撑,它更需要无数善于发现的慧眼、善于发现的心灵。正如前苏联教育实践家和教育理论家苏霍姆林斯基(B. A. Cyxomjnhcknn)所说的那样"学生的自信心和创造力犹如荷叶上的露珠,一不小心,就会滑落在地,摔得粉碎,所以,它需要我们倍加尊重和小心呵护"。正是在这种小心呵护和尊重中,学生的创造性潜能才被不断激发出来,在错误的不断闪现和更正中,学生完成了对自己原有知识的超越。

2.1.3 开发和利用课程资源举例

课程资源的开发和利用,是保证新课程实施的基本条件。作为一线教师应积极转变教育教学理念,树立正确的课程资源观,强化课程资源意识,因地制宜地开发和利用所教学科的各种课程资源,以推动学生学习方式的转变,为课程的实施提供有效的"脚手架"。以下是一位基层教师在实施浙教版《科学》(7~9年级)课程时开发与利用课程资源的一些认识与实践[①],值得我们学习和借鉴。

1. 注重科学教科书资源的开发与利用

科学教科书是最基本的科学课程资源。它是由课程专家、学科专家和优秀科学教师共同编写的,是科学教师教学的基本凭借,也是学生自学的主要对象。因此,在

---

① 屠红良.初中科学课程资源的开发与利用[J].现代中小学教育,2006,(9):47—49.

很大程度上,科学教学依靠的是科学教科书。但是,我们绝不能把科学教科书当成是"圣经"和唯一的科学课程资源。白璧微瑕,再好的科学教科书也会有局限性,也会有不适应性。科学教师要根据《科学(7～9年级)课程标准》的要求和本社区、本校的实际情况、学生的发展需要以及社会发展形势等,对科学教科书内容进行科学的调整和重组,包括对原有内容的增删、补充、引申、拓展等,也包括对教学进度的调整、课后练习的优化和创造性地制作教学用具、课件等,使科学教科书内容问题化、结构化、综合化、情景化、生活化,符合学生发展的需要。

如在上浙教版《科学》七年级第一册《太阳和月球》时,屠红良老师在讲授月球内容时适时地通过视频和多媒体技术手段补充了我国"载人航天工程"和"嫦娥工程",当"神六"飞船成功升空的画面再次出现在银幕时,学生们情不自禁地起立热烈鼓掌,课堂氛围异常热烈。这不仅可以培养学生学习科学的兴趣,还可以提升学生的爱国热情等。

2. 加强科学实验室资源的开发与利用

科学实验室也是一种基本的科学课程资源,科学课程的一个显著特点就是"探究"。科学课程将通过科学探究的学习方式,让学生体验科学探究的过程和方法,发展初步的科学探究能力,而这些的实现离不开完备的科学实验室作支撑。没有科学实验室资源的开发与利用,再美好的科学课程目标也很难变为实际的科学教学成果。

科学实验室包括物理实验室、化学实验室、生物实验室、地学实验室、气象观测站、天文台以及相应的配套实验仪器和其他设备等。科学教师一定要提高认识,一方面要最大限度地利用实验室现有的药品、器材,充分挖掘其实验功能,做到一物多用、废物利用;另一方面要积极寻求学校、社会的资金支持,增添、增加实验器材,将信息技术等引入科学实验室,让学生能在科学实验室中接触到现代科技。同时,也要积极提倡用日常器具做实验,让学生身边的物品和器具成为重要的科学实验室资源。

如屠红良老师在科学教学中常常用贝壳或鸡蛋壳代替碳酸钙,用食用碱代替碳酸钠,用废电池的外片代替锌粒,用食醋代替醋酸,用废弃的饮料瓶和小药瓶作反应容器,用脸盆作水槽等。这绝不是权宜之计,而是让学生在潜移默化中意识到"生活用品皆药品"、"坛坛罐罐皆仪器"。此外,科学教师还要及时改变科学实验室的封闭式管理状态,开放实验室,把课堂搬入实验室,将课堂创设成"一个购物的超市",学生需要什么就能取到什么,让学生随时随地设计实验、选择仪器、自主探究,全面提高每一个学生的科学探究能力。

3. 重视人力资源的开发与利用

人本身是一种最具活力的课程资源,也是一种最容易被忽略的课程资源。科学教师对"活"的课程资源不重视或认识不到位,直接影响科学课程的顺利实施。

1)教师是重要的科学课程资源

首先,科学教师既是科学课程资源的开发者和利用者,同时也是一种科学课程资源。科学教师的知识储备、技能技巧、价值观念、理论素养以及人格魅力等都可以成为科学课程资源,可以广泛开发和利用。

如在上浙教版《科学》七年级第二册《眼和视觉》时,屠红良老师根据自己摄像的专长,在讲授完照相机原理后,补充了摄像技巧,学生们在利用照相机拍摄实践的过程中,既理解了原理,又学到了一门技术。

其次,同学科和不同学科的教师也是一种科学课程资源。科学课程的另一个显著特点就是"整合",这就要求同学科和不同学科的教师之间互相学习,取长补短,分享思想,共享资源。因为每个教师的知识素养不同、教学风格不同、教学技能不同,这些都是很好的科学课程资源,若开发利用得好将大大促进科学教学的质量。

如在上浙教版《科学》七年级第一册《长度和体积的测量》时,要讲授"科学记数法",然而由于教材之间的知识不匹配,《数学》中这一知识点还未学习,讲得过深影响本节课的重点与难点,不讲或附带讲一讲,则学生难以理解与接受。于是屠红良老师请了数学老师,专门上了一堂特殊的科学课——《有理数的乘方》,让学生学习了"同底数幂的乘法和除法"数学知识后,再上长度的测量,教学质量取得了事半功倍的效果。

2)学生也是一种重要的科学课程资源

每一个学生都有特定的生活环境、不同的阅历经验和各异的兴趣爱好。而学生的现实生活和可能生活是科学课程的依据,学生已有的经验是科学教学的起点,学生的兴趣是科学学习的最大动力。因此,科学教师应很好地意识到这一点,并善于捕捉学生中有效的信息,加以开发与利用,这样既能使教学内容丰富多样,又能贴近学生的生活和兴趣,提高科学教学活动的效果。

如在上浙教版《科学》七年级第一册《月相》时,屠红良老师在讲授完月相变化规律的知识后,邀请了班里喜爱诗词的某同学上讲台给大家介绍涉及月相知识的诗词句。该生喜出望外一口气说出了许多:"楼上黄昏欲望休,玉梯横绝月如钩"(蛾眉月);"月落乌啼霜满天,江枫渔火对愁眠。姑苏城外寒山寺,夜半钟声到客船"(上弦月);"多情自古伤离别,更那堪冷落清秋节!今宵酒醒何处?杨柳岸晓风残月"(下弦月)等等。而台下的学生在享受优美的诗词句的同时,也更加深刻地掌握了月相的相关知识。

3)科学家、科技员、实验员、学生家长、普通劳动者等都是重要的科学课程资源

他们一般都具有丰富的生活经历和工作经验,有的还是某方面的权威和某领域的专家。他们可以成为学生的老师,也可以成为我们老师的老师,关键看科学教师能否根据实际需要来加以组合利用,形成新的"学习共同体"。

如在上浙教版《科学》七年级第二册《植物生殖方式的多样性》时,屠红良老师邀请了当地的一位果农给学生们上了一堂实验课——《嫁接》,果农通过现场做砧木、接穗,示范如何使砧木、接穗的形成层紧密结合以及手把手地指导学生嫁接实践等,使学生都学会了嫁接。

4. 加快网络资源的开发与利用

随着社会的进步,先进的信息技术和网络技术为科学学习提供了更方便、更快捷和更丰富的信息来源,网络资源成为了科学课程的新兴课程资源。它具有信息容量大、信息传播快、智能化、虚拟化、开放性、交互性和多媒体等特点,对于延伸感官、丰富表象、突破时空等有着重要作用,是其他形式的课程资源所无法替代和比拟的。为此,科学教师一方面要充分利用自己的"计算机素养"、"媒体素养"从网上"海量"的信息中筛选、获取有用的信息,使之成为适合本校的科学课程资源。如网上有丰富的科学教学课件,总的来说这些课件音像兼备、形象生动、声情并茂、动静结合,能起到创设教学情景、激发学生学习兴趣等作用,但这些课件并不完全适应每一所学校、每一个教师,科学教师要对这些课件进行慎重选择和再度开发,对其内容、结构及形式等进行重组和整合,以更适应当地学生的身心特点和认知规律,使其真正发挥出应有的价值——促进和提高学生的科学素养。

另一方面,科学教师要积极引导学生通过网络开展自主探究学习。通过网络,学生可以访问世界各地的科学教学网站、科普网站、科学资料数据库、图书馆、科技馆等,利用不断优化的网络环境与其他媒介开展更大范围的科学讨论、资源共享与交流、科学探究协作等活动,拓宽科学视野,丰富生活经验,提高科学探究能力。与此同时,也使科学课程不再局限于课堂、局限于学校,而是朝着更大的空间发展。

5. 注重生成性资源的开发与利用

科学课堂教学中的"意外",也是一种不容忽视的科学课程资源。新课程标准认为,教学过程是开放的,不是封闭的;是生成的,不是预设的。一堂课无论课前设计得多么完善,准备的多么充分,在实施过程中,都可能会出现"意外"。学生的提问、插嘴、质疑,问题回答的错误,实验的失败,甚至如"一只鸟儿突然闯进教室"等都可能打扰你原先的教学预设。面对这些"意外",科学教师应心平气和,并紧紧抓住这稍纵即逝的契机,充分挖掘其中的合理因素,灵活巧妙地加以利用,使其成为新的科学课程资源。

如在上浙教版《科学》七年级第二册《植物的一生》时,屠红良老师在讲"探究种子萌发条件"时,一个学生突然问:种子如果没有种皮能不能萌发?根据科学教学参考书的要求,只需让学生探究出种子萌发的外界条件(水分、空气、适宜的温度)即可,所以备课时屠红良老师也没有设计这个问题。怎么办?是搪塞过去,还是置之不理?可这毕竟是培养学生科学探究能力的好机会,想到这里,他放弃原有的教学设计,坦然地告诉大家他暂时不能解决这个问题,让大家一起用实验证明吧。在这个实验过程,学生考虑得非常细致,不仅把种子萌发的内部条件——种子具有活的完整的胚、种子萌发的外界条件(水分、空气、适宜的温度)探究出来,而且还扩展到"土壤、光对种子萌发的影响",同时也解决了"没有种皮,种子很难萌发"这一科学教科书上没有的知识点。

课堂教学是一个动态的不断发展推进的过程。科学教师只有对课堂上这些生成性资源的巧妙把握,合理的开发与利用,才能使得课堂充满活力,让学生的灵性真正释放、潜能真正开发。

总之,课程资源的开发与利用,教师首先要树立正确的课程资源观,强化课程资源的开发与利用意识;其次,要建构个人有效的课程教学资源库,并不断地对资源库进行充实与创新、"盘活"与维护;第三,要以现代教育理念去辩证地进行开发与利用,让贴近学生生活、能激发学生兴趣、能提高学生探究热情和对培养学生情感、态度、价值观有效的内容进入课程,以实现中学物理(科学)课程的培养目标——全面提高每一个学生的科学素养。

2.2 中学物理生成性课程资源的有效利用[①]

生成性课程资源作为一种新型的课程资源,是人们在对知识、课程、教学人文性的理解上,结合当今哲学上的最强音——生成性哲学的思想而孕育而生的,既符合当今时代的思想潮流,也体现了新课程理念的要求。

课程的实施和创生需要教师充分开发和利用各种课程资源。教师不仅要重视在课前对资源的开发和利用,更要重视对课中动态生成新资源的开发和利用,因为生成性课程资源更能为课程创生提供有利条件和最佳良机。因此,教师对课堂变化不仅要密切关注、随时捕捉,还要根据需要,主动地引导学生动态地生成资源,或以学生出现的错误为契机,引导学生争辩讨论;或以"意外"为跳板,借题发挥;或从对话中捕捉话题,发掘其隐含价值;或根据需要修改预案,创设即时情境。这些都是动态地生成新资源的表现。

2.2.1 生成性课程资源及其价值

1. 生成性课程资源的概念

美国学者伊丽莎白·琼斯和约翰·尼莫教授,在他们合著的《生成课程》(*Emergent Curriculum*)一书中指出:生成课程不是"罐头式"的课程,不是"木乃伊式"的课程,不是偶然的、随意的、老师被孩子牵着鼻子走的课程。课程实施是指在"一个教育环境中实际发生的事情——不是理性上计划了要发生的事,而是真正发生的事情。"

我国著名教育学者叶澜教授在《重建课堂教学过程观》一文中指出:"学生在课堂活动中的状态,包括他们的学习兴趣、积极性、注意力、学习方法与思维方式,合作能

[①] 改编自由沈建民老师指导的物理学专业10届毕业生茅央波的毕业论文《浅论高中物理生成性课程资源的有效利用》。

力与质量,发表的意见、建议、观点,提出的问题与争论,乃至错误的回答等等,无论是以言语,还是以行为、情绪方式的表达,都是教学过程中的生成性资源"。

"课程资源"的丰富性和"生成"的复杂性决定了"生成性课程资源"概念的不确定性与现象的繁杂性。为此,关于生成性课程资源(emergent curriculum resource),目前我们还很难给它下一个确切的定义。但有关学者的深入研究能在一定程度上给我们一些启迪。华东师范大学硕士研究生殷晓静在其硕士论文《课堂教学中的动态性生成资源研究》(2004年)一文中认为:"生成性课程资源主要指在课堂教学中生成的课程资源,是指在真实的课堂教学情境中通过师生的动态教学活动过程而产生的、能够推进教学的各种条件和因素来源"。这是一种狭义的说法。而福建师范大学硕士研究生汪启思在其硕士论文《论生成性课程资源的开发与利用》(2007年)一文中认为:生成性课程资源的产生,在时间和空间上超越了课堂,在主体上也超越了教师、学生、文本,其概念应在时间、空间和主体的三维坐标中生成。生成性课程资源是指"以真实的对话情境为依托,在教育者、受教育者、文本、环境等多种因素、多种形式持续相互作用过程中动态生长的具有课程意义的建构性资源"。当然,这是一种广义的说法。

由此可见,生成性课程资源是在教育、教学活动中产生的,事先不能预设,是生成的,是有生命的,是稍纵即逝的,是不可保存的,是即时的。但是生成性课程资源必须具有价值,必须为教学目标所服务,对教学无意义的则不能算是生成性课程资源,教师在利用时要加以区分,避免耽误教育教学,得不偿失。

2. 生成性课程资源的价值

生成性课程资源的价值可从以下几个方面来认识和理解。

1) 促进教师的成长

著名教育家布鲁姆说:"人们无法预料教学所产生的成果的全部范围,但是没有预料,教学也就不能成为一种艺术。"课堂教学中就有许多突发意外事件,教师对意外突发事件情况的处理得当与否,在很大程度上反映了教师的教学机智与应变能力。

给学生一碗水,教师必须要有一桶水,这是亘古不变的道理。面对新的课程目标,课堂教学更多是一种生成性的教学,当学生的主体性被唤醒的时候,学生就会产生形式多样的活动,使得教学变得变化多端,很难掌控,这时教师不能再用传统的方式来教学,不得不更新其教学理念,用全新的方式来对待新的挑战。这就要求教师要不断提高自己处理事情的应变能力,提高自己课堂教学的智慧,才能应对不断变化的课堂教学。所以生成性课程资源对教师提出了新的挑战要求,使得教师的能力和智慧不断得以提高,并在这个过程中促进教师的成长。

2) 促进学生的发展

生成性课程资源的充分涌现和得以关注的重要前提就是让学生以真实完整的生命体进入课堂。这样,学生的主动性和创造性才能够被积极发挥,教学因此由单向的知识传递变成了多向的、对话式的过程。在这样的过程中,教师运用生成性课程资源,使学生的认知水平、情感水平、技能水平等不断提高,逐步达到素质教育所要求的目标,促进学生的发展。

3) 促进教学的生动展开

生成性课程资源的出现本身就是充满着动态性、开放性、创造性、不确定性。所以生成性课程资源的出现必定会为教学注入活的、新鲜的元素,使得教学充满动态和生动性。教学就好比一条小溪,在教学的情境中向前流淌,而生成性课程资源就好比无数条支流,它们来自各个方向,却最终汇入小溪,朝向最终的目标。因为有不同的、形式多样的形式和资源,教学就变得富有生气,教学的效果就不言而喻了。

2.2.2 生成性课程资源的利用

生成性课程资源的开发,实质上就是寻找一切有可能进入课程,能够与教育教学活动联系起来的资源;而生成性课程资源的利用,实质上就是对动态课程资源赋予其教育教学价值。所以,生成性课程资源的开发与利用是联系在一起的,开发是利用的前提,利用是开发的目的,而开发的过程也包含着一定的利用,在利用的过程中也会促进进一步的开发。

1. 生成性课程资源的利用方式

1) 弹性预设,铺垫生成

俗话说得好"凡事预则立,不预则废。"预设是生成的基础,生成是预设的升华。没有预设的生成就成了"无源之水,无本之木",是无法立足的,也是违背教学要求的;没有生成的课堂又会变得呆板、死气沉沉,没有活力,教学目标同样也不能有效地达成。所以预设和生成要很好的有机结合,共同为课堂教学服务。其实预设不一定是僵化和固定的,预设也可以具有一定的弹性,是可以在教学中不断调整和改变的。教师在教学设计时可以将教学过程中的各个环节以及可能出现的各种情况设计成活的板块,留下足够的"空白"给生成性课程资源所使用,为生成性课程资源的使用做好铺垫,使得课堂教学富有弹性和有效。

具体的策略有:教师在"备课"时不仅要备教材,更要备学生;在教学内容的设计上要有弹性;在教学时间的安排上要有弹性。

2) 创设情境,激发生成

生成性课程资源具有一定的情境性,这就意味着其产生和存在需要依赖具体的、真实的教学情境,是在真实的课堂教学过程中与具体的情境相伴而生的。所以要在课堂教学中产生生成性课程资源,教师就要创造一定的情境,才能引起学生的兴趣,从而把学生引入一种渴求参与的状态。这时,学生的思维处于最佳的状态,智慧的火花就会不断的闪现,生成也就成为了可能,也就被激发出来了。

在具体创设情境时,教师可以采用多种方法,例如可以使用社会热点话题、谜语、动画、故事、生活常识……来吸引学生,创设良好的环境。

3) 课中质疑,利用生成

当课堂教学中出现有效的生成性课程资源的时候,教师要及时捕捉与利用,防止生成性课程资源流失。当然在捕捉和利用时教师不要把结果或者结论直接告诉学生,而是要质疑,提出可以引发思考的问题,让学生根据你的质疑来思考问题,让学生自己发现问题,思考问题,得出结论,真正体现课堂教学是以学生为主体的理念。

4) 引导总结,升华生成

一节课中可能生成的知识会很多,怎样才能使其中有用的部分被学生吸收后被转化为有用的"知识"来促进学生的发展呢?这就需要教师及时加以引导总结,促使生成的知识再一次得到升华,达到更高的境界,使教学质量不断提升。引导总结的方式有很多,教师可以引导学生进行系统的归纳总结,从中提炼出有用的学习方法;也可以对已经生成的内容做进一步生成发展,提出更具有建设性的问题,锻炼学生的发散思维;还可以引导学生通过反思去矫正已经生成的内容,重新构建自己的知识体系。

5) 课后反思,引申生成

在复杂的生成性课堂教学中,教师不可能做到在每节课对所发现的可利用的生成性课程资源进行有效的利用,生成新的教学过程。许多时候,当教师在课后回想时会发现留下了很多美丽的遗憾。然而,错过了发觉生成性课程资源的最佳机会并不表明我们将无所作为。我们还可以利用课外的时间,在课后让一些有想法的学生可以继续来思考和讨论,使得生成性课程资源得到一定的延伸,弥补教学过程中留下的遗憾。

2. 生成性课程资源的利用策略

由于生成性课程资源具有即时性、创生性、潜在性、不确定性等特点,所以在教学中要很好的利用它们就成为了教学的又一大难题。要充分发挥生成性课程资源的价值,使得为教学服务,就需要调动课堂中各种有效因素,把各个因素有机的结合起来,发挥他们的作用,特别是教师在这些因素中所起到的主导性作用。

下面,将从教师、学生、文本三个方面来讲述如何有效利用生成性课程资源,让教学充满亮点。

1) 教师:从教师自身资源来促进生成性课程资源的有效利用

(1) 教师心中要有大目标

在实际的教学中,并不是所有的生成性课程资源都是有用的,有些生成往往会偏离教学目标,出现这种情况的时候,教师要在心中及时审思,看看要不要停止,还是任其继续发展,这时教师的心中就要有大的目标来作为衡量的尺度。如果能够保证教学活动朝着目标所指引的方向发展,那么就不要拘泥小节,而要任其发展,可能会出现本节课的教学目标无法实现,但是如果它是有利于以后或者以前目标实现的,那么我们还是要让它有发展的空间,因为我们要的是大的、总的目标,而不是一节的目标,而这次没有达成得到目标,我们可以在下节课中完成。由此可见,教师心中的大目标就很重要,教师一定要在心中有长远的、大的目标,当然也要有一节、一章的目标,使之了然于胸,为生成性课程资源的利用所服务,最终为教学服务。

(2)教师灵感的产生和利用

灵感这种东西是可遇而不可求的,是教师在教学中因为某种刺激而产生的,它随缘而发,由不得理性地去控制和使用,其突发性可以说是"无心插柳柳成荫"。教师的教学灵感主要是指在教学过程中,教师的情绪处于奋发高昂的状态、思维处于活跃升华的状态时,由于某种因素的刺激,使得正在探索的或者长期探讨而未解决的教学问题或者难题突然得到明确解决的精神活动。

那么教学灵感的产生有什么意义呢?教学灵感的产生可以使教师的思路变得清晰、反应变得灵活、情绪变得饱满,有利于提高课堂教学的效率;还可以使教师突发奇想,摒弃传统的教学方式,创造更加优质的课堂,可以说是在教学中起到画龙点睛的作用。

那么教学灵感该怎么培养呢?灵感虽然是不期而至,突如其来的,但是教师在日常的生活和教学中还是可以用一定的方式来培养,毕竟灵感的产生是依靠一定的条件的。所以教师可以从以下几方面来训练。

首先,教师要发展自己各方面的兴趣、爱好,拓展自己的知识领域。我们知道,任何对教学有利的东西都是课程资源,都是可以为教学服务的,所以这些"资源"是跨越学科领域、年龄界限、穿越时空的,只有教师具备足够的知识宝库,足够的领域知识,足够的兴趣,才能产生更多的灵感,才能运用于教学。

其次,教师要吃透课标和教材。教师在教学中可能会出现很多的灵感,但是并不是所有的灵感都是有利于教学,如果教师对课标和教材没有很好的把握,那么可能会造成负面的影响,得不偿失。所以教师一定要吃透课标和教材,知道什么是有利教学的,哪些是不利或者是无用的,只有这样,灵感才能发挥其应有的价值。

(3)教师错误资源的自我捕捉与利用

古人云:"人非圣贤孰能无过",教师在教学中出现错误也是难免的,也是在情理之中的,但是遇到错误时教师不应该去掩饰自己的错误,而是要及时的捕捉,巧妙的利用,使得这些"尴尬的错误"成为教学的亮点。

教师的错误资源主要是指教师在课堂教学过程中,由于知识的局限、思考的欠缺、不经意的失误等,产生的一些错误信息。但是并不是每堂课的教学失误都能很好的把握,每堂课都能取得理想的效果。这时就要求教师以自己的教学过程、教学对象为思考因素,对自己的教学行为、教学结果进行重新审视与分析,从而改进教学实践,使之更加的合理性。这样,被认知的失误或者错误就可以在重新教学时成为很好的资源,重新成为教学的亮点所在。

2)从学生入手:充分利用学生的资源来促进生成

(1)从"让学生先说"中生成——找准起点,因人施教让学生先说出自己的想法,这样教师就知道学生的想法,知道了学生的脑中已经有的知识水平和知识结构,教师就可以根据学生的基础来开发和利用资源,这样教师心中才会明确生成的起点和因人施教的切入点,不至于生成的资源无法利用或者不能完全利用,使教学陷入尴尬的局面,同时教师也可以补充自己欠缺的知识,迎合学生的兴趣与知识特性,使教学处在一种互动的氛围中,它是教师"心中有人"教学观的具体体现。

(2)从"巧用学生的话"中生成——由此及彼,趁热打铁

捕捉学生所说的有意义的"接下茬",可以顺应学生的需要,由此及彼,互动讨论,让教学充满乐趣,让学生的激情由此点燃,并在活跃的氛围中学到知识。师生之间才真正产生心灵的碰撞,学生才能真正融入教学中,使教学的时效性得到真正的体现。

(3)从"妙用学生的错"中生成——将错就错,因势利导

错误并不可怕,可怕的是对错误进行简单的、不负责任的对待。这样不仅不能提高学生的水平,甚至还会挫伤学生的自信心。如果教师能够很好的利用学生的错误,同样可以生成资源,为课堂教学所服务。当学生出现错误的时候,教师可以"将错就错",顺应学生错误的思想发展,通过步步追问,让学生自己发现错误,并及时地改正,培养学生处理问题的能力,体现学生的错误也是一种资源的教学观。

(4)从"善用学生的问"中生成——顺势延伸,乘胜追击

由于学生在知识、阅历、认知等方面还比较肤浅,对文本的理解,教师的解释不能很好的把握,就会在心中产生困惑,提出质疑,这时教师不应该发火,更不应该让学生死记硬背,而要顺势延伸,顺着学生的思路,抽丝剥茧,达到问题的关键所在,然后乘胜追击,让学生在教师的引导下解决疑惑,完善认知结构,这也是教学要顺着学生的思路来组织的教学观的体现。

3)文本角度:利用文本资源促进生成

(1)质疑文本,提出新知

质疑文本,可谓是生成之源。主要是指在教学过程中,师生要养成用怀疑和批判的眼光审视文本的内涵与外延,不断生成问题,提出新知。任何知识的产生都是人为的定义和解释的,都是存在一定的缺陷,不要完全相信文本,当遇到困惑的地方的时候,要大胆的质疑,通过自己的亲身实践或者查阅资料或者咨询而解决问题,那么在质疑和答疑的过程中就可以获得更多的知识,培养探究的能力。质疑文本,将有利于缩短师生与文本之间的心理距离。

(2)超越文本,提升价值

超越文本是指在课堂教学中,师生在对文本的解读过程中,不只是停留在文本的表层,而是要融入主体的个体知识,挖掘或者赋予文本更深层的韵味。文本虽是作为课程的重要组成部分,是学生与教师开展各项学习活动的载体,但文本总是静态的,总有时代性和局限性,社会在不断的进步,如果师生在课堂教学过程中能挖掘文本的

韵味,扩充文本的内容,提升文本的价值,将有助于促进主体的思考,提高思维的水平,生成出对生活、学习、工作更有价值的新的认识。

3. 生成性课程资源利用的误区分析

任何事物都有两面性,有积极的一面,必定也有消极的一面。生成性课程资源虽然能够为教学增添色彩,活跃课堂气氛,促进教师的成长、学生的发展和教学活动的生动展开,但是如果没有很好的把握生成性课程资源的真谛所在,那么课堂教学将会走入另外一种情境,耽误教学的进度。由于生成性课程资源对教师还较陌生,很多教师还未真正理解其含义,所以在课堂教学中容易走入误区。那么,生成性课程资源在利用中存在哪些误区呢?我们又该将如何去应对?下面将从以下三个方面来分析。

1) 刻意追求,为生成而生成

由于新课程提出课堂要注重生成,要有动态,使教学富有生气,所以很多教师在教学的过程中就一直期待着生成性课程资源的出现,当一堂课要结束了,但是还没有生成性课程资源的出现,很多教师就会十分的紧张,然后刻意的创造出一些他自认为是生成的资源,让学生参与,这样他才觉得自己的课才是一堂充满现代韵味的课,是区别于传统的课堂。殊不知他这样是为了生成而生成。

现代的课堂虽然强调生成,但是生成是需要预设,更是可遇而不可求的,有些时候可能一节课中都没有生成,有些时候可能会有很多,所以教师一定要在有生成的时候有效的利用,在没有生成的时候也不要刻意去追求,只有这样,生成才能为教学增色,才能"画龙点睛",而不是"画蛇添足"。

2) 误读生成,使生成偏离主题

有些教师自认为对生成已经有了很好的理解,所以刚愎自用,信心十足的去进行教学,但是结果发现事与愿违,教学结果并未向着自己预计的方向发展,甚至还偏离了主题,其实他是进入了另外一个生成的误区,就是误读生成。误读表现为随心所欲、胡乱猜想、囫囵吞枣。具体表现在教学中就是一味追求生成的过程,不加取舍,跟着学生的思路不断的探究、交流、讨论,使得课堂的生成成为无效的生成。

那么如何去应对呢? 教师首先要对生成进行全面而准确的认识,然后在实际的教学中要对生成性课程资源进行取舍和分析,对教学有利的要进行生成,把它扩大;对教学无用的,则要将其缩小,"压制"下去。这样课堂才会向着教学目标发展,而不会有所偏离,甚至背道而驰,严重影响教学过程的有效展开。

3) 缺乏引导,学生不知所云

课堂教学中虽然学生是主体,但是教师也要发挥其应有的主导作用,否则就像一辆火车少了一个头,就会胡乱行驶,使教学出现一片混乱。同样生成性课程资源的有效利用也是需要教师加以引导的,如果让学生自己去挖掘,自己去利用,那么很有可能学生不能领会教师的意愿,不知道教师的目的是什么,导致教学将陷入尴尬的局面,教师就会十分着急,学生又会很困惑,不知道该如何应对。

所以,面对生成性课程资源,教师一定要用适当的方式去引导学生,让学生在明白教师意图的情况下,顺着教师所希望的方向发展,才能使生成真正成为生成。

2.2.3 中学物理生成性课程资源利用的参考案例

前面,我们已经阐述了有关生成性课程资源的一般知识,但是在中学物理教学中该如何去利用呢?下面将利用一些案例介绍中学物理生成性课程资源的具体利用,供大家在中学物理教学实践中参考、借鉴。

案例一:《弹力》教学中关于微小形变的教学

一次偶然的机会,编者的学生有幸参加了一次调研活动,去聆听本市一所省级重点中学一位老师的一堂公开课,课题是人教版高中物理(必修一)中《弹力》。当这位教师上到"微小形变"的验证实验的时候用到了一个器材——椭圆形的玻璃瓶,他让一个学生上来挤压玻璃瓶,并小声的告诉这位学生要挤压凹面,结果其他同学看到了细管中的液面上升了,教师就下结论说:"这就说明存在着微小形变"。但是有学生提出了质疑:产生液面上升的原因可能是因为"热胀冷缩"。

面对学生的质疑,这位教师便让这位学生上来再次做实验,但是这次他告诉这位学生要挤压凸面。这位学生一挤,结果发现液面居然是下降的,他就更加的疑惑了,因为按照他的热胀冷缩原理,液面应该是上升的啊,怎么不升反而降呢!

这位教师让学生先下去,然后全班一起讨论这个问题。大家七嘴八舌,气氛一下子活跃了很多,同学们各抒己见,谈了自己的想法。最后老师总结说,因为这个玻璃瓶是椭圆的,如果我挤压凹面,我们发现液面上升;如果我们挤压凸面呢?顺势他现场做了实验,发现液面下降。由此不仅解决了微小形变的验证问题,还帮助学生排除了热胀冷缩的错误认知,更可贵的是让教学提升了档次。

点评:在这个案例中,教师通过学生的质疑,顺着学生的思路来教学,通过适当的引导,学生亲身实验,互相讨论,使得教学出现了意想不到的效果,还让学生学到了知识,锻炼了分析问题的能力,实现了生成性课程资源的教学价值。

案例二:"惯性"概念的教学

新课程对概念和规律的教学,要求不能像以往那样机械地进行教学。但在"牛顿第一定律"这一节的教学中,一位老师却花了很长的时间讲述"惯性"的概念,并让学生在书本上划出来,然后再进行理解性的记忆。几分钟后,他开始提问了,什么叫惯性。同学们都很紧张,只有个别学生愿意回答。老师觉得这个很简单,就叫了一位平时颇为头痛的学生,让他来回答。不料这位学生一站起来就问老师:"老师,如果我们居住的地球停止运动了,那么地球上将会出现什么现象?"这下,班级的气氛一下子活跃起来了,大家交头接耳的讨论起来,老师见课堂秩序一下了乱了,就大声呵斥:"谁问你这个了,我是让你复述概念。……"

点评:老师面对学生貌似"答非所问"的回答,并没有把它当成是"资源"来看待,而是全盘否定了学生,并大声的呵斥了这位学生,使得生成性课程资源就这样白白的流失了,相信,在以后的教学中更加不会有这样类似的资源出现了。老师的这一做法,失去了一次教育的机会,更加失去了后来的生成性资源,可以说这是极其的浪费与不值。美国课程专家泰勒认为:"任何单一的信息来源都不足以为明智而综合地决定学校目标提供基础。"同样单一的教学资源,仅靠教师的讲也不会让教学变得生动、有效,也不是教学应该采取的手段,同样不可取。

 案例三:《匀变速直线运动位移与速度的关系》的教学

一位老师在《匀变速直线运动位移与速度的关系》一节课的引课时,用了一道习题,希望学生用以前学过的公式来解答,这样就能体现今天所要学习的公式的简便性,结果那位学生一上来就使用了位移与速度的关系式,一下子就做完了题。该老师见这一情形,就只好问有没有同学有其他的解题方法,结果大部分同学都说没有。于是,他叫了一位用其他方法做的同学在黑板上进行了展示,然后对这两种方法进行了分析,才把课堂拉回了他想要的过程,也可以说是回归了"正道"。

点评:在这个案例中,该老师虽然用自己的方式最终把课堂教学过程拉回了"正常的轨道",但是他还是绕了一个弯,可以说是并不完美,而是有点生拉硬套的感觉。其实他大可以说,看来同学们已经预习了这节课的内容,但是同学们知不知道这个公式是怎么得出的呢?这样也可以顺着课堂的要求发展,并且是很自然的过渡,而不是硬性的拽回来,并且也节约了时间,留出更多的时间给后面的教学。

总之,课程资源(包括生成性课程资源)的开发和利用对于转变课程功能和丰富课堂教学设计皆具有重要的意义。一方面,可以超越狭隘的教育内容,让学生的生活和经验进入教学过程及设计,让教学"活"起来;另一方面,可以改变学生在教学中的地位,从被动的知识接受者转变成为知识的共同建构者,从而激发学生的学习积极性、主动性和创造性。同时,还可以开阔教师的教育视野,转变教师的教育观念,从而更好地激发教师的创造性智慧。

思考题

1. 请谈谈"课程资源"与"生成性课程资源"有何联系和区别?
2. 如何理解"教师不仅是重要的课程资源而且也是课程资源的创造者"?
3. 为什么说"没有课程资源的广泛支持,再美好的课程改革设想也很难变成中小学的实际教育成果"?
4. 如何有效利用中学物理教学中的生成性课程资源?请举例说明。

【相关链接】

学生的"错误认知"成了课程资源开发和利用的载体

某位教师在执教浙教版《科学》"大气的压强"一课时,为了说明空气也要产生我们平时身体感受不到的压强,就和学生一起做了一个经典的"覆杯实验"(在装满水的玻璃杯上用硬纸片盖住并倒置过来,结果玻璃杯中的水并不流出,纸片也不下落)。课堂上当任课教师问学生:"纸片不掉下来的原因是什么"时,有学生回答说:"纸片被玻璃杯中的水给粘住了"。这个回答与正确答案"大气有压强,纸片被空气给压住了"不一致。这虽是课堂教学过程中一个不和谐的"音符",但这却是该生"认知现状"的真实写照。因为该教师问他为什么这样思考时,他的回答是:"如果老师您将沾湿的纸往黑板上一粘,它就不会掉下来啊。"显然,该生的回答是有一定的道理。如何实现学生"认知错误"背后的创新价值,使课堂中学生的"认知错误"变成可开发和利用的课程资源,是新课程倡导的崭新的教育理念。为了使"覆杯实验"能圆满地说明大气压的客观存在并消除学生对该实验现象的错误解释,该教师经过一段时间的思索,利用改进和自制教具中的"替代法"作了如下的改进:将"可乐瓶"去底磨平以代替玻璃杯,用一块10厘米见方的"三夹板"替代硬纸片,并在"可乐瓶"的瓶盖上钻上一个小孔。用改进后的实验装置进行试做,实验的成功率非常高。实验操作是这样的,先用右手的食指堵住"可乐瓶"的瓶盖上已钻出的小孔,其余手指握住瓶身,往"可乐瓶"中灌满水后覆盖上"三夹板",再在左掌心的协助下颠倒过来,结果发现"三夹板"没有掉下来。这相当于经典的"覆杯实验"。但若将堵住小孔的食指往上一翘,"三夹板"就在水及自身所受的重力作用下往下掉,随之"可乐瓶"中的水也就流了出来。这样就能推翻硬纸片被水粘住的"合理解释",从而能圆满地说明大气压的客观存在。利用可乐瓶和"三夹板"作材料制作的"自制教具"成功地克服了经典"覆杯实验"的局限性。从而使学生的"错误认知"成了课程资源开发和利用的载体。

(资料来源:摘自沈建民发表在《教学月刊》(中学版)2006年第6(下)期上的《新课程背景下课程资源的新视野》。)

第3章 中学物理教学背景论

100多年以前,即在19世纪向20世纪过渡的转折年代,雄伟的经典物理学大厦已经巍然屹立,物理学中的几个主要领域——力学、热力学、分子运动论、电磁学及光学,都已经建立了完整的理论体系,在应用方面也取得了巨大的成果——蒸汽机的运用;电报、电话等通信设施的运用;等等。为此,当时大多数物理学家普遍认为,物理学已经发展到顶峰,伟大的发现不会再有了,后辈物理学家只需在细节上做一些修改和补充工作,使已测得的物理常数更精确些而已。然而,就在这个时候,从实验上陆继出现了一系列重大发现。如:伦琴(W. C. Rontgen)发现 X 射线,贝克勒尔(A. H. Becquerel)发现放射性,汤姆生(J. J. Thomson)发现电子[1],卢瑟福(E. Rutherford)发现 α、β 射线,居里夫妇(P. Curie & M. Curie)发现放射性元素钋和镭,维拉德(P. Villard)发现 γ 射线,考夫曼(S. G. Kaufman)发现电子的质量随其速度的增加而增大,勒纳德(P. Lenard)发现光电效应基本规律,等等。这些发现不能用经典物理学的理论进行说明。英国物理学家开尔文勋爵[Lord Kelvin,原名威廉·汤姆生(William Thomson)]面对经典物理学的"危机",就在大多数物理学家还沉醉于物理学已有成就的同时,在1900年的新年致辞中却清醒地指出:"在晴朗开空的远处,还飘着两朵乌云"。这"两朵乌云"(一是迈克耳孙对以太的否定性实验;二是黑体辐射的紫外灾难)迫使物理学家另辟蹊径,开创了现代物理学的新纪元。进入20世纪后,从普朗克(M. Planck)、爱因斯坦(A. Einstein)到玻尔(N. Bohr)、薛定谔(E. Schrodinger)、狄拉克(P. Dirac)等一代物理学巨匠,以全新的相对论和量子力学揭开了20世纪物理学革命的序幕,展示了现代物理新理论的辉煌。与此同时,新物理理论与其他科学一道推动了技术的进步,将人类带进了20世纪的电子时代和信息时代。

现在让我们把视点转移到教育领域。17世纪捷克教育家夸美纽斯(J. A. Comenius)在《大教学论》(*Great Didactic of Comenius*,1632)中针对私塾教育的缺陷,论证和倡导了学校教育的基本模式——班级授课制。19世纪初德国教育家赫尔巴特(J. F. Herbart)在坚持"三个中心"——教师中心、书本中心和课堂中心的基础上,依

---

[1] 1906年J.J.汤姆生因对气体放电理论和实验研究作出重要贡献并发现电子而获得了诺贝尔物理学奖。1925年德布罗意把光的波粒二象性推广到实物粒子特别是电子上去,从而诞生了物质波的概念。1927年,戴维森等人用低速电子在晶体上进行衍射实验,J.J.汤姆生的独生子 G.P.汤姆生用高速电子在晶体上进行衍射实验,分别成功证明了物质波的存在,观察到了电子的波动性,结果戴维森和 G.P.汤姆生因此获得了1937年的诺贝尔物理学奖。有趣的是J.J.汤姆生和G.P.汤姆生父子俩,父亲认可电子是粒子,儿子证明电子是波,并相继荣获诺贝尔奖,实在是物理学史上的一段佳话。

据心理学来阐述教学过程,并将教学过程分为"明了→联想→系统→方法"四个阶段。这就是著名的"四段教学法"①。这一理论对指导和改进教学实践起了促进作用,标志着教学过程的形式阶段理论的形成。到了19世纪末,以班级为基本教学单位的学校教育,即班级授课制得到蓬勃发展。该教育模式那时在西方,甚至在全世界各个国家中占有统治地位。但是,在从19世纪向20世纪过渡的转折时期,随着科技和文明的发展,学校教育的旧模式受到了有识之士的挑战。美国著名哲学家、教育家杜威(J. Dewey)以批判的眼光审视了当时的学校教育,并提出了20世纪的学校教育应当完成三个转变,即"从以教师为中心转变为以学生为中心";"从以课本为中心转变为以活动为中心";"从以课堂为中心转变为以社会为中心"。虽然杜威从实用主义的哲学观出发,提出的三个转变,从现在的眼光来审视有些过激并有点狭隘之嫌,但是在20世纪这一百年整个世界的教育发展始终没有离开这三个转变的指向,特别是它的核心内涵——"以学生为本"成为当代世界教育改革中课程改革和教学改革的目标取向。

3.1 教育改革的时代背景

人类已经跨入21世纪,21世纪是以知识的创新和应用为重要特征的知识经济时代。在这样一个时代,基础科学和高新技术的迅猛发展、国际竞争的日趋激烈,使我们清晰地认识到国力的强弱越来越取决于劳动者素质的优劣。因此,提高全体国民的素质,已成为世界各国进行教育改革的重要内容。教育改革是永恒的主题,社会在不断变革,就要求教育也要不断地进行改革。

3.1.1 现代国际教育改革的背景分析

1. 现代国际教育改革的宏观背景

1) 21世纪的社会是信息化社会,更是学习化社会

众所周知:当今世界,科学技术日新月异,知识经济已见端倪。知识经济时代是高频的"信息时代"。21世纪是人类由工业社会向信息社会实现全面过渡的时期。根据英国技术预测专家詹姆斯·马丁(James Martin)的测算结果,人类的知识在19世纪时约每50年增加一倍,20世纪初是每10年增加一倍,20世纪70年代是每5年增加一倍,尔后近10年大约每3年就增加一倍。知识量急剧增长的直接后果就是知识更新的周期缩短且伴随着新信息的快速涌现。新信息的快速涌现意味着信息的

---

① 后来,赫尔巴特的门徒(席勒、莱因)将这四个阶段加以改造,发展为"五段教学法"。即预备——唤起学生的原有相关概念和吸引学生的注意。呈现——教师清晰地讲授新教材。联系——使新旧知识形成联系。统合——帮助学生进行抽象和概括,形成新的统觉图。应用——以适当的方法应用新知识。其中,预备阶段和呈现阶段相当于"四段教学法"中的"明了",而"联系"、"统合"和"应用"分别对应于"联想"、"系统"和"方法"。

"大爆炸"(big bang),而信息的"大爆炸"使信息化社会日渐凸现。因此,21 世纪的社会是信息化的社会(informational society)。

在信息化社会里,面对不断涌现的大量新信息,需要学习者能以有效的方式去获取信息、分析信息、加工信息、储存信息和提取信息。只有这样,学习者才不至于淹没在信息的"海洋"之中,才能在信息的"海洋"里自由遨游。因此,从这个意义来说,21 世纪的社会不仅是信息化的社会而且还应是学习化的社会(learning society)。

2)现代学习化社会对新型人才的基本要求

21 世纪的社会是学习化的社会。对此,有识之士早已认识了这一点。例如:1972 年,法国前总理和教育部部长埃德加·富尔(Edgar Faure)任主席的联合国教科文组织(UNESCO)国际教育发展委员会发表了题为《学会生存——教育世界的今天和明天》(Learning to be: The World of Education Today and Tomorrow)的研究报告。该研究报告把学习同人的生存直接联系在了一起。并建议"将终身教育作为发达国家和发展中国家今后若干年内制定教育政策的主导思想"[①]由此来构建以终身学习(lifelong learning)为基本特征的现代学习化社会的新体系。1996 年,法国前经济和财政部长雅克·德洛尔(Jacques Delors)代表国际 21 世纪教育委员会,在向联合国教科文组织提供的另一著名的研究报告——《学习:内在的财富》(Learning: The Treasure Within,又译为《教育:财富蕴藏其中》)中则进一步认为"学习与人的生命具有共同的外延",并为此将"学会认知、学会做事、学会共同生活和学会生存"作为终身教育(lifelong education)、终身学习的四大支柱。目的之一是使学习者能适应现代学习化社会里"新信息快速涌现"的状况,以促进学生的发展。

为了适应现代学习化社会,2000 年 4 月 6 日,在新加坡特地召开了以"为了 21 世纪学习化社会的教育"为主题的亚太经济合作组织(APEC)第二次教育部部长会议。其中"现代教育技术"成为这次会议的四个专题之一。加速教育信息化,实现教育的跨越式发展已成为教育界人士的共识。为此,信息方面的素养应成为学生适应现代学习化社会必备素质中的核心要素之一。当然不能否定的是在 21 世纪,传统的文化基础"读、写、算"方面的知识与能力和信息方面的知识与能力一样重要,不可或缺。也就是说,"读、写、算、信息"四方面的知识与能力应成为学生适应现代学习化社会的文化基础。

回顾 20 世纪,它在给人类带来高度的物质文明的同时,也带来了一系列严重的问题。例如,环境污染、人口剧增、种族歧视、局部战争、毒品泛滥、恐怖活动、核威胁,等等。这些问题的存在和恶化,将成为威胁人类生存和发展的全球性危机。有鉴于此,雅克·德洛尔代表国际 21 世纪教育委员会,在《学习:内在的财富》中特地提出了终身教育的四大支柱(或称四大能力),即学会认知(learning to know)、学会做事(learning to do)、学会共同生活(learning to live together)和学会生存(learning to

---

① 转引自陆有铨.躁动的百年——20 世纪的教育历程[M].济南:山东教育出版社,1997.666.

be)。所谓"学会认知"更多的是指使学生掌握认识的手段、策略,而不仅仅是指获得经过分类的系统化知识,即使学生学会如何学习,实现从"学会"到"会学"的转变;"学会做事"再不仅仅是指获得一种资格、一种学历,而主要是指发展起相应的能力,包括学生对待困难、解决冲突、承担风险和协调组织等多方面的综合能力;"学会共同生活"就是使学生学会设身处地地理解他人,消除彼此之间的隔阂、误解与敌对情绪,尊重他人的风俗和习惯,即使学生懂得人类的多样性。在此基础上还要使学生认识"地球村"上所有的人之间具有相似性又相互依存,要从小养成为实现共同目标而团结协作的意识,学会合作;"学会生存"则是指使学生掌握自己的命运,具有适应环境变化、求得自身的生存与发展所需要的各种应变能力,包括想象、思考、分析、判断、言语表达、情绪控制等方面的能力。

通过以上初步的分析可以看出:学会共同生活涉及的是建立良好的人际关系,因此强调学会共同生活从某种意义上说就是在强调"道德教育",这是四大支柱的基础。学会认知、学会做事、学会生存涉及的是能够创造性地应付和处理各种复杂的和难于预料的情况与严重的危机,因此强调这三种能力实际上就是强调"创新能力"。这表明终身教育的四大支柱的实质是要培养具有高尚品质和创新能力的一代新人。

综上所述,现代学习代社会对新型人才的基本要求是"具有全面的文化基础(特别是信息方面的基本知识与能力),富有创新的能力和高尚的品质"[①]。

2.20 世纪国际基础教育进行了三次重大改革

在 20 世纪的 100 年中,国际基础教育进行了三次重大的改革。这三次发端于美国,然后波及整个世界的基础教育改革为我国新世纪的教育改革,特别是课程改革提供了有益的启示。

第一次教育改革发生在 20 世纪初。以杜威进步主义思想为代表的现代教育批判了传统教育的课堂中心、课本中心、教师中心,提出了社会中心、活动中心、儿童中心的主张。杜威主张"教育即生活"、"学校即社会"[②]。他批判传统教育的"最大浪费是由于儿童在学校中不能完全、自由地运用他在校外所获的经验;同时,另一方面,他又不能把学校里所学的东西应用于日常生活"。他提出"从做中学"[③]的教学原则,并从这个教学原则出发,要求课程必须能适应社会生活的需要,强调课程教材要与儿童生活经验相联系。杜威的教学思想影响了美国几十年,而且影响到世界各国。

---

① 李龙.教学过程设计[M].呼和浩特:内蒙古人民出版社,2000.13.
② "教育即生活"(education is life)意为:教育就是儿童当下的现实生活的过程,而不是儿童将来生活的预备;"学校即社会"(school is society)意为:学校就是社会生活的一部分。学校必须"成为一个小型的社会,一个雏形的社会。"
③ 值得一提的是,杜威的学生、后来被毛泽东誉为伟大的人民教育家的陶行知(1891~1946)于 1917 年毕业回国后,针对当时中国教育太重书本,与生活没有联系的实际情况,并结合中国的国情,创造性地提出了"生活即教育"、"社会即学校"、"教学做合一"三大主张,并用一生的努力实践他的"生活教育理论"。

第二次教育改革发生在20世纪五六十年代。50年代中期,美国学术界许多人士对"生活适应"的功利主义教育提出了强烈的批评,同时,批评当时的课程内容只反映了19世纪的科学成果,没有反映20世纪科学所取得的成就,强烈要求改革,而1957年前苏联的人造卫星上天,促进了这次改革。1958年美国国会通过了《国防教育法》(The National Defense Education Act),提出加强数学、自然科学、现代外语(即所谓"新三艺")三门基础课程,于是出现了新数学、新物理等一系列新教材[1]。这些新教材,由于太深太难不能为老师和学生所接受,到20世纪70年代初就被弃之不用,但影响到世界各国的教育改革。

第三次教育改革是20世纪80年代初开始的,改革的动力来自教育的外部和内部的因素。教育的外部因素是科学技术的迅猛发展,并由此带来的生产方式的不断变革和社会的深刻变化,国际局势趋于缓和而经济竞争日益激烈。教育内部的因素是:一方面,中等教育的普及和终身教育思潮的兴起,另一方面,中小学教育质量的下降。1983年4月,美国高质量教育委员会(The National Commission on Excellence in Education)发布的教育报告书——《国家处在危险中:教育改革势在必行》(A Nation at Risk: The Imperative for Educational Reform)就反映了这个问题。之后,美国朝野提出了一系列改革方案。1991年布什总统签发了《美国2000年:教育战略》(America 2000: An Educational Strategy),克林顿总统上任后将其演变成《2000年目标:美国教育法》(Goals 2000: Educate America Act)。与此同时,日本、英国、法国也在进行教育改革。

综观这三次教育改革,我们就不难发现,课程改革是教育改革的重要方面,并处于教育改革的核心地位。因为任何教育目标都是要依靠课程来实现的。

3.1.2 当代中国教育改革的背景考察

1. 当代中国教育改革的宏观背景

1)邓小平同志提出"三个面向"

十一届三中全会以后,我国开始逐步对内进行深入的改革,对外进行全面的开

---

[1] 如,1960年由美国"物理科学研究委员会"(Physical Science Study Committee,简称PSSC)组织编写的《PSSC物理》物理新教材出版。这套教材包括课本、实验教材、教师参考书、标准测试题和一套教学影片。《PSSC物理》的内容共四编:第一编,宇宙,第二编,光学和波,第三编,力学,第四编,电学和原子结构。从内容和知识体系来看,《PSSC物理》跟传统教材都有很大区别。传统教材中的静力学、液体力学、声学、热学以及电路的知识,都被删去了,而增加了大量的跟学习近代物理有关的基础知识,如时空概念及其测量,数据的处理方法,物质的结构,基本电荷,电荷在电场中的能量和运动,光子和物质波,原子的能级和原子光谱的知识都讲得比较深入,并且在磁场一章着重研究了磁场对运动电荷的作用力以及如何利用磁场来测量带电粒子的质量。此外,对动量守恒和能量守恒等基本定律,也比传统教材讨论得深入,并介绍了它们在近代物理中的重要意义。全书既重视实验,又重视理论,更重视发现法,使学生了解物理学家怎样根据实验现象,经过理论研究,得出物理规律。

放。面对中国教育与发达国家的教育在观念上和现状上的差距,1983年9月底,我国改革开放的总设计师邓小平同志则高瞻远瞩地提出了"三个面向",即"教育要面向现代化、面向世界、面向未来"。

"面向现代化"是"三个面向"的基本出发点和归宿,而"面向世界"是"面向现代化"在空间上的扩展;"面向未来"是"面向现代化"在时间上的延伸。教育必须不断地改革和发展,必须博采众长,了解和吸收世界先进的科学技术和教育经验;同时,教育必须及时预测和研究未来社会的发展,把握世界教育发展的趋势,从而使我国的教育能自立于世界教育之林,使我们的子孙后代能凭借其整体的优良素质主动参与日益激烈的国际竞争。

"'三个面向'深刻揭示了社会主义现代化建设及迎接世界未来综合国力的竞争对教育的客观要求,高度概括了国内外教育改革和发展的基本规律和经验,成为指导我国教育改革的根本战略方针。"①

2) 第三次全教会作出了全面推进素质教育的决定

在邓小平同志的"三个面向"指导下,为了改变我国"应试教育"业已造成的"高分低能"的局面,努力实现从"应试教育"向素质教育的转向以及使素质教育能全面、扎实和有效地推进,从而把我国当时13亿沉重的人口负担转化为人力资源优势。1985年,中共中央颁布了《关于教育体制改革的决定》,该决定首次提出了"教育体制改革的根本目的是提高民族素质,多出人才,出好人才"的著名论题,为全面实施素质教育的历史性改革揭开了序幕。1993年,中共中央、国务院颁布的《中国教育改革和发展纲要》明确提出了"中小学要由'应试教育'转向全面提高国民素质的轨道"的要求。1999年1月,国务院批转了由教育部制定的《面向21世纪教育振兴行动计划》。该计划中第一个工程就是"跨世纪素质教育工程",其中对基础教育再次重申"大力推进素质教育,整体推进素质教育"。同年6月,中共中央、国务院召开了第三次全国教育工作会议②,且通过了《关于深化教育改革,全面推进素质教育的决定》。该决定全面、系统地论述了实施素质教育的意义、内容、范围及要求,并明确指出了以"面向全体学生的全面发展"作为实施素质教育的目标。为了实现该目标,决定又明确指出,以"建设高素质的教师队伍"作为实施素质教育的基本保证;以"培养创新精神和实践能力"作为实施素质教育的重点。这是我国深化教育改革的有力举措;是教育要面向现代化、面向世界、面向未来的具体体现;是顺应现代学习化社会国际教育改革和发展趋势的有力保障。

---

① 陈至立.千秋基业 壮丽诗篇——共和国教育50年[J].教育研究,1999,(9):9.
② 2010年7月13日至14日,中共中央、国务院又召开了第四次全国教育工作会议,《国家中长期教育改革和发展规划纲要(2010~2020年)》在此次会上正式颁布实施,并提出了推进我国教育事业科学发展的20字工作方针,即"优先发展、育人为本、改革创新、促进公平、提高质量"。

2. 20世纪末我国课程教材还存在种种弊端

20世纪末我国的基础教育课程教材体系不能很好地适应全面推进素质教育的要求。建国以来虽然先后进行了七次课程改革,但仍然存在着以下弊端:(1)教育观念滞后,人才培养目标同时代发展的需求不能完全适应。(2)思想品德和情感教育的针对性、实效性不强。(3)课程内容存在着"繁、难、偏、旧"的状况。(4)课程结构单一,学科体系相对封闭,难以反映现代科技、社会发展的新内容,脱离学生经验和社会实际。(5)学生死记硬背,题海战术大有市场。(6)课程评价过于强调学生成绩和甄别、选拔的功能。(7)课程管理强调统一,难以适应当地实际。(8)课程基本都是必修课,选修课太少甚至没有,缺少职业技术课,各门学科的课时比重不协调。(9)人文社会学科比重过低,等等。

3.2 中学物理新课程与学生学习方式的变革

众所周知,课程、教材不仅是教学活动的蓝本,而且在一定程度上限定了考试(考核)内容的选择,从而对教师的教学方式与学生的学习方式起着不容忽视的影响作用。因此,课程(教材)的改革在整个教育改革中处于核心的地位。新一轮基础教育课程的改革在一定程度上跟上了时代发展的步伐,体现了素质教育的精神,突出了"以学生为本"的课程改革理念,因此新课程有可能达到有效促进全体学生的全面发展的效果。为了使同学们在以后的教学工作中能树立崭新的教学理念,有效地实施中学物理新课程,我们认为大家有必要了解与新课程改革(特别是中学物理新课程改革)相关的一些基本情况,以及新课程改革对学生学习方式的一些基本要求。

3.2.1 中学物理课程改革的回顾与走向

自新中国成立至20世纪90年代末,我国课程的变化大致经历了以下五个阶段:创造阶段(1949年底~1952年)、"苏化"阶段(1953~1956年)、革命阶段(1957~1976年)、恢复阶段(1977~1984年)和改革阶段(1985至今)[①]。当然,中学物理课程的变化也与此相对应。

1. 中学物理课程改革的简要回顾

1) 高中物理教材的变迁

高中物理课程在革命阶段用所谓的"三机一泵"(柴油机、电动机、拖拉机和水泵)取而代之,在恢复阶段采用了人民教育出版社出版的全日制十年制《高中物理(试用)》试用本二册。针对高中物理试用内容"偏深、偏难、偏旧"的状况,从1983年开

---

① 黄甫全. 新中国课程研究的回顾与展望[J]. 教育研究,1999,(12):21—24.

始实施两种教学要求(较高要求和基本要求)的尝试,即高中物理教材采用人民教育出版社出版的甲种本(共三册)和乙种本(上、下二册)。但是,由于当时采用的是"一纲、两本、一考制",为此,重点学校采用甲种本、非重点学校采用乙种本的要求很难得到落实。1986年12月,鉴于"较高要求"的甲种本内容过难过深的状况,原国家教委(1998年3月10日更名为教育部)颁发了《全日制中学物理教学计划》。人民教育出版社根据大纲的要求,在原先编写的乙种本的基础上,于1987年出版了《高级中学物理课本》上、下二册。这套教材一直沿用到20世纪90年代。从90年代起,我国在高中逐步推行"会考"和"高考"两种校外统一考试制度,通过"会考"对教学质量进行宏观控制,通过"高考"对学生进行分流,即所谓的"一纲、多本、两考制"。与此同时,我国对中学教育提出了实施素质教育的要求,1992年原国家教委印发了《全日制普通高级中学课程计划(试验)》。为了减轻学生学习的负担,控制必修课时数,增加选修课时数,人民教育出版社又编写出版了一套《高级中学课本•物理》(必修)第一、二册和《高级中学课本•物理》(选修)第三册。从而构建了两大类(学科课程、活动课程)、三板块(选修课、必修课和活动课)的课程结构体系。1996年,原国家教委组织制定了《高中物理教学大纲(试验稿)》,并于1997年秋在两省一市(山西省、江西省和天津市)进行试验。1999年底,在两省一市试验的基础上对以上"试验稿"进行了修订。2002年2月教育部颁布了《全日制普通高级中学物理教学大纲(试验修订版)》,并于2002年4月进行了完善。为了更好地落实21世纪基础教育改革的指导思想和培养目标,人民教育出版社又编写出版了一套《高级中学课本•物理》(试验修订本)第一、二、三册。

自1978年恢复全国统一高考至2001年实施新一轮基础教育课程改革的近30年中,虽然我国高中物理教材先后经历了"试用本"、"甲种本"和"乙种本"、"物理"(二册)、"必修本"和"选修本"、"试验修订本"共5套,并且这5套教材随着社会的发展和对人才需求的变化也在不断地进行改革,保留有益的东西逐渐淘汰不能适应新形势的东西,它的功绩不可磨灭。但从这5套教材的内容和知识呈现的方式来看,只是内容的增删,并没有实质性的突破。

2) 义务教育综合课程的尝试

让我们把视点转移到义务教育阶段,20世纪80年代末,原国家教委授权部分省(市)进行适合本省(市)的综合课程改革。1988年浙江省和上海市几乎同时启动了第一期初级中学的综合课程改革。在理科方面,上海市进行的是主要面向城市学生的综合"理科"课程的研制和实施,而浙江省进行的是主要面向农村学生的"自然科学"课程的研制和实施。上海市义务教育初中《理科》课程从1991年秋季开始,在少数学校作试验。浙江省的《自然科学》教学指导纲要和教材于1991年秋开始试验,1993年秋在全省范围内全面推开,大规模地推进初中综合理科试验。1997~1999年,浙江省又修订出版了新的《自然科学》教学指导纲要和新版教材,供全省初中学生使用。这为我国在下一阶段的综合课程的研制、开发积累了经验、打下了基础。但是,由于综合课程在我国属于一种新的课程类型,对它的研制还缺乏本质的认识,所以,从总体上来说,20世纪80年代末至90年代末研制、开发的"综合课程"是属于低层次的"拼盘式"的综合课程,再加上当时缺乏综合课程的专业教师等多方面的原因,"综合课程"没有达到综合课程应有的效果。

2. 90年代末中学物理课程教育的现状分析

深入中学教育实践,我们会发现在轰轰烈烈的素质教育的背后,是扎扎实实的"应试教育",20世纪90年代末中学物理教育的现状尚有许多不尽如人意的地方,究其课程原因,主要表现为如下几个方面[①]。

(1)中学物理课程的内容相对陈旧,缺乏联系实际、联系技术和社会,也很少体现近代和现代物理的新内容、新思想、新观点,以及涉及当代科学技术发展的新成就,这不利于学生学习有用的物理知识。

(2)中学物理课程以知识为中心,忽视创新精神和实践能力的培养;必修课的时数偏高,相关的选修课的门类偏少,几乎没有选择的余地,难以适应不同层次的学生的需要。

(3)中学物理课程的授课模式多数为"教师精讲,学生细听";学习过程主要表现为"接受——理解——巩固——解题",这不利于学生发现问题,更不利于学生提出问题。

(4)中学物理课程的评价内容单一,几乎全部是对理性知识掌握程度的评价,而对学生的实验能力、自学能力、研究能力、个性特长等缺乏应有的评价,这不利于学生人格的整合发展。

3. 新世纪中学物理课程改革的走向

1)构建"基础型"、"拓展型"、"研究型"三种功能性物理课程

作为教育部批准的独立课程改革实验区,上海市于1999年启动了第二期课程改革。本期课改着眼于发展学生素质的功能,提出了由基础型课程、拓展型课程和研究型课程组成的课程结构。基础型课程的功能是着重培养学生的基本素质和基础学力,但也注意发展性学力和创造性学力的基础培养。拓展型课程的功能是进一步着眼于对基础学力从横向拓宽,从纵向延伸等方面进行培养,但更注重发展学生各种不同的特殊能力,培养个性,培养为终身学习打基础的发展性学力,同时兼顾创造性学力的培养。研究型课程的主要功能是在基础型课程和拓展型课程的基础上,着重在专题性与综合性的研究或探究过程中培养学生的创造性学力,以实现知识的迁移以及相应的创新精神和实践能力的提高。着眼于课程的功能,我们可以把课程形象地

---

① 上海中小学课程教材改革委员会办公室,上海市教育委员会教学研究室.面向21世纪上海市中学物理学科教育改革行动纲领(2000~2010)[S].上海:上海教育出版社,1999.18.

比做一棵树。其中,基础型课程是树的根须;拓展型课程是树的枝杈;研究型课程是树的主干。它们之间的关系如图3-1的课程功能的树模型[①](该树模型中三类课程后面括号内的三种学力分别是这三类课程主要的学力功能)。

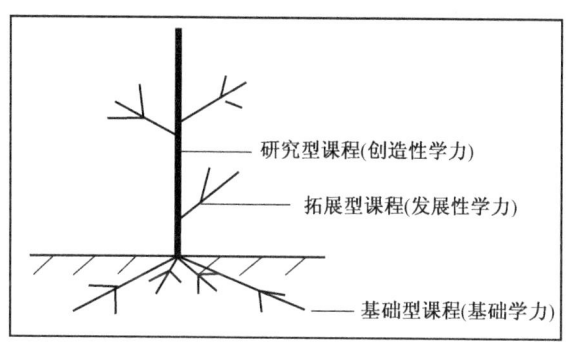

图 3-1 课程功能的树模型

上海市二期课改中的中学物理课程改革通过"生活物理"、"概念物理"、"应用物理"三类内容的组合和"必修"、"限定性选修"、"自主性选修"三类课程形态的组合,构建"基础型"、"拓展型"、"研究(探究)型"三种功能性课程(如图3-2所示),以实现中学物理课程教学模式和学生学习方式的转变以及评价内容的优化,促进学生的可持续发展。

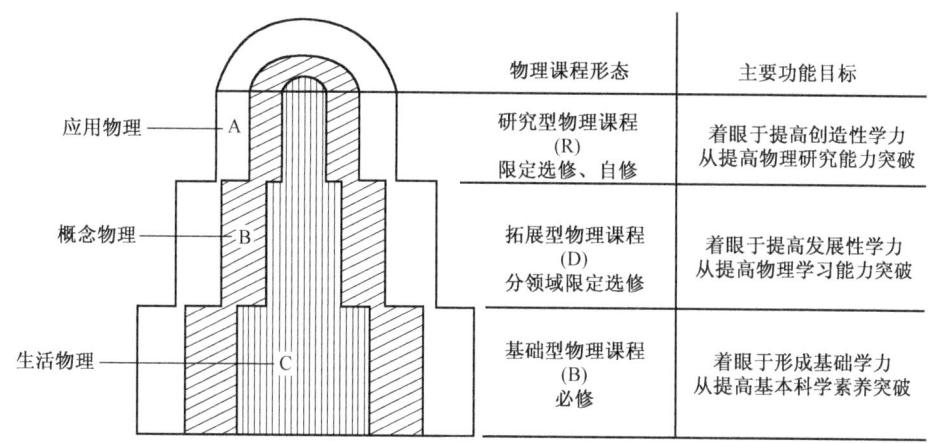

图 3-2 中学物理课程的结构、形态和主要功能图

2)创设"共同必修"、"限定选修"、"自主选修"三类物理课程形态

本次普通高中新课程方案的一个突出特征是,普通高中课程结构是由"学习领

---

① 沈建民,谢利民.试论研究型课程生命活力的焕发——兼论研究型课程与基础型课程、拓展型课程的关系[J].课程·教材·教法,2001,(10):3.

域"、"科目"和"模块"三个层次构成,如图 3-3 所示。其中,8 个学习领域是最上位的,每一个学习领域由课程价值相近的科目构成,而每一科目由若干模块组成,模块是最下位的,也是课程内容最基础的单位。模块作为构成科目的基本单位,各模块之间既相互独立,又反映学科内容的逻辑联系。每个模块构成相对完整的学习单元,学时数一般为 36 学时,学生修完一个模块,考核合格后可获 2 个学分。

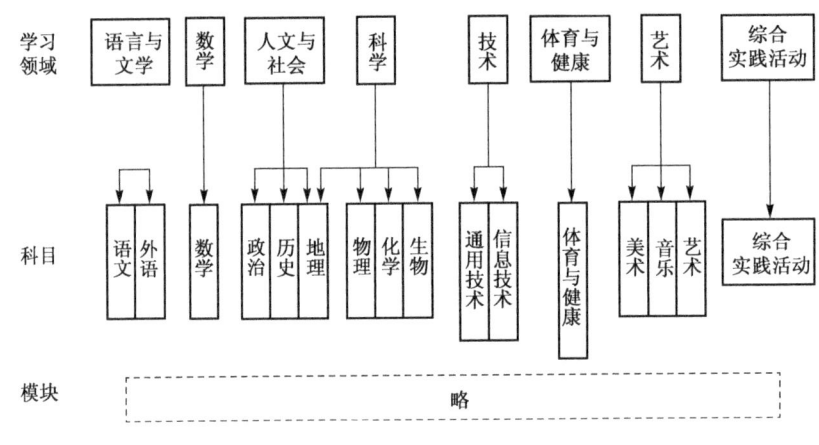

图 3-3 学习领域—科目—模块之间的具体构成与关系图

模块的设置为充分体现课程的选择性提供了可能。在"让每一个高中生得到全面而有个性的发展"这个高中课程改革目标追求下,普通高中新课程改革中的高中物理课程通过"基础物理"(物理 1、物理 2)、"人文物理"(选修 1-1、选修 1-2)、"技术物理"(选修 2-1、选修 2-2、选修 2-3)、"理论物理"(选修 3-1、选修 3-2、选修 3-3、选修 3-4、选修 3-5)四个系列内容的组合和"共同必修"、"限定选修"、"自主选修"三类课程形态的组合,以落实高中物理课程结构注重共同基础,体现选择性的课程设计理念。普通高中物理新课程的课程结构示意图如图 3-4 所示[①]。其中,两个必修模块与三个选修系列的目标定位[②]如下:

两个共同必修模块的主要目标是提升全体学生的科学素养,帮助学生了解自己的兴趣与发展潜能,为后续向不同方向的发展与选择打好基础。

选修系列 1 的主要目标是让学生体验探究过程,了解物理科学与人类社会的互

---

① 实行学分管理是本次普通高中新课程方案的另一个突出特征。学生在完成高中物理两个共同必修模块的学习后(可获 4 个学分),接着需要在限定的"选修 1-1"、"选修 2-1"和"选修 3-1"三个选修模块中选择学习其中一个模块(可获 2 个学分),以完成高中物理 6 学分的学习任务。在获得 6 学分后,学生可以根据自己的兴趣、发展潜力以及今后的职业需求自主作出不学或继续学习若干选修模块的决定。鉴此,编著认为将课程形态分为"共同必修"、"限定选修"、"自主选修"三类较《普通高中物理课程标准(实验)》中的划分更合理和清晰,故作了部分修改。

② 王洪冷.浅谈基于模块课程的高中物理教学[J].福建论坛(社科教育版),2007,(4):131.

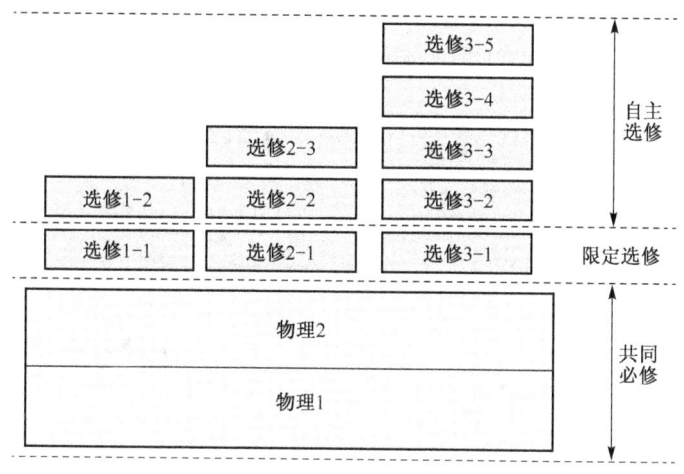

图 3-4 高中物理课程结构框图

动关系,体会科学精神与人文精神的结合,从思想、观念、方法层面上提升学生的科学素养和人文素养。

选修系列 2 的主要目标是让学生参与物理学的技术应用活动,学习与技术直接相关的物理知识,理解物理与技术的互动关系,提升学生技术设计、制作和创新的能力。

选修系列 3 的主要目标是让学生经历物理学的实证研究和理性思维过程,学习物理学的基本内容和研究方法,了解物理学与社会发展、科学技术进步的关系。

3.2.2 新课程背景下学生学习方式的变革

《基础教育课程改革纲要(试行)》明确指出:改变课程实施过于强调接受学习、死记硬背、机械训练的现状,倡导学生主动参与、乐于探究、勤于动手,培养学生搜集和处理信息的能力、获取新知识的能力、分析和解决问题的能力,以及交流与合作的能力。即新课程提倡、引导并促进学生建立以"自主·探究·合作"为特征的学习方式。

1. 学习方式概述

每一位家长都关心自己的孩子在学校里学到了些什么,学得怎么样;每一位教师最关心的也莫过于自己的学生经过学习过程最终取得了什么样的学习结果。影响学生学习结果的因素很多,但归根到底最终的、核心的影响因素有两个,一个是"学什么(what to learn)",另一个是"怎么学(how to learn)"。"学什么"即学生学习的内容,而"怎么学"就是学生学习的方式。

1)学习方式的内涵

学习方式(learning style,又译为学习风格)是人们在学习时所具有或偏爱的方式,即学习者在研究解决其学习任务时所表现出来的具有个人特色的方式。概要地讲,学习方式,是指"学生在完成学习任务过程中基本的行为和认识取向"[①]。从这一定义可以看出,学习方式反映了学生倾向于以什么样的行为和认知方式去完成学习任务的。

学习方式是学习者持续一贯表现出来的学习策略和学习倾向的总和。学习策略指学习者完成学习任务或实现学习目标而采用的一系列步骤,其中某一特定步骤称为学习方法。例如,有的学生倾向于借助具体形象进行记忆和思考,有的学生偏爱运用概念进行分析、判断和推理。有人善于运用视觉通道(读与看),有人倾向于运用听觉通道(如听讲、听广播),也有人善于运用动觉通道(动手做一做或自己说一遍)。学习倾向包括学习情绪、态度、动机、坚持性以及对学习环境、学习内容等方面的偏爱。比如,有人必须在绝对安静的环境中才能专心学习,而有人却喜欢在音乐的陪伴下学习,还有人能够在嘈杂的环境中有效地工作和学习;有的学生为获取家长许诺的奖励而学习,有的学生却能够从学习的过程中感受到乐趣;有人喜欢在竞争中学习,也有人偏爱合作学习,等等。

作为当代教育理论研究中一个重要概念的学习方式不是指具体的学习策略或方法(如,一个人学习累了就看小说或听音乐以提高学习的效率),而是学生在学习时的自主性、探究性和合作性方面的基本特征。即自主性、探究性和合作性是学习方式的三个基本维度,这三个基本维度反映出新课程所倡导的三种学习,即自主学习、探究学习和合作学习。

2)学习方式的类型

● 自主学习与他主学习

根据学习过程中学习者受到外部指导的情况,学习方式可以分为自主学习和他主学习两种方式。在自主学习中,对于学习目标的确定、学习内容的选择、学习活动与学习进度的设计、学习结果的评价等学习过程的各个环节,学习者都有较大程度的参与决策甚至自主决策的权力。而在他主学习中,则主要由外部指导者决定学习任务、进度、评价方法及标准。

● 听讲式学习与探究式学习

根据学习过程中信息是否由外部指导者直接提供或呈现,学习方式可以分为听讲式学习和探究式学习两种方式。在听讲式学习中,所学信息由外部指导者直接提供或呈现,主要表现为教师讲(讲授或演示),学生听(接受),因此听讲式学习也可称为授受式学习。在探究式学习中,所学信息由学习者获取。探究式学习是学习者围绕一定的问题、文本或材料,自主寻求或自主建构答案的一种学习方式。

● 个体学习与合作学习

根据学习过程中学习者之间的合作情况,学习方式可以分为个体学习与合作学

[①] 赵静.学习方式的变革与创新教育[J].学科教育,2002,(8):24.

习两种方式。个体学习是指个体与其他学习者之间没有合作，进行的单独性学习。而合作学习一般是指学生在小组中为了完成共同的学习任务，有明确的责任分工的互助性学习。合作学习有助于培养学生的合作精神和竞争意识。

学习方式的分类还可以有其他多种维度。如从学习过程中是否包含尝试错误的环节，可以分为试误式学习(trial and error learning)和顿悟式学习(insight learning)两种方式。从学习过程是否包含有理解，可分为机械学习(rote learning)与有意义学习(meaningful learning)两种方式。根据学习过程中指导者指导的个别化程度，可以分为个别学习和团体学习两种方式。根据学习过程中对直接经验与间接经验的强调程度，可以分为直接学习(也可以称为体验学习、实践学习)与间接学习两种学习方式。根据所开展的学习涉及一个学科还是多个学科，可以分为单学科学习与跨学科学习(或综合性学习)，等等。

2. 新课程倡导自主学习、探究学习和合作学习

为了逐步改变以教师为中心、课堂为中心和课本为中心的学习状况，促进学生创新精神和实践能力的培养与提高，新课程强调学生学习方式的变革，积极倡导自主学习(autonomous learning)、探究学习(inquiry learning)和合作学习(cooperative learning)等多种学习方式。

1) 自主学习

所谓"自主学习"是就学生学习的内在品质而言的，相对的是"被动学习"、"机械学习"和"他主学习"。有学者将自主学习概括为[①]：建立在自我意识发展基础上的"能学"；建立在具有内在学习动机上的"想学"；建立在掌握了一定的学习策略基础上的"会学"；建立在意志努力基础上的"坚持学"。

根据国内外学者的研究成果，自主学习具有以下基本特征[②]。

● 参与的全程性

全程参与学习过程是自主学习的特征之一。"自主"贯穿于学习活动始终，从学习目标的明确到学习重点的明晰；从学习方法的选择到学习形式的决定；从学习过程的推进到学习反馈的进行，学生均在参与。在这些过程中教师的引导是为了配合学生，绝非包办代替。

● 参与的主动性

主动学习是自主学习的核心和本质。学生的主体性是学生在学习中体现出来的内在思想和外在行为上的独立与自主。因此，在自主学习中，学生能表现出强烈的自我意识，在学习活动中能自我计划，自我选择，自我监控；能表现出强烈的主动意识，在学习活动中能主动计划，主动选择，主动监控。

---

① 庞维国.论学生的自主学习[J].华东师范大学学报(教育科学版),2001,(2):80—81.
② 董洪亮.教学组织策略与技术[M].北京:教育科学出版社,2004.22—23.

- 参与的情感性

自主学习建立在学生内在学习动机基础上。在自主学习中,学生情感投入,能在学习中战胜自我,证明自我,获得真知,享受快乐。

- 参与的有效性

自主学习要求学生掌握一定的学习策略,做到"会学"。衡量学生是否自主能动地学习,不仅要看学生是不是在积极主动地学习,而且要看他们是不是富有成效地学习。因此,在自主学习中,学生的一切学习活动不仅是必要的,而且是有效的。

2) 探究学习

所谓探究学习是指"学生在教师的指导下,从各种学科领域或现实社会生活中的问题或任务出发,选择并确定课题,以一种类似于科学研究的方式,通过形式多样的探究性活动达到对问题的分析和解决,以获得知识和技能,培养探索精神和创新能力,获得情感体验为目的的学习方式"①。探究学习是能够帮助学生掌握科学概念,获得科学探究能力和技巧,增进对科学探究的理解的各种亲身经历。

认识和了解探究学习的各种类型对于我们有效地把握和组织探究教学是有价值的。探究式学习可以分为以下几种类型。

- 根据学习者在活动中自主探究的程度,可分为不同水平的探究

从探究水平看,可分为 5 种不同的探究级别(见表 3-1)。

表 3-1　五种不同的探究水平

	水平 1	水平 2	水平 3	水平 4	水平 5
问题的来源	教材、教师	教材、教师	教材、教师	教材、教师	学生
预测与假设	教材、教师	教材、教师	教材、教师	学生	学生
探究步骤	教材、教师	教材、教师	学生	学生	学生
结论的获得	教材、教师	学生	学生	学生	学生

少 ——— 学习者自主探究的程度 ——→ 多

多 ——— 教师和学习材料指导的程度 ——→ 少

这种分类并不是作为评价教师组织探究学习水平高低的标准,不意味着教师在课堂教学中必须组织高水平的探究活动。这种分类旨在为教师提供一种参考,为适应不同学段的学生、不同学习内容的学习,为多元化教育目标的实现提供灵活的选择。

- 根据探究活动包含的要素,可分为部分探究和完全探究

如果探究活动包含探究学习的全部七个基本要素,我们就说它是"完全的"、"系统的"探究。如果探究学习的一个和几个基本要素未被满足,这样的探究就是"部分"探究。探究活动可以是完全的也可以是部分的,这样的分类为我们灵活组织探究

---

① 沈建民.教师的课程意识与专业成长[M].杭州:浙江大学出版社,2009.143.

教学提供了一个参考。让学生经历完整系统的探究过程,是学生理解科学探究过程、把握科学探究方法所必需的。

- 根据自主获取信息的现成程度,可将探究式学习区分为接受式探究与发现式探究

如果学习者获取的信息是以现成观点或结论的形式存在,如学生直接从现有资料或现有资源(图书馆、互联网、科技场馆等)搜集或直接向有关人士询问,则这种方式为接受式探究(接受式学习)。如果学习者获取的信息需要在观察、实验、调查、解读或研讨的基础上,通过整理分析而获得,也就是需要经历一个发现的过程,则这种方式为发现式探究(发现式学习)。

3)合作学习

"合作学习"是针对学习的组织形式而言的,相对的是"个体学习"。所谓合作学习,是指学生在教师的组织和指导下,以有关教学目标为导向,以"异质"小组为基本组织形式,以教学中各动态因素的互动作为动力资源,以团体成绩为奖励依据,以达到优势互补,共同发展为价值追求的一种教学活动和学习方式。合作学习不同于简单的小组学习,它注重互助意识的培养和合作技能的形成,以达到"人人都能进步"的学习宗旨。

为了使学生的合作学习能真正发挥其应有的功能,教师在组织合作学习时需把握以下几个操作策略。

- 异质分组

所谓"异质"分组,就是把学习成绩、能力、性别甚至性格、家庭背景等方面不同的2~8名学生分在一个小组内。"异质"分组使得小组内的学生之间在能力、个性、性别等方面是不同且互补的,便于学生之间互相学习、互相帮助,充分发挥小组的作用。另外,"异质"分组也使得各小组间是同质,为各小组间进行公平竞争打下了基础。以充分发挥合作学习中"组内合作,组间竞争"的最佳效果。

- 角色分配

为了有效地实施合作学习,教师需要给每个合作学习小组中的成员依据他们的能力和发展潜能分配一个角色,以明确他们在合作学习小组中的个人责任,使他们相互依赖、分工协作。比如,让不同的小组成员担任不同的角色:记录员,负责记录小组的决议并整理编写小组报告;检查员,负责保证小组所有成员都能清楚地说出小组得出的结论或答案;纠错员,负责纠正小组成员在解释或总结中的任何错误;噪音控制员,负责本小组的讨论声不要影响其他小组的讨论;总结报告员,负责重述小组的主要结论和答案;联络员,负责小组与教师及其他小组进行联络和协调。当然,为了促进学生的全面发展,在不同时段的小组合作学习中各种角色需要互换。

- 交流表达

在合作学习中,一般说来,学生需要掌握两种类型的交流与表达技能:一是小组

内的交流表达技能,包括注意倾听他人谈话、鼓励他人参与、用幽默活跃气氛等;二是小组间的交流表达技能,包括提建议、对别人建议的应答、有礼貌地表示不赞同、对别人不赞同意见的应答、说服他人等。这些交流技能的训练不仅对合作学习本身意义重大,而且对学生今后的发展及事业的成功也是至关重要的。

● 教师参与

在合作学习中,把课堂的舞台留给学生,并不意味着教师可以无所事事了。相反,教师要担负更大的管理和调控职责。因为在学生合作学习的过程中,随时都会有意外的问题发生,如果这些问题得不到及时有效的解决,往往会阻碍合作学习的顺利开展。因此,教师要对各个小组的合作学习进行现场观察和介入,为他们提供及时有效的指导。教师要对小组中每一个学生的学习情形做到心中有数,以此判断小组合作成功与否,并将结果反馈给各个小组的每一个成员,让每一个人都感到自己与其他人成功合作学习的重要性,也知道谁需要支持、鼓励和帮助。

3.2.3 新课程背景下物理教学案例三则

如前所述,新课程倡导以"主动·探究·合作"为特征的学习方式,以改变传统的学习方式。下面提供的三则新课程背景下的中学物理教学案例,虽不能算是典范和样板,但它的意义在于对变革学生的学习方式所作的有益探索和实践,值得中学物理教师学习和借鉴。

案例一:"电阻"的探究

以下是初中学生对物理课中的"电阻"进行探究学习的一个案例①。

《电阻》是人教版初中物理(八年级下册)第六章第三节的内容。本节主体内容由"电阻"、"变阻器"组成,编者的实施建议是使学生通过探究"导体对电流的阻碍作用",认识导体本身固有的一种属性——电阻,通过实践学会使用滑动变阻器改变电流、电压。

为尽可能体现出"探究的意义在于发现与创新",并尊重编者的建议,结合学生实际,该教师对教学内容做如下处理:

第一环节:打开探究之门。教师组织学生收集、观察家用电线并提出思考问题:普通导线为什么多用铜制成?

第二环节:探究与发现。通过探究来发现导体对电流的阻碍作用与导体材料、长度的关系。在完成"电阻"的知识建构过程中打开创新之门——如何制作可变电阻器件?(至于横截面积与温度等因素对电阻的影响的探究仍按课标建议安排在课外实践活动中)

---

① 该案例由江苏省无锡市石塘湾中学许帮正老师设计,收入本书时编者略有修改。

第三环节:创新与实践。重组教材内容,通过设计变阻器件和操作实践,变单一的技能培养为创新意识的建立与实践能力的培养。

第四环节:拓展与延伸。补充介绍"半导体"以开阔学生视野;多维度建构课堂小结,并对下一步探究方向做出设想,使课堂得以延伸……

1)探究导入

(师语)请同学们观察所带来的各式电线,谈谈你们的"发现"并提出你们最感兴趣的问题?

(学生)可能性的发现和提问:(摘选)

①一般电线内部是金属丝,外部包有一层塑料。

②为什么普通电线内部的导线多用铜制成,可否采用其他常见金属材料来代替铜。

(教师)结合①再联系旧知及实物重新加深学生对导体、绝缘体概念的理解,并指出好的导体和绝缘体都是重要的电工材料。

结合②引思:能用铁或普通不锈钢材料来代替铜吗?从而打开探究学习之门。

("探究导入"中注重了"从生活走向物理"这一新课程所倡导的教学理念。)

2)探究与发现

(1)实验与发现

目的:探究粗细、长短都相同的铜丝、不锈钢丝的导电情况。

过程:①学生设计实验、选择器材并操作(参考装置见图3-5);②教师补充探究粗细、长短都相同的铜丝、碳钢丝、康铜丝及镍铬合金丝的导电情况。

(学生)通过观察灯泡的明暗去推断电流的强弱,并发表见解。

发现小结:粗细、长短都相同的不同金属丝导电能力不一定相同。换言之,它们对电流的阻碍作用可能有所不同。

(教师以此为切入点及时引导学生理解:导体对电流的阻碍作用可用电阻来表示。)

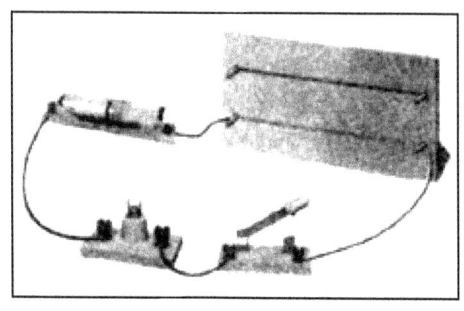

图3-5

(教师)组织讨论本次发现的意义。

意义概述:①粗细、长短都相同的金属丝导电能力跟导体的种类有关;②不同导体的电阻可能不同。

(此步教学的目的是让学生通过观察、实验、比较、分析,确认导体对电流有阻碍作用,并且使学生明确怎样用实验的方法来比较导体电阻的大小。从而初步突破了"电阻"这一教学重难点。)

(2)研讨与发现

目的:了解电阻。

过程:组织学生研读"电阻"框,并积极鼓励合作探究和对有效信息进行收集。

(学生)可能性的发现和提问:(摘选)

①电阻表示导体对电流的阻碍作用。符号 R,电路图中的符号为"—▭—",单位:欧姆(Ω)。

②对第13页框表中所列的几种导体在一定条件下的阻值数据提出猜想:导体电阻除与材料有关外,是否可能还与导体的长度、横截面积及温度有关。

(此种教学安排的目的有二:一是放手让学生进行知识建构,突破"电阻"这一教学重难点;二是打开新的探究之门。)

(3)实验与发现

目的:探究导体电阻的大小跟它的长度有什么关系?

过程:①学生设计实验、选择器材并操作(参考装置见图3-6);②观察灯泡亮度的变化。

图 3-6

(学生)发现:导体长度越长则电阻越大。

(教师)组织讨论本次发现的意义:

①某段电路中的电阻可以改变,做法之一就是改变导体接入电路中的长度。

②可根据导体的这一特性制作"可变电阻器件"。

3)创新与实践

创新课题:设计一种可以改变电路中电阻大小的器件。

设计依据:上述实验的发现(原则上应由学生给出)。

设计选材:师生互动探讨材料选择。

主要材料选择:①可选择金属电阻丝,因为它的韧性和可塑性好;②为便于使用,又不影响导体电阻,需用绝缘体制作配套的固定装置。

设计过程:师生合作"制作"变阻器模型(见图3-7)。

① 绕线。(目的:减小空间范围)

② 抽头。(目的:取不同阻值)

③ 设滑片。(目的:可任取相应阻值)

④ 装固定架。(目的:便于操作)

(教师)组织学生观察实际的"滑动变阻器"并探究有效接法与变阻情况。

学生讨论得出:

① 接 A、B 两端阻值最大,接 C、D 两端阻值几乎为零,且均无法变阻。应接 A(B) 和 C 或 D 两端;

② 若接 A 和 C 或 D 两端,则 P 向 A 移动时阻值逐渐减小……

(教师)提醒学生注意"滑动变阻器"的最大阻值和允许通过的最大电流值。

操作实践:用变阻器改变灯泡亮度。

注:实验过程由学生完成(略)。

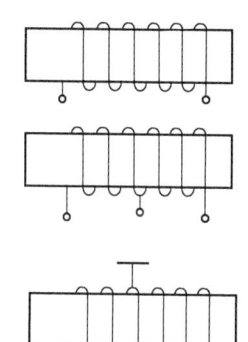

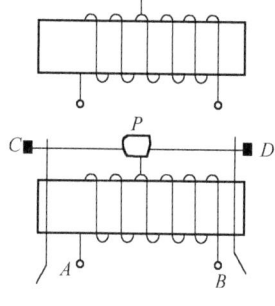

图 3-7

(师语)由于选材和变阻方式不同,变阻器会有很多种类,课后请同学们也试着设计一种变阻器,并了解实际生活中的其他变阻器件的应用。

(教师)组织讨论本次创新的意义:

① 学会了设计制作滑动变阻器,并为了解其他变阻设备的原理打下了基础。

② 应用滑动变阻器可(根据需要)改变电路中的电流、电压。

(本环节中重组了教材内容,让学生经历"探究——设计——实践"这一个性化的过程,去主动突破"变阻器"这一教学重难点,使学生"不仅知其然,而且知其所以然。"充分体现了本课堂的设计理念:即"知识"乃是一种"探究的活动",并不是绝对的、不变的结论。)

4) 小结与延展

师生共同构建多维度课堂小结,并对下一步探究方向做出设想。

附:补充介绍"半导体"的有关知识以开阔学生视野;"超导现象"由学生课后了解。

(此步设计重在从多维度建构课堂小结,并通过师生交流设置"课堂留味",以收"课虽停而思未止"之效。)

案例二：自由落体运动的探究[①]

在初中物理课本中，有关自由落体运动的内容从一段有趣的物理学史引出：在公元前4世纪，以亚里士多德为代表的学者们认为重的物体一定比轻的物体下落得快，这种观点在近两千年里一直被人们奉为真理，直到17世纪，才由伟大的物理学家伽利略通过反复的实验以及推理论证，得出了在不考虑空气阻力的情况下重的物体与轻的物体下落得一样快的科学结论。

教法一 教师提出问题：重的物体与轻的物体哪个下落得快？然后假想学生对这个问题的认识与亚里士多德一样，都认为重的物体一定比轻的物体下落快。于是，教师开始做演示实验，努力地纠正学生的这种错误观念。最后出示结论：重的物体与轻的物体下落得一样快。整堂课都沿着教师的思路进行，一切尽在教师的掌握之中。

教法二 教师在介绍了那段有趣的历史之后说："但是，我通过对大量日常生活现象的观察，确实认为重的物体一定比轻的物体下落得快！你赞成或者反对我的观点都可以，但要找证据讲道理才能让我信服。"

学生们或低头思考或相互讨论。

学生1："老师，我可以做一个实验反驳你！"她两手拿着两张不同样式、不同大小的纸片，解释说："我右手的纸片比左手的轻，你看我放开它们（说着顺势放手），右边的纸片先落地，所以老师你的看法不对！"

老师摇摇头："你这样不科学，凭什么说右手的纸片比左手的轻呢？我就说它比左手的纸片重！不行，我不服！"

学生2："老师，同一张纸片平分成两半，它们一样重吧？"老师点头称是。"那么，我将其中一半揉成纸团……"说着学生顺势释放纸片和纸团，结果纸团先落地。

"不行，不行，我怎么知道你有没有偏袒纸团呢？不公平！"学生抬起纸片和纸团，想了想，答道："我再做一次，请看好，它们高度一样……我同时放手……"

"哦，在同一高度释放，同时释放！公平！"

"老师你看，结果还是纸团先落地！"学生很高兴，老师赞许地点点头。

学生3："我认为亚里士多德和伽利略的看法都不对！我可以做实验证明！"

"大纸片是小纸片的一倍，我把小纸片揉成团，同时释放，发现小纸团下落得快，说明亚里士多德的看法不对！"说着，他又做了一遍实验，"还是小纸团先落地，伽利略的看法也不对！"学生们都试着做这个实验。

当大家都认可这个实验结果时，学生4说："同样是大纸片和小纸片，不同的是，我竖着同时释放它们，你看，结果它们几乎同时落地！"说着该生又重复做了一遍，结

[①] 新课程实施过程中培训问题研究课题组.新课程与学习方式的变革[M].北京：北京师范大学出版社，2001.68—70.

果还是两张纸片几乎同时落地。面对这个实验结果,刚才发言的学生 3 瞪大双眼看着纸片,连连抓头。

"好!问题越来越有趣。同样大小的两张纸片,以不同的方式释放,得到的结果互相矛盾。大家想想该怎么解释呢?"此时教室里一片沉静。从学生的表情可以看出,他们正进行着紧张的思考,久久没人做声。

老师开始总结:"刚才大家做的实验有力地反驳了我的观点,我服了,打算放弃这个错误的观念。可是,为什么在生活中观察到的现象大多数是重的物体比轻的物体下落得快呢?让我们回到刚才两位同学的实验带出的问题。不知道大家注意到没有,伽利略说重的物体与轻的物体下落得一样快是有前提的,那就是不考虑空气阻力!而在实际生活中物体下落时是要受到空气阻力作用的。在刚才那两位同学的实验中,相同的大小纸片以不同的方式同时释放,受到的空气阻力就不一样,实验结果也就不同,这里面有看不见的空气阻力的影响。科学家伽利略正是在实验中看到了不同的实验结果,因而猜测是由于空气阻力的存在影响了物体下落的快慢。可是,在那个时代真空技术还未得到发展,伽利略就不断地改变条件,尽量减小空气阻力的影响来进行实验,结果发现在空气阻力影响很小的情况下,轻重不同的物体在同一高度同时释放后几乎同时落地。于是伽利略推想,如果不考虑空气阻力的作用,那么重的物体与轻的物体应该下落得一样快。近代在真空中做的实验也证明了伽利略的推想是正确的。"

案例三:永远打不开的黑盒①

以下是初二学生上完电学部分之后的一节探究活动课。

这节课,老师发给每人一个黑盒。

"这个盒子黑黑的,很神秘。看,从盒里接出了一红一绿两根导线。"老师说。

"这两根导线连在一起吗?这是一个谜。"

学生一个盒面一个盒面地仔细看。

"唉,要是有一条缝隙,就可以看到盒子里面了!"学生叹息道。

"有缝隙吗?"老师故意问。

"没有啊!"

"那怎么办?"

"打开黑盒,一切都明白了!"一个胆大的学生说。

"对啊!"众人附和着。

"不!"老师说,"不能打开黑盒,考人之处,正是这里。"

"有办法了,用 X 光照一照,黑盒里的情况不就一目了然了吗。"一个学生说。

---

① 赵光平. 永远打不开的黑盒[DB/OL]. http://ktjx.cersp.com/xswz/jxxs/200512/160.html, 2005-12-8.

"这方法如何?"老师问道。

"不行,学校没有 X 光。"其他学生评论道。

一会儿后,一个男生有了办法。

"给我一节电池,一个小灯泡"他说。

"干什么呢?"老师明知故问。

"把电池、灯泡和黑盒的导线连接起来,"学生急促地说,"若灯泡亮,说明黑盒里导线是接着的;反之,就是断开的。"

"此法如何?"老师笑着问。

"妙极了!"学生们高声说。

老师立刻发了电池和灯泡。学生忙着试了起来。

"点亮了!"有些说。

"点不亮!"另一些叫道。

"这是怎么了? 有的亮,有的不亮?"老师装作十分惊讶。

"可能黑盒不同,"一个学生说,"有两种,一种导线接着,另一种断开。"

探究似乎应到此结束了。

可就在这时,一个学生大叫道:"我的黑盒不是这样!"

在众人注目下,他开始摆弄黑盒。

灯本来亮着,可把黑盒反转一方向再接(指反接,编者注),灯就不亮了。

"天呐,黑盒有方向性!"学生惊奇地叫道。

每个人试了自己的黑盒,发现都如此!

"这该如何解释呢?"老师说。

"可能盒里有一个电子元件。"一学生说。

其他学生表示赞同,并补充道:"对电流来说,这种电子元件是'单行道',只能从一端流向另一端,反向就不行。"

"可能有节电池。"一个学生又提出另一种可能。

他进一步解释说:"若黑盒里的电池与外面电池是一顺的,灯就亮;若反了,两只电池抵消,灯当然就点不亮了?"

"到底有什么?"老师问。

"不能确定。"学生们说。

"那怎么办?"老师问。

学生认为只能打开黑盒看一看。

"不能打开!"老师一口拒绝。

学生有些绝望。

过了很久,学生终于想出了一个巧妙的办法。

一个学生说:"若黑盒里真的有节电池,那用这节电池就能点亮灯泡。"

众人一听,茅塞顿开。

一试,果然,只用黑盒,就能点亮灯泡。

"黑盒里有节电池!"学生们兴奋得手舞足蹈。

课结束了,学生一致要求:"打开黑盒!"

"你们仍不相信有电池?"老师问。

"不是,"学生说,"只是不亲眼所见,总觉得不踏实。"

"黑盒之所以神秘,就是永远不能打开!"老师说。

看来,老师是狠到家了!

让学生欲罢不能!

听,学生又提出一种猜测:"如果盒里是(有,编者注)电池,它的电应会用完。"

"怎么检验呢?"老师问。

学生把黑盒外的两段导线连接在一起。

"老师,你摸,导线发热。"学生说。

"对了,"老师说,"这就是认识黑盒的方法!虽永远不能打开,但可以不断猜测,不断检验。"

课后

老王:为什么最后不打开黑盒?

胡博士:若打开,谜就不在了,好奇就消失了,学生的探究也就停止了。

小杨:原子是不是一个黑盒?

胡博士:是。原子有什么?

小杨:有电子和原子核。

胡博士:怎么知道的?拿出一个原子,截成两半?

小杨:原子太小,怎么截开?

胡博士:对,所以说,它是一个黑盒。

在上面,学生没有打开黑盒,通过不断探究,知道盒里有电池。用类似的探究方法,科学家也发现了原子里有一个核。

老王:对于老师来说,学生也是一个黑盒。

胡博士:对。学生心里想些什么,是看不透的。我们只能提问,然后根据回答,对学生的心理做出一些推测。

思考题

1. 查阅有关物理学史和教育史方面的资料,完成下页中的表格。

2. 现代学习代社会对新型人才的基本要求是"具有全面的文化基础(特别是信息方面的基本知识与能力),富有创新的能力和高尚的品质"。对此,你是如何理解的?

学科	代表人物	国籍	生卒年代	主要贡献
物理学	伽利略			
	牛 顿			
	法拉第			
	麦克斯韦			
	普朗克			
	爱因斯坦			
	霍 金			
教育学	孔 子			
	夸美纽斯			
	赫尔巴特			
	杜 威			
	陶行知			
	泰 勒			
	博比特			

3. 20世纪国际基础教育发生的三次重大改革，对我国新一轮基础教育课程改革有什么启示和借鉴？

4. 有人说，新课程所倡导的自主学习就是我们平时所理解的"自学"，请谈谈你的看法。

5. 何谓"异质分组"？"异质分组"比"同质分组"或"随机分组"在合作学习中有什么优点？

6. 目前的中学物理教学具有怎样的背景和要求？作为未来的中学物理教师认识这一点有什么价值和意义？

【相关链接】

新中国成立前后基础教育课程改革的回顾

● 新中国成立前基础教育课程的六次改革

(1) 洋务运动。洋务派主张"新教育"，提出"中学为体，西学为用"的教育观，开办洋学堂，派遣留学生。增设外语、算学、化学、天文、医学、物理、万国公法、航海测量、代数、微积分等新课程，引进西方的教学管理制度，采用新的教学方式和手段。

(2) 1903年清政府公布《奏定学堂章程》，第一次确定了"五四五制"学制。初小五年，增设修身、读经、国学、算术、几何、体操等课程；高小四年，增加图画、手工等课程；中学五年，开设外语、法律和理财等课程。

(3) 1912年，中华民国颁布"壬子癸丑学制"。第一次废除科举考试制度，开设历史、地理、农业、缝纫、唱歌等课程，并给予女子受教育的权利。

(4)1923年民国政府公布"新学制体系"。第一次将中国学制定位于美式"六三三"制,在小学开设的课程有国语、社会、自然、艺术、算术、体育、音乐、园艺、工艺等;初中在小学基础上增设外国语和生理卫生,破天荒实行学分制。

(5)1927年之后,民国政府强化国民党的党化教育政策。在这一阶段,改革没有明显进展。

(6)中共新民主主义革命期间在革命根据地的学校课程。早在20世纪30年代中期,江西中央革命根据地的红色政权就颁布过《小学课程教学大纲》,规定根据地的列宁小学分初、高二级,分别为三年和二年。初级小学开设国语、算术、游艺、劳作、社会工作等课程,高级小学增设社会常识和科学常识课程。20世纪40年代中期,陕甘宁边区政府以"为革命战争服务"为宗旨,规定中学课程包括边区建设、政治常识、国文、史地、自然、生产、医药常识等,突出了鲜明的革命性、科学性、实用性特点。

(资料来源:人教网 http://www.pep.com.cn/czyw/jsza/syqfc/zhzyzx/lltw/zgsy/200704/t20070412_388866.htm)

● 新中国成立后基础教育课程的八次改革

第一次:"破旧立新"的基础教育课程改革(1949～1952年)。新中国成立初期,百废待兴,全国没有统一的教学计划。1950年8月,教育部颁发了《中学暂行教学计划(草案)》,这是新中国第一个教学计划,并设置了门类更为齐全的学科课程——政治、语文、数学、自然、生物、化学、物理、历史、地理、外语、体育、音乐、美术等课程。1952年3月,教育部颁布了《中学教学计划(草案)》,同年10月,颁布了建国以来第一个五年一贯制小学的《小学教学计划》。

第二次:彷徨与探索中的基础教育课程改革(1953～1957年)。1953年我国开始执行国民经济"一五"计划。这期间,国家共颁布了五个教学计划,其中在1953～1955年颁布的三个教学计划中,大幅削减了教学时数,并首次在教学计划中设置劳动技术教育课。1956年国家正式发行新中国成立以来的第二套中小学教科书,适用学制为12年。这套教材理论性有所加强,特别注意了学生的动手能力的培养。1957年根据教育部指示,对这套教材内容作了精简。

第三次:"教育大革命"中的基础教育课程改革(1958～1962年)。这一时期是我国经济发展的重要时期,同时也是左倾思想影响萌芽的时期。1958年"大跃进"引发了"教育大革命",大量缩短学制,精简课程,增加劳动,注重思想教育。如,1960年下半年开始,人民教育出版社根据缩短学制、提高程度的指示精神,编写了10年制中小学教材。这套教材从1961年起陆续出版发行,供试验10年制的学校选用。另外,还出现了多种学制的改革试验。

第四次:"半途而废"的基础教育课程改革(1963～1965年)。1963年,在总结了1958年"教育大革命"的经验教训后,中共中央颁发了《全日制小学暂行工作条例(草案)》和《全日制中学暂行工作条例(草案)》,教育部根据这两个条例,重新制定了《全日制中小学教学计划(草案)》,新的教学计划确立了以"双基"(基础知识和基本训练)为重点的课程模式,并编写了新的教材。1964年初,毛泽东同志发表了关于中小学教育的"春节讲话",提出"学制可以缩短","课程可以砍掉一半",接着又开展了十年"文化大革命"(1966~1976年)。因此,1963年新的教学计划以及各科的教学大纲、教材,并没有全面实行。

第五次:"拨乱反正"中的基础教育课程改革(1978~1980年)。十年文革结束,1978年教育战线拨乱反正。教育部制定了《全日制十年制中小学教学计划试行草案》,统一规定全日制中小学学制为十年,其中小学五年,中学五年。1978~1980年出版了新中国成立以来全国统编的第五套中小学教材。

第六次:恢复、发展与提高中的基础教育课程改革(1981~1985年)。1981年,教育部对《全日制十年制中小学教学计划试行草案》中的小学部分作了修改,调整了教学时间和课程设置。1984年教育部分别颁发了《全日制六年制城市小学教学计划(草案)》和《全日制六年制农村小学教学计划(草案)》,对城市小学和农村小学的数学、外语、自然常识、劳动课程分别提出了不同要求。与此同时,1981年教育部根据邓小平同志"要办好重点小学、重点中学、重点大学"的精神,颁发了《全日制六年制重点中学教学计划》,这个教学计划规定,从高中二年级开设选修课,并将劳动技术教育列入正式课程。从此时起,开始形成高中文、理分流的办学模式。该教学计划对恢复正常的教育秩序,提高教学质量,起了积极的作用。

第七次:持续深入的基础教育课程改革(1986~2000年)。1986年《义务教育法》出台。1988年原国家教委颁发了《义务教育全日制小学、初级中学教学计划(试行草案)》,1992年在广泛征求意见的基础上进行了修改,并将"教学计划"更名为"课程计划"。这个课程计划第一次将小学和初级中学的课程统一设计,并将课程计划中的课程表分为"六三制"和"五四制"两种。在课程表中将全部课程分为两大类:学科类和活动类。1996年,原国家教委颁发了与义务教育课程计划相衔接的《全日制普通高中课程计划(试验稿)》。同时,基础教育司制定颁发了各学科的教学大纲,人民教育出版社编写出版了教材,从1997年秋季开始在"二省一市"进行试验。2000年1月,为贯彻落实《中共中央国务院关于深化教育改革全面推进素质教育的决定》,加快普通高中课程改革,教育部颁发了《全日制普通高中课程计划(试验修订稿)》,并在全国家10多个省市试验。且突出了新型教育方针的具体要求,适当增加了基础学科的教学时数,在教学计划中给课外活动留出固定的足够的空间。

第八次:面向未来的基础基础教育课程改革(2001年至今)。新一轮基础教育课程改革,实行国家、地方、学校三级课程管理体制,整体设计九年一贯的课程体系,在普通高中实行学分制和选修制。开设综合实践活动必修课程。具体改革情况不再赘述。

(资料来源:参考钟启泉,崔允漷主编的《新课程的理念与创新——师范生读本》,高等教育出版社2003年版,第22~25页。)

第4章 中学物理教学理念论

所谓理念(ideas)是指个体的知识、经验、行为等在其头脑中的系统反映,是在实践基础上形成的一种理性化的认识。对教学而言,教学理念(teaching ideas)就是教育工作者对教学活动内在要求的一种系统化的认识,是人们对教学活动的看法和持有的基本观念,是人们从事教学活动的信念。简单地说,教学理念可理解为一种教学的观念,其核心内涵是教学的价值观。它对教师的教学起着影响、指导甚至统帅的作用。因此,逐步树立与新课程,特别是中学物理新课程相适应的教学理念,对我们未来的中学物理教师积极参与课程改革、有效实施新课程是非常重要的。

4.1 新课程所倡导的教学理念

4.1.1 传统与现代课堂教学价值观的比较

为了更清晰地把握新课程的教学理念,我们不妨先来总结一下传统课堂教学和现代课堂教学的价值观。

1. 传统课堂教学的价值观

我国传统教育的视野很狭窄,从宋代赵普的那句名言"半部论语治天下"到20世纪80年代非常流行的"学好数理化,走遍天下都不怕"的口号,皆从不同侧面表明了"知识本位"的教育价值观。这种教育价值观直接导致传统的课堂教学是一种以知识为本位的教学。这种教学在强化知识的同时,从根本上失去了对人的生命存在及其发展的整体关怀,从而使学生成为被肢解的人,甚至被窒息的人,在一定程度上,直接导致了"流生现象"的发生。具体地讲,传统课堂教学只关注知识的接受,在课堂上学生成为盛装知识的容器,而不是具体的、有个性的生命主体。由此可见,传统课堂教学的价值观是一种以知识为本位的教育价值观。其在课堂教学中的具体表现为[1]:

1) 重认知轻情感

以知识为本位的教学,把生动的、复杂的、人情味的教学活动囿于固定、狭窄的认知主义的框框之中,只注重学生对学科知识的记忆、理解和掌握,而不关注具有情感的生命主体——学生在教学活动中的情绪生活和情感体验。教学的这种非情感化是传统教学的一大缺陷。

---

[1] 编者根据余文森发表在《教育研究》2002年第4期上的文章《树立与新课程相适应的教学观念》的观点进行整理而成。

2) 重教书轻育人

"教学永远具有教育性",但是以知识为本位的教学把教书和育人割裂开来。教师以教书为天职,以完成学科知识传授、能力培养为己任,忽视或不重视学生在教学活动中的道德生活和人格养成,从而使教师变成真正意义上的"教书匠";学生成为完全意义上盛装知识的"容器",从根本上失去了对学生全面发展的整体关怀。

3) 重结论轻过程

以知识为本位的教学价值观,把知识看成是现存的结论(或结果),从而把形成结论的生动过程变成了单调刻板的条文背诵,它实际上是剥离了知识与智力的内在联系。这种重结论、轻过程的教学只是一种形式上走捷径的教学,它排斥了学生的思考和探究,把教学庸俗化到无需智慧努力,只需听讲和记忆就能掌握知识的那种程度,于是便有了掌握知识却不思考知识、诘问知识、评判知识、创新知识的"好学生"。这实际上是对学生智慧的扼杀和对学生个性的摧残。重结论、轻过程,从学习的角度来讲,也即重"学会"、轻"会学"。

4) 重教学轻学习

教与学是贯穿于整个教学过程中的最基本的一对关系。以知识为本位的课堂教学价值观。把学科知识不仅凌驾于教育之上,而且还凌驾于学生之上,从而忽视对学生学习的认知规律的关注,导致以教为中心,学围绕教转;以教为基础,先教后学,不教不学等怪现象。

2. 现代课堂教学的价值观

以知识为本位的传统课堂教学丧失了素质教育的功能。为了全面、扎实而有效地落实素质教育的目标——"面向全体学生的全面发展",课堂教学改革必须进行价值本位的转移,即现代课堂教学的价值观由以知识为本位转移到"以学生发展为本位"。但需要注意的是,"以学生发展为本位"的课堂教学价值观并非指在教学过程中不要传授书本知识,而是指要把传授书本知识服从、服务于学生的发展,即在关注知识的同时,更要重视对教学过程中的学习主体——学生发展的全面关心。现代课堂教学的价值观可简要概括为一个核心理念和两个基本理念[①]。

1) 核心理念——以学生发展为本

"以学生发展为本"不仅是基础教育课程改革的理念,也是新课程所倡导的一个核心教学理念。为此,现代课堂教学必须关注学生,根据时代发展的要求,与时俱进,坚持以人为本,以学生发展为本。

以学生发展为本,要求教师在现代课堂教学中有与素质教育相吻合的学生观,其核心成分应该是通过最优的课堂教学设计和有效的课堂教学活动,使每个学生的各

---

① 参考沈建民.论基于新课程的教学过程及设计[J].课程·教材·教法,2003,(9):25—26.

种潜能都能得到有效的开发,以及每个学生都能获得其最有效的发展,以实现教学与发展的真正统一。"以学生发展为本"的内涵极其丰富,具体讲主要包括以下四个方面:第一,课堂教学要面向全体学生,无论是"优等生"还是"后进生"。促进学生的发展,是包括每一个学生在内的全体学生的发展,而不是个别或一部分学生的优先发展。由于学生在认知、心理动作、情感态度和人际交往等方面存在着个别差异,不同的学生有不完全相同的学习方式,因此学生间的差异是客观存在的。尽管如此,但他们都有自己独特的发展潜能,都可能获得自己最有效的发展。第二,课堂教学要面向每个学生的全面发展。这种发展是一种包括学生的知、情合一和身心合一的全面发展,是一种学生人格整合的全面发展,而不仅仅是侧重在学生的认知方面的片面发展,更不能以传统的考试分数来评判学生的好与差。第三,面向全体学生,促进学生的发展的这种发展应该是具有学生自身特征的个性化发展,而不应仅仅是一种统一规格的模式化发展。美国心理学家霍华德·加德纳(Howard Gardner)提出的多元智力理论[①],为促进学生具有自身特征的个性化发展提供了极其重要的理论依据。只有让学生主动发展,人才规格才会有多样性,才能培养学生的创造性。第四,学生的发展还应当是在其原有基础上的一种可持续发展。这种发展与学生以后的成长有着共同的外延,这种发展的效果应逐渐地在学生以后的成长过程中凸现,而不应仅仅是以课堂教学活动的结束或学校教育的结束为终点的短期发展。

总之,学生的发展是一种能使自己的潜能得到充分发挥的发展;是一种个性化的发展;是一种可持续发展。只有这样的发展才能称得上是面向了全体学生的全面发展。

2)基本理念之一——比结论更重要的是过程

对一门学科而言,过程体现了该学科的探究步骤和探究方法,结论则表征了该学科的探究结果(概念原理的体系)。在学科教学中,师生对概念原理体系的探索步骤及所采用的方式、方法和策略等具有重要的教育价值,而学科本身的概念原理体系只有和师生相应的探索步骤及方法论结合起来,才能在教学过程中使学生的理智过程和整个精神世界获得实质性的发展和提升。因此,现代课堂教学非常重视课程实施的过程,强调教学的过程。强调教学的过程就是强调学生在探索新知时的经历与思考和获得新知时的感悟与体验,为学生人格的整合发展提供时空。

[①] 多元智力理论又叫"多元智能理论"。传统的智力理论认为人类的认知是一元的、个体的智能是单一的、可量化的,而美国教育家、心理学家霍华德·加德纳在1983年出版的《智力的结构》一书中提出"智力是在某种社会或文化环境或文化环境的价值标准下,个体用以解决自己遇到的真正的难题或生产及创造出有效产品所需要的能力"。他认为每个人都至少具备"语言智能、数理逻辑智能、音乐智能、视觉空间智能、肢体运动智能、人际交往智能和自我认知智能",1995年又提出了第8种智能——自然智能。这一理论被称为多元智力理论(the theory of multiple intelligences)。加德纳指出:每个人都拥有这八种智力,只是由于它们在人身上以不同方式、不同程度组合,才使得每个人的智能各具特点。

强调教学的过程,要求教师在现代课堂教学中有与新课程相吻合的过程观,其核心成分应该是在现代课堂教学中注重教学过程的优化设计和有效展开,为学生的全面发展创设足够的时间和空间。这就要求教师在现代课堂教学中做到以下四点:

第一,要以学生的初始才能为基础来设计教学的起点。通过对课堂教学内容和学习主体(学生)的科学、客观分析确定"务实"的教学起点,而不是以教师的主观判断或经验为基础来确定"理想"的教学起点。第二,要在教学过程的设计中充分挖掘"情感、态度和价值观"等方面的素材。通过教学过程的实施,使学生在有效获得基础知识和基本技能的同时,获得积极的情绪生活和愉悦的情感体验。第三,要在教学过程的展开中营造学生"自主学习"的氛围。通过创设教育情境,借助于学生对"问题"的思考、判断以及相应的分析与综合、抽象与概括等思维活动来凸现形成结论的生动过程。第四,要注重过程性的评价和反馈,即教师通过渗透于过程之中的形成性评价,及时获取学生在学习过程中所反馈的有用信息,以对教学过程的设计和展开作出动态的调整或调适。

3) 基本理念之二——学习方式要优化

如第三章第二节中所述,所谓学习方式是指"学生在完成学习任务过程中基本的行为和认识取向"。传统意义上的学习方式,把学生的学习建立在人的客体性、受动性和依赖性的基础之上,忽略了人的主动性、能动性和独立性。针对传统教学中教师的主要教学方式是传授性的,从而导致学生的学习方式主要是接受性的这种弊端。现代教学提倡自主、探究与合作的学习方式,让学生成为学习的主人,使学生的主体意识、能动性和创造性不断得到发展。但是"提倡"并不就是简单的"替代"。提倡以"自主·探究·合作"为特征的学习方式,目的是要优化学生现有的学习方式,为学生的可持续发展奠基。

优化学习方式,要求中小学教师在现代课堂教学中有与时代要求相吻合的教学观,其核心成分应该是在现代课堂教学设计和展开中应注重教学方式与学习方式的匹配和错位,为改变传统教学中学生单纯的接受性学习方式,全面优化学生的学习方式提供"锚位"和"脚手架"。首先,教师设计和采用的教学方式要与学生原有的学习方式相匹配。这种教学的匹配策略能使学生学得更快、更多。但它无法弥补学生学习方式或机能上的欠缺,从而会遏制学生的可持续发展。为此,教师在教学过程的设计和展开中还要有意识地使自己的教学方式与学生原有的学习方式相错位或失配。这种教学的错位或失配策略一开始虽会在一定程度上影响学生的学习,但它的特殊功效是能弥补学生学习方式或机能上的欠缺或不足,从而能优化学生的学习方式,进而可促使学生从"现有发展区"向"最近发展区(zone of potential development)"发展。总之,要优化学生的学习方式,教师在现代课堂教学的设计和展开中要有意识地促使学生运用有意义的接受性学习、有引导的发现性学习和有指导的探究性或研究性学习等多种学习方式。

4.1.2 新课程对教师课堂教学的基本要求

"为了中华民族的复兴,为了每位学生的发展"是《基础教育课程改革纲要(试行)》的核心理念。为了推动新一轮基础教育课程改革,新课程要求教师在课堂教学过程中做到:

1. 关注学生的情感体验、人格养成

课堂教学过程,对学生来说,不仅是一种认知过程,而且还应该是一种情感体验的过程。因此,英国教育家赫伯特·斯宾塞(Herbert Spencer)的经典名言"什么知识最有价值(what knowledge is of most worth)"在实施新课程的今天需要我们作出新的回答:"知识的直观性、形象化、情感化、个性化、活动化、智慧化是学生通往发展的必经之路。"具体地说,教师在现代课堂教学过程中先把"学科教材的知识"转化为"教师的学科知识",再把"教师的学科知识"转化为"学生的知识",借助于教师在教学过程中激活知识和播种活的知识,通过学生积极、主动的思维和创造性的探索活动,不仅使"学生的知识"获得"生成和生长"[①],而且使学生在学习过程中同时获得一种愉悦的情绪生活和积极的情感体验。伴随着学科知识的获得,使学生对学习的态度变得越来越积极,对学习的信心变得越来越"十足"。

课堂不仅是学生获得知识的殿堂,更是学生人格养成的圣殿。"教学永远具有教育性",课堂教学潜藏着丰富的道德因素。教师不仅要充分挖掘和展示教学中的各种道德因素,而且还要积极关注和引导学生在教学活动中的各种道德表现和道德发展,从而使教学过程成为学生一种高尚的道德生活和丰富的人生体验。伴随着学科知识的获得,使学生变得越来越有爱心,越来越有同情心,越来越有责任感,越来越有教养。当然,这也要求教师一定要加强自身修养,不断完善自己。

2. 注重学生的探究过程与探究方法

新课程非常重视教学的过程,强调过程甚于结论。为什么呢?因为结论与过程的关系是教学过程中一对十分重要的关系。从学科本身来讲,过程体现了该学科的探究过程与探究方法,而结论则表征了该学科的探究结果(概念原理的体系)。如果说,概念原理体系是学科的"肌体",那么探究过程和探究方法就是学科的"灵魂"。只有两者有机结合才能完整地体现一门学科的整体内涵和思想。

从教学角度来讲,所谓教学的结论,即教学所要达到的目的或所需获得的结果;所谓教学的过程,即达到教学目的或获得所需结论而必须经历的活动程序。毋庸置疑,教学的重要目的之一,就是使学生理解和掌握正确的结论,但是如果不经过学生

---

① 谢利民.课堂教学生命活力的焕发[J].课程·教材·教法,2001,(7):21.

一系列的质疑、判断、比较、选择以及相应的分析与综合、抽象与概括等认识活动,结论就难以牢固获得,也难以真正理解和巩固。

从学习的角度讲,重结论即重"学会"(knowing what),即重在接受知识,积累知识,以提高解决当前问题的能力,是一种适应性学习。重过程即重"会学"(knowing how to learn),也就是说,重在掌握方法,主动探究知识,目的在于发现新知识、新信息以及提出新问题,是一种创新性学习。

现代教育心理学研究指出,学生的学习过程不仅是一个接受知识的过程,而且也是一个发现问题、分析问题、解决问题的过程。这个过程有利于暴露学生的各种疑问、困难、障碍和矛盾,同时,也有利于展示学生的聪明才智、独特个性、创新成果。

有鉴于此,新课程课堂教学,教师在关注结论的同时,更要注重学生学习的过程,特别是探究的过程与探究的方法,从而使学生实现从"学会"到"会学"的转变,跟上当代学习化社会前进的步伐。

3. 运用与新课程匹配的教学策略

为了提倡以"自主·探究·合作"为特征的学习方式,教师在课堂教学中应有针对性地运用与新课程相匹配的教学策略,具有代表性的教学策略有以下四种:

1) 主动参与教学策略

主动参与教学策略是指学生在教师的激励、引导下,主动积极地置身于教学活动中以掌握知识、发展能力的教学策略。教师激励、引导的含义应该是:激发学生参与教学的动机,指导学生参与教学的方法,保证学生参与教学的全面性,为学生提供解决在参与教学过程中产生的问题所必要的参考建议等。

2) "探究—发现"教学策略

这种教学策略是指学生在教师的引导下,通过对事物现象的探索与研究,发现并获得该事物现象的本质及关于现象间规律性联系的知识,以发展能力和思维,特别是抽象逻辑思维能力的教学策略。这时教师要特别注意探究教学必须有一定的程序。学生的探究活动始于问题,而问题产生于学生对教师创设的问题情境的仔细观察。这就要求教师创设的问题情境对学生具有符合教学活动要求的认知意义,即学生的认知结构中具有与问题相适应的观念,而且学生的已有观念又不能对问题情境作出完全理性的解释。

3) 合作学习教学策略

合作学习教学策略是指以小组为教学活动的基本单位,通过小组内成员的分工协作去达成小组共同的学习目标,并以小组活动的整体效果为教学评价的主要指标的教学策略。合作学习与传统的班级授课制的主要区别是:学习小组是合作学习活动的基本单位;小组合作目标是组内成员合作的动力和方向;组内成员之间分工协作是合作学习的基本活动形式;小组活动的整体效果是合作学习活动的主要评价指标。

4)联系生活教学策略

联系生活教学策略是指通过教学活动直接或间接地反映生活或通过对生活的模拟以实现学生知识技能的有效掌握、智力能力的培养和个性发展的教学策略。教学活动过程中所传递的主要信息是人类长期以来积累起来的生活经验的精华部分。这些精华的绝大部分对于学生来说既是抽象的、又是间接的,而学生在日常生活中积累了丰富的、大量的活动经验,有了这些宝贵的活动经验,书中的那些抽象的、间接的知识就对学生的学习构成了潜在意义。这种潜在意义向现实意义的转化主要取决于教师的教学活动能否和学生的日常生活经验之间建立起有机的联系,并产生"化繁为简、化难为易、化枯燥为生动"的巨大效果。

4.2 中学物理新课程的基本理念

4.2.1 物理课程改革的基本理念

《全日制义务教育物理课程标准(实验稿)》和《全日制普通高中物理课程标准(实验)》在分别定位义务教育阶段物理教育的培养目标——"提高全体学生的科学素质"、普通高中阶段物理教育的培养目标——"进一步提高科学素养,满足全体学生的终生发展需求"的基础上,分别就新一轮初中物理课程改革的基本理念和高中物理课程改革的基本理念作了阐述。这对于在"一标多本"(一个标准、多种版本)[①]形势下的教材编写、教师教学以及评估和考试命题等提供了依据和方向。

1. 初中物理课程改革的基本理念解读

《全日制义务教育物理课程标准(实验稿)》在"前言"部分明确阐述了初中物理课程改革的基本理念[②]:①注重全体学生的发展,改变学科本位的观念;②从生活走向物理,从物理走向社会;③注重科学探究,提倡学习方式多样化;④注意学科渗透,关心科技发展;⑤构建新的评价体系。下面就这五个方面的基本理念逐一进行解读。

1)注重全体学生的发展,改变学科本位的观念

义务教育阶段的物理课程应以提高全体学生的科学素质为主要目标,满足每个学生发展的基本需求,改变学科本位的观念,全面提高公民的科学素质。

例如,人民教育出版社出版的《物理》新教材八年级上册,与传统教材很大的一个

---

① 目前,经全国中小学教材审定委员会审查通过的义务教育课程标准物理教材共有6套,分别是人教版、上海科技版、江苏教育版、北师大版、教育科学版和上海科技教育版;普通高中课程标准物理教材共有5套,分别是人教版、上海科技版、广东教育版、河北版(北京出版社)和山东科技版。

② 中华人民共和国教育部. 全日制义务教育物理课程标准(实验稿)[S]. 北京:北京师范大学出版社,2001.2—3.

不同是,每一自然节并不仅仅由正统的物理学科知识组成,而是由"探究"、"想想议议"、"科学世界"、"STS"等多种栏目组成的各种知识相互交织的知识网络。

2)从生活走向物理,从物理走向社会

义务教育阶段的物理课程应贴近学生生活,符合学生认知特点,激发并保持学生的学习兴趣,通过探索物理现象,揭示隐藏其中的物理规律,并将其应用于生产生活实际,培养学生终身的探索乐趣、良好的思维习惯和初步的科学实践能力。

例如,在研究杠杆时,先从日常中的用铁棒撬重物、用钳子夹物体等现象入手。待学习了杠杆的知识之后,再去探讨在生产中、复杂机械中运用杠杆的例子。

3)注重科学探究,提倡学习方式多样化

物理课程应改变过分强调知识传承的倾向,让学生经历科学探究过程,学习科学研究方法,培养学生的探索精神、实践能力以及创新意识。改革以书本为主、实验为辅的教学模式,提倡多样化的教学方式,鼓励将信息技术渗透于物理教学之中。

例如,在学习欧姆定律时,采用探究教学的形式,并让学生运用控制变量法去设计探究的过程。

4)注意学科渗透,关心科技发展

结合国际科学教育的理论和实践,构建具有中国特色的物理课程体系,注意不同学科间知识与研究方法的联系与渗透,使学生关心科学技术的新进展和新思想,了解自然界事物的相互联系,逐步树立科学的世界观。

例如,通过类似"科技园"等栏目,让学生了解一些他们能够接受的现代物理知识,如超导体、纳米材料、航天技术等。

5)构建新的评价体系

物理课程应该改革单一的以甄别和选拔为目的的评价体系。在新的评价观念指导下,注重过程评价与结果评价结合,构建多元化、发展性的评价体系,以促进学生素质的全面提高和教师的不断进步。

例如,可通过"学生成长记录袋"等质性评价的手段对学生的物理学习过程进行评价。

2. 高中物理课程改革的基本理念分析

《全日制普通高中物理课程标准(实验)》在"前言"部分明确阐述了普通高中物理课程改革的基本理念[①]:①在课程目标上注重提高全体学生的科学素养;②在课程结构上重视基础,体现课程的选择性;③在课程内容上体现时代性、基础性、选择性;④在课程实施上注重自主学习,提倡教学方式多样化;⑤在课程评价上强调更新观念,促进学生发展。下面就这五个方面的基本理念逐一进行分析。

---

① 中华人民共和国教育部.普通高中物理课程标准(实验)[S].北京:人民教育出版社,2003.2—3.

1) 在课程目标上注重提高全体学生的科学素养

高中物理课程旨在进一步提高学生的科学素养,从知识与技能、过程与方法、情感态度与价值观三个方面培养学生,为学生终身发展、应对现代社会和未来发展的挑战奠定基础。

这是义务教育阶段物理教育目的的延续,即高中物理课程的教育目的仍然侧重在提高全体学生的科学素养。

2) 在课程结构上重视基础,体现课程的选择性

普通高中教育仍属于基础教育,应注重全体学生的共同基础,同时应针对学生的兴趣、发展潜能和今后的职业需求,设计供学生选择的物理课程模块,以满足学生的不同学习需求,促进学生自主地、富有个性地学习。

这是考虑到普通高中教育仍属于基础教育,但又不同于义务教育。它不仅应考虑到全体学生的共同发展,开设共同的必修课程,而且还应根据学生的兴趣、发展潜能和今后的职业需求构建不同类型的选修课程,为学生提供选择空间。

3) 在课程内容上体现时代性、基础性、选择性

高中物理课程在内容上应精选学生终身学习必备的基础知识与技能,加强与学生生活、现代社会及科技发展的联系,反映当代科学技术发展的重要成果和新的科学思想,关注物理学的技术应用所带来的社会问题,培养学生的社会参与意识和对社会负责任的态度。

这是因为当前科技的发展引发了诸如环保、可持续发展等社会热点问题,需要高中学生以予关注。另外,课程内容的基础性要求让学生学习有用的基础知识与技能,学习基本的研究方法和科学思想,养成一定的科学态度与科学精神。课程内容的选择性要求给予学生一定的自由空间,让其选择学习自己感兴趣的物理内容。

4) 在课程实施上注重自主学习,提倡教学方式多样化

高中物理课程应促进学生自主学习,让学生积极参与、乐于探究、勇于实验、勤于思考。通过多样化的教学方式,帮助学生学习物理知识与技能,培养其科学探究能力,使其逐步形成科学态度与科学精神。

义务教育阶段学生的科学探究,教师给予指导和帮助的较多,但随着学生年龄的增大和探究能力的增强,高中阶段应让学生较独立地进行科学探究,培养学生的自主探究、自主学习和自主解决问题的能力。另外,教师通过多样化的教学方式,让学生有效地学习物理知识与技能,获得一定的科学探究能力,养成一定的科学态度与科学精神。

5) 在课程评价上强调更新观念,促进学生发展

高中物理课程应体现评价的内在激励功能和诊断功能,关注过程性评价,注意学生的个体差异,帮助学生认识自我、建立自信,促进学生在原有水平上发展。通过评价还应促进教师的提高以及教学实践的改进等。

评价是课程改革成败的重要影响因素,对课程的实施起着导向和质量监控的作

用。评价不是证明(prove)而是改进(improve),因此新课程背景下的评价不仅要发挥评价的诊断、激励功能,更应注重发挥评价的教育、发展功能。一方面,评价不仅要关注学生的学业成绩,而且要发现和拓展学生多方面的潜能,通过评价了解学生发展中的需求,帮助学生深入认识自我,建立自信,让评价释放更多教育的功能。另一方面,评价不仅要关注量化评价,更要注重质性评价、过程性评价、个性化评价等,通过多样化的评价促进学生进行有意义的学习,激发学生的学习动机和学习热情,关注学生的成长,以突出评价的发展性功能。

4.2.2 中学物理新课程教学的基本理念

结合中学物理新课程改革的理念和物理学的学科特点,我们认为中学物理新课程教学的基本理念应包括三个方面:重视物理学习环境的创设;注重物理探究过程的形成;关注学生科学素养的培养。

1. 重视物理学习环境的创设

学生学习物理的真正过程与人类认识物理世界总的发展过程在本质是基本一致的。因此学生应在物理环境下来学习物理。所谓物理学习环境的创设主要是指营造物理实验教学的氛围和展示物理理性思维的过程两个方面。

1) 营造物理实验教学的氛围

物理学是一门以实验为基础的学科。物理学中的概念和规律,大都是通过观察和实验,在了解现象、取得资料的基础上,经过分析、综合而抽象概括出来的。即使从已有的知识导出新的物理学理论,也必须要经过实践检验和实验验证之后才能被确定下来。例如,在法拉第(M. Faraday)等人的一系列实验的基础上,麦克斯韦(J. C. Maxwell)建立了电磁场理论,并预言了电磁波的存在(1865年)。但是,直到赫兹(H. R. Hertz)实验成功(1888年),这一理论才得到证实,从而电磁场、电磁波才获得广泛应用。再如,在近代物理学发展的过程中,杨振宁、李政道以K介子的衰变实验为基础,推导出在弱相互作用中宇称不守恒的理论,但是,只有当吴健雄用实验加以验证以后,才得到公认。因此,物理学的发生和发展,都离不开实验。实验是物理学的基础,可以说,没有实验,就没有物理学。

既然物理学是一门以实验为基础的学科,那么中学物理教学不应该是"认字识论"式的教学,而应该是"以实明理"的教学。物理实验是学生获取物理知识极其有效的重要手段之一,通过演示实验可以使学生获得丰富的感性认识,为学生理解物理概念、掌握物理规律提供基础;通过边学边实验可以为学生探究物理概念、规律的形成过程提供手段;通过学生分组实验可以使学生巩固物理知识。另外,通过物理实验可以锻炼学生的实验技能;提升学生的实验素养。因此,在中学物理课堂教学中,教师要努力营造物理实验教学的氛围。具体要求有:第一,要努力开出形式多样、数量足够的物理实验;第二,要在物理教学的各个环节中加强实验。

2)展示物理理性思维的过程

物理学不仅是一门以实验为基础的学科,而且也是一门严密的理论学科。物理学是以物理概念为基石,以物理规律为主干,以物理方法为纽带,建立了经典物理学与现代物理学,及其各分支的严密的逻辑体系。因此,物理学中物理概念的形成、物理规律的总结、物理模型的建立等都是在观察或实验的基础上,从物理事实出发,通过抽象和概括,归纳或演绎,分析或综合等思维过程的理性加工而获得的。鉴此,为了让学生理解概念、掌握规律、熟悉模型,中学物理教师在教学过程中要展示理性思维的加工过程。具体要求为:第一,提供物理事实;第二,严格物理推进的逻辑性。

2. 注重物理探究过程的形成

创设良好的物理学习环境只是物理学习或教学的必要条件,而非充分条件。能否获得良好的物理学习或良好的物理教学效果则主要取决于学生是否投入到物理学习活动之中;取决于学生是否主动经历物理概念、规律形成的探究过程。有鉴于此,注重形成物理探究的过程就是指充分体现学生学习的主体地位和让学生经历探究的过程、学习探究的方法两个方面。

1)充分体现学生学习的主体地位

由于历史原因,"师道尊严"在我国教育界可以说是根深蒂固,20世纪中叶以来,前苏联教育家凯洛夫(N. A. Kairov)的教育学又深深地影响了我国的教育界。因此,在传统的教学过程中,教师有意或无意地使学生处于客体的地位,使教学过程成为教师传递和学生接受的过程,从而使教学过程中学生的主体地位没有得到很好的落实。现代课堂教学必须充分体现学生学习的主体地位,让学生积极、主动地参与教学过程,充分发挥学生的积极性、主动性和能动性。这也为学生经历物理探究的过程打下了基础。

2)经历物理探究的过程

探究是人们获取知识、认识世界的重要途径,是学生主动地获取知识、体验过程与方法的重要方式。倡导科学探究,注重学生对物理方法和物理思想的领悟是中学物理新课程改革的基本理念之一。鉴此,中学物理教师在教学中要让学生经历物理探究的过程。但需要注意的是,让学生经历物理探究的过程,并非是指在每一个概念、规律的教学中都要让学生经历探究的过程,而是指在一些重要的物理概念或规律的教学中让学生经历探究物理概念的形成或物理规律的归纳过程,从而让学生在探究的过程中学习探究的方法。

3. 关注学生科学素养的培养

所谓科学素养(scientific literacy)是指能运用科学原理和方法解释或处理生活和工作中的常见问题,其重点在于对科学的态度,观察和思考问题的科学性,以及批判精神。其内涵主要包括:①科学知识与技能——了解或理解基本的科学事实、概念、原理和规律,学会或掌握相应的基本技能。能用所学知识解释生活或生产中的有关现象,解决有关问题。②科学探究的过程与方法——理解并逐步掌握科学探究的一般步骤(七要素):提出问题、猜想与假设、制订计划与设计实验、进行实验与收集数据、分析与论证、评估、交流与合作及基本的科学探究方法,如控制变量法等。③科学态度、情感与价值观——科学态度、情感与价值观是科学精神的重要内容。通过物理教学,中学生应初步形成科学的世界观。④科学、技术与社会——理解科学(science)、技术(technology)与社会(society)的关系是现代公民科学素养的重要内容。科学素养的主要品质特征包括以下几个方面:崇尚科学反对迷信;尊重事实,实事求是;独立思考但不固执己见;具有批判精神、一丝不苟的态度和良好的协作精神等。

在良好的物理环境下学习物理,主要目的除了让学生牢固地掌握物理知识外,更重要的是培养学生的科学素养。换言之,学生学习物理不仅仅是指认知物理,还应包括其科学素养的提升。因此,中学物理教师在教学中除了重视物理学习环境的创设和注重物理探究过程的形成外,还需要关注学生科学素养的培养。

思考题

1. 何谓教学理念?传统课堂教学的价值观有何特征?
2. 现代课堂教学的价值观较之传统课堂教学的价值观有什么可取之处,请评论之?
3. 新课程改革对中学物理教师的课堂教学有哪些基本要求?
4. 新一轮物理课程改革的基本理念是什么?这些理念将对中学物理教学产生哪些影响?
5. 在中学物理教学中关注学生科学素养的培养有何价值?

【专家观点】

教学理念及其层次

教学理念就是人们对教学和学习活动内在规律的认识的集中体现,同时也是人们对教学活动的看法和持有的基本的态度和观念,是人们从事教学活动的信念。教学理念很重要,因为它是人们从事教学活动的指导思想和行动指南,可以这样说,有什么样的教学理念就会产生什么样的教学行为,教学行为受教学理念支配。通俗地说就是"态度决定一切"。教学理念可分为以下三个层面。

1. 观念层面的教学理念

观念层面的教学理念是人们对知识、教学、学习和学生的总的、一般的看法,它摆脱了具体的一时、一事、个别情景、具体学科的复杂性,达到对教学、学习、学生等的理性的理解与解释。这种理念对教学、学习、学生、知识的理解更综合。

2.操作层面的教学理念

操作层面的教学理念是在具体的教学情景中运用某些教育学的、心理学的或者学科的理论,把某种理论具体化、实践化。教师为了能够把教学"转向学生的有效学习"进而将其理论层面的理念转向操作层面的理念,即怎样具体实施自己的教学行为。

精心准备教学;

熟悉我所教的学科;

了解我的学生;

必要时进行个别化指导;

鼓励学生参与;

把教学质量放在首位;

使用的学习材料与学生的生活密切相关;

使用信息技术演示教学内容的有用性;

学生在行动中学习得最好;

经常变换教学方法;

创造一个公正但有严格要求的学习环境;

做与教学有关的研究;

使学习成为愉快的活动。

3.学科层面的教学理念

学科教学理念既包含了教师对学生、学习、知识、教学活动等总的看法,也包含了教师对所教学科的看法,因为对学科的看法会深深地影响教师的教学行为。下面是一位物理教师的教学理念:"一般而言,学生从物理课上必须获得三方面的收获,他们应该获得:①从事物理研究的一般方法;②一些物理研究的新成果;③如何将物理信息进行交流。"这位物理老师将他对学科和学生发展的理解融合在了他的教学理念中,他没有将教学的目标确定在知识的掌握上,而是定位在学生对方法的掌握和学生本身的发展上,可以想象他的物理课会是一种什么样的情境。

总而言之,任何教师都要具有明确的教学理念,这些教学理念可以是不同层次的,有时候,教师的教学理念是综合在一起的,既可以是观念性的,又可以是操作性的。学科教学理念在表达对学科认识的同时,必须有教师对学生、学习的态度和观点。

总之,对于教育工作者和教师而言,教学理念就是他们对教学活动、学生的学习、知识价值、学生本性的最根本的理性的认识和看法。教学理念有层次之分,观念层面上的教学理念虽然较为笼统、一般,但却更能达到本质,更具全面性、原则性;操作层面的教学理念对于教学活动来说更具指导意义,但却比较零碎、片面;学科层面的教学理念不仅是对学科作用的认识,更要包含对学生、学习的认识。

(资料来源:整理自论文《教学理念辨析》,《云南师范大学学报》2004年第4期,作者为孙亚玲,傅淳。)

第5章　中学物理学习策略论

如第四章所述,新课程的教学要树立"以学生发展为本"的核心理念。另外,在教学过程中,学生应是学习的主体也已达成共识。因此,现代课堂教学质量的优劣归根结底是由教学过程中的学习主体,即学生发展的好坏决定的。为了在教学中更有效地促进学生的发展,提高中学物理教学的质量和效率,物理教师必须了解中学生学习的一些基本情况。本章拟从两个方面:中学生学习的心理学依据及常见问题和中学生学习物理的有效策略,进行阐述。

5.1 中学生学习的心理学依据及常见问题

5.1.1 中学生学习的心理学依据

现代学习理论从心理学的视角出发,对学生学习的心理学机制进行了多方位、多角度的阐述。其中最有影响的是皮亚杰(J. Piaget)的图式学习理论、奥苏贝尔(D. P. Ausubel)的同化学习理论、布鲁纳(J. S. Bruner)的结构主义学习理论和发现说、加涅(R. M. Gagné)的信息加工学习理论;等等。下面结合中学物理简单介绍学习心理学中的几个基本概念。

1. 认知结构与同化、顺应及平衡

所谓认知结构(cognitive structure),就是指学生头脑中现有知识的数量、清晰度和组织方式,是由学生眼下能回想出来的事实、概念、命题(规律)、理论等构成的结构。认知心理学认为,学生就是凭借自己头脑中的认知结构来完成对客观世界的知觉、理解和思考,且在对客观世界的知觉、理解和思考的认知活动过程中,不断丰富或改组自己的认知结构。

所谓同化(assimilation),是指学生把外界的刺激(信息)整合进自己的认知结构中去的过程。例如,学生在学习了"能量"这个概念后,再来学习"风能"、"潮汐能"、"核能"等概念时,"风能"、"潮汐能"、"核能"等概念就被同化到学生原有的"能量"这个概念之中,使"能量"这个概念不断获得精确化,从而使自己原有的认知结构得到了进一步的丰富和充实。

所谓顺应(accommodation),是指学生开始无法对外界的刺激整合到自己的认知结构中去,通过调节或改组自己原有的认知结构以适应特定刺激(信息)的过程。例如,学生在学习"处于热平衡的任何两个物体的温度都相等"这个命题时,由于学生自己的认知结构中已经有了这样的经验:在寒冷的冬天,室外铁制的双杠比木制的双杠感觉要温度低。于是"处于热平衡的任何两个物体的温度都相等"这个命题就无法真正地纳入(同化)到自己原有的认知结构之中。如果这时教师给予这样一个事实:将自己的左手和右手分别放入到一盆热水和一盆冷水之中,过一会儿,再将左右两手同时放入同一盆温水之中,左手感觉到这盆温水是冷的,而右手感觉到这盆温水是热的,虽然左、右两手的主观感觉是不一样的,但这盆温水的温度是相同的。那么学生就会摒弃自己原有认知结构中不正确的观念(感觉越热,温度越高),通过调节自己的认知结构,将"处于热平衡的任何两个物体的温度都相等"这个命题纳入到自己的认知结构之中,这就是顺应,从而使自己原有的认知结构得到了改组。

事实上,同化与顺应是相伴而行的。当学生遇到不能用原有的认知结构来同化新的刺激时,便要对自己原有的认知结构加以修改或重建,以适应外界环境的刺激,这就是顺应。通过顺应,新的刺激就能纳入到获得改组的新的认知结构之中,这就是同化。由此可见,就本质而言,同化,主要是指学生对环境的作用;顺应主要是指环境对学生个体的作用。

所谓平衡(equilibration),是指学生通过自我调适,使自己的认知结构从一种稳定状态向另一种较高级、较复杂的稳定状态过渡的过程(注意:学习心理学中所说的"平衡"是一个过程,即"平衡化")。事实上,平衡过程包括了同化和顺应两个过程。因为学生的认知结构是通过同化和顺应而不断发展,以适应新的环境。就一般而言,学生每当遇到新的刺激,总是试图用自己原有的认知结构去同化,若获得成功,学生的认知结构便获得暂时的平衡(此处的"平衡"指一种状态)。如果用原有的认知结构无法同化环境刺激,学生便会作出顺应,即调节自己原有的认知结构或重建新的认知结构,直到达到认识上新的平衡(此处的"平衡"也指一种状态)。

通过以上初步的分析,我们不难理解:同化、顺应和平衡是发展学生认知结构的三个基本过程。学生通过对外界环境刺激能动的同化、顺应和平衡而对外界环境的刺激作出反应。因此,学习不是一个只强调外因条件,而忽略学习者这个内因的被动的刺激——反应过程(S→R),而是一个能动的建构过程,即通过同化、顺应和平衡,学习者把外界的刺激(S)最后同化(A)于自己的认知结构(T)之中,从而对外界的刺激(S)作出反应(R),用公式表示为 S→(AT)→R。

2. 先行组织者与接受学习、发现学习及意义学习

"先行组织者"(advance organizer)是美国当代著名的认知派教育心理学家戴维·奥苏贝尔(David. P. Ausubel)于20世纪60年代提出的一个概念。先行组织者是从组织者(Organizer)一词演化而来的。奥苏贝尔认为,能促进有意义学习的发生和保持的最有效策略,是利用适当的、相关的和包摄性较广、概括水平较高而又易于理解和记忆的引导性材料(introductory material)对当前新学习的内容加以定向和引导。由此,我们不难得出,所谓先行组织者是指相关性和包摄性较广的、概括水平

较高的最清晰和最稳定的引导性材料。由于这些引导性材料通常是在学生学习新的内容之前呈现或介绍的,目的在于用它们来帮助学生确立意义学习的心向[①],因此被称为先行组织者。例如,学生在高中物理中学习"自由落体运动"的三个运动学公式,即 $v=gt$、$h=\frac{1}{2}gt^2$ 和 $v^2=2gh$ 之前,教师通常要让学生回忆或熟悉一下与此三个公式相关的,且包摄性较广、概括水平较高而又易于理解和记忆的匀加速直线运动的三个公式:速度公式 $v=v_0+at$、位移公式 $x=v_0t+\frac{1}{2}at^2$ 和推论公式 $v^2-v_0^2=2ax$。这三个匀加速直线运动的公式就是先行组织者。

先行组织者在促进学习和保持信息方面至少有三个作用:第一,它们可以使学生注意到自己认知结构中已有那些可起固定(固着)作用的概念、命题等,可以把新知识建立在其上;第二,它们通过把有关方面的知识包括进来,并说明统括各种知识的基本的原理,从而为新知识提供"锚位"或"脚手架";第三,这种稳定和清晰的组织者使学生不必采用机械学习的方式。

所谓接受学习(reception learning),是指学生通过教师呈现的材料来掌握现成知识的一种学习方式,与发现学习相对。在接受学习中,所学东西的全部内容都是以确定的方式由教师传给学生的,学生无需进行任何独立发现,而只需接受,即只需把教师呈现给他的材料,例如一个常数、一个概念、一条规律等加以内化(这里所说的内化是指将新的学习内容通过整合贮存于自己原有的认知结构之中)或组织,以纳入到已形成的认知结构之中,以便在将来的某一个时期可以运用它或把它再现出来。其基本特征是,学习的内容基本上是以定论的形式传授给学生的。

所谓发现学习(discovery learning),是指学生在教师的引导、促进下,通过自己再发现知识形成的步骤,以获取知识并发展探究性思维的一种学习方式。发现学习的基本过程是,学生自己从各种特殊事实归纳出结论,并用来解决新问题。例如,中学物理中"机械运动"这个概念的学习可采用发现学习这种方式[②]。发现学习最本质的特征是强调探究过程而不是现成的结论。在发现学习中,学生的主要任务不是接受和记住现成的结论,而是参与结论的发现(实为再发现)过程;教师的主要任务也不是向学生传授现成的结论,而是为学生发现结论创造条件和提供帮助。

所谓意义学习(meaningful learning),是指学习的内容对学生来说不仅具有潜在意义(即学习的内容能够与学生已有的认知结构联系起来)而且还具有心理意义(即学习的内容能够同化于学生原有的或得到改组的认知结构之中)的理解性学习。与意义学习相对的机械学习是指学习的内容对学生来说,仅具有逻辑意义(即学习的内容之间存在一定的逻辑关系),不具备潜在意义,更不具备心理意义的死记硬背式的

---

① 所谓心向,即一种在新学的内容与学生已有的认知结构之间建立联系的倾向。
② 请参考 5.2 节中的"物理概念的习得策略"中的"关注概念的正、反例"这部分内容。

学习。对学生而言,最有效的学习既不是接受式学习,也不是发现式学习,而是有意义的学习。因为接受式学习可能是机械的,从而成为机械的接受式学习;也可能是有意义的,从而成为有意义的接受学习[①]。同样,发现式学习可能是有意义的,从而成为有意义的发现式学习;也可能是机械的,如果学生只是机械地记住发现的"典型步骤",而对自己正在做什么,为什么这样做却稀里糊涂,学生也可能得到正确的答案(歪打正着),但这并不比机械学习或机械记忆更有意义,从而成为机械的发现式学习。

根据奥苏伯尔的"意义学习"理论,"意义学习"必须具备两个条件:一是,学生要具有意义学习的心向,即学生具有把新学的知识与自己已有的知识建立起联系的倾向;二是,学习材料对学生具有潜在的意义,即学生将要学习的内容能够跟其原有的知识结构建立实质性的联系。否则学生的学习是机械学习。如果学生学习的心向是死记硬背,那么不管学习材料是否有潜在意义,学习都将是机械的。如果学习材料是无意义的,那么不管学生的心向是意义学习还是机械学习,学习也都将是机械的。所以,要使学生的学习成为有意义的学习,教师最关键的是要从以下两个方面进行努力:第一,要激发起学生进行意义学习的心向,而这要靠平时培养学生的意义学习的良好习惯,克服死记硬背的不良学习习惯;第二,设法使新知识与学生认知结构中已有的有关知识联系起来,这就要采取种种措施,包括呈现"先行组织者"等。

3. 广义知识的分类及表征

当代认知心理学家认为,知识不是客体的副本,也不是由主体决定的先验意识,而是由主体(学习者)与客体(环境)相互作用而导致的知觉建构。现代信息加工心理学家则把学习看作是一个信息(知识)加工的过程,因此,广义知识可定义为学习者通过与其环境相互作用而获得的信息及其组织。贮存于个体内的信息及其组织即为个体的知识,包括陈述性知识和程序性知识两大类。

所谓陈述性知识(declarative knowledge),是指个体所具有的用于回答"是什么"或"为什么"之类问题的知识。如回答"牛顿是哪个国家的人?""相对论的创立者是谁?""分子电流假设的内容是什么?""为什么'力不是维持物体运动的原因'"? 等问题的知识就是陈述性知识。陈述性知识包括有关事物的名称或符号的知识、事实知识或简单的命题知识,以及有意义的命题的组合知识。这些知识就是美国当代著名教育心理学家、教育技术学专家罗伯特•加涅(Robert M. Gagne)所说的言语信息。

所谓程序性知识(procedural knowledge),则是指个体所具有的用于回答"怎么办"之类问题的知识。如,回答"怎样利用楞次定律来判断感应电流的方向";"怎样画出物体所受重力的图示"等问题的知识就是程序性知识。要知道怎样做某件事,必须要知道做事程序中的各个步骤以及采取这些步骤的条件。一般而言,程序性知识是

---

① 请参考5.2节中的"物理概念的保持策略"中的"精加工"这部分内容。

由"如果……则……"式的陈述组成的知识,包括模式识别和操作步骤。模式识别就是对事物分类,实际是概念的应用;操作步骤就是根据符号进行一系列运算或操作,也就是规则的应用。由此可见,程序性知识主要涉及概念和规则的应用。学生可以通过模式识别或操作步骤解决外部"怎么办"的问题,这就是加涅所说的智慧技能,可称为狭义的程序性知识。另外,学生也可通过模式识别或操作步骤解决个人内部"怎么办"的问题,这就是加涅所说的认知策略,又称为策略性知识。为此,为了把个体对外办事的能力和对内调控的能力区分开来,认知——加工心理学家将广义知识分成陈述性知识、(狭义的)程序性知识和策略性知识[①]三类。

程序性知识(包括狭义的程序性知识和策略性知识)与陈述性知识有极大的区别。其中最关键的区别是知识表征的方式不同。陈述性知识是以命题或命题网络来表征的,命题或命题网络的形成主要依赖于记忆。广义的程序性知识则是以产生式(如果……那么……)或产生式系统(如果……那么……;如果……那么……;如果……那么……),一个产生式是一个"条件——反应"联系。"条件——反应"联系的形成,光靠记忆是无济于事的,必须依赖于练习。

程序性知识与陈述性知识的第二个区别在于:陈述性知识只是回答"是什么"或"为什么"的问题,学了之后只要凭记忆能够回答"是什么"或"为什么"就可以了;而程序性知识所要回答的却是"怎么办"的问题,学了之后必须在学习情境相类似的新情境,或与学习情境完全不同的新情境中去解决问题。如果解决问题成功,表明已经掌握了程序性知识。可见,广义的程序性知识的运用实际上是学习迁移。

5.1.2 中学生学习物理的兴趣特点及常见问题

在初步了解了中学生学习的心理学依据的基础上,下面从中学生学习物理的兴趣特点和思维特点,以及中学生学习物理的常见问题两个视角做些初步的分析。

1.中学生学习物理的兴趣特点

把握住中学生对物理学习的兴趣状况和特点,对于激发和强化他们的兴趣具有重要意义。中学生的兴趣状况大体有四种:一是对物理学习只有直觉兴趣;二是对物理学习具有操作兴趣;三是对物理学习具有因果认识的兴趣;四是对物理学习具有概括认识的兴趣。

1)中学生的兴趣状况

对物理学习只有直觉兴趣的学生,他们只满足于被新奇的物理现象所吸引,希望看到鲜明、生动的物理现象和物理实验。比如,学生们根据生活的体验,认为烧水的锅只能是金属做的,当用牛皮纸叠成一个小纸盒,装入水放在酒精灯上烧,问学生能不能烧开时,学

---

① 策略性知识(tactic knowledge)主要是指学习者(个体)所具有的对于学习活动的自我调节和控制的知识,是关于"如何学习、如何思维"(how to study/how to think)的知识,是调节自己的注意、记忆、思维的能力的知识。让学生"学会学习、学会创造"的核心就是策略性知识。

生都会说不能,当"纸锅"真的把水烧开时,学生们惊奇不已,发生浓厚的兴趣。但直觉兴趣只停留在现象本身,并未产生探索这些物理现象(如:沸水煮金鱼、铁钉漂浮等现象)原因的需要。一般而言,初中一、二年级学生的兴趣状况常常处在这种阶段。

对物理学习具有操作兴趣的学生,他们要求通过自己的活动对自然现象和实验结果施加影响。调查资料表明,根据自愿的原则利用业余时间,号召初二两个班的同学们自己动手做一杆秤,结果做的同学占86%;号召初三两个班的同学们自己动手做小电扇(教师提供玩具电机),结果93%的学生都做了[1]。这说明他们对动手操作具有浓厚的兴趣,愿意参加各种物理课外活动,但这种兴趣的特点是只对操作现象本身感兴趣,却忽视了对事物本质的认识,初中多数学生的兴趣都处于这种状况,有的高中学生也处于这种兴趣阶段。

对物理学习具有因果认识兴趣的学生,他们的兴趣中心已由了解怎样改变现象发展到进一步探求现象变化的原因,理解它的物理实质。当知道了一个物理现象的原因时,其兴趣已在想这个现象发展下去将有怎样的结果,而当知道了现象的结果时,其兴趣又在想知道造成这种结果的原因,也就是对事物的因果关系特别感兴趣。例如,按生活经验,"生米要煮成熟饭"米中的水一定要沸腾才行,但用钵将米淘好后放上适量的水,垫上垫子放入锅中蒸,从透明的锅盖往里看,只见锅中的水在沸腾,而钵中的水不会沸腾,最终也能将生米煮成熟饭。这就是在生活中常看到的一种叫蒸"神仙饭"的现象。对物理学习具有因果认识兴趣的学生来说,他们就会产生疑问:为什么钵中的水不沸腾却能将饭蒸熟?[2] 学生平时总爱追问"为什么"、"怎么样"常常是这种兴趣的表现。多数高中学生学习物理的兴趣都在这种阶段。

对物理学习具有概括认识兴趣的学生,他们总要求通过个别事物的因果联系来找到和掌握更多事物乃至整个物理世界的一般规律。物理规律的普遍性对他们具有很大吸引力。例如,对物理学习具有概括认识兴趣的学生来说,他们通过上例的解答,总是要概括出水沸腾需要的两个基本条件:一是水的温度要达到沸点;二是水仍需继续吸热。少数具有参加物理竞赛水平的高中生,对规律性很强的高难度物理习题特别感兴趣,往往就是这种兴趣的表现。在中学物理学习中达到这种兴趣水平的学生是极少数。

2)中学生的兴趣水平及其特点

概括起来,中学生学习物理的兴趣水平可分为两个层次:一是直接兴趣;二是间接兴趣。

直接兴趣即对事物本身感兴趣,间接兴趣即对事物本身并不一定有兴趣,而对事物的后果更感兴趣。因此,中学物理教学首先要重视直接兴趣,从认识物理现象本身

---

[1] 阎金铎,田世昆.中学物理教学概论[M].北京:高等教育出版社,1991.64.
[2] 这是因为:钵和锅中的水同时受热,同时达到沸点,但锅中水由于能够继续得到热量而沸腾,而钵中水与锅中水温度相同,得不到热量,所以不沸腾。钵中水虽然不沸腾,但温度高,水的蒸发快,故也能水干饭热。

的兴趣开始,重视建立物理图景,展现物理现象和过程,又要不失时机地转向间接兴趣,即引起认识事物内部规律的兴趣,使兴趣不断得以深化。

如前所述,初中学生学习物理的兴趣主要是直接兴趣,其特点是:新奇、具体、操作、实践。因此,在初中物理教学中重视观察思考和物理实验。这不仅是物理学科本身特点的需要,也是适应初中学生的学习心理、培养学习兴趣的需要。高中学生比初中学生学习兴趣更加集中,直接兴趣与间接兴趣同时在起作用,其最大特点是兴趣与目标开始有了联系,相比而言,间接兴趣起更大的作用,因而动机、兴趣趋于稳定。在高中物理教学中,对学生学习兴趣的激发更要重视间接兴趣的作用,适当揭示教学的哲理性和方法论,有助于激发学生的兴趣和训练学生的思维。

2. 中学生学习物理的思维特点

中学物理教师了解并掌握中学生学习物理的思维特点,对于有针对性地进行教学,提高教学的质量和效率是十分重要的。中学生学习物理的思维概括起来有以下几个特点。

1)建立和掌握物理概念时思维定势具有重要作用

中学物理教学的核心和关键是概念与规律的教学,特别是概念的教学更为基础。但概念的建立是以表象为中介的,在表象形成的过程中,思维定势起重要作用。因此,在物理概念和规律的教学中作为教师应该重视思维定势的运用。如在中学"力"这一概念的教学中,由于力这一概念的定义是:"力是物体和物体间的相互作用"。因此在教学中,教师无论是做演示实验还是提问题,或是运用概念分析问题,如果反复扣住了"相互作用",造成一种一提到力,学生就会出现相互作用的心理倾向,这种思维的定势在刚建立概念的时候,对于把握概念、规律的实质是很有作用的。

2)在思考和分析物理问题时易于用生活观念代替物理概念

生活中存在的大量物理现象,经过他们的主观感受形成了许多生活中的物理观念(生活观念),开始学习物理以后逐渐建立了反映事物本质特征的科学而严格的物理概念,但学生并不能很快纳入以概念、规律为依据的物理学思维轨道上去。例如,夏天在太阳光暴晒下用手接触铁制的双杠和木制的双杠,问它们的温度是否一样高?不少学生都会说不一样高,观念和感受都会使他们认为铁制的双杠温度高。从物理知识上看,他们虽已学过热平衡和热传导,本来应该依据这些基本概念来解释分析各种物理现象了,但很长时期内做不到这一点,仍然只以生活观念做依据进行思考,这说明物理概念和规律要真正被学生理解和接受,必须重视在运用过程中的思维训练。

3)表现出强烈的思维独立性与批判性

学生的思维具有独立性与批判性,特别是当现象与本质不一致的时候,这种批判性将持续很长时间。例如,对"力不是维持运动的原因";"惯性是物体的固有属性,不随运动情况的变化而改变"等,持有明显的批判态度。调查资料表明,某校初中二年级的学生有一半以上在分析惯性现象时说,当人站在车上,车刚开时人向后倒,刹车时人向前倾是由于人的惯性,当人随车平稳前进时就没有惯性的作用了[①]。这说明他们并没有真正理解和接受"惯性是物体的固有属性,即不随运动状态的变化而改变"的结论。

由于中学生一般是处于由形象思维向抽象思维的过渡阶段,所以,在中学物理教学中,既要充分运用物理实验,特别注意展现物理图景,重视表象的作用,又要重视思维的进一步发展,创造条件向抽象逻辑思维过渡。

3. 中学生学习物理的常见问题

中学生普遍感到物理难,物理不好学,究其原因有许多方面。有学校方面的原因——物理实验条件简陋等;有教师方面的原因——物理教学方法、方式单一、枯燥等;也有学生自己方面的原因——学习物理意志薄弱等。其中最主要的原因,可以说是物理教师缺乏对中学生在物理学习过程中出现的常见问题的了解。因此,了解中学生学习物理的常见问题,对于中学物理教师有针对性地重视这些问题、解决这些问题,从而促进学生高效地学习是有帮助的。那么中学生学习物理有哪些常见的问题呢?归纳起来,有以下几种。

1)不易摒弃日常生活中形成的错误观念

中学生在学习物理之前,已从日常生活中积累了不少与物理有关的感性经验,其中有些经验中形成的观念是片面的,甚至是错误的,这些"先入为主"的错误观念,会干扰、阻碍正确的物理概念的形成和物理规律的理解。例如,认为"摩擦总是阻碍物体运动的,即摩擦力总是阻力";"只有浮在液面上的物体才会受到浮力";"物体受力才能运动,不受外力的物体根本不会运动"等错误观念。由于这些错误的观念在学生的头脑中往往是"根深蒂固",不易摒弃,从而影响对物理概念和规律的正确认识,也就是说,学生不易建立正确的物理图像,从而影响对摩擦力、浮力、阿基米德原理和牛顿第一定律的认识。

2)把物理概念的量度公式纯数学化

物理概念有定性和定量两类。如:机械运动、光线、力线等物理概念是定性的,而电阻、速度、电场强度等物理概念是定量的。这类物理概念又称为物理量。物理量的定义式(量度公式)应从质和量两个方面来理解。然而,中学生对定义式的理解上,往往偏重于其量值方面,而忽视其质的方面,特别是学习物理量的定义式以后,接着就要进行大量的计算。这就很容易自觉或不自觉地把学生引导到脱离物理概念的数学运算上去,只记住了物理量的量度公式,把它与数学公式同等看待(纯数学化),而忽视了它反映的物理意义。例如,有的学生由速度的定义式 $v = s/t$,把速度理解为单位时间内物体通过的位移,而淹没了速度表示运动快慢和方向这一物理意义。又如,由电场强度的定义式 $E = F/q$,误认为电场强度就是"电场力 F 与电荷电量 q 之比",从而得出"电场强度决定于电荷所受的力和检验电荷的电量"等错误结论来。更有甚者,由电阻的量度公式 $R = U/I$ 得出"电阻与电压成正比,与电流强度成反比"的错误结论。

[①] 阎金铎,田世昆. 初中物理教学通论[M]. 北京:高等教育出版社,1989.56.

3) 忽视物理规律的适用条件和运用范围

每一个物理规律都是在一定条件下反映某个物理现象或物理过程的变化规律的,规律的成立是有条件的。因此,每一物理规律的适用条件和运用范围也是一定的。学生只有明确规律的适用条件和运用范围,才能正确地运用规律来研究和解决问题,才能避免乱用规律、乱套公式的现象。例如,欧姆定律($I = U/R$),适用于金属导体,不适用于高电压下的液体导电,也不适用于气体导电,不适用于含源电路或含有非线性元件的电路,而且 I、U、R 必须是同一段电路上的三个物理量。再如,胡克定律的适用条件是在弹性限度以内;单摆振动的公式的成立条件是摆角小于 5°;牛顿定律的适用范围是可视为质点的宏观物体、常速和惯性系。由于学生在学习物理规律时往往只记住其公式,忽视或不重视它的适用条件和运用范围,就会导致乱用公式、乱套公式的现象,这不利于对物理规律的正确认识。

5.2 中学生学习物理的有效策略

随着认知学习理论的发展,人们越来越认识到,有效的学习者应当被看作是一个积极的信息加工者、解释者和综合者,他能使用各种不同的策略来存储和提取信息,他努力使学习环境适应自己的需求和目标,因而对自己的学习非常负责。正是在这种理论背景下,兴起了有关学习策略的研究。近年来,教会学生学习、教会学生思考已成为世界各国关注的焦点问题。因为,一方面掌握学习策略能提高学生学习的效果和效率;另一方面,掌握学习策略已成为衡量学生学会学习、学会思考的根本标志。那么,什么是学习策略? 中学生学习物理有哪些有效的学习策略呢?

5.2.1 学习策略及其类别

在学习中学物理的有效学习策略之前,让我们先来了解一下学习策略的概念、中学生掌握学习策略的价值所在,以及学习策略的类别及教学。

1. 学习策略及其价值

所谓学习策略(learning strategies)是指"学习者在学习活动中有效学习的程序、规则、方法、技巧及其调控方式"。讲得通俗一点,凡是有助于提高学习质量、学习效率的程序、规则、方法、技巧及调控方式均属学习策略的范畴。因此,学习策略既可以是外显的操作程序与步骤,也可以是内隐的调控方式。若把我国教育界长期以来一直使用的学习方法一词称为学习技能(learning sill),则学习策略更准确地讲是控制与调节学习技能的选用的执行技能(executive skills)或上位技能(super-skills)。说得更通俗一点,从军事的角度来看,学习方法属于战术范畴,而学习策略则属于战略范畴。当然学习策略与学习方法又是密不可分的。

知识经济时代是高频的"信息时代"。知识的"大爆炸"预示着学习化社会已经来临。21世纪的人才如果不能以高效的方式去获取信息、分析信息、加工信息、储存信息和提取信息,那么将会被迅速发展的信息社会所淘汰。对此,美国未来学家、《第三次浪潮》(the third wave,1980)的作者阿尔温·托夫勒(Alvin Toffler)早在20世纪80年代就曾预言:"21世纪的文盲不是那些没有知识的人,而是那些不会学习的人。"原联合国教科文组织总干事纳依曼特别阐述道:"今天教育的内容80%以上都应该是方法……方法比事实更重要。"当代科学研究的最新成果已表明:学习效果=50%的学习策略+40%的努力程度+10%的智商。为此,欧美发达国家十分重视学习策略的推广,除了专门设置学习策略这门课程外,在学科知识的教学中也贯穿着学习策略。而在我国,学习策略的研究起步较晚。在还没有开设学习策略课程的条件下,要使学生的学习发生真正的革命,教师在课堂教学中关注并渗透学习策略,进而使学生学习、掌握并内化(即生成自己的学习策略),这在现代学习化社会里和实施新课程背景下显得尤为重要。其价值体现在以下几方面[①]:

第一,学习策略的学习和内化有利于学生在课堂学习活动中,高效地掌握知识、培养技能以及形成高尚的品德、从而减缓学业压力,使学习过程成为一个积极的、主动的、高效的求索和建构过程。

第二,学习策略的学习和内化有利于学生创新精神、创新意识和创新能力的培养。所谓创新,即要求个体具备求异思维的能力。而学习策略是学习者在学习活动中有效学习的程序、规则、方法、技巧及其调控。它既可以是外显的程序与步骤,也可以是内隐的调控方式。因此,学习策略的掌握与自己的学习策略的生成,从某种意义上讲就是创新。对个体而言,要成为一个具有创新能力的人,首先得是一个会学习且高效运用学习策略的人,一个能内化学习策略的人。

第三,学习策略的学习和内化有利于学生适应学习化社会里信息迅速增加,生存空间急需拓展的状况。按照终身教育,终身学习的理念,在现代学习化社会里,学习是一种与生命具有共同外延并扩展到社会各个方面的具有连续性的人的生命活动。而教师在课堂教学中贯穿学习策略,让学生在有限的时间内掌握并生成可让其终身受用的科学、高效的学习策略,进而学会学习,可以奠定其可持续发展的基础。

2.学习策略的类别及教学

学习策略按照其适用的范围,一般可分为两类:通用学习策略和学科学习策略。所谓通用学习策略是指不涉及特定学科知识的学习策略。如,记忆策略、组织策略、精加工策略,等等。所谓学科学习策略是指针对具体学科知识的学习而采用的特殊的学习策略。如,高中物理学习中的理想化模型学习策略。

学习策略的教学可以采用多种多样的教学方法,如发现法、观察法、专门授课法、

[①] 沈建民.课堂教学设计要关注并渗透学习策略[J].课程·教材·教法,2002,(3):33.

讨论法、合作学习法和日常教学渗透法等。无论采用何种教学方法，都应遵循如下几点：第一，必须能激发学生对学习策略的认识需要；第二，选择有效的学习策略，这些学习策略可能是相当容易的，也可能是比较困难的，但是有价值的；第三，能提供学习策略的具体详尽步骤；第四，要依据每种学习策略选择较多的恰当事例说明其应用的多种可能性，使学生形成概括性的认识；第五，使学生明确学习策略的使用条件，能根据具体任务与情景，选用恰当的策略；第六，要求学习者评价学习策略的有效性，使学习者明确学习策略为什么有用，为什么使用策略比不使用策略更有效，以激发学习者自觉使用学习策略的自觉性。

通过学习策略的训练，特别是学科化学习策略的训练，不仅仅在于掌握学习策略本身，同时也使学生通过学习策略的学习，能提高策略意识，能自我总结、反思，乃至生成新的学习策略。

5.2.2 中学物理的学习策略

中学物理的学习策略，就是学科化的学习策略。由于在中学物理教材里没有现存的学习策略内容。因此，作为一名中学物理教师，应结合对学习策略的认识，努力挖掘有助于中学生学习物理的有效学习策略。现结合编著的初步研究，提供一些中学物理的学习策略，供大家参考。

1. 物理概念学习的策略

按照物理概念习得、保持和提取三个阶段，可分别提出物理概念的习得策略、保持策略和提取策略[①]。

1) 物理概念的习得策略

学生对物理概念的习得主要发生在课堂中，因此物理概念的习得策略主要是针对学生的听课过程中，而不关注于学生的自习过程中。

(1) 关注概念的正、反例

按照奥苏贝尔的上位学习模式[②]，教师在施教一些物理概念时，必先呈现概念的

---

① 沈建民.物理概念学习策略初探[J].物理教师，2000，(9)：4—5.
② 奥苏伯尔根据新知识与认知结构中已有的旧知识在概括和包容水平上的不同，提出了三种不同的新旧知识相互作用学习模式：第一种是上位学习。即当认知结构中已有的有关知识在概括和包容水平上低于要学习的新知识，这时的学习可称为上位学习(又称总括学习)。例如，根据已知的猪、牛、羊、猫、狗等动物的特征，从中概括出哺乳动物的特征的学习。第二种是下位学习。当认知结构中已有的有关知识在概括和包容水平上高于要学习的新知识，因而新知识与旧知识所构成的这种类属关系称为下位关系，这种学习便称为下位学习。例如，已知哺乳动物的特征，并已知猪、牛、羊、猫、狗是哺乳动物的实例，现在要进行猴子、大熊猫、人等也是哺乳动物的新例证的学习，就是下位学习(又称类属学习)。第三种是并列学习。即要学习的新知识与认知结构中已有的相关知识无上位、下位关系，但在横向上有彼此吻合的关系，便产生了有组合意义的学习，这种学习称为并列结合学习。例如，通过呼吸作用与已知的光合作用的关系的比较，知道呼吸作用与光合作用的联系与区别的学习；又如，通过月食的形成与已知的日食的形成的比较，知道月食和日食形成的联系与区别的学习。

若干正例,因为这有助于学生进行概括;在此基础上伴随呈现若干反例,这会有助于学生进行辨别,使概念的概括精确化。因此,学生在听课过程中学习物理概念时,应关注教师提供的概念的正、反例,在教师的主导下主动地进行概括、辨别、再概括,排除非本质特征,准确概括出概念的本质特征。例如,在物理概念——"机械运动"的教学过程中,教师呈现:"飞机在天上飞";"乌龟在地上爬";"鱼儿在水中游"等概念的正例,并告诉学生飞机、乌龟和鱼儿等都是相对于地面作机械运动,要求学生概括出机械运动这个物理概念。起初,有的学生通过思维认为只要物体动,物体就作机械运动,这时教师会提供该概念的反例:行驶的火车相对于车厢内静止的行李不能称火车在作机械运动,并特别强调"相对"两字,在此基础上,需要学生进一步概括。只要学生既关注概念的正例,又关注概念的反例,在教师的引导、帮助下会概括出机械运动这个物理概念的本质特征——相对位置的变化,而排除其非本质特征——动(当然这是相对地面而言的)。学生抓住了机械运动的本质特征,就能够明白"小小竹排江中游,巍巍青山两岸走",相对于地面静止的"青山"也能相对于江中游的竹排在作机械运动。因此,学生要准确习得物理概念,听课中关注教师呈现的物理概念的正、反例是非常有效的。

(2) 把握概念的物理意义

有些物理概念,如加速度 a、外力对物体所做的功 W、电场强度 E、磁感强度 B 等不像机械运动、力、理想气体、点光源那样在教师呈现概念的正、反例的基础上概括出来的,而是在分析具体问题的具体特点的基础上引入的。要抓住这类概念的本质特征,学生必须在听课过程中把握其物理意义。例如,在高中物理概念——电场强度 $E = F/q$ 的学习过程中,教师说明:在电场中某点放入一点电荷(电量为 q),其所受的力为 F;若电量改为 $2q$,则其所受的力为 $2F$;若再变为 $3q$,则其所受的力为 $3F$……。点电荷受的力与其电量两者的比值不变。在该电场中不同的位置,虽然两者的比值大小不一样,但同一点的比值还是不变。因此,在电场中某点点电荷所受的力与其电量的比值能够反映该点电场的特性。比值 F/q 越大,表示同样电量的点电荷所受的力越大,所以 F/q 能反映电场的强弱。在此基础上,教师进一步说明:为了表示电场的方向,于是引入电场强度的定义式 $\boldsymbol{E = F/q}$。这样,其物理意义也就一目了然了。E 是表示电场中某一点电场强弱和方向的物理量。只要学生把握物理概念确切的物理意义,就不会把电场强度的定义式写成 $\boldsymbol{E = qF}$ 或 $\boldsymbol{E = q/F}$;也不会说成 q 增加为原来的 2 倍,E 就减小为原来的 1/2 的错误结论。

2) 物理概念的保持策略

学生物理概念的保持主要发生在课堂之外,因此物理概念的保持策略主要针对于学生的复习过程中,而不关注于学生的听课过程中。

(1) 及时复习

识记了的信息(如物理概念)随着时间的推移,总是要不断遗忘的。对于遗忘的进程,德国心理学家赫尔曼·艾宾浩斯(Hermann Ebbinghaus)通过实验发现遗忘的进程是不均衡的,有先快后慢的特点,并提出了遗忘曲线。根据艾宾浩斯的遗忘曲线,复习应及时进行。具体包括划线或圈重点、复述、画知识网络图,等等。例如,学生在复习"自由落体运动"这个概念时,应在"物体只在重力作用下从静止开始下落的运动,叫做自由落体运动"中的"重力"和"静止"两词下圈重点,以更精炼地抓住它的本质特征:$F_合 = mg$,$v_0 = 0$,然后根据其本质特征用自己的语言进行复述,以达到有效保持的目的。再如,学生在学习核能这个物理概念前,已学过了机械能、内能、电磁能、光能,并知道它们都属于能量,通过做功能进行能量转换。根据奥苏贝尔的下位学习模式,在复习核能这个概念时可画出如图5-1的知识网络图。其结果不仅掌握了核能这个概念,也使原有的能量概念得到扩展和深化,即核能和以前学过的各种能量相关,都类属于能量的概念之下。

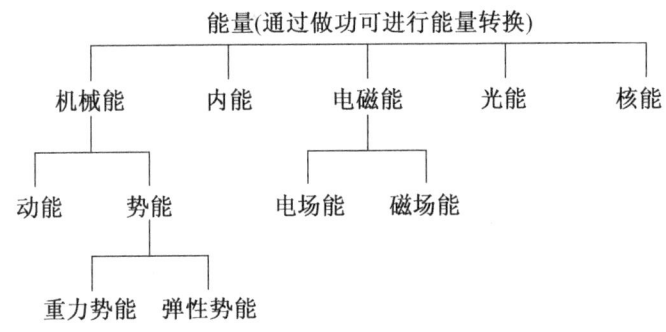

图 5-1 能量概念的网络图

(2)精加工

在美国当代著名教育心理学家、教育技术学专家罗伯特·加涅(Robert M. Gagnè)的学习和记忆的信息加工模型[①]中提到的工作记忆,其容量仅为 7±2 个信息单位。由于容量有限,因此遗忘就不可避免。精加工策略能帮助学生将有关信息贮存到长时记忆(其容量被认为是无限的)中去。它是通过增加新信息的意义,使概念学习从机械学习转变为有意义学习来实现的。例如,掌握光在真空中传播的速度的精确数值 C=299 792 458m/s 时,如果采用死记硬背,效果常不佳,保持时间不会太长,但是通过精加工,将数值记忆转变为"二舅舅吃酒二试吾爸",使其成为有意义的学习(记忆),则可长时间保持。再如,根据奥苏贝尔的并列结合学习模式,对物理学中的动能和动量、裂变和聚变等进行比较,弄清楚它们的联系和区别,可获得更有效的心理意义,以达到长期保持的效果。

---

① 关于加涅的学习和记忆的信息加工模型的详细内容请参考本章的"拓展资料"——"图式和信息加工模型"部分。

3) 物理概念的提取策略

学生物理概念的提取既可发生在作业中,也可发生在考试中,因此物理概念的提取策略主要针对学生在作业、考试等的过程中。

(1) 情景相似性

按照现代信息加工心理学的观点,短时记忆中的信息(如物理概念)经过加工后进入长时记忆系统。虽然长时记忆中的信息是相对静止的,但它可以被短时记忆中的信息激活。如看到一张熟悉的脸,就想到这个人的名字;故地重游,能回想出许多上次来游玩的情节。这外貌情景的相似有助于回忆。因此,学生利用情景相似性策略,可以有效提取需要的物理概念,这就需要学生做一些典型的物理概念题。例如,

根据你对加速度的理解,判断下列说法何者正确。

A. 物体的速度大,加速度也就大。

B. 物体的速度为零,加速度也必为零。

C. 物体单位时间内的速度变化大,加速度也就大。

D. 物体的速度变化大,加速度一定大。

由于加速度不仅取决于速度变化,而且还取决于速度变化所需的时间,故本题的正确答案为 C。一旦考试中出现相似的题目:

关于加速度与速度的关系的几种描述中,正确的是(　　)。

A. 速度变化量越大,加速度越大。

B. 速率不变,加速度一定是零。

C. 速度是零,加速度一定是零。

D. 加速度与速度无关。

由于情景的相似性,学生就能顺利作答(答案为 D)。虽然在新课程背景下,我们反对题海战,但学生练习典型作业题还是必需的。这不仅使学生能较深刻地理解物理概念的内涵,而且还可以起到举一反三、触类旁通的作用。为此,中学生在学习物理概念时,应尽量多地接触一些典型的物理概念题。

(2) "自动化"

信息加工心理学认为长时记忆中的信息经过两条途径进入反应生成器。一条途径是长时记忆中的信息先回到工作记忆,再由工作记忆进入反应生成器,引起反应。在这种条件下,人能意识到从长时记忆中提取的信息。另一条途径是长时记忆中的信息直接进入反应生成器,引起反应。在这种条件下,反应是自动进行的,不受人的意识的控制,这就是"自动化"。"自动化"主要是通过操练和练习而获得的。美国著名的教育心理学家布卢姆(S. Bloom)在研究了"自动化"在优秀画家、数学家、运动员等精英人物活动中的作用之后,把"自动化"称之为"天才的手脚"。因此,中学生在学习物理概念时,通过课内、课外的反复操练和练习(当然这种操练和练习最好与精加工策略相配合)就能达到熟能生巧的程度。一旦需要有关的物理概念时,就能无意识地、

准确地被提取出来。为此,中学生对重点物理概念,如力、加速度、动能、动量、电场强度、磁感强度等需要反复接触和运用,以期达到"读书破万卷,下笔如有神"的情形。

2. 高中物理的学习策略

教师在高中物理学科教学中应着重让学生学习并逐步内化以下几种类型的学习策略①。

1) 利用图像语言的学习策略

图像包括模拟情景图像与数学函数图像。由于高中物理内容相对初中物理内容而言其抽象性更强,如原子核部分中的"链式反应"就具有更强的抽象性。因此,学生在学习过程中若能借助于模拟情景图像的直观性则可以更清晰、更深刻地理解和掌握有关抽象的物理概念或规律。例如,高中学生在学习"重核的裂变"这一节内容时,若能在教师的指导下用节日里人们常放的鞭炮里的"小炮仗"连成"发散状"后点燃,通过观察"小炮仗"日趋猛烈的爆炸情景则会对"链式反应"这个抽象的物理概念理解得更清晰、更生动。另外,高中物理相对初中物理而言更注重物理概念和规律的定量化,因此高中物理中包含了大量的数学函数图像。如位移—时间图像、p-V图像、ε-r图像,等等。数学函数图像信息量大、形象直观,能反映事物真实的内涵。对它的利用有时可以很清晰、明了地解决抽象而复杂的物理问题。例如,对于诸如"作初速度为零的匀加速运动的物体追同时、同地和同向出发的作匀速运动的物体,问当两者相距最大时所需的时间和后者追上前者时所需的时间之间有何关系"? 这一类问题。学生若自己能先画出其速度—时间图像(该图像下面所围的"面积"即为位移的大小),如图 5-2 所示,则由此图可清晰地得到如下信息:"当两者速度相等,也即当 $t = t_1$ 时两者有

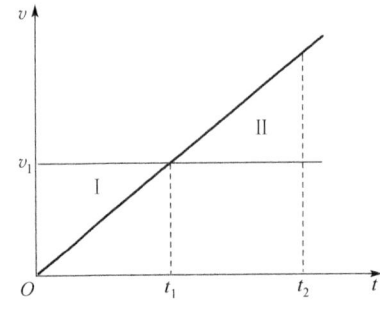

图 5-2 利用图像语言的学习策略例图

最大距离;当两者位移大小相等(此时三角形 I 的面积与三角形 II 的面积相等),即 $t = t_2$ 时追上"。由此,学生再根据初中几何中的有关知识就可得到该问题的正确答案:$t_1 = t_2/2$。总之,学生学习并掌握利用图像语言的学习策略对于从"学会"到"会学"是十分有效的。

2) 意义类比学习策略

类比是根据一事物与另一事物的相似之处而进行"推理"的一种方法。类比是建立科学假说的手段,是通往科学发现的阶梯。其在物理学发展史上扮演着重要的角色,如玻尔提出的原子结构的有核模型就是类比了太阳系的行星模型。而意义类比

---

① 沈建民.高中物理学习策略及其教学对策浅探[J].教育科学研究,2002,(5):32—34.

却是物理学习中特有的。所谓意义类比是指物理意义之间的类比而不是纯数学公式之间的类比。学生在高中物理的学习中利用意义类比的学习策略就可对有关的物理概念理解得更迅速、更深刻。例如,磁感应强度这一概念的物理意义类似于电场强度和导体的电阻等概念的物理意义。因此,如果学生在静电场部分学过电场强度这一物理概念后能判断"电场中某一点的电场强度与检验电荷在该点所受的力成正比而与该检验电荷的电量成反比"这一句话是错误的并能说出正确的理由,从而能正确理解电场强度的物理意义:"电场强度是电场本身的一种性质"这一句话的真正内涵。那么学生利用意义类比的学习策略在稳恒电流部分就可以深刻理解电阻这一概念的物理意义:"导体的电阻是导体本身的一种性质";在磁场部分就可以更迅速、更深刻地理解磁感应强度这一概念的物理意义:"磁感应强度是磁场本身的一种性质"。也就不会出现"磁感应强度与通电导线所受的力成正比而与通电导线中的电流强度和通电导线的长度两者的乘积成反比"这种纯数学化的错误理解了。

3) 相异比较学习策略

事物之间既有相同点,又有相异点。如果只看到表面上的相似而忽略了本质上的差异,将不同的事物混淆不清,则会使知识和经验发生负迁移。在高中物理中存在着许多相似但相异的物理概念和规律。如,动能和动量、电势和电压、库仑力和洛仑兹力、动能定理和动量定理、振动图和波动图,等等。学生若能在高中物理的学习中通过对它们的定义、涉及的物理量、适用范围或条件以及特点或特征等的比较,采用相异比较的学习策略来学习,则可加深对它们本质的理解,防止混淆和负迁移的产生,从而使学习能有效发生。相异比较可以采用运用、列表等方式和方法,对有关知识进行梳理和比较,从表面上的相似洞察出它们本质上的相异之处。例如,对振动图和波动图可采用列表 5-1 比较如下。

表 5-1 相异比较学习策略的例表

名称	基本图形	适用条件	特点或特征	记忆方法
振动图	x-t 曲线图	某个质点在各个时刻的位移情况	横坐标是时间轴,纵坐标是位移轴	如一盘单人的录像片(动态)
波动图	y-x 曲线图	各个质点在某个时刻的位移情况	横坐标是位置轴,纵坐标是位移轴	如一张多人的集体照(静态)

4) 等效替代学习策略

等效替代是指在得出结果相同的前提下,把现实的、复杂的现象、过程或问题转化为理想的、简单的但是等效的现象、过程或问题从而获得正确的结论。在高中物理教材里"力的合成和分解"中合力在其作用的效果上可等效替代它的几个分力;同样,"串、并联电路"中总电阻可等效替代它的几个分电阻,等等。学生在高中物理的学习中对一些复杂的物理问题运用等效替代的学习策略就可以快速、正确地获得解答。

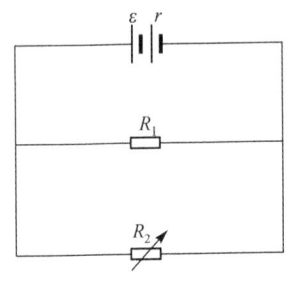

图 5-3 等效替代学习策略的例图

例如,对于诸如"如图 5-3 所示,电源电动势 $\varepsilon = 10\text{V}$,内电阻 $r = 1\Omega$,定值电阻 $R_1 = 9\Omega$,问当可变电阻 R_2 取值多大时,电阻 R_2 消耗的功率最大?最大功率多大?"这一类问题。学生若运用等效替代的学习策略,先将外电路中的 R_1 和 R_2 分离开来,并将 R_1 与电源进行重组,即把 R_1 看作电源的一部分而把 R_2 看作外电路中的外电阻(通过等效替代后,其等效电源电动势 $\varepsilon' = \varepsilon R_1/(R_1+r) = 9\text{V}$,等效内电阻 $r' = rR_1/(R_1+r) = 0.9\Omega$),则本问题就等效替代为高中物理教材里讨论电源最大输出功率的基本问题,从而可迎刃而解。(答案:$R_2 = 0.9\Omega$;$P_{\max} = 22.5\text{W}$。)

5) 变量控制学习策略

由于大多数现象和过程是受多变量影响的,因此有些问题的研究和学习需要控制部分变量才能得到解决。在高中物理里,控制变量在实验中是应用最多的了。例如,牛顿第二定律的验证、单摆的振动周期规律的得出;等等,都采用了控制变量。学生在高中物理的学习中对一些动态的物理量的解决采用变量控制的学习策略也可以使复杂的物理问题的解决变得简单和快捷。例如,对于诸如"两端封闭,水平放置的粗细均匀玻璃管中,由水银柱将管中的气体隔成了体积不同的左右两部分,初温 $T_左 > T_右$,当两部分气体升高相同温度时,问水银柱如何移动?"这一类问题。显然,升温后,左、右两部分气体的压强都要增大,气体的体积也可能变化,但不易看出如何变化。学生若采用控制变量的学习策略,先假设用一装置将水银柱固定住,那么两边气体升温时都作已熟悉的等容变化,由查理定律就可推得气体压强增量为 $\Delta p = \Delta T \cdot p_1/T_1$,由于初态时两边气体的压强 p_1 相同,温度升高量 ΔT 相同,则初温 (T_1) 低的那部分气体压强增量大。由此,可推知水银柱将向左移动。

另外,极限推理在物理学发展的历史上起着举足轻重的作用。伽利略用于研究物体自然运动的"斜面实验"和开尔文建立热力学温标等无不闪烁着极限推理的光辉。在高中物理中即时速度这一概念和牛顿第一定律这一规律等的理解和掌握需要学生运用极限推理。因此,极限推理学习策略的学习和内化也可以帮助学生理解和掌握一些更深奥、更抽象的物理概念和物理定律。再者,高中物理里有大量的理想模型,如光滑面、理想气体、点电荷、匀强电场、凸透镜和匀加速运动、等压过程,等等。因此,模型理想化的学习策略的学习和内化也可以帮助学生更有效地学习。限于篇幅,高中物理里的其他学习策略不再一一赘述。

思考题

1. 举例说明什么是同化、什么是顺应。
2. 何谓"先行组织者"? 在课堂教学中如何利用"先行组织者"策略为学生的有效学习提供支撑?
3. 中学生学习物理的常见问题是什么? 请举例说明。
4. 中学物理学习策略的研究对学生的有效学习有什么重要意义?
5. 结合自己对学习策略的初步认识,谈谈中学生学习物理还有哪些学习策略?

【拓展资料】

图式和学习的信息加工模型

● 图式(schema,在皮亚杰后期著作中用 scheme 一词)是皮亚杰理论体系中的一个核心概念。图式是个体表征、组织和解释自己的经验和指导自己行为的心理结构。我们可以把图式看做是心理活动的框架或组织结构。图式也是认知结构的起点和核心,或者说是人类认识事物的基础。因此图式的形成和变化是认知发展的实质。

图式是认知结构的起点和核心。有了图式,主体才能够对客体的刺激作出反应。

在生理水平上,图式"绝大多数的程序是遗传获得的"。它们可以区别作用它的无数刺激和由之产生的感觉,并将其结合到某种结构中。在认识水平上,图式可以代表一个分类系统,这一系统使它能够对客体信息进行整理、归类、创造、改造。由于存在这样一个富有创造性的图式组织,认识主体才能有效地适应环境。正是在这一意义上,皮亚杰得出结论:适应是内部图式与外部环境进行斗争的结果。它体现了环境的威力,也体现了图式的能动作用。

皮亚杰认为,"任何图式都没有清晰的开端,它总是根据连续的分化,从较早的图式系列中产生出来,而较早的图式系列又可以在最初的反射或本能的运动中追溯它的渊源。"因此,人的认识图式不是一成不变的,它有发生和发展的过程。主体所具有的第一个图式是从遗传得来而预先存在的"遗传性图式"(如初生婴儿的吮吸等反射性图式)。以这一图式为依据,儿童不断和客观外界发生相互作用,在这种相互作用中,非遗传的后天图式逐渐从低级阶段向高级阶段发展,这也就是图式的建构过程。皮亚杰把认识图式的发展过程称为主体的建构(construction)。在皮亚杰看来,客体只有通过主体结构的加工改造以后才能被主体所认识,而主体对客体的认识程度完全取决于主体具有什么样的认识图式。就这一意义而言,皮亚杰客体结构是主体建立的。随着主体认识图式的发展,对客体的认识也不断深化,皮亚杰把这个过程称为客体的建构。认识的发展实际上就是通过活动使主体和客体发生相互作用,在相互作用中进行主体和客体的双重建构。

皮亚杰认为,主体和客体的相互作用是图式发展的根本原因,其中主体的作用尤为重要。

● 学习的信息加工模型(information processing models of learning)。20 世纪 60 年代,受计算机科学和信息论等学科的影响,心理学开始以信息加工的观点研究人类的学习和记忆,提出了各式各样的学习与记忆的加工过程模型。1974 年,加涅根据现代信息加工理论,综合各种模型之长,提出了学习和记忆的信息加工模型,如图 5-4 所示。

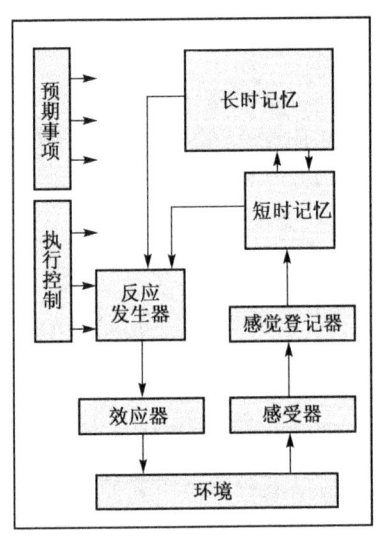

图 5-4 学习和记忆的信息加工模型

在这个信息流程中,加涅把学习者所受到的环境刺激作为作用于感受器的输入信息,信息经过感觉登记器进入神经系统。在感觉登记器中,信息具有与原有刺激相同的表征形式,这种形式只保留几分之一秒的时间。经过感觉登记器的初步编码,信息进入短时记忆后再次经过编码,成为概念的形式。这种形式的信息在短时记忆中一般只保留几秒钟的时间,但如果经过复述,在短时记忆中保留的时间就可以长一些。经过内部复述后,信息就进入长时记忆,可供以后回忆或提取。加涅指出,短时记忆和长时记忆只不过是同一结构以不同方式起作用而已。从短时记忆进入长时记忆的信息也可提取回到短时记忆。从短时记忆或长时记忆中提取出来的信息经过反应发生器就可以转换成动作,也就是说从反应发生器中发出的神经信息激活了效应器,产生作用于学习者的环境的行为。这种可观察的行为表现表明刺激已达到预期的效应,信息经过加工,学习者进行了学习。

在这一模型中,"执行控制"和"预期事项(期望)"是很重要的部分。加涅认为,正是它们发出的信号激活和变更信息的流程。学习者在了解其学习目标(期望)的情况下,会反过来影响对外部刺激的选择性的知觉、在记忆中的编码以及把它们转换为行动。因此,学习发生的方式主要受到执行控制和期望结构所引起的过程的影响。从加涅的这一模型可以看到,人脑的信息加工与计算机的信息加工既有共同点又有不同点。从信息的流程看,二者是有共同之处的,但人脑这一储存系统与计算机系统内的存储器显然不同,计算机只是接受信息,简单地予以登记,并把每一特殊信息送到系统中每一特定位置上;而人脑则要对所有进入的信息进行分析,看其是否符合个人原有的知识系统。人是在接受信息时具有高度的选择性,在信息进入系统后,只有纳入有组织的认知结构,才能保证记住。而这一结构在人脑中又是没有特定的位置的。这些区别充分反映了人类学习受意识控制、不同于机器的特点。

(资料来源:中国知网 http://www.cnki.net/。)

第 6 章 中学物理教学设计论

教学设计(instructional design)这一思想早在 20 世纪初就开始萌芽。但直到 20 世纪 60 年代末到 70 年代初,教学设计在教学系统方法的统领下作为一门学科才正式诞生。20 世纪 80 年代以 R. M. 加涅等人提出的理论为代表的"第一代教学设计理论"已较成熟。20 世纪 80 年代末、90 年代初,"第二代教学设计理论"开始崛起。在我国,对教学设计的研究起步相对较迟。大约在 20 世纪 80 年代中期,有些学者的视线才开始触及教学设计这一研究领域,并翻译和撰写了有关的学术论文。在 20 世纪 90 年代以后开始出版了相关的研究著作。但主要在电化教育(教育技术)领域,且其理论性较强,在教学实践中的可操作性相对较弱。

6.1　教学设计的内涵与模式

6.1.1　教学设计的内涵

教学设计是个舶来品,有的类似于我国教学工作者所熟悉的"备课"。但备课程序并不来自于教育技术领域的教学设计,而是来自于教师个人及集体的经验积累,是一种经验性行为。教学设计与备课相比,它的内涵更丰富、外延更宽广。

1. 教学设计的概念

美国教学设计专家 J. E. 肯普在《教学设计过程》一书中指出:"教学设计是运用系统方法与技术分析研究教学问题和需求,确立解决它们的方法和途经,并对教学结果作出评价的系统的计划过程。"我国学者李龙在其编著的《教学过程设计》一书中指出:"教学设计是依据对学习需求的分析,提出解决问题的最佳方案,使教学效果达到最优化的系统决策过程。"虽然他们对教学设计这个概念叙述的内容不完全相同,但就其本质而言是一致的,即教学设计是"一个分析教学问题、设计解决方法、对解决方法进行试行、评价试行结果、并在评价基础上修改方法,直至获得解决问题的最优方法的过程"①。

2. 教学设计的发展历程

综观教学设计的发展历程,我们可以将教学设计划分为四个阶段:构想萌芽阶段、理论形成阶段、学科建立阶段与深入发展阶段②。

---

①　张祖忻,等. 教学设计——基本原理与方法[M]. 上海:上海外语教育出版社,1992.2.
②　蔡铁权,钱旭鸯. 教学设计概述[J]. 物理通报,2007,(8):4—5.

- 构想萌芽阶段(20世纪30年代以前):最早提出教学设计构想的是美国哲学家、教育家杜威(J. Dewey)和美国心理学家、测量学家桑代克(E. Thorndike)。杜威早在1900年提出应发展一门连接学习理论和教育实践的"桥梁科学"。桑代克在1912年就已经设想过相当于现代的程序学习的控制学习过程的方法。在20世纪初期到30年代,教学设计学处于萌芽状态,未形成系统的理论体系。
- 理论形成阶段(20世纪40~60年代):教学设计理论体系的建立和发展主要取决于两方面的因素,即学习心理学的发展和社会的需求。教学设计作为一门学科,孕育于第二次世界大战期间,是在二战后各种学术理论和新兴的媒体技术的发展及其在教育、教学过程中应用的基础上发展起来的。
- 学科建立阶段(20世纪60年代末):在此阶段,教学设计作为一门学科才真正建立,它以独特的理论知识体系、结构矗立于教育科学之林。
- 深入发展阶段(20世纪70年代以后):20世纪70年代,学习需要分析是教学设计模式的重要补充。人们不仅关心"是什么"、"如何做",还关心"为什么",这使得教学设计更加有的放矢。20世纪70年代期间,出现了一系列教学设计模式。

从20世纪70年代到80年代期间,教学设计研究者开始关注认知心理学、微机和绩效技术对教学设计的影响。20世纪80年代后期,由于建构主义和交互媒体的发展,使教学设计更趋整体化、更具弹性。20世纪90年代以来,由于网络通信技术的迅猛发展和基于建构主义的学习理论、教学理念和教学模式的逐渐兴起,以及受绩效技术、原型开发技术、知识管理、混沌理论、阐释学、模糊逻辑等的影响,教学设计进入了充满挑战和发展机遇的转型发展时期。

3. 教学设计的分层

由上述可以看出,教学设计这个概念不仅其内涵丰富,而且其外延也很宽广。鉴于目前许多有关的文献资料中对教学设计的外延不加界定,从而影响了教学设计研究的针对性和实效性的状况,编者根据系统论的有关观点,按照其研究的范围,认为教学设计从大到小一般可以简单划分为以下四个层次[①]:

- 以教学系统为中心的层次——教学系统设计,如一个新的专业的设立或一个新的培训项目的出台等就需要进行教学系统设计。
- 以一门课程为中心的层次——课程教学设计,如某个专业内一门课程的实施就需要进行课程教学设计。
- 以一堂课为中心的层次——课堂教学设计,如某门课程内一堂课的处理就需要进行课堂教学设计。

---

① 沈建民.课堂教学设计要关注并渗透学习策略[J].课程·教材·教法,2002,(3):34.

● 以教学媒体为中心的层次——教学媒体设计,如课堂教学中要使用的多媒体产品等的研制就需要进行教学媒体设计。

其关系可用图 6-1 来形象表示,其中与大圆相邻的小圆表示大圆这个系统的子系统。

由此可见,从系统论的角度来看,如果称"教学系统设计"为宏观的教学设计,"课程教学设计"为中观的教学设计,那么"课堂教学设计"就是微观的教学设计。而"教学媒体设计"则可称为超微观的教学设计。

从目前国内外对教学设计的研究范围来看,主要集中在宏观、中观和超微观三个层面,特别是在超微观层面,而对微观层面

图 6-1 教学设计层次的系统图

的探讨相对较弱。众所周知,在我国,课堂教学在现阶段乃至将来相当一段时期内仍是实施素质教育的主渠道。因此,将视线聚焦于我国的课堂教学,探讨课堂教学设计(探讨的重心在图 6-1 中从内向外第一个圆与第二个圆所围的范围内),特别是课堂教学设计的一般模式以及案例的设计与解析不仅可以弥补教学设计在这一领域或层次上的薄弱和在这一方面的缺失,而且可以提高现代课堂教学的质量和效率,并有效地促进基础教育新课程改革的落实和教师的专业成长。

6.1.2 新课堂教学设计的一般模式

课堂教学设计的一般模式是设计、组织、调控课堂教学设计活动的一整套方法论体系,是设计理念与案例设计之间的中间环节。它通过自身简化、浓缩的组成要素能对课堂教学设计活动进行规定和调控,同时也有利于课堂教学设计的基本理念能有效地渗透到课堂教学设计的实践活动之中。

1. 新课堂教学设计模式的概念界定

在勾画新课堂教学设计的一般模式之前,有必要先对其概念进行初步的界定。追根究底,模式这一概念是由模型(model)一词转化而来的。而"模型"一词则来源于拉丁文 modulus,其基本意义是尺度、样本和标准。因此,模式可简单地理解为标准或范式。在教学领域对模式的概念界定,国外教育理论家安德鲁斯和古德森(D. H. Andrews and L. A. Goodson,1980)曾指出,一种模式就是一组综合性成分,这些成分能用来规定完成有效的教学任务中的各种活动和功能的序列。我国教育论专家顾明远认为模式特指"反映特定教学理论逻辑轮廓的,为保持某种教学任务的相对稳定而具体的教学活动结构"。故而利用某一教学模式,人们可以将教学活动或过程化

解为某些关键要素或成分,并借助其简化、浓缩的方式研究与探讨有关的教学现象。无论是安德鲁斯等界定的"序列模式"还是顾明远教授界定的"结构模式",就其本质而言是一致的。因此,我们可以认为,在教学领域,模式是指将教学活动或过程简化、浓缩为某些"关键要素或成分",并使之形成一定的教学流程,以有效指导教学活动展开的序列或结构。深入到教学设计领域,相应的,新课堂教学设计模式可界定为在新课程理念指导下,以现代教育理论(系统科学理论、教育传播理论、教学理论和学习理论等)为基础,将课堂教学设计活动或过程简化、浓缩为某些"关键要素或成分",并形成一定的课堂教学设计流程,以有效指导课堂教学设计活动或过程展开的序列或结构。

2. 新课堂教学设计的模式建构

一般而言,课堂教学设计模式的异同是与个人用以指导课堂教学设计的理念和所运用的现代教育理论两方面因素有关。一方面,课堂教学设计的模式由于融入了个人的课堂教学设计理念而具有一定的个性;另一方面,课堂教学设计的模式由于运用了类似的现代教育理论,如系统科学理论、教育传播理论、教学理论和学习理论等作为其构建基础而具有一定的共性。我们认为,新课堂教学设计的一般模式应以一堂课(lesson)为系统,以新课程理念为指导,优化组合学习内容、学习主体、学习目标、教学策略、教学评价等要素,同时考虑系统的外界,并以有关的现代学习理论、教学理论和教育传播理论等为基础,遵循课堂教学的基本规律来进行构建。由此,我们可初步勾画出新课堂教学设计的一般模式,如图6-2所示[①]。需要说明的是:第一,"教学背景的分析"这一环节作为新课堂教学设计的一般模式中的逻辑起点,是指任课教师在初次接受新的班级的教学任务之后和进行本学期或本学年一门课程的课堂教学设计之前要进行的一个前奏性的环节。在以后的课堂教学设计中任课教师可省去这个前奏性的环节。因此这个环节用虚框来表示。第二,借助于诊断性评价,通过对学习内容和学习主体进行分析后,基于对"我要去哪里"(目标);"我如何去那里"(策略);"我怎么来判断我已到达了那里"(评价)这样三个经典问题的考虑,在学习内容的分析和学习主体的分析之后安排了学习目标的编写、教学策略的设计和教学评价(指课堂形成性评价)的设计这三个环节。第三,由于课堂教学过程是一个交互动态的发展过程,课堂教学设计也因此是一个预计与生成的矛盾统一体。为此在该模式中设计了一个"反馈与修改"环节。当然,这种课堂教学设计模式相对而言是比较简洁和容易操作的。除此之外,还有一种更科学的教学设计过程模式值得向大家推荐,其示意图如图6-3所示[②]。

---

① 改编自沈建民,谢利民.以学生为本:现代课堂教学设计的基本理念[J].教育理论与实践,2002,(8):50.

② 蔡铁权,钱旭鸯.教学设计概述[J].物理通报,2007,(8):6.

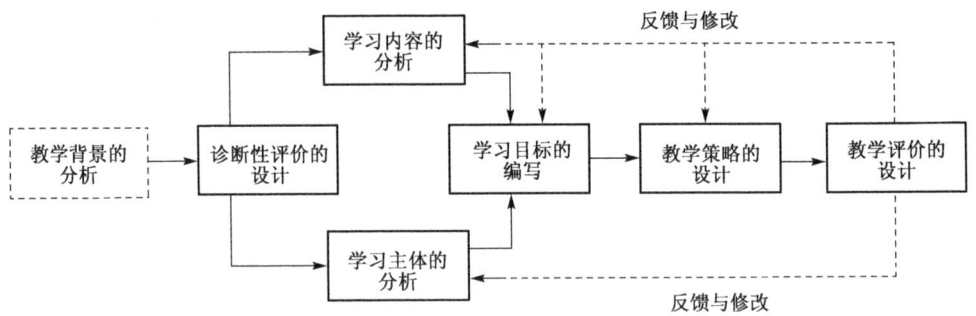

图 6-2 新课堂教学设计的一般模式

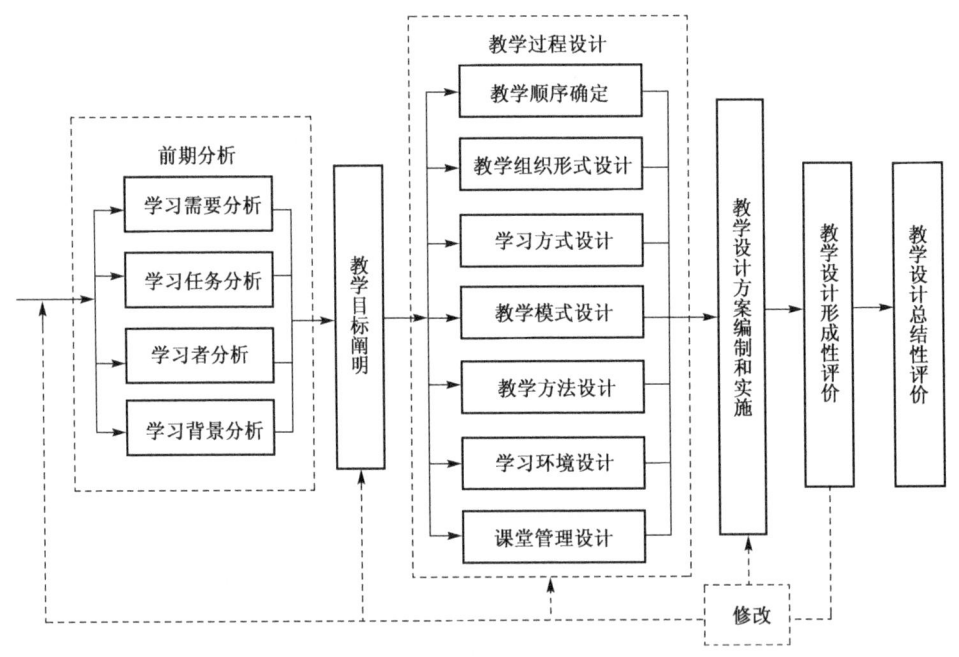

图 6-3 教学设计的一般过程模式

6.2 新课堂教学设计的要素与特征

6.2.1 新课堂教学设计模式中的要素解读

如前所述,新课堂教学设计的一般模式是由"教学背景的分析"、"诊断性评价的设计"、"学习内容的分析"、"学习主体的分析"、"学习目标的编写"、"教学策略的设计"和"教学评价的设计"这七个关键要素或成分构成的。现对这几个"关键要素或成分"分别进行具体的阐述。

1. 教学背景的分析

深入教育、教学实际，了解时代发展对教育、教学的基本要求和教育、教学中存在的实际问题及优势所在，是进行新课堂教学设计的逻辑起点，也是决定新课堂教学设计方案的实施能否取得成功的基本前提。因此，它应成为对一学期或一学年的课堂教学进行设计之前必须要完成的一个前奏性的环节。本部分将简要阐述教学背景分析的两个主要方面：教学背景分析的类型及意义；教学背景分析的内容及方法。

1) 教学背景分析的类型及意义

● 不同的教学背景需要有与之匹配的课堂教学设计。只有这样，新课堂教学设计才能有针对性，进而学生的学习和发展才会有实效。教学背景的分析一般可以从宏观、中观和微观三个层面来进行。宏观的教学背景分析是指分析现实的课堂教学是在什么样的社会背景（包括国际、国内的社会背景）下展开的。也就是说，分析社会对课堂教学的基本要求。在目前倡导终身教育、终身学习的现代学习化社会里，我国社会要求各级各类学校、要求家庭和社区各个方面实施素质教育。在采用奥苏贝尔所谓的有意义的"接受式学习"的基础上，提倡采用有指导的"研究（探究）性学习"。在教育部2001年6月印发的《基础教育课程改革纲要（试行）》中特地把"研究性学习"作为必修的"综合实践活动"课程的内容之一，以强化培养学生的创新精神和实践能力。中观的教学背景分析是指分析现实的课堂教学是在什么样的学校环境中展开的。也就是说，分析学校的校风、学校的教学资源优势及有关的约束条件[①]等。好的学校一般而言具有良好的校风，教学资源也相对充足；而差一点的学校一般而言其约束条件较大。这需要我们从学校的实际和学校的办学特色出发，坚持"特色"、与时俱进。微观的教学背景分析是指分析现实的课堂教学是在什么样的班级中展开的。也就是说，分析班级的班风、学生的学风以及任课教师自身的条件和素质等。根据时代发展的要求，这更需要我们从班级的现状、学生的特长以及任课教师的特点出发，尊重"个性"、奋发有为。

● 教学背景的分析具有以下意义：第一，有助于避免新课堂教学设计的盲目性和随意性。因为通过对教学背景的分析，能使任课教师对教学背景，从宏观、中观到微观，有一个整体的认识和把握，这为后续的对学习内容的分析处理和对学习主体的分析了解，特别是为诊断性评价的针对性设计提供一个"参照物"，从而可避免盲目性和随意性。第二，有助于解决新课堂教学过程中的偶发事件。美国佛罗里达州大学的考夫曼(R. Kaufman)教授曾指出，能否预测和发现教学中实际存在的偶发问题，搞清问题的原因，并选择最佳的预防和解决问题的措施是保证教学工作成功之关键所在。因此，任课教师分析教学背景，有针对性地采取预防和解决措施可以在新课堂教

[①] 此处的"约束条件"是指对课堂教学设计工作起限制或直接阻止作用的事物，包括陈旧的方法、落后的观念、短缺的经费等。

学中争取主动,从而可以从容地解决课堂教学过程中出现的偶发事件。第三,有助于新课堂教学评价设计的客观性和准确性。新课程所倡导的"以学生发展为本"的理念要求我们对新课堂教学评价的设计,特别是形成性评价的设计要着眼于学生的发展(进步),而不能仅关注于学生的水平(程度)。因此,对优秀班级和"后进"班级;对优秀生和"后进"生;等等,应采用不同的评价标准,只有这样才能体现学生的发展(进步)。也只有这样,新课堂教学评价的设计才是客观的、准确的,并且是科学的。

2)教学背景分析的内容及方法

● 如前所述,教学背景的分析可以从宏观、中观和微观三个层面来进行。相应的,我们可以概括出教学背景分析的基本内容有三个方面:当代教育、教学改革的基本目标和基本要求,学校的资源优势及约束条件和班级的班风、学生的学风以及任课教师自身的条件和素质等。每个社会在每个时代或时期都对教育、教学提出一定的要求,因为教育、教学的目的不仅要体现在学习者的发展变化上,而且也要满足社会对教育、教学的要求。即教育、教学具有双重价值:一方面促进学生发展,另一方面促进社会发展。学校的资源优势包括具有开拓精神和良好素养的校长和教职工、优良的教学设备和设施等软件和硬件,而学校的约束条件则是指设备和设施简陋、教学管理方法陈旧、教育观念滞后、经费缺乏等方面。班级的班风能展示全班学生的精神面貌,好的班风能使教师在课堂教学中不必浪费时间用在管理学生的纪律上,同时学生的学风以及任课教师自身的条件和素质等对课堂教学设计也有一定的影响。

● 明确了教学背景分析的基本内容后,任课教师可通过查阅资料、调查研究、询问情况、观察记录等方式、方法来获得新课堂教学过程中可能遇到的实际问题并分析其原因。然后用三维矩阵表来对教学背景进行细目化的分析、整理,表格可设计成表6-1所示。

表6-1 教学背景分析的三维矩阵细目表

内 容	细 目	表 述
社会要求	目 标	
	现 实	
	原 因	
学校条件	资源优势	
	约束条件	
	解决办法	
班级状况	目 标	
	现 状	
	原 因	

2. 诊断性评价的设计

诊断性评价(diagnostic evaluation)是在教学背景分析的基础上,结合新课堂学习内容对学习主体进行"前测"之后所进行的评价。这是按教学设计理论中的评价反馈原理来设置的,目的是先获得学习主体初始才能的反馈信息。由于诊断性评价可以在对教学背景进行初步分析的基础上,能较详细、具体地诊断出学生在新的课堂学习中可能存在的障碍和学习者的现有水平;也能为使新课堂教学活动有针对性地促使学生由其"现有发展区"向其"最近发展区"转变提供一定的依据。因此,在新课堂教学设计中已成为必要的一环。

1)诊断性评价的内涵及作用

● 诊断性评价是在新的学习阶段或新的章、节学习前进行的学习评价。其目的主要是通过考核了解学生是否具备了学习新的内容所需的必备知识、技能、方法及态度等,以发现课堂教学中可能存在的共同问题或缺陷。

诊断性评价不是为了给学生评定成绩或排名次而是为了获取学生现有的学习水平(程度)的相关信息。因此,一般来说,其考核量要大、覆盖面要宽、难度系数要低,应属于标准参照性考评。

● 通过诊断性评价可以提供学生学习状况的反馈信息,可起到反馈作用;同时教师根据诊断性评价的结果,可以初步确定教学起点,起到定步作用;另外,教师根据诊断性评价的结果必要时采取补救措施,以使学生能顺利地进入新内容的学习,可起到矫正作用;等等。

2)诊断性评价的设计

● 形式设计:诊断性评价可以通过观察、谈话、发放问卷、测验或评价(批阅)作业等各种考核形式所获得的结果或反馈信息来进行评价。其中,观察要仔细、全面而深刻;谈话前要准备好腹稿,谈话时要推心置腹地谈;问卷可当作"回家作业"让学生开卷完成;测验可在新课开始前或上一堂课结束后进行;如果这一堂课的学习内容与上一堂课的学习内容具有层次或逻辑关系,那么对上一堂课布置的作业的完成情况所进行的评价(批阅)也能起到一定的诊断作用。

● 内容设计:诊断性评价的内容设计是一个很重要的方面,不可草率行事。考核的内容一般情况下不能是新的内容,但考虑到目前信息化时代学生获取信息的途径已不仅仅局限在课堂上,通过电视、网络等媒体也能获得有关的信息。因此适当的时候可以考虑用一些简单的新内容。至于内容的范围设计,可基于 R.M. 加涅对学习结果的分类模式[1],不应仅仅局限在认知方面,还应有动作技能和态度等方面。其中在认知方面,不应仅仅局限于陈述性知识和程序性知识,还应涉及策略性知识,等等。

---

[1] 加涅的学习结果分类包括认知、动作技能和态度三方面。认知结果又包括三个方面:言语信息、智慧技能、认知策略。智慧技能从低级到高级又分为四种:辨别、具体概念、定义性概念、规则、高级规则。一般的信息加工理论把个体的知识分为陈述性知识和程序性知识两类。加涅又把程序性知识细分为智慧技能和认知策略两类。

通过对教学背景的初步分析和诊断性的测评(测量和评价),可初步揭示出新课堂教学中可能存在的问题及其主要原因。新课堂教学设计接下来的工作就是要更详细地分析有关的学习内容和涉及的学习主体,以便确定合适的教学起点。

3. 学习内容的分析

课程教学内容通常都有着一定的结构体系。一般情况下,我们可以将课程教学内容划分为课程(course)、单元(unit)和课题(lesson)等层次[①],即一门课程可以划分为若干单元,一个单元可以划分为若干课题。其中单元和课题各自存在着三种联系形式即并列型(各单元或课题相对独立)、顺序型(各单元或课题之间具有逻辑或层次关系)和综合型(一部分相对独立,另外一部分之间具有逻辑或层次关系),把握这一点对于任课教师对所教课程进行"二次开发"、对课程内容进行合理教学组合以及对课堂学习内容(任务)进行科学分析是有指导意义的。另外,由于在课堂上学习主体要学习的课题内容与单元内容以及整门课程的内容之间或多或少存在着"千丝万缕"的联系,因此对课堂学习内容的分析应放在对单元内容和课程内容分析的大背景下来进行。也就是说,任课教师应具备统揽课程内容、单元内容和课题内容以及它们之间的关系的能力才能使新课堂学习任务的分析达到前后呼应、相得益彰的效果。由于课程教学内容是学生求得快速发展的主要"信息源",因此对课程教学内容,特别是课堂学习内容进行科学分析已成为新课堂教学设计中的重要一环。限于主题,下面仅对课堂学习内容进行论述。

所谓课堂学习任务分析是指任课教师对学习主体达到课题学习目标规定的才能所需学习的有关知识、技能和态度等,以及它们之间的相互联系进行具体剖析的过程。课堂学习任务一般可以分为认知、动作技能和态度三大类。下面对各项课堂学习任务逐一进行深入、具体的分析。

1) 认知学习任务分析及其基本方法

R. M. 加涅在其《学习的条件和教学论》一书中把认知学习任务细分为言语信息、智慧技能和认知策略三类。下面借鉴加涅对认知学习任务的分类思想,分别对新课堂教学设计中要涉及的言语信息、智慧技能和认知策略的任务分析及其基本方法进行阐述。

● 所谓言语信息是指学习者通过学习以后,能记忆并在需要时能够表达出来的诸如事物的名称、符号、地点、时间、定义、对事物的描述等具体的信息。言语信息的学习由简到繁还可分为符号学习、事实学习和有组织的言语知识的学习。为此,对言语信息学习任务的分析,根据其特点,一般可采用"归类分析法"或"图解分析法"。这不仅能鉴别实现目标所需学习的知识项目,而且还能对有关信息进行最佳分类,便于

---

① 沈建民.论走向"学本"的课堂教学设计中的学习任务分析[J].物理教师,2003,(1):1.

学习者记忆(贮存)和表达(提取)。下面是采用图解分析法来对高中物理力学部分里的"力的种类及其特点"这一言语信息进行任务分析的具体例子,如图6-4所示。

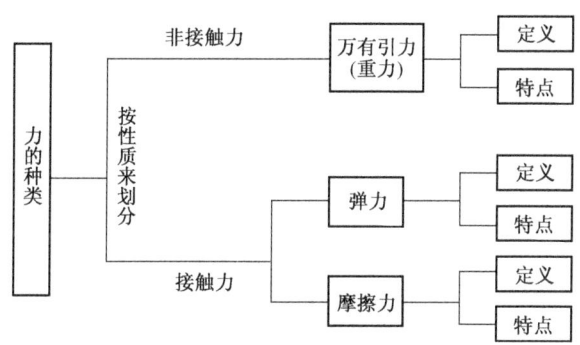

图6-4 言语信息的任务分析示意图

课　　题:力的种类(在力学部分)

学习目标:(学生)能说出各性质力的名称、定义及其特点。

● 所谓智慧技能是指学习者通过学习获得的使用符号与环境相互作用的能力。智慧技能由简单到复杂可依次分为辨别、形成概念、使用规则和解决问题等几类。其中后面技能的获得是以前面技能的获得为基础的。也就是说,掌握好较简单的智慧技能是学习较复杂的智慧技能的先决条件,这对教师合理安排有关智慧技能的课堂学习内容的顺序具有明确的指导意义。为此,对智慧技能学习任务的分析,根据其特点,一般可采用"层级分析法"。这也不仅能鉴别实现目标所需掌握的从属智慧技能的项目,而且还能对有关智慧技能的学习进行合理排序,便于学习者步步深入地学习。下面是采用层级分析法来对高中物理里有关智慧技能进行任务分析的具体例子,如图6-5所示。

● 所谓认知策略是指"学习者藉以调节他们自己的注意、学习、记忆和思维等内部过程的技能"[①]。认知策略一般可分为注意策略、思维策略、编码策略、提取策略和问题解决策略等种类。一句话,认知策略是"动脑"的方法[②]。认知策略是学习者获取信息、分析信息、加工信息、贮存信息和提取信息以及解决问题的能力系统中的一个重要方面,学生对认知策略的学习和内化在现代学习化社会里具有重要的价值和意义。为此,编者建议在新课堂教学设计中任课教师应把认知策略作为一项课堂学习任务,在挖掘出有关认知策略成分的基础上,对其的分析一般可在诊断性测评中采用问答式的"谈话法"来进行,因为认知策略是一种内隐的技能。下面是关于学生对高中物理里磁感应强度($B = F/IL$)这个概念理解的思维策略所作的简要分析:由

---

① [美]R.M.加涅.学习的条件和教学论[M].皮连生,等译.上海:华东师范大学出版社,1999.64.
② [美]R.M.加涅.学习的条件和教学论[M].皮连生,等译.上海:华东师范大学出版社,1999.158.

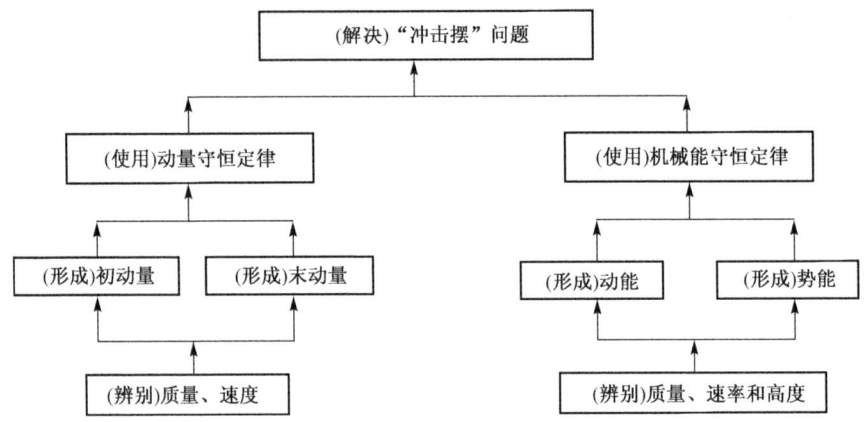

图 6-5 智慧技能的任务分析示意图

于学生在学习 B 之前在力学部分已学习过匀速直线运动的速度（$v=s/t$）、在静电场部分已学习过电场强度（$E=F/q$）等概念，并且 B 跟 v、E 等具有类比性。因此，任课教师可通过和学生谈话，询问学生对"电场中某一点的电场强度（E）跟点电荷在该点所受的电场力（F）成正比而跟该点电荷的电量（q）成反比，对不对，为什么？"这个问题的回答来了解学生对"电场强度（E）是电场本身的一种属性"是否有深刻的理解。如果学生认为不对，并说出 E 这个概念类比于 v 这个概念，则表明学生已具备了类比认知的思维策略。有此为基础，那么学生在这堂课的学习中就会不难理解"磁感应强度（B）是磁场本身的一种属性"这句话的确切含义，也就不会出现"B 跟 F 成正比、跟 IL 成反比"这种纯数学化的理解了。反之，任课教师在进入新内容的教学之前就有必要采取一定的补救矫正措施，让学生熟悉或学会类比认知的思维策略，以促进学生高效地学习有关的课堂内容。

2) 动作技能与态度学习任务分析及其基本方法

● 所谓动作技能"是人类一种习得的能力，是人类有意识、有目的地利用身体动作去完成一项运动（或一串动作）的能力"[①]。动作技能的学习往往与认知学习交织在一起，例如，体育课上要学习投篮技巧；音乐课上要学习演奏乐器；生物课上要学习使用工具解剖动物；物理课上要学习使用仪器做实验；等等，都需要一定的认知作基础。因此，动作技能实际上包含了两个成分：一是描述如何进行动作的规则；二是因练习与反馈而逐渐变得精确和连贯的实际肌肉运动。由于动作技能中包含了认知成分，故又称心理动作技能（psychomotor skill），可简称心理动作。对动作技能学习任务的分析不仅要剖析为实现目标所需掌握的各项从属动作技能、揭示它们之间的联系，而且还要列出学习这些从属的动作技能所需掌握的相应的知识。因此，它应包括

---

① 邵瑞珍.教育心理学(修订本)[M].上海：上海教育出版社，1997.154.

对"应会"(动作)和"应知"(认知)两方面的分析。为此,根据其特点,一般可采用"程序分析法"。下面是初中物理(或科学)中"托盘天平的使用"(课堂学习任务)分析的一个实例。

学习任务:托盘天平的使用

A. 操作步骤(动作)

1. 把天平放在水平台上,把游码移到横梁标尺左端的"0"刻线处;
2. 调节横梁的平衡螺母,使指针对准分度盘中央刻度线(这时表明天平平衡);
3. 把被测物体放在左盘里,用镊子向右盘里加减砝码并调节游码在横梁标尺上的位置,直到天平恢复平衡。

B. 需要了解的有关部件的名称、计量规则及注意事项(认知)

1. 部件名称:

托盘、分度盘、指针、平衡螺母、横梁、游码、标尺,等

2. 计量规则:

被测物体的质量等于天平右盘里所放砝码的总质量再加上游码所指示的质量值。

3. 注意事项:

(1)称量前,要明确被测物体的质量不能超过天平的称量范围。

(2)称量中,不能用手去摸天平托盘或砝码,取放砝码要使用镊子;不可把潮湿的物品或化学药品直接放在天平托盘上;加减砝码要轻拿轻放。

(3)称量完毕,要将砝码及时放回砝码盒里。

● 所谓态度是指"习得的影响个人对特定对象(包括事物、人和活动)作出行为选择的有组织的内部准备状态或反应的倾向性"[1]。心理学研究已揭示出:态度包括认知成分、情感成分和行为倾向成分。故有的学者将态度又称为情感态度。因此,分析态度学习任务一般可从以下两个方面来进行[2]:一是当学习者形成了学习目标所要求的态度后应有怎样的行为? 二是学习者本人对要培养的这种态度的意义和价值应有怎样的认识? 对第一个问题的考虑实质上是对智慧技能或动作技能学习任务的分析。例如,在中学物理实验中要培养学生实事求是的科学态度,学生在实验中应有如下表现(行为):如实记录实验数据;发现问题后能仔细核查实验步骤和其他相关环节;没有出现拼凑实验数据的现象,等等。对第二个问题的考虑实质上是对言语信息学习任务的分析。如上例,学生应对如实记录实验数据对于科学实验研究的价值和意义有正确的认识。由此可见,对第一个问题的考虑实质上是对智慧技能或动作技

---

[1] 邵瑞珍.教育心理学(修订本)[M].上海:上海教育出版社,1997.181.
[2] 张祖忻,等.教学设计——基本原理与方法[M].上海:上海外语教育出版社,1992.86.

能学习任务的分析;对第二个问题的考虑实质上是对言语信息学习任务的分析。因此,对态度学习任务的分析可从对认知学习任务和动作技能学习任务的分析着手。从逻辑上讲,一般可采用"程序分析法"、"层级分析法"或"归类分析法"等来进行。

4. 学习主体的分析

从教育传播理论这个视角来看,课堂教学过程是一个特殊的传播过程。根据贝尔洛(D. K. Berlo)的 SMCR 传播模式(见图 6-6),传播的最终效果不是单由传播过程中的某一部分所决定的,而是由组成传播过程的信息源(source)、信息(message)、通道(channel)和接受者(receiver)四个部分,以及它们之间的关系共同决定的。因此,为了取得最优的教学效果,任课教师除了对信息源即教师自身的条件和素质有所了解,对学习内容(即传播过程中所传递的信息)进行分析和对传递信息的通道有所把握(此内容将在"教学策略的设计"中有所涉及)外,还必须了解学习主体(即传播过程中信息的接受者。当然,在反馈过程中是作为信息的发出者)对信息的态度、其文化和社会背景、有关的知识基础以及其传播技能等。所以,分析学习主体的一般特点与个性认知风格和学习主体的起点才能对于实施有针对性的课堂教学是至关重要的,也因此就成为新课堂教学设计中极其重要且必不可少的一环。

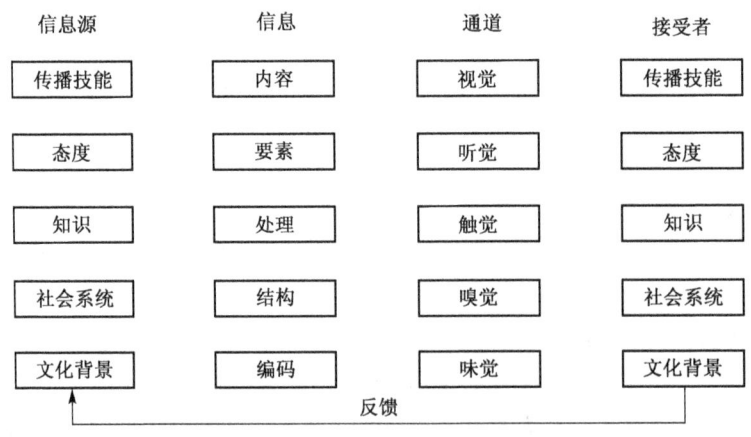

图 6-6 贝尔洛的 SMCR 传播模式

1)学习主体分析的基本内容

所谓学习主体分析是指任课教师在新课堂教学设计中对学习者的学习准备情况及其认知风格与一般特点等作出较为详细的分析,其目的是为后续的学习目标的编写、教学策略的设计(包括教学媒体的选择)和教学评价(基于"进步"的形成性评价)及设计等提供科学、客观的依据。其基本内容主要有学习主体的学习准备分析和学习主体的一般特点与认知风格分析两方面。

● 所谓学习准备(learning preparation)是指学习主体在从事新的学习任务时,其原有的知识、能力水平和原有的心理发展水平等对新的学习的适应性。学习主体原有的学习准备状态就是新的教学的出发点,即教学起点。根据学习主体原有的准备状态进行新的教学,在一定程度上,遵循了我国教育学中所说的"量力性原则"[①]。

● 所谓认知风格(learning style)是指对学习主体感知不同刺激并对之作出反应这两方面产生影响的所有心理特性。诸如焦虑、习性、对视觉或听觉学习的偏爱等。简单地说,认知风格是指学习主体自己所喜爱的信息加工方式。而所谓学习主体的一般特点主要是指学习主体的年龄、心理特点。学习主体的一般特点与认知风格相对学习主体的学习准备状态而言,虽然与学习内容无直接关系,但是它们会影响教师对课堂内容的选择,如实例的选用等;影响教师对教学方法或教学策略的运用(包括对教学媒体的选择)等。因此,任课教师对此也应加以重视。针对学习主体的一般特点与认知风格进行新的教学,也在一定程度上,遵循了我国教育学中所说的"因材施教原则"[②]。

2)学习准备的分析与教学起点的确定

R.M.加涅认为学生学习的结果是其才能(capabilities)发生相对持久的变化。这里所说的才能不同于心理学中通过 IQ 数值反映出来的认知方面的能力(abilities),它包括"认知、态度和动作技能"[③]。由此,加涅将学习结果分为言语信息、智慧技能、认知策略、动作技能和态度五种才能。因此,借助于才能(capabilities)这一概念,我们对学习主体学习准备的分析实质上是对学习主体起点才能的分析。它应包括两个方面:第一,对学习主体预备才能的分析,即了解学生是否具备了进行新的学习所必须掌握的有关知识、技能及态度等。第二,对学习主体目标才能的分析,即了解学生是否已经掌握或部分掌握了目标中要求学会的有关知识、技能及态度等。通过对学习主体起点才能的分析,目的是要确定合适的教学起点。但是,对学习主体的起点才能分析与对学习内容的任务分析是分不开的。因此,确定合适的教学起点与分析学习内容又是紧密相关的。这也是本章在新课堂教学设计的一般模式中将"学习内容的分析"与"学习主体的分析"并列放置(见图 6-2)的原因。下面以高中物理里"磁感应强度"这堂课为例,具体说明分析学习任务和确定教学起点的客观方法。其步骤为:第一,采用相应的任务分析法画出其学习任务的分析图(见图 6-7)。第二,根据课程标准的规定先初步设定教学起点。第三,对设定的教学起点以下的预备才能和以上的部分目标才能进行预测。第四,若预测的结果表明学生对物理概念的理解还存在着纯数学化的倾向,但能正确理解类似概念的物理意义等,则根据预测的

---

① "量力性原则"又称"可接受原则"。教学原则之一。要求教学的具体任务、教学方法和组织形式等要符合学生相应年龄阶段的身心发展水平和认知水平,同时又鼓励学生通过一定的努力,不断提高认知水平和能力。

② 所谓因材施教,是指教师从学生的实际出发,使教学的深度、广度、进度适合学生的知识水平和接受能力,同时考虑学生的个性特点和个性差异,使每个人的才能、品行获得最佳的发展。因材施教不但是我国古代教学经验的结晶,还是现代教学必须坚持的一条重要教学原则。

③ [美]R.M.加涅,等.教学设计原理[M].皮连生,等译.上海:华东师范大学出版社,1999.10.

结果可确定真正的教学起点,即实际的教学起点(见图 6-7 中的黑体字)。由此,教学不能从设定的教学起点出发,而需要从真正的教学起点出发。

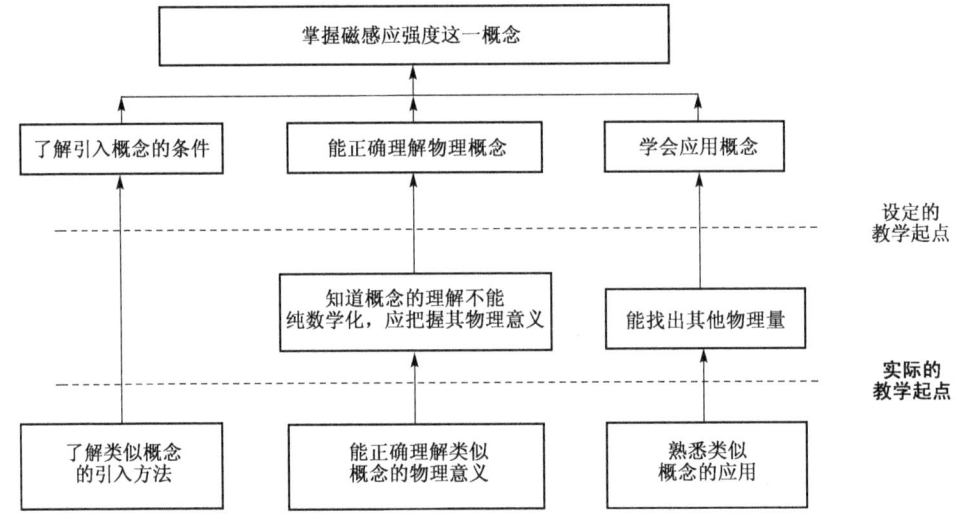

图 6-7　确定教学起点的示意图

以上步骤体现了新课程"以学生发展为本"的理念。这是因为:第一,若将学习起点确定得过高,会使课堂教学活动脱离大多数学生的实际水平;确定得过低,会使课堂教学活动浪费精力和时间。它们都会影响学生的学,最终影响学生的发展。第二,对部分目标才能的测试体现了现代课堂教学应努力使学生从其"现有发展区"出发向其"最近发展区"进步的教学与发展的思想。

3)一般学习特点与个性认知风格的初步分析

了解学习主体的一般特点与个体认知风格,是在现代课堂教学中实施因材施教的前提和保障,也是分析学生的起点才能与确定教学起点的有效补充。因此,它对学习目标的编写、特别是教学策略的设计(包括教学媒体的选择)等是有帮助的。

● 瑞士心理学家皮亚杰(J. Piaget)和我国教育论方面的专家查有梁关于认知发展阶段的学说对了解学生学习的一般特点有重要的启示。皮亚杰将儿童认知的发展分为四个不同但相继的阶段:感觉运动阶段(0~2 岁)、前运演阶段(2~7 岁)、具体运演阶段(7~11 岁,这相当于我国基础教育阶段中的小学时期)和形式运演阶段(11~15 岁,这相当于我国基础教育阶段中的初级中学时期)。查有梁在皮亚杰的发生认识论的基础上提出了"发展认识论"。他把人以后的认知发展也分为四个阶段[①]:直觉运演阶段(15~18 岁,这相当于我国基础教育阶段中的高级中学时期)、结构运演

---

① 查有梁.教育模式[M].北京:教育科学出版社,1999.21—24.

阶段(18~22岁,相当于大学时期)、综合运演阶段(22~28岁,相当于研究生时期)、体系运演阶段(28岁以后,相当于专家时期)。由此可见,处于基础教育阶段的学生正处于人的认知发展的具体运演阶段、形式运演阶段和直觉运演阶段。其中,处在7~8岁时期的小学低年级的学生具有如下认知特点:要看到实际的事物,才能进行运演,还不能依靠抽象、假设进行运演;而处在9~11岁时期的小学中、高年级的学生的认知结构中已经具有了抽象概念,因此他们能够进行具体的逻辑推理;处在11~15岁时期的初中学生已经能够在具体运演的基础上,进行形式运演,也能够进行假设—演绎思维、抽象思维和系统思维,但仍然需要从形象到抽象、从具体到形式来进行思维和运演;而处在15~18岁的高中学生已具备一定的逻辑思维能力和直觉思维能力。其中,直觉思维(intuition thinking)是以整个知识为背景的,直接而迅速地对问题答案作出判断、猜想、设想的一种认识思维,其特点是整体的、跳跃的、猜测的、非逻辑的。这是发展创造性思维的前提和基础(因此,在高中时期开展研究性学习,以培养学生的创新能力就有了重要的理论依据)。但是,对任何年龄的学生(不管其处于任何认知发展阶段)来说,当他们面临一项新的认知学习任务,但缺乏有关的实际经验作为学习的支柱时,教师设计由具体到抽象的学习内容顺序能提高学生的学习的效果。这是美国视听教育家戴尔(E. Dale)在《视听教学法》(1946年)中提出的"经验之塔"①理论给我们的启示。这也与我国教育学中所说的教学原则之一,即"直观性原则"②在一定程度上是相吻合的。

  在态度方面,小学生一般具有"亲其师而信其道"的特点,故而小学生一般愿意接受自己尊敬的师长,特别是老师的教导;而初中生,特别是高中生往往接受事实,要通过自己的亲身体验,才能容易改变或形成一定的态度。

  ● 认知风格是学生个性的重要组成部分。不同的学生对信息的反应、加工、储存和提取是不一样的,因此可以说所有的学习都是"个体化"进行的。目前,学生在认知方式上的个别差异问题已引起心理学家和教育家的注意。据研究,认知风格或称认知方式,若按其依赖程度来分,可分为场依赖型(field dependence style)和场独立型(field independence style)两种。具有场依赖特征的学生对事物的知觉倾向于以外部参照系作为信息加工的依据。他们的态度和自我知觉易受别人,特别是权威人士的影响和干扰,缺少自己独立的见解。而具有场独立特征的学生对客观事物作判断时常常利用自己内部的参照系。他们的态度不易受外来因素的干扰,在认知方面独

---

  ① "经验之塔"中的学习经验从具体到抽象可分为三个层次:(1)"做"的学习经验,包括有目的的直接经验(做)、设计的经验(理解)和演剧的经验(演戏、表演)。(2)"观察"的学习经验,包括观察示范、见习旅行、参观展览、电视电影、录音广播和幻灯照片。(3)"抽象"的学习经验,包括视觉符号和语言符号。戴尔认为,学生积累了一些具体经验,并能够理解真实事物的抽象表现形式,在这个基础上,才能有效地参加更加抽象的教学活动。

  ② "直观性原则"是指在教学过程中,教师要利用直观手段,通过引导学生开展多种形式的感知,丰富学生的感性认识,发展学生的观察力和形象思维,并为形成正确而深刻的理性认识奠定基础。

立于他们周围的背景,倾向于在更抽象的和分析的水平上进行加工,独立对事物作出判断。若按其反应速度来分,可分为沉思型(reflective style)和冲动型(impulsive style)两种。具有沉思型特征的学生在解答问题时倾向于深思熟虑,从而错误相对较少。而具有冲动型特征的学生在解答问题时则迅速作出反应,从而出错的概率相对较高。除此之外,还有整体型(在解决问题时常常从问题的全局考虑)和系列型(在解决问题中容易将注意力集中于具体的细节)、聚合型(在解决问题时会表现出聚合思维的特点,收集各方条件,一步步缩小解答的范围,直至找到最恰当的唯一解答)和发散型(在解决问题中表现出发散思维的特点,思维会沿着不同方向展开,最终可能产生多种可能的解答而不是唯一的答案)、齐平化型(在将信息"吸收"进记忆时,容易将相似的记忆内容混淆起来,常常放弃记忆内容的细节)和尖锐化型(在将信息"吸收"进记忆时,倾向于不将记忆中相似的内容混淆,甚至夸大其间的小差异)[①]。

5. 学习目标的编写

通过对学习内容的任务分析和学习主体的起点才能分析,我们确定了教学的合适起点。为了使现代课堂教学活动有明确的指向性和形成性评价的设计有针对性,新课堂教学设计还要对学习主体从起点才能出发到可以达到的终点才能的状态作出明确、具体的说明,这就是(课堂)学习目标的编写。由于学习目标是评价学习效果的基础和标准,也是在现代课堂教学中贯穿学习策略(包括选择教学媒体)的依据之一。因此,编写学习目标也就成为新课堂教学设计中重要一环。

1) 学习目标分类的历史回顾

根据学习类型的性质,一般文献资料中通常将学习目标分成三大类:认知学习目标、动作技能学习目标和情感态度学习目标。

在对各类学习目标进行进一步分层方面,B.S. 布卢姆、D.R. 克拉斯沃尔和 E.J. 辛普森等人进行了积极的探索和研究,并取得了较好的研究成果。

其实,由美国心理学家和教育家布卢姆、克拉斯沃尔和辛普森等人所创设的学习目标分类体系在内涵上与我国实施新课程之前按照素质教育的要求制定的学习目标分类体系是基本吻合的。其中的认知领域相当于我国的智育范畴;情感态度领域相当于我国的德育、美育范畴;而动作技能领域相当于我国的体育、劳动技术教育范畴。为此,我国的教育工作者参照布卢姆等人的研究成果,结合我国当时教育、教学的实际,提出了适合我国国情的学习目标分类体系。现列表 6-2 整理、比较之。

2) 新课堂学习目标的编写方法

表 6-2 对各类学习目标的分层描述,使用了表示心理过程的含糊动词,如知觉、记忆、理解、掌握、欣赏、自动化等。它虽有助于对学习目标的描述作出概括,但缺乏

---

① 详见连榕,罗丽芳.教育心理学概论[M].北京:北京大学出版社,2009.31.

质和量的规定,对检测现代课堂教学的实际效果较困难。新一轮基础教育课程改革提出了"知识与技能"、"过程与方法"、"情感态度与价值观"三维目标。这"三维目标"可划分为结果性目标和体验性/表现性目标两大类。其中,结果性目标主要是用于明确阐明学生的学习结果,阐明结果的行为动词要求明确、可测量、可评价;而体验性/表现性目标是描述学习者自己的心理感受、体验或明确安排学习者表现的机会,所采用的行为动词往往是体验性的、过程性的。其分类情况如表 6-3 所示[①]。

表 6-2 国内外学习目标体系对照表

学习目标	认知类						动作技能类							情感态度类				
	1	2	3	4	5	6	1	2	3	4	5	6	7	1	2	3	4	5
国外体系	知道	领会	运用	分析	综合	评价	知觉	准备	在指导下反应	自动化	复杂的外显反应	适应	创作	接受或注意	反应	价值的评价	价值观的组织	性格化
国内体系	A 记忆	B 理解	C 简单应用	D 综合应用	E 创见		A 模仿	B 理解	C 协调	D 熟练	E 创新			A 接受	B 思考	C 兴趣	D 热爱	E 品格形成

表 6-3 新课程学习目标分类情况

目标分类	领域	层次	各水平含义描述	可选择的行为动词
结果性目标	知识	了解	再认或回忆知识;识别、辨认事实或证据;举出例子;描述对象的基本特征等	说出、背诵、辨认、回忆、选出、列举、复述、描述、识别、再认等
		理解	把握内在逻辑联系;与已有知识建立联系;进行解释、推断、区分、扩展;提供证据;收集、整理信息等	解释、说明、阐明、比较、分类、归纳、概述、概括、判断、区别、提供、把……转换、估计、推断、检索、收集等
		应用	在新的情境中使用抽象的概念、原则;进行总结、推广;建立不同情境下的合理联系等	使用、质疑、辩护、设计、解决、撰写、拟订、检验、计划、总结、推广、证明、评价等
	技能	模仿	在原型示范和具体指导下完成操作;对所提供的对象进行模拟、修改等	模拟、重复、再现、例证、临摹、扩写、缩写等
		独立操作	独立完成操作;进行调整与改进;尝试与已有技能建立联系等	完成、表现、制定、解决、拟订、测量、尝试、试验等
		迁移	在新的情况下运用已有技能;理解同一技能在不同情境中的适用性等	联系、转换、灵活运用、举一反三、触类旁通等

[①] 钱旭鸯,蔡铁权.教学目标阐明[J].物理通报.2007,(10):5.

续表

目标分类	领域	层次	各水平含义描述	可选择的行为动词
体验性/表现性目标	过程与方法；情感态度与价值观	经历	独立从事或合作参与相关活动，建立感性认识等	感受、参与、尝试、寻找、讨论、交流、合作、分享、参观、访问、考察、接触、体验等
		反应	在经历基础上表达感受、态度和价值判断；做出相应的反应等	遵守、拒绝、认可、愿意、欣赏、讨厌、感兴趣、关注、重视、采用、支持、爱护、珍惜、怀疑、抵制、克服、帮助等
		领悟	具有相对稳定的态度；表现出持续的行为；具有个性化的价值观念等	形成、养成、具有、热爱、树立、建立、坚持、保持、确立、追求等

由新课程学习目标分类情况表，对于"知识与技能"这类结果性目标，我们可按照由阿姆斯特朗和塞维吉（Armstrong & Savage，1983）提出来的一种目标陈述技术——"ABCD"模式来进行表述，该模式中包含"行为主体（A，即 audience）"、"行为动词（B，即 behavior）"、"行为条件（C，即 conditions）"和"表现程度（D，即 degree）"四个要素。[①]

● 行为主体。学习目标是评价学生的学习结果有没有达到的依据，而不是评价教师有没有完成某一项工作的依据。因此，目标的陈述必须从学生的角度出发，陈述行为结果的典型特征，行为的主体必须是学生，而不能以教师为目标的行为主体。尽管有时行为主体"学生"两字没有出现，但也必须是隐含着的。

● 行为动词。为了便于教学后的评价，行为动词就应该避免运用一些笼统、模糊的术语。如果使用"提高……"、"灵活运用……"、"培养学生……的精神、态度"、"了解"和"掌握"等行为动词，缺乏质和量的具体规定性，评价就无法开展。因此目标所采用的行为动词应该是具体的、明确的、可操作的、可把握的，一句话。应该是可评价的。

● 行为条件。行为条件是指影响学生产生学习结果的特定的限制或范围。如果没有明确的行为条件，学生最终的学习结果往往就难以评价，因此在表述课堂学习目标时，通常都说明在什么样的条件下取得何等程度的结果。对条件的表述有四种类型：一是关于使用手册与辅助手段，如"可以带计算器"或"允许查词典"；二是提供信息或提示，如"在中国行政区划图中，能……"、"根据下列一组图，能写300字的短文"等；三是时间的限制，如"在10分钟内，能……"、"通过两课时的学习，能记住……"等；四是完成行为的情景，如"在课堂讨论时，能叙述……要点"。

● 表现程度。学习目标所指向的表现程度通常是指学生通过一段时间的学习后所产生的行为变化的最低表现水准或学习水平，用以评价学生的学习表现或学习结果所达到的程度。因此除了行为动词上体现程度的差异外，还可以用其他的方式表明所有学生的共同程度，如假设一道题目有五种解题方案，但作为面对全体学生的标

---

① 崔允漷.教学目标——不该被遗忘的教学起点[J].人民教育，2004，(13/14)：18.

准,不能要求所有的学生都能回答五种解题方案,那么就可以这样来陈述,"至少写出三种解题方案"、"80%学生都能答出五种解题方案"等。

下面是运用 ABCD 模式编写"知识与技能"学习目标的几个例子。

【例1】<u>高一学生</u> <u>根据所给的 $s-t$ 图像</u> <u>能判别物体的运动情况</u>
　　　　A　　　　　　C　　　　　　　　　B
<u>正确性至少达到 80%</u>。
　　　D

【例2】<u>高一学生</u> <u>使用游标卡尺</u> <u>能测得待测物体的长度</u> <u>误差在 0.02 毫米之内</u>。
　　　　A　　　　　C　　　　　　B　　　　　　　　D

【例3】<u>通过 α 粒子散射实验</u>, <u>学生</u> <u>能正确</u> <u>描述卢瑟福核式原子模型</u>。
　　　　C　　　　　　　　A　　D　　　　B

需要说明的是:在 ABCD 模式中,行为的表述(行为动词)是基本部分,不可省略。相对而言,行为主体、行为条件和表现程度是三个可选择的部分。在具体的新课堂教学设计中,由于学习主体是明确的,因此可省略主体部分。同样,在具体的新课堂教学设计中,行为条件和表现程度有时也可省略(若不提"条件",则该条件是师生都不言而喻的条件;不提"程度",一般即认为要求学生达到 100%的正确率等)。下面是高中物理"必修1"中"匀变速直线运动的速度"这堂课在符合上面情况下编写的一个简略的学习目标:"能找出匀加速直线运动的图像"。

对于"过程与方法"、"情感态度与价值观"这类体验性/表现性目标,我们可采用内部心理和外显行为相结合的方法,简称"内外结合"的方法来进行表述。该方法是诺曼·格朗兰德(N.E.Gronlund)于1972年提出的。"内外结合法"先用描述内部心理过程的术语陈述总体目标,然后用可观察的行为作例子使这个目标具体化。总体目标,侧重描述学生内部的心理发展,用"记忆"、"理解"、"应用"、"分析"、"创造"、"欣赏"等抽象语言来表述学习结果,反映教师总的教学意图。而可观察的行为,侧重描述学生达到目标时的具体行为,是总体目标的具体化,是达到总体目标时具有代表性的行为例子,也是评价总体目标有否实现的证据。例如,"理解光的全反射现象,即说出临界角的概念;描述发生全反射的条件;举例阐述全反射现象的应用。"是运用"内外结合法"编写的一个具体的学习目标。可见,采用"内外结合"这种方法即避免了内部心理过程描述目标的抽象性,又克服了行为目标的表面性和机械性,是一种比较理想的课堂学习目标编写模式。

由此可见,本章所述的要任课教师从学生的实际出发编写的学习目标,是指学生在具体的课堂学习中能够达到的预期结果标准,而不是教学参考书上通常所列出的、一般化的,指教师在具体的课堂教学活动中要努力达到的预期结果标准。它虽缺乏普适性却具有针对性。它是"以人为本、以学生发展为本"的教学思想在新课堂教学设计中的进一步体现,也是我国当前在新一轮的基础教育课程改革中奉行的"三级课程",以适应地方、学校、学生发展的多样化需求的理念在新课堂教学设计中的进一步深化。因此,为了开发学生的学习潜能;促进学生有个性的、可持续的、全面和谐的发展,编者认为在新课堂教学设计中需要我们从具体班级学生学习的实际现状和学生的发展潜能出发来编写有针对性的、适合于学生学习和有利于学生发展的学习目标。

6. 教学策略的设计

策略是指"为实现一定的意图而采用的一系列具体的问题解决行为方式"。在教与学的领域,它包括教师的教学策略和学生的学习策略,因此教师的教学策略是相对学生的学习策略而言的。由此,本章所谓的教学策略可理解为教师在现代课堂教学过程中为实现学生能够达到的学习目标而采用的有针对性的教学方法、教学组织形式、教学媒体以及课堂教学结构的行为方式。它既是现代课堂教学实施的主要依据又是现代课堂教学取得实效的重要保障,所以也是新课堂教学设计中的重要环节。值得一提的是,教学方法、教学组织形式、教学媒体以及课堂教学结构是"四位一体"的概念,它们之间并无明显的分界线,脱离任何一种都无法实现学习目标。下面采用分析性思维逐项对此四者进行分解式简述,目的是弄清每一部分的内容,但在现代课堂教学实施中它们是合一的。

1) 教学方法的分类及其优化组合

● 教学方法是指教师为了实现学习目标,在有关教学原则的指导下,对所采取的教与学相互作用活动的总体考虑与实施的方法。教学方法按其功能来划分,可分为以下五种:以语言传递信息为主的教学方法,包括讲授法、谈话法、讨论法和读书指导法等;以直接感知为主的教学方法,包括演示法、参观法等;以实际训练为主的教学方法,包括练习法、实验法、实习作业法等;以欣赏活动为主的教学方法,主要有欣赏法;以引导探究(研究)为主的教学方法,包括发现法、探究法、研究法等。

● 自古以来,人类在教学实践中积累了许多行之有效的教学方法,而每一种教学方法相对而言有其优势,也有其局限。因此,任课教师在采用教学方法时需要对涉及的各种教学方法进行优化选择和组合。但在选择与组合教学方法时必须以现代课堂教学的实际情况为依据,只有这样才能达到优化组合的目的。现代课堂教学的实际情况应包括:课堂学习目标、课堂学习内容、学习主体的起点才能、教师本身的素养、教学时间和效率以及学校的教学条件,等等。

2) 教学组织形式的类型及其优劣

教学组织形式是指在教学过程中,师生的共同活动在人员、程序、时空关系上的组合形式。教学组织形式按其规模来划分,可分为以下三种:班级集体学习、小组协助学习和个别化学习。

● 捷克教育家夸美纽斯(J. A. Comenius)1632年撰写的《大教学论》确定了班级教学的基本轮廓,而1806年德国教育家赫尔巴特(J. F. Herbart)的《普通教育学》提出了著名的"形式阶段理论",将课堂教学划分为"明了、联想、系统和方法"四个阶段,班级授课制得以进一步完善并基本定型。1939年前苏联教育家凯洛夫(N. A. Kairov)在《教育学》中指出课堂教学是学校工作的基本组织形式,并对赫尔巴特的"分段教学法"进行改进和修改,使班级授课这种组织形式形成了一套完整的体系。自从班级授课制实行以来,班级集体学习成为学生学习的主要方式。其优点主要有:有利于教育的普及;有利于提高课堂教学的效率;也有利于发挥教师的作用。但其局限性主要表现在难以照顾学生的个别差异,从而不利于因材施教,无法最好地满足每一个学生的需要。

● 美国著名的课程专家施瓦布(J. J. Schwab)在20世纪五六十年代首倡把"探究学习"作为一种重要的教学方式[①]之后,特别是20世纪80年代以来,出于提高综合国力和适应知识经济发展的需要,英美等发达国家都普遍重视对学生创新能力的培养,对探究教学的研究也有了新的发展。20世纪90年代后期,上海市第二期中小学课程改革着眼于发展学生素质的功能,提出了由"基础型课程"、"拓展型课程"和"研究型课程"组成的课程结构。新一轮基础教育物理课程改革将"科学探究"作为一种重要的学习方式。研究(探究)性学习的兴起,小组协作学习开始真正进入了现代课堂教学之中。其优点主要有:增强了团队合作,有利于培养学生的合作精神;延伸了课堂的范围,有利于人际关系技能的学习;营造了民主、锻炼的气氛,有利于学生创新精神和实践能力的培养。但其局限性目前主要表现在实施难度相对较大,所花时间较多,从而不利于学生全面完成学习任务。

● 个别化学习的发轫可追溯到斯金纳(B. F. Skinner)的程序教学理论的提出和被接受。现代认知——信息加工学习理论认为:学习是一种对外界刺激先进行选择性知觉后,对被选择的信息按学生自己的方式进行加工、存贮,必要时提取并作出反应的内部过程。这又为实施个别化学习的重要性提供了重要的理论佐证。目前以计算机为基础的多媒体网络系统更是为个别化学习提供了广阔的天地。其优点主要有:有利于学生探索精神的培养;有利于学生知识和技能的牢固建构;有利于适应学生的个别差异。其局限性主要表现在"人—机对话"难以使教师与学生产生积极的情感互动,从而不利于学生良好个性心理特征的形成。

综上所述,由于各种教学组织形式也各有其优势和局限,因此在新课堂教学策略的设计中,不要只使用单一的组织形式,要努力弥补其局限,发挥其优势。通过扬长避短、优势互补来开发学生的学习潜能,塑造学生的健全人格,以促进学生的健康发展。

3)教学媒体的分类及其选择原则

● 教学媒体是指在传播知识、技能和情感的过程中,储存和传递教学信息的载体和工具。教学媒体可以从不同的角度来加以分类,常用的分类方法是从"发展"(或时代)的角度把教学媒体粗分为传统教学媒体和现代教学媒体两大类。若按其作用于

---

① 李森,于泽元.对探究教学几个理论问题的认识[J].教育研究,2002,(2):84.

学生的感觉不同来划分,教学媒体则可细分为以下五种:非投影视觉媒体,包括印刷材料、静止图画、图示材料、模型和实物等;投影视觉媒体,包括幻灯机、投影仪等以及相应的教学软件;听觉媒体,包括录音机、电唱机、激光唱机等以及相应的教学软件;视听觉媒体,包括电影放映机、影碟机(包括电视机)等以及相应的教学软件;综合媒体,包括电脑和网络等以及相应的教学软件。

● 教学媒体的类型、内容、功能及其质量水平直接关系到教学信息传输与表达的效果,为此任课教师必须根据课堂学习内容、学习主体和课堂学习目标等对教学媒体进行有针对性的选择。所谓教学媒体选择是指任课教师在一定的教学要求和条件下选出一种或一组适合于学生学习的、有利于学习发展的、在操作上是实际可行的教学媒体。由于教学媒体种类繁多、价格不一、功能异同,因此在选择教学媒体时应遵循以下三个基本原则:简单实用性原则、有效性原则和优化组合原则。

所谓简单实用性原则是指选择的教学媒体不仅结构简单,易为学习主体所掌握与操作,而且也能初步起到结构复杂的媒体所望达到的功效,对学习主体学习有关内容非常实用。如设备简陋的中小学校的教师选择师生自制的、简单直观的教具和学具对于学生学习有关的内容有时就非常实用。

所谓有效性原则是指选择的教学媒体对学习主体学习有关内容有非常直接的效果,能有效地促进学习主体对内容的理解和掌握。如综合课程《科学》里的"血液循环"这一课,任课教师选择动画片来呈现静、动脉血管的血流动态情况,为了便于观察,再人为地去除容易引起干扰的无关信息,并对那些微小、容易忽略但很重要的细节采用夸张手法给予强调,无疑比选择挂图、解剖模型甚至动物实体解剖录像等来辅助教学更为有效。

所谓优化组合原则是指选择的两种或两种以上教学媒体在教学中相互配合使用能起到其中任何单一的教学媒体所达不到的功效。由于各种教学媒体也都有各自的优点,也有各自的局限性,没有一种是可以适合所有教学情境的"超级媒体"。为此,有时需要将几种教学媒体进行有机组合,通过扬长避短、优势互补,以取得整体优化的教学效果。在具体操作上,教师需要注意的是教学媒体的优化组合要以学生取得最佳学习效果为出发点,而不只是形式上的"相加"与新颖。

4) 课堂教学结构的类型及其范式

● 课堂教学结构是指"参与教学的各个组成部分(或说诸要素)的组合方式和活动序列"[①]。从课堂教学活动的特征来看,课堂教学结构的基本类型主要有以下六种:归纳型课堂教学结构,主要适用于事实、概念的学习;演绎型课堂教学结构,主要适用于原理的学习;发现型课堂教学结构,主要适用于概念、原理和问题解决的学习;练习型课堂教学结构,主要适用于事实、概念、原理的学习;示范型课堂教学结构,主要适用于技能

---

① 雷实.教学模式改革的实验方法论反思[J].教育研究与实验,2001,(4):61.

的学习;控制型课堂教学结构,主要适用于艺术、体育、教学实习等技能的学习。

由于实际的课堂教学是一个复杂的、交互的、动态的过程,因此每一堂课的教学过程结构安排需要在认真分析课堂学习目标、学习主体的特点以及教学时间等多种因素的基础上,综合考虑、优化组合各种课堂教学结构的基本类型,组成最合适的教学过程结构,形成有针对性的课堂教学流程,以取得最优的教学效果。如归纳——演绎型、演绎——发现型、示范——练习型,等等。

● 课堂教学结构的范式(paradigm)是指"在一定的教学思想指导下,具有一定典型意义而又相对稳定的教学结构。它是人们可遵循可模仿的标准样式、标准结构"[①]。其主要理论依据是系统科学理论。根据系统科学理论(系统论、信息论和控制论)的核心内容——三对范畴即系统与要素、过程与状态、结构与功能,特别是它的三大原理即整体原理、有序原理、反馈原理,我们可以初步勾画出现代课堂教学结构的基本范式,如图 6-8 所示。

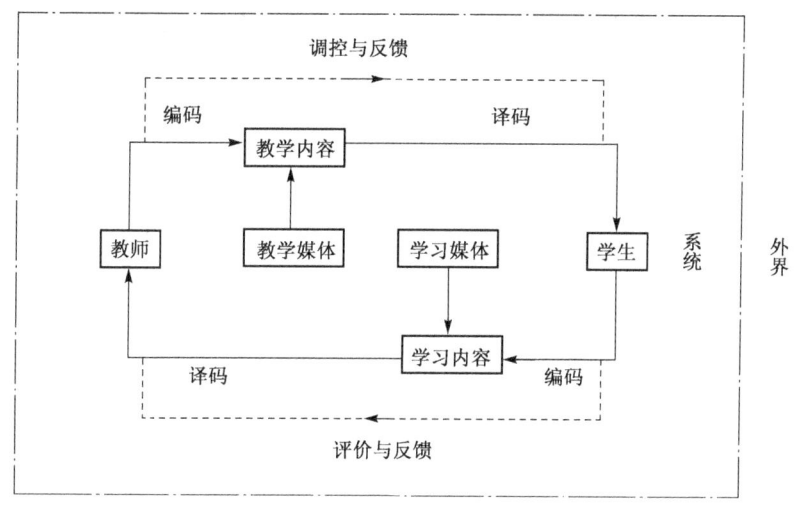

图 6-8 现代课堂教学结构的基本范式

从系统科学理论这个视角来审视图 6-8,若我们把某一堂课的教学视为一个系统,则教师、学生、内容、媒体和评价等就成为该系统的要素。只有设计教师、学生、内容、媒体和评价等诸要素之间的最佳组合方式,使教师教的状态与学生学的状态统一协调起来,才能使教学过程(即诸要素的活动)和谐统一地推进,以形成最佳的课堂教学结构。但要形成最佳的课堂教学结构,以发挥其最优功能,需要我们从整体出发,着眼于诸要素之间的联系和作用;同时要求我们必须明现代确课堂教学系统应该是开放的、可以和外界进行信息交换,从而使课堂教学系统从有序到无序,再走向新的

---

① 雷实.教学模式改革的实验方法论反思[J].教育研究与实验,2001,(4):61-62.

有序……另外，系统的信息通道应该是一个闭合回路，以实现信息反馈，且这种反馈应该是双向的，以实现师生互动。现代课堂教学结构的基本范式是我们设计具体的课堂教学结构的理论基础。

7. 教学评价的设计

教学评价(teaching evaluation)是指"教学活动中按照一定的标准或预期目标，对受教育者的发展变化及构成其变化的诸种要素进行的价值判断"[①]。教学评价是新课堂教学设计中极其重要的一环。通过客观的、准确的和科学的课堂教学效果的评价，可以为任课教师提供值得可信赖的反馈信息，以不断检验、修正和完善新课堂教学设计中的其他环节，从而使新课堂教学设计达到最优化。另外，通过客观的、准确的和科学的课堂教学效果的评价还可为学生潜能的充分发挥创造有利的外部条件。

1) 教学评价的种类

教学评价种类繁多，根据不同的分类标准，可以分成不同的种类。如：按价值标准来划分，可分为绝对评价、相对评价和自身评价；按评价内容来划分，可分为过程评价和结果评价；按评价功能来划分，可分为诊断性评价、形成性评价和总结性评价；按评价方法来划分，可分为定性评价和定量评价，等等。从课堂教学评价的功能这个视角来看，所谓诊断性评价(diagnostic evaluation)是指在课堂教学活动开始之前，为使课堂教学设计更有效地实施而进行的评价；所谓形成性评价(formative evaluation)是指在课堂教学活动过程中，为使课堂教学活动效果更好而修正其本身"轨道"所进行的评价；同样，所谓总结性评价(summative evaluation)是指在单元或学期末，为把握最终的教学效果而进行的评价。由以上分析可知，在新课堂教学设计中，这一环节的教学评价从功能的视角来看是属于形成性评价。但着眼于新课程所倡导的"以学生发展为本"的理念，这种形成性评价应该是基于"'进步'的评价"[②]，而不应是基于"标准"的标准参照评价或基于"常模"的常模参照评价。

2) 形成性评价是基于进步的评价

在新课堂教学设计中的教学评价主要是形成性评价。然而在传统的课堂教学设计中，形成性评价的手段通常是"常模参照评价"或"标准参照评价"。由于常模参照评价依据学习者之间的相对程度来评价学习者的学习成就，所以必然有成功者和失败者。因此，在新课堂教学设计中不是理想的形成性评价手段(但常模参照评价可用于以甄别为目的选拔性考试，如高考中)。标准参照评价依据固定的标准来评价学习者的学习成就，虽然比常模参照评价合理得多，但在现代课堂教学中运用，标准参照评价带来的问题是它对学习者的学习动力系统(动机、兴趣、情感、意志、性格等非智力因素)会构成严重的威胁。因为在学生具有不同的初始才能的情况下，经过相同时

---

① 张祖忻，等. 教学设计——基本原理与方法[M]. 上海：上海外语教育出版社，1992. 273-274.
② 杨开城. 对教学设计理论的几点思考[J]. 教育研究，2001，(5)：65.

间的相同待遇的教学,具有不同初始才能的学生不可能全部达到相同的才能水平,即使对"后进生"给予"特殊的照顾"也不可能达到完全相同的才能水平,这是事实。使用标准参照评价只能对学生现有的才能水平做出评价,而不能对才能变化做出评价,因而标准参照考试失败者永远是失败者,这对于起点才能暂时低下而学习潜能很大的学生无疑是不公平的。学生可能因此形成不良的自我概念,丧失学习动力。因此,在新课堂教学设计中也不是理想的形成性评价手段(但标准参照评价可用于以达标为目的的毕业会考之类的考试中)。在新课堂教学设计中,为了充分发挥形成性评价的激励功能,以促进学生人格的整合发展,形成性评价的最理想手段是基于进步的评价。因为教育、教学所追求的真正价值并不是才能本身而是才能的变化(进步),只有才能的变化(进步)才能体现发展。这也与教学评价的定义相吻合的。因为从上述定义中可以看出:第一,评价的基准是一定的标准或预期目标,这可理解为本章中所述的学生能够达到的具有针对性的学习目标而不是教师要努力达到的具有一般性的教学目标[①],这是基于进步评价的基础。第二,评价的内容是受教育者的发展变化及其要素,即本章中所述的才能的变化而不是才能水平,这是基于进步评价的核心。

总之,标准参照评价虽然比常模参照评价更具有人本精神,但仍不能准确表述我们的教育思想。只有"进步参照评价"才能真实地描述我们的教育思想。

3) 基于进步的形成性评价的设计

学习目标与形成性评价是个逻辑的统一体。换言之,形成性评价是对学习目标达成度的评价;没有学习目标的形成性评价和没有形成性评价的学习目标都无法体现它们的真正价值。因此,基于进步的形成性评价的设计必须以课堂学习目标为基础和前提。同时在新课程所倡导的"以学生发展为本"的理念指导下,基于进步的形成性评价的内容设计必须能反映学习主体才能的变化,体现学习主体的发展。有鉴于此,我们认为基于进步的形成性评价的设计应具有以下特点并遵循以下原则。

● 基于进步的形成性评价设计的特点

一是多元性。后现代主义认为,现实世界是开放的、多元的和具有可转变性的。五彩缤纷的现实世界应该容忍每一个学生的奇思妙想。因此,基于进步的形成性评价的设计应有助于鼓励学生有创见的思想,特别是在有争议的问题上更要有助于培养学生多元的思维能力,促进创新能力的形成和发展。

二是整体性。基于进步的形成性评价的设计要关注学生整体、全面的发展,不能仅仅关注学生学业成绩。每个学生都有其优势和弱势品质,评价就要有助于"长其善、救其失"。

[①] 本章中所述的"教学目标"是指教学参考书或学习指导书上列出的每堂课的教学目标或学习目标。为避免与任课教师针对班级学生学习的实际状况编写的学习目标相混淆,故统称为教学目标。

三是过程性。基于进步的形成性评价要贯穿于课堂教学过程的始终。过程性和动态性的形成性评价有利于评价的结果及时反馈，以使新课堂教学设计方案能真正成为适合学生学习的、有利于学生发展的动态方案。

- 基于进步的形成性评价设计的基本原则

一是发展性原则。基于进步的形成性评价的作用在于强调其形成性作用，注重发展功能。而不是区分学生的优劣和简单地判断答案的对错。一次评价不仅是对一段活动的总结，更是下一段活动的起点、向导和动力。

二是针对性原则。基于进步的形成性评价的宗旨在于促进学生的发展，因此评价的内容应关注学生在学习过程中所获得的学习成就信息，而不应全是目前常采用的教师的教学过程信息。

三是全面性原则。基于进步的形成性评价不能仅仅评价学生对知识的理解和掌握，要以学生各个方面作为评价的内容。因为学生是人而不是接受知识的容器。人的一切活动，包括学习要受人的意识支配，所以评价就不能仅仅局限于关注知识的理解和掌握，更要促进其兴趣、爱好、意志等个性品质的形成和发展。

在结束这部分内容前，有必要说明两点：第一，通过对新课堂教学设计的一般模式中的七个"关键要素或成分"进行较为详细的了解后，我们不难发现，新课堂教学设计与传统的课堂教学设计相比具有以下几个微观特点[①]：一是，教学起点的确定，取决于对学习内容的任务分析和学习主体的起点才能分析。而在传统的课堂教学设计中"教学起点"的确定主要取决于任课教师的主观判断或经验；二是，编写具有针对性的课堂学习目标，而不是照搬具有一般性的课堂教学目标。照搬出自"专家"之手的、具有一般性的、来自于教学参考书上的课堂教学目标是在传统的课堂教学设计中教师的通常做法；三是，形成性评价的手段是基于"进步"的评价。而在传统的课堂教学设计中，形成性评价的手段通常是常模参照评价或标准参照评价，用的较多的是标准参照评价。第二，在新课堂教学设计的一般模式中各"关键要素或成分"之间的顺序安排并不是固定不变的。例如，"诊断性评价的设计"也可放在"学习内容的分析"和"学习主体的分析"之间或之后，这样做有时更具针对性和实效性。因此，任课教师在具体设计课堂教学案例的实践中不必拘泥于该一般模式，应根据现代课堂教学的实际情况灵活运用，以发挥自己的聪明才智。

6.2.2 新课堂教学设计的特征分析

基于新课程理念下的课堂教学设计需与新课程背景下的教学过程的特点相匹配。为此在分析新课堂教学设计的特征之前，让我们先来了解一下基于新课程的教学过程有什么特点？

[①] 详细论述请参阅沈建民. 现代课堂教学设计新思考[J]. 天津教育，2004，(9)：12—14.

1. 基于新课程的教学过程特点分析①

众所周知,教师、学生和(教学)内容是教学过程中的三个最基本要素。在第四章我们简要地探讨了新课程所倡导的教学理念,那么基于新课程的教学过程的本质特点是什么呢?

1) 教学过程是一个内容活化、创生的过程

在传统的教学论中,"课程"被理解为规范性的教学内容。这就意味着,"课程"只是政府和学科专家关注的事,教师无权也无须思考课程问题,教师的任务只是"上传下达"。从而导致教学的过程就是忠实而有效地传递和执行课程内容的过程。在新的大课程论中,教学论成为课程论中的一个方面,课程就不只是"文本课程"(由教学计划、教学大纲、教科书等组成),而更是"体验课程"(能被教师与学生实实在在地体验到、感受到、领悟到、思考到的课程)。这就意味着,课程的内容及意义在本质上并不是对所有教师与学生都相同的,在特定的教育情境中,每一位教师与学生对给定的课程内容都有其自身的理解,对给定课程内容的意义都有其自身的解读。这就需要教师从"以学生发展为本"的教学理念出发,对所教课程的教学内容进行重组或改组,即所谓的"二次开发",以期在教学过程中使教师教的内容能不断转化为适合特定学生学习,有利于学生发展的活化的学的内容,从而使教与学的内容不断进行变革和创新,焕发其"生命"的活力,以满足学生生命的成长和发展的需要。因此,教学过程不只是传统意义上的传递和执行课程的(教学)内容的过程,更是课程的(教学)内容在活化的基础上能不断创生的过程。

2) 教学过程是一个学生思考、体验的过程

在传统的教学设计和教学活动中,教师只关心教学流程的程式化、细节化,有时为了赶进度,不惜牺牲学生领会、理解教学内容的时间。从而使教师对教材、教案的认知过程代替了学生对学习内容的认知过程,使教学过程沿着教师预先设计好的"轨道"进行,一切尽在教师的掌握之中,丧失了教学过程中学生的能动性、创造性和应有的情感性。新课程强调过程,强调"把思考还给学生",目的是让学生经历知识发生、发展和形成结论的丰富、生动的思考、探索过程,从而在这个思考、探索过程中通过感受、领悟而获得积极的情绪生活和愉悦的情感体验。通过学生思考、体验这些心理过程,发展与提升学生的情感、态度、价值观和生活方式这些衡量人的发展最深层的指标。使教学过程从一种简单的传输、传递和接受知识的过程变成为一种伴随着学生对学科知识的思考和获得的同时也成为学生人格健全和全面发展的体验过程。

3) 教学过程是一个师生互动、发展的过程

在传统的教学中,教师负责教,学生负责学,教学成了教师对学生单向的"培

---

① 沈建民.论基于新课程的教学过程及设计[J].课程·教材·教法,2003,(9):27.

养"活动。它表现为：一是以教为中心，学围绕教转，从而使"双边活动"变成了"单向传递"。二是以教为基础，先教后学，从而使学生的学习方式变为简单地"复制"教师讲授的内容。总之，学受制于教、学无条件地服从于教，教学由共同体变成了单一体，学生的主体性、主动性和自主性受到了限制，从而也导致了学生发展有效性的丧失。新课程强调，教学过程是教师与学生在平等基础上的交往、互动，从而使师生双方达到相互交流、相互沟通、相互启发、相互补充，实现共同发展的过程。在这个过程中教师与学生就能分享彼此的成功与喜悦，也能分担双方的挫折与困惑。因此，教学过程不只是教师教学生学的过程，还是教师从学生的学习中获取"营养"和价值的过程，更是师生在平等交往、积极互动的基础上共同发展的过程。从而实现教与学的真正相长。

2. 基于新课程的教学设计的宏观特征

为了有效地实施物理新课程，充分凸现基于新课程的教学过程，新课堂教学设计应具有以下几个宏观特征[1]。

1) 教学设计的"实质"是对课程的二次开发

课程内容是学生求得快速发展的主要"信息源"，对课程内容进行适合于学生学习、有利于学生发展的任务分析，即进行科学、客观的任务分析已成为现代教学设计中的重要一环。由于不同地区、不同学校、不同班级的学生不仅在认知方面存在着差异，而且在心理动作、情感态度和人际交往等方面也存在着差异。因此，新课程的内容并不是对每一个学生都具有"普适性"。为了促进学生的发展，任课教师在进行教学设计时必须在对教学背景进行宏观、中观和微观分析的基础上，结合对学生初始才能的诊断性评价的反馈信息，对已开发出来的课程进行必要的再"开发"，即所谓的"二次开发"(re-develop)——对新课程的内容进行适合于学生学习、有利于学生发展的增删和重组[2]。而不是传统意义上的按部就班地"复制"教科书上的内容。教师对课程内容进行二次开发，需要注意的是，课程内容通常都有着一定的结构体系，为此，课程内容可划分为课程、单元和课题等层次，即一门课程可以划分为若干单元，一个单元可以划分为若干课题。其中单元和课题各自存在着三种联系形式即并列型(各单元或课题相对独立)、顺序型(各单元或课题之间具有逻辑或层次关系)和综合型(一部分相对独立，另外一部分之间具有逻辑或层次关系)，由于在课堂上学生要学习的课题内容与单元内容以及整门课程的内容之间或多或少存在着"千丝万缕"的联系，所以教师对课题内容的开发与分析应放在对单元内容和课程内容的开发与分析的大背景下来进行。也就是说，任课教师应具备开发与统揽课程内容、单元内容和课

---

[1] 沈建民.论基于新课程的教学过程及设计[J].课程•教材•教法，2003，(9)：27—28.
[2] 教师对课程的"二次开发"是指教师根据实际教育情境的需要，对课程内容进行适度增删、调整和加工，从而更好地适应学生学习的一种课程行为。

题内容以及它们之间的关系的能力才能使课堂学习任务的开发与分析达到前后呼应、相得益彰的效果。

2) 教学设计的"内容"是一个知、情合一的统一体

传统的教学设计过分注重学生的智力因素,有意或无意地忽视了学生发展所必需的非智力因素。教师在传统的教学设计中对学生学习任务的分析往往只涉及各知识点及其组成的知识结构以及掌握知识所需要的基本技能等智力因素。而对教学过程的有效推进、学生的全面发展具有促进作用的诸如兴趣、动机、意志和情感、态度及价值观等非智力因素考虑很少或没有。这对学生的人格的整合发展是不利的。《纲要》指出,要"改变课程过于注重知识传授的倾向,强调形成积极主动的学习态度,使获得基础知识与基本技能的过程同时成为学会学习和形成正确价值观的过程。"这就要求教学设计不仅要关注基础知识和基本技能,而且要挖掘有关情感等方面的非智力因素,使教学设计的内容既包括智力因素又囊括非智力因素,成为一个"知、情合一"的统一体。从而通过教学过程的有效展开,使学生在学习"双基"的同时能获得积极的情绪生活和愉悦的情感体验,在此基础上使学生逐步形成积极、主动的学习态度,最后促使学生形成正确的价值观。

3) 教学设计的"成果"是一个指导性的动态方案

传统的教学设计是以教师的教和书本知识为本位,从教师的主观判断或教学经验出发,往往侧重于教学过程的程式化,特别是细节化的准备,其具体化、书面化,一般说来,是一个倾向于"静态"的计划性的教案。这能适应教师单向的"传递"活动,但不能适应交互动态的真实的教学过程。为了在教学过程中使师生之间达到"平等交往、积极互动、共同发展"的效果,现代教学设计应以学生的学习和学生的发展为本位,从学生学习的实际现状出发,以粗线条的"静态教案"为基础,综合考虑教学过程中的各种不确定因素,注重于教学策略、特别是多种教学思路的设计,为教学过程的动态生成创造条件。其具体化、实施化即成为具有指导性的动态方案——"弹性化的教学方案"。只有这样,在教学过程的展开中,教师有可能根据学生学习的反馈情况再作出详细的、实时的动态调整或调适。从而可以弥补在粗线条的"静态教案"中原先设定的学习难点可能不全成为学习难点或还有新的学习难点;原先设定的教学流程即"应然流程"可能不是实际的教学流程即"实然流程"等缺陷。所以,教师设计的弹性化的教学方案必须要从以显性为主转向以隐性为主,才能使教学方案成为有助于学生学习和有利于促进学生有个性的、可持续的、全面和谐发展的指导性的动态方案。因此,教学设计的"成果"不应是一个计划性的静态教案,而应是一个指导性的动态方案。

6.2.3 中学物理教学设计案例与解读二则

课堂教学设计案例及解析对促进教师的专业成长,提升教师的课堂教学能力是非常有价值的。通过分析、研究具体的课堂教学设计案例,我们可以看到,新课程所提倡

的教学理念,在课堂教学设计中是怎样体现出来的,教师所掌握的种种教学技能是怎样成功运用于课堂教学设计里来的。以下对《压力和压强》和《物体浮沉的条件》这两堂课的教学设计及解读也许对我们进一步提升课堂教学设计的理念和能力会有所裨益的。

 案例一:"压力和压强"的课堂教学设计①

一、诊断性练习的设计

1. 物体所受的重力 G 跟它的质量 m 之间的关系用公式表示可写作_____。

2. 作出放在水平桌面上的物体所受的重力及其对桌面的压力的示意图。

3. 匀速直线运动的速度公式为_____,速度的国际单位是_____,定义速度采用了_____法。除了速度外,我们定义_____概念也采用了类似的方法。

说明:第 1 题主要是为顺利获得该节例题中质量为 60 千克的人所受的重力作铺垫的。由于该知识点学习的时间较早,因此,若学生的答题情况不理想则应在解析例题中作必要的提示。设计第 2 题的意图主要有二:一是,通过对力的示意图的练习来加深学生对力的三要素的回忆并为学生正确掌握压力的大小、方向和作用点铺路;二是,看学生是否已经掌握了作压力的示意图。由于压强这一概念与前面已学过的匀速直线运动的速度和物质的密度等概念无论从公式的形式还是从定义概念所采用的方法或其物理意义等都具有可类比性。因此设计了第 3 题。其主要目的是为学生在本节课中进一步熟悉类比认知的思维策略作"引子"。

解析:教师通过诊断性练习的测评可以把握学生学习的起点才能,由此可确定课堂教学的合适起点,从而可增强现代课堂教学活动的针对性和实效性。为此,诊断性练习的设计已成为现代课堂教学设计中必要一环。在诊断性练习中除了要设计学习新内容所需要的从属知识和技能等内容外,还要设计部分目标知识和技能等内容。这在第 2 题的后半部分设计中,即在"作出物体对桌面的压力的示意图"中有所体现。这主要用来测定学生是否已经具备或基本具备了这方面的才能。因此,这体现了教学应从学生的"现有发展区"出发的前苏联教育论专家赞可夫的教学与发展的思想,也是我国的量力性教学原则的体现。另外,第 3 题是为学生顺利获得压强的概念、定义压强应采用的比值法和压强的公式等服务的,因此设计的第 3 题实际上是建构主义所倡导的"脚手架",也可以说是奥苏贝尔所提倡的"先行组织者"。总之,该诊断性练习的设计主要体现了"以学生发展为本"的新课程理念。

二、学习重点和难点的确定

1. 学习重点:压强公式及定义压强的类比方法。

---

① 改编自沈建民发表在《教育科学研究》2003 年第 7/8 合期上的文章《现代课堂教学设计案例及解析——以"压力和压强"课为例》。

2.学习难点:压力的大小和方向的确定;类比认知思维策略的内化;利用压强解决实际问题。

说明:本节的学习重点分为知识重点——压强公式和方法重点——定义压强所采用的类比方法;学习难点初步确定为上面三个,但应根据诊断性评价(练习)的结果和课堂中学生的实际表现作相应的调整。

解析:以书本知识为本位的价值观在确定学习重点、难点时着重在僵化的知识方面。而以学生发展为本位的价值观则要求教师对以往教案中的重点、难点作重新审视。本节所确定的学习重点、难点不仅涉及了陈述性知识,而且还涉及了学生可持续发展应有的方法、策略等策略性知识。这主要体现了"以学生发展为本"的新课程理念。特别要指出的是,学习难点是相对而言的,对"差班"中的学生来说是难点,但对优等班中的学生来说可能就不全是难点。况且,课堂教学目前已不再是学生获取信息的唯一渠道。因此,学习难点的确定不能"一锤定音"。本节的学习难点的确定体现了这一动态观点,因此同时也体现了"以学生发展为本"的新课程理念。

三、学习目标的描述

1.能正确得出压力的大小,画出压力的方向和作用点;
2.能正确回答压强的实质;
3.能利用压强公式计算简单的应用题;
4.能利用改变压强的方法解决简单的实际问题;
5.能联合密度公式解决简单的问题;
6.在边学边实验的过程中,能主动并专注于对"规律"的探索。

说明:本节课是要学生在正确理解压力这一概念(主要能搞清压力与重力的区别和联系)的基础上,重点学习压强的有关知识和获得解决有关问题的能力,并能获得一定的科学实验态度的培养。因此,学习目标初步确定以上六个,但学习目标的重心在"压强"这一方面。

解析:任课教师编写的学习目标是指学生从学习的起点才能出发在教师的引导、支持和促进下并通过自己积极、主动、自主和创造性的学习能够达到的目标。因此,这些学习目标既是课堂教学方案展开的"指明灯",更是形成性评价(练习)设计的依据。为此,学习目标(通常是行为目标)的编写和描述必须具有针对性和可操作性,应从班级学生学习的实际出发并避免使用诸如"知道"、"理解"、"掌握"、"欣赏"等含义较广的动词来描述。学习目标的针对性和可操作性不仅有利于形成性练习的测量和评价而且也可使客观、准确的评价结果作为反馈信息以调控该节课堂教学设计中的各个环节。本节学习目标的描述基本上符合了以上要求。另外,由于编写了有针对性的学习目标,因此使教学过程应从学生的"现有发展区"向其"最近发展区"进步的教学与发展思想得到了较好的体现。再有,把培养学生一定的科学实验态度也列为学习目标之一,这在传统的课堂教学设计中是少见的。总之,这堂课的学习目标的描述具体体现了"以学生发展为本"的新课程理念。

四、教学策略的设计

1. 教学模式:"探究——发现——结论"。

说明:举例来说,通过自制学具"纸面小桌"改教师的"泡沫小桌"演示实验为课堂上的学生实验(边学边实验)。在教师的启发、引导和促进下让学生亲自实验,探究、发现"方砖捅破小桌的纸面不仅跟压力的大小有关,而且跟受力面积有关"这一"规律"。再辅之以用削尖的铅笔的两端在自己的大拇指所做的实验的效果,可使学生比较顺利地获得表示压力作用效果的压强这一概念。

解析:将教师的演示实验改为学生的边学边实验,首先,不仅体现了教师的创新能力而且也会对学生的创新能力的培养给予有效的支撑和促进;其次,不仅实验的效果更加明显(随着方砖捅破"纸面"着地会发出"咚"的声响)而且也有利于学生主动参与学习过程,也有利于学生增强动手能力,从而也有利于学生的全面发展。本节课采用的"探究——发现——结论"的教学模式是研究(探究)性学习的基本特征之一。研究性学习(在义务教育阶段主要是较低层次的探究性学习)在教师的支持和促进下有利于学生注重学习(探究)的过程,也有利于培养学生自主获取未知信息的能力,从而也有利于学生的可持续发展。因此,该教学模式的设计具体体现了"以学生发展为本"的新课程理念。

2. 媒体选择:幻灯机或小黑板(教师准备);"纸面小桌"及方砖和削尖的铅笔(每个学生准备)等。

说明:教师用幻灯机或小黑板来展示诊断性练习、例题和形成性练习等内容以节省课堂教学时间。学生用"纸面小桌"及方砖和削尖的铅笔来做边学边实验。

解析:教学媒体的选择"要以提高媒体的使用价值,即媒体所能达到的教学功能与所要付出的代价的较大比值为目标"。因此,教学媒体的采用不是越高档、越先进就越好,在功能相近的条件下能不用复杂、抽象的媒体就尽量采用简单、直观的媒体。本节课中采用的媒体能使学生把注意力集中到概念的获得上,避免了复杂、抽象的媒体对学生获得事实、概念或规律可能产生的负面影响。这是教学媒体选择的简单实用性原则。另外用"纸面小桌"及方砖和削尖的铅笔配合来做学生实验能使学生更有效地掌握表示压力作用效果的压强这一概念。这是教学媒体选择的有效性原则和优化组合原则。

3. 教学流程

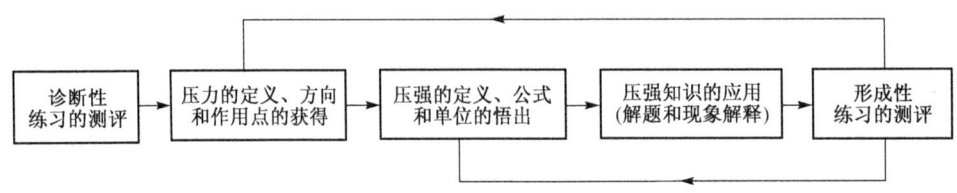

说明：上面的课堂教学流程仅是为课堂教学过程提供思路。在实际的课堂教学过程中教师应视学生的具体学习情况进行详细的、适合学生学习和有利于学生发展的展开。具体思路为：在"压力的定义、方向和作用点的获得"这一部分，教师在展示压力的图示的基础上通过引导、启发让学生发现压力的特点并总结出压力的概念。然后，通过教师的促进使学生准确获得"压力的定义、方向和作用点"。在"压强的定义、公式和单位的悟出"这一部分，学生通过"纸面小桌"及方砖和削尖的铅笔配合所做的边学边实验，在教师的引导、启发和促进下，进行自主探究并发现压力作用的效果与"压力"和"受力面积"这两个因素有关，以此总结出压强的定义。在此基础上，教师通过有关媒体展示密度和速度的定义和公式，通过类比让学生悟出压强的公式并推导出压强的单位，再对单位进行命名以及简介科学家帕斯卡等。在"压强知识的应用"这一部分，通过教师的引导、启发和促进使学生熟悉压强知识在日常生活和生产中的实际应用。

另外，在教学的流程图中，两个反向的箭头表示除了在"压强知识的应用"这部分进行形成练习的测评外，在"压力的定义、方向和作用点的获得"和"压强的定义、公式和单位的悟出"这两部分也要进行形成练习的测评。即形成性练习的测评不是像传统的课堂教学设计中只安排在一堂课的内容全部讲完后统一进行的，而是穿插在课堂教学过程中分散进行的。

解析：现代课堂教学设计应是一种适合学生学习的、有利于学生发展的、即时的动态设计，因此更注重教师腹中的隐性"教案"和教学过程中形成性练习的测评，以达到通过学生在学习过程中实际的反馈信息来调整教学的内容和教学的方法和课堂教学的结构之目的。这一点在此有所体现。另外，在"压力的定义、方向和作用点的获得"和"压强的定义、公式和单位的悟出"这两部分中体现了研究性（探究性）学习的教学理念。研究性（探究性）学习在注重结论的同时，更注重学生学习的过程，这有利于学生主体地位的落实和学生创造性思维的发展。在"压强知识的应用"这一部分体现了理论与实际的结合，这可活化所学的知识，有利于学生的可持续发展。因此，这也体现了"以学生发展为本"的课程理念。

五、形成性练习的设计

1. 作出下图中静止物体所受的重力 G 和物体对支持面的压力 N 的示意图。

2. 为什么在引入压力这一概念之后还要引入压强这一概念？

3. 质量是 40 千克的人，每只脚着地面积为 150 平方厘米，求①他双脚站在地面上时的压强；②他行走时对地面的压强。

4. 解释谚语"磨刀不误砍柴工"的道理。

5. 三个大小形状都相同的铜、铁、铝圆柱体竖直放在桌面上,对桌面的压强最大的是(　　)。

　　A. 铜圆柱体　　　　　　　　B. 铁圆柱体
　　C. 铝圆柱体　　　　　　　　D. 无法判断

6. 学生在探究压强的"规律"的过程中的"表现"如何?

说明: 第1题通过变式(与诊断性练习中的第2题相比较而言)主要考核学生对压力的方向"垂直于物体的表面"与重力的方向"竖直向下"的区别,以加深对压力的定义中"垂直"两字的深刻理解。第2题主要用来考核学生对压强的实质的了解,即压强能表示压力的作用效果。第3题是对本节课例题的进一步深化,即对教材中"请同学们思考,当人行走时人对地的压强比站立时大了,还是小了?"这个定性问题的量化。第4题考核学生对压强公式的实际应用。第5题是教材中的练习题,主要考核学生能否用已学过的密度公式和本节课中学习的压强公式联系起来解决简单的综合性问题。第6题主要用来考核学生对学习的态度。需要强调的是,本节课设计的形成性练习是供教师在教学过程中根据学生学习的现状有针对性地使用的。也就是说,教师不必拘泥于形成性练习的"任务"的完成,而要根据学生学习的现状有针对性地进行取舍。

解析: 如前所述,学习目标是形成性评价(练习)设计的依据。因此设计形成性练习必须以学习目标作为参照物。测试项目与学习目标之间要有直接的关系,以体现测试题的效度[①],即测试项目与学习目标的相符程度。本节课的形成性练习与本节课的学习目标具有很好的对应性。这不仅能通过形成性练习的测评来判断学习目标的达成度,而且能为整个课堂教学方案的实施提供有用的反馈信息。另外,通过对本节课的形成性练习的内容设计与诊断性练习的内容设计相比较可以看出:一方面,对同一内容通过"变式"设计,避免重复,呈现了螺旋式提高;另一方面,较大一部分是新学习的内容。这都体现了发展变化。还有在该形成性练习中解决问题占了较大的比重。按照 R. M. 加涅的学习层次论,解决问题是最高层次的学习。因此设计培养学生解决问题能力的题目,也体现了"以学生发展为本"的现代课堂教学设计理念。特别需要指出的是,为了促进学生的全面发展,在该形成性练习的设计中,将学生在学习过程中的"表现"——对学习的态度也列为测评的内容之一。这不仅克服了传统的课堂教学设计只关注"基础知识和基本技能"的局限性,而且也为学生的全面发展创造了条件。

[①] 信度(reliability)、效度(validity)、难度(difficulty)和区分度(discrimination)并称为"教育测量四度",是控制教育测量质量的一个重要指标,也是考试试卷编制中特别要关注的一个要素。

案例二:"物体浮沉的条件"教学设计[①]

一、学习目标

1. 知识与技能

①能发现决定物体浮沉的两个因素:重力与浮力。
②能说出物体浮沉的三种情况及其条件。
③能解释生活中常见的浮沉现象。

2. 过程与方法

①进一步熟悉实验探究的一般程序和方法。
②注重实验探究方案设计的思考与改善。

3. 情感态度与价值观

①从探究中获得积极的情感体验和认真、严谨的科学态度的熏陶。
②能与同学互相协作、友好相处。

解读: 首先,本案例设计中所确定的学习目标包括了知识与技能、过程与方法及情感态度与价值观三个方面,也就是新课程所倡导的课堂教学三维目标。这比"以知识为本位"的传统课堂教学目标只关注基础知识与基本技能,即所谓的"双基"有了重大的突破。其次,任课教师编写的学习目标是指"学生从学习的起点才能出发在教师的引导、支持和促进下并通过自己积极、主动、自主和创造性的学习能够达成和检测的目标。"因此,学习目标的编写和描述必须具有针对性和可操作性,要避免使用诸如"知道"、"理解"、"掌握"、"欣赏"等含义较广的动词来描述。因为,学习目标的针对性和可操作性不仅有利于形成性练习的测量和评价而且也可使客观、准确的评价结果作为反馈信息以调控该节课堂教学流程中的各个环节,可实现教学过程的动态优化。本节学习目标的确定基本上符合了以上要求。总之,这堂课的学习目标的确定具体体现了"以学生的学习为本、以学生的发展为本"的新课堂教学设计理念。

二、重点难点

1. 教学重点

决定物体浮沉条件的探究过程。

2. 学习难点

物体浮沉条件实验探究方案的设计。

解读: "以知识为本位"的传统课堂教学价值观导致任课教师在确定教学重点与学习难点时,注重在僵化的知识方面。而"以学生发展为本位"的新课堂教学价值观则要求教师对以往教案中的重点、难点做出重新的审视和确定。本节课所确定的教

[①] 改编自沈建民、俞雪丽发表在《物理教师》2004年第6期上的文章《探究案例的设计与解读——以"物体浮沉条件"的探究为例》。

学重点,凸现了探究物体浮沉条件的过程,体现了"比结论更重要的是过程"这一新课堂教学的设计理念。本节课的学习难点主要是针对传统课堂教学的惯性(弊端)所确定的。在传统的课堂教学,特别是在传统的学生分组实验教学中,设计性实验很少或几乎没有,在几乎全部是验证性实验的训练下,学生实验操作能力的获得却以学生创新能力和实验设计能力的颓废为代价。因此,该学习难点的确定具体体现了"以学生的发展为本位"的新课堂教学设计理念。

三、教学媒体

1. 教师用具

投影设备、多媒体课件等。

2. 学生用具

玻璃小瓶、盛液筒、橡胶塞、清水、食盐水、鹌鹑蛋、玻璃棒、水槽、烧杯、实验报告纸等。

解读: 教师用具中的投影设备主要用于展示各小组设计的探究性实验方案和实验结果。这便于小组间的交流、沟通与提升。多媒体课件,教师准备四个:一个是引入新课所用的美国大片《精灵小鼠弟》中的片断——帆船比赛的场景;另一个是动画演示"物体浮沉的三种情况及条件"的 PowerPoint 演示文稿;第三个是在"相关链接,扩展视野"中简单介绍"死海"的文字内容及人漂浮在湖面上看书阅报的图片;第四个是在"课后延伸,加深理解"中要学生在课外查找"潜水艇"任务中的有关"内容"和"要求"部分。教师给各小组提供学生用具,粗看是为学生进行有关的实验探究提供了物质上的支持,实质上是教师为了在有限的 45 分钟的常规课堂上能使学生有更多的时间来思考并设计实验方案以完成科学探究提供了时间上的保证。这在一定程度上体现了"把思考还给学生"的新课堂教学设计理念。

四、教学流程

(一) 层层思考 完成铺垫

内容:①物体放入液体中后是否一定受到浮力的作用?②在浸没与不浸没两种情况下 $V_{排}$ 与 $V_{物}$ 的关系如何?③物体所受的浮力与哪几个因素有关?④浮力的方向与其所受的重力方向有何关系?⑤同一直线上二力的合成规律是什么?

要求: 随机叫五位同学分别来回答。

解读: ①五位同学在分别回答上述五个问题的过程中,若回答错误或不准确教师不是急于给予否定而是请其他同学评判后,由其他同学给出准确的答案,以体现评价方式的多元化,发挥评价功能的发展性。②通过复习有关的旧内容,目的是做好从旧内容到新内容的过渡。这有关的旧内容就是建构主义所说的"脚手架"。也就是奥苏贝尔所提倡的"先行组织者"。需要注意的是"先行组织者"即有关的旧内容不是指上节课所学的内容,而是指与本节课的学习有关联或对本节课的学习有帮助的内容。③教师设计上述五个有针对性的且有层次化的思考题,既是为下面的"物体浮沉条件的科学探究"中学生进行猜想或提出假设打下了伏笔,即决定物体浮沉条件的两个因素是重力与浮力,也为学生设计科学的探究实验方案提供了"脚手架",体现了"教师是学生学习的支持者"。

(二)场景激趣　引入探究

内容: 利用多媒体设备放映一段录像——美国大片《精灵小鼠弟》中两个小孩在公园比赛帆船,两船相撞后一船下沉,一船仍浮在水面上的情景。

要求: 告诉学生带着教师提出的问题:"两船相撞后发生了什么变化?"来观看。(在学生观看的过程中教师用鼠标定位,以提醒学生观察的对象。)

解读: 通过播放学生喜欢的《精灵小鼠弟》可以激发学生的学习兴趣,可为下面的科学探究提供了非智力因素方面的动力保证。在学生观看完该录像片断后问学生:"在水中的两艘小帆船是否都受到浮力?"(是);"为什么都受到浮力,却一船下沉,另一船浮在水面上,导致两船的浮沉情况不同呢?"这样可比较自然地来引入本节的课题——物体浮沉条件的探究。

(三)实验探究　侧重设计

内容: 探究浸没在液体中物体的浮沉条件。

要求: ①通过学生分组实验探究浸没在液体中的有塞玻璃小瓶在空瓶和灌满水两种情况下的浮沉情况。②先请各小组成员一起在教师已提出的问题——"是什么导致两船的浮沉情况不同呢?"的基础上进行猜想或提出假设——"决定物体浮沉的因素是什么"后共同设计实验方案,教师巡视引导,最后,要求各小组派代表上讲台投影展示、倾听交流。在交流的基础上,通过小组外学生的评价和教师的评价(必要时),要求各小组中有不科学的实验设计方案进行修正。③各小组成员在设计好科学的实验方案以后,进行科学的探究,同时教师在各小组实验探究的过程中进行巡视,必要时进行指导。④各小组再次派代表上讲台回报实验过程及结果,学生和教师共同评价(对有错误的实验结果教师要协助小组成员通过再次实验,发现问题所在)。

解读: ①教师在各小组成员对以上探究的课题进行猜想或提出假设、设计实验方案以及实验检验等阶段中进行巡视和及时地引导,必要时进行指导,还有和学生一起倾听交流、共同评价,以体现新课程对教师在教学过程中的定位——"教师是平等中的首席";"教师是学习内容的组织者、引导者和促进者"。②关于科学探究的程序、如何控制变量、规范操作等问题,在前段时期的探究式学习中已进行了多次的渗透,因此各异质小组只要在其成员的共同努力和教师的巡视引导下问题应该不是很大,所以本节探究课把重点放在实验探究方案的设计与完善上,以初步培养学生的实验设计能力和创新能力。③要求各小组派代表上台交流实验设计方案,目的有二:一是,设计的实验方案一定要科学。这是科学实验探究的基础。二是,通过相互交流,发现其他小组设计的优点,可强化化学生的发散思维。这是创新思维和创新能力培养的前提。④要求 2 和要求 4 中都有评价,也就是说评价不仅要在实验探究结束后进行,而且也应在实验探究过程中进行。这是新课程所重视的过程性评价。

(四)相关链接　扩展视野

内容: 死海简介

死海(Dead Sea)是地球上最低的水域,水面平均低于海平面约 400 米,位于以色列和约旦之间,是一个内陆盐湖。死海长 80 公里,宽处为 18 公里,湖水表面面积 1020 平方公里,最深处 400 米。湖东的利桑半岛将该湖划分为两个大小深浅不同的湖盆,北面的面积占四分之三,深 400 米,南面平均深度不到 3 米。死海是一个大盐库。据估计,死海的总含盐量约有 130 亿吨。在这样的水中,鱼儿等水生物难以生存,岸边也没有花草,所以人们称之为"死海"。又因为在"死海"中物体所受的浮力甚大,使不会游泳的人也能漂浮在水面。有时,人还可以很舒服地漂浮在湖面上看书阅报(配以相关图片)。

要求: 理解"死海"浮人的原因。

解读: 教师有针对性地下载、整理网络上的相关资料并辅于直观性的图片(课程资源),不仅可以扩展学生的视野而且可以激活学生对浮沉条件的灵活理解——原来要下沉的物体,通过增大液体的密度有时也可以使物体浮起来。从而使学生对诸如以下的问题可迎刃而解:把鸡蛋放在清水中时,因鸡蛋受到的____(浮力)小于____(重力)故要下沉。若要使鸡蛋浮起来,则可在水中加____(盐、糖等),进而增大液体的密度。

(五)课后延伸　加深理解

内容: 查阅有关潜水艇工作原理的资料。

要求: ①利用网络或到图书馆、新华书店等资料集中的场所。②分析、理解潜水艇的工作原理。

解读: ①潜水艇是利用浮沉条件来进行工作的一个典型例子。因此,通过有关资料的查阅,一方面可以培养学生搜集、获取信息的能力;另一方面还可以培养学生整理、分析信息的能力。这是新一轮课改所关注的。②通过分析、理解潜水艇的工作原理(在浮力不变的情况下,通过排出或吸入水以改变整个潜水艇所受的重力来实现上浮或下沉)可以使学生全面地掌握实现物体浮沉的方法既可以改变物体所受的浮力也可以改变物体所受的重力。这可进一步激活学生的发散性思维,培养学生的创新能力。

思考题

1. 传统的教学设计(备课)与新课程的教学设计在本质特征上有什么不同?
2. 为什么要编写学习目标?这体现了怎样的教学理念?
3. 在教学设计中如何突出重点,突破难点?

4.收集有关新课程背景下的"(课堂)教学设计案例",思考一下它们与我们平时写的教案有什么不同。

5.现代课堂教学设计的三大宏观特征对你设计课堂教学有什么指导意义?

6.请尝试对现行中学物理教材中的某一节课进行体现"以学生发展为本"教学理念的课堂教学设计。要求写出:(1)教材分析;(2)学情分析(假想);(3)学习目标(三维);(4)重点难点;(5)教学流程;(6)板书设计。并对"教学流程"的设计作出必要的解析。

【专家视点】

课堂要动态生成,也要预设成功

所谓预设成功主要指教师按预设教案(备课与计划),较顺利地完成教学计划,达成教育目标。动态生成,是指教师在课堂上以学生有价值、有创见的问题与想法等细节为契机,及时调整或改变预设的计划,遵循学生的学习问题展开教学而获得成功。

由于动态生成的课堂教学是新课改积极倡导的教学形式,因此,广大教师非常重视,而我们传统课堂教学中的预设成功好像被大家所遗忘,甚至有的老师不敢提及预设成功,唯恐被同行取笑,或被冠以不懂课程改革的帽子,造成了现实课堂动态生成一头热,预设成功一头冷。实际上,这是对动态生成的片面认识,动态生成与预设成功两者应该互相联系,互为作用,缺一不可。

首先,预设成功是课堂有效学习的基础。

教师在课前解读课程标准,钻研教材,并依据学生的情况来设计教案,这是教师所特有的工作,预设教案犹如杜威所说,每一位老师带着自己的哲学思想走向课堂,愈是优秀的教师,设计教案的水平与质量愈高,预设一个高质量的教案,既是教师经验的积累,也是教学机智的展现,其间蕴含着教师的教育教学智慧。预设教案,可以更好地发挥教师主导、学生主体的作用,提高教学效益,一个不争的事实,就是现实的课堂大多还是预设成功的。

其次,动态生成是课堂有效学习的发展。

没有预设教案,也就说不上动态生成,倘若教师没有做好准备就进行施教,可能是无的放矢,也无法上升到动态生成。可以这样说,单纯的动态生成的课还比较少,只有在实施预设教案的进程中,教师随时捕捉学生的疑问、想法、创见等精彩瞬间,因势利导改变原来的教学程序或内容,自然地变为动态生成,才能产生事半功倍的效果。而在动态生成中,教师还要高屋建瓴,甄别优劣,选择恰当的问题作动态生成的"课眼",引导教学进程,让课堂教学在健康有效的轨道上发展。

最后,预设成功与动态生成是相互联系的。

企盼较快融入课程改革,需要我们教师在继承传统的预设教案的基础上,逐步加大课堂教学改革,使自己真正成为课堂的组织者、参与者、合作者。特别是在新课程改革中要防止浮躁,避免因追求新潮而丢掉根本。在连基本的预设教案尚且存在问题的情况下,去全盘照搬动态生成,或者放弃自己本身已具备预设教案的良好条件,以动态生成取而代之,都有可能欲速则不达。面对新一轮的课程改革,需要我们教师认真学习新课程,细细品味新理念,批判现实,反思行为,扬长补短,调整心态,实现由量的渐变到质变,使预设成功与动态生成相辅相成,相得益彰,从而课堂教学在新课程改革中健康前行。

(资料来源:《中国教育报》,2004年7月27日第8版,作者为王文忠老师。)

第7章 物理概念规律教学论

物理学是一门基础科学,是现代科学技术的一个重要的生长母体。它在现代生活、生产和科技领域有着广泛的应用,特别是物理学的知识、研究方法和思想方法已渗入各门自然科学、社会科学中,并对社会政治、经济、科学技术的发展起着重要作用。

物理学主要是由物理概念和物理规律两部分组成,物理概念是物理规律的基础,物理规律是物理学的核心。如何使学生形成、理解并掌握物理概念,进而掌握物理规律,并使他们的科学素养在这个过程中得到发展,是中学物理教学中的核心问题。究竟怎样认识和进行物理概念和物理规律的教学呢?本章主要阐述它们的一般规律性的问题。

7.1 中学物理概念的教学

所谓物理概念(physical concept),是指客观事物的物理共同属性和本质特征在人们头脑中的反映,是物理事物的抽象。在具体论述中学物理概念教学的具体要求之前,有必要先对物理学科的特点和中学物理概念教学的重要性进行初步的认识。

7.1.1 物理学科的特点

物理学所研究的是自然界中最普遍的物质运动现象,是研究物质的一切最基本、最普遍的运动形态和物质各层次的结构、相互作用和运动的最基本规律的科学。由于物质的最基本的、最普遍的运动形态存在于一切高级的运动形态之中,所以物理学就成为其他自然科学和现代工程技术重要的基本学科之一,在自然科学中占有极其重要的地位,同时物理学也有着自身的学科特点。

1. 物理学是一门实验科学

物理学中的概念和规律,大都是通过观察实验事实,在了解现象、取得资料的基础上,经过分析、综合而抽象概括出来的。即使从已有的知识导出新的物理学理论,也必须要经过实践检验和实验验证之后才能确定下来。例如,在法拉第等人的一系列实验的基础上,麦克斯韦建立了电磁场理论,并预言会有电磁波出现。但是,直到赫兹实验成功,这一理论才得到证实。电磁场、电磁波才获得广泛应用。再如,在近代物理学发展的过程中,杨振宁、李政道以K介子的衰变实验为基础,推导出在弱相互作用中宇称不守恒的理论,但是,只有当吴健雄用β放射实验加以验证以后,才得到公认。因此，物理学的发生和发展，都离不开实验。实验是一种重要的物理思想，没有实验，就没有物理学。

2.物理学是一门严密的理论科学

物理学是以物理概念为基石，以物理规律为主干，建立了经典物理学与现代物理学，及其各分支的严密的逻辑体系。

3.物理学是一门定量科学

从物理概念转变为物理量开始，它利用种种数学手段，为理论与实验开辟了量化的道路。因此，物理学与数学的关系极为密切。数学在物理学中的作用，主要表现在以下三个方面：

1）利用数学可以表达物理内容

数学是表达物理概念和物理规律最简洁、最准确的"语言"，物理内容可以用数学公式表示，也可以用数学图像表示。例如，功率这个物理概念可以用数学公式表示为 $P=\dfrac{W}{t}$；而法拉第电磁感应定律可表示为 $E=n\dfrac{\Delta\Phi}{\Delta t}$。再如，匀速直线运动这一物理概念在 v-t 图像中可以用一条平行于 t 轴的线段来表示，而盖·吕萨克定律在 V-T 图像中则可以用一条延长线经过坐标原点的倾斜线段来表示。

2）利用数学可以进行逻辑推理

根据已知的物理概念和物理规律，在一定的条件下，运用数学工具，可推演出新的物理规律，是物理学中常用的一种逻辑思维方法。例如，由加速度和牛顿第二定律可推演出力对时间累积作用的规律，即动量定理。

3）利用数学可以进行定量计算

在运用物理知识解决有关问题的过程中，熟练、准确、巧妙地利用数学知识进行计算，往往可以迅速地解决一些复杂的物理问题，并给出定量的结果。

4.物理学是一门带有方法论性质的科学

物理学从它早期萌芽到近、现代发展，都以它丰富的方法论和世界观等充满哲理的物理思维影响着人们的思想、观点和方法，影响着社会思潮和社会生活。因此，物理学曾被称为"自然哲学"、"科学方法论的典范"、"辩证唯物主义哲学的科学基础"等。

5.物理学是一门应用很广泛的基础科学

正是由于物理学研究的是物质运动的最一般、最基本的运动形式，所以物理学知识具有很大的普遍性，是其他自然科学和工程技术的基础，对生产力的发展起着很大的促进作用。从公路上奔驰的汽车到天空中翱翔的飞机，从电灯、电机到无线电通讯，从蒸汽机、内燃机到喷气式发动机，从幻灯、照相机到望远镜、显微镜，都是经典物理学成就的标志。特别是以相对论和量子力学为基础的现代物理学的建立，使工程技术各个领域获得了更大的发展。雷达技术、遥感技术、自动化技术、原子能的应用、激光技术以及导弹和人造卫星技术,日益占据重要的地位。

以上五个特点不是孤立地而是有机地存在于物理学中。物理学与其他自然科学不同之处在于:不是只具备以上某一个或几个特点,而是同时完备地具有以上五个特点。这就是说,"物理学的学科结构中要有实验基础、逻辑体系、数学表达、思想方法、应用价值这五种基本成分。"[①]

7.1.2 物理概念教学的重要性

物理概念教学的重要性,大致可以从以下几个主要方面来加以认识。

1. 物理概念是物理学最重要的基石

任何一门学科,如果没有一些概念作为分析、综合、判断、推理等逻辑思维的出发点,就不可能揭示这门学科的内容,形成学科的体系与结构,也就失去了这门学科存在的价值。纵观物理学内容,大体可分为物理现象、事实、概念、规律和理论。其中物理概念是物理规律和理论的基础。因为物理规律反映了物理概念之间的相互联系和制约关系。例如阿基米德原理,它反映了浸在液体中的物体所受到的浮力与排开液重的关系,如果学生对液体、浮力、重力的概念不清,就无法正确理解这一规律了。另外,如果没有一系列物理概念作为基础,就无法形成物理学的理论体系。例如,若没有电路、电流、电压、电阻等一系列概念,就不能形成电学的理论体系;同样,若没有光源、光线、实像、虚像等一系列概念,也就无法形成几何光学的理论体系。因此,物理概念不仅是物理规律的基础,而且也是物理理论的基础。所以,在中学物理教学中,要使学生比较系统地掌握进一步学习现代科学技术所需要的物理基础知识,首要的就是让学生掌握物理概念。

2. 掌握好物理概念是物理教学的关键

教学实践表明:物理概念是物理基础知识中既不易教也不易学的内容。目前中学生普遍感到物理难学,说"听得懂、做不来"。其症结之一就在于物理概念教学没有搞好。在教师方面,往往是由于不同程度地存在着只注意让学生多做练习,而不注意让学生形成正确的物理概念;在学生方面往往只注意背定义、记公式、做练习题,而忽视了对物理概念的理解。其结果必然是丰富的物理含义被形形色色的数学符号所淹没,怎么还没谈得上知识的灵魂运用呢?事实上,能否使学生逐步领会某些重要的基本概念,如力、功、能等,达到教学要求,不仅直接影响学生对某一章节的学习,而且会影响对整个物理学的学习。所以,让学生掌握好物理概念是物理教学成败的关键。

---

① 阎金铎,田世昆.中学物理教学概论[M].北京:高等教育出版社,1991.37.

3. 物理概念教学是落实三维目标的重要途径

学生形成、理解并掌握物理概念是一个十分复杂的认识过程。对重点物理概念的认识,需要经过一系列的动手、动脑、动笔、动口等活动,特别需要经历一个特殊认识与一般认识、感性认识与理性认识的反复结合、互相作用的发展过程。在这个过程中起决定作用的是学生的自我调节,因为只有通过学生的自我调节,学生才能用新的思维形式去认识新的事物,才能在获得知识、发展能力的同时,理解学习的过程,学到掌握知识的方法,提升自己的情感态度与价值观。

综上所述,在中学物理教学中,教师教好概念,学生学好概念,对于实现中学物理教学的目的与任务,提高物理教学质量是至关重要的。

7.1.3 重点物理概念的教学要求

在众多的物理概念中,有为数不多的概念是中学物理教学中最重要、最核心的概念,而且是教学的重点,这些概念就称为重点物理概念,如,"力"、"能量"等概念。对于重点物理概念的教学,我们必须从概念的引入、形成、剖析和巩固几方面进行。

1. 物理概念的引入:明白原有概念的局限性

在重点物理概念的教学中,首先要使学生明白原有概念的局限性,从而知道为什么要引入新的物理概念。例如,"密度"概念的引入:给学生一些体积相同、材料不同的长方体块,让他们用手掂轻重,比较其质量;再取几个试管,放入质量相同的不同液体,比较其体积的大小,从而使学生从中悟出物质的一个特殊性质,即"体积相同时,不同物质的质量不同;质量相同时,不同物质的体积不同"。接着问学生"我们能根据物质的颜色、气味、硬度来辨认物质,但如果两种物质的颜色、气味、硬度都相同时,还有什么方法可以区分它们呢?"于是,学生感到还有必要来寻找物质的新的特性,从而领会用单位体积的质量来表征物质的一种特性的方法,由此便引入了密度这个物理概念。

2. 物理概念的形成:明确建立概念的事实依据和形成概念的概括方法

知道了引入概念的必要性后,接着的问题是让学生明确这个概念是怎样形成或建立起来的?要使学生形成正确的物理概念,首先应从具体的事例出发,即通过联系学生在生活实践中观察到的物理现象、列举各种事例及进行必要的教师演示实验或学生小组实验,等等,使学生明确建立概念的事实依据,使之对有关的物理现象和过程有必要的感性认识,以建立起对研究对象的正确而清晰的表象,这是形成概念的基础。其次,概念的形成,并不是感性材料的堆积,而是对物理现象和过程等感性材料进行科学抽象、概括的产物。因此,在学生已有足够数量的感性认识的基础上,教师就要引导他们进行科学的概括,即引导他们运用比较、分析、综合、想象、归纳、概括等方法,去逐步抓住事物的本质特征,以达到认识从感性到理性的飞跃。

在中学物理教学中,形成概念的概括方法比较简单,主要有以下两种:一种是概括一类事物的共同本质属性,如建立机械运动、功能、力的初步概念等,就是用这种方法。由于学生在日常生活和学习中已经不太自觉地用过这种方法,因此在教学中只要有足够的、典型的感性材料做基础,又善于引导学生从中抽象概括出它们的共同本质属性,学生就不难掌握。另一种是把被研究的事物的某一属性隔离出来加以研究,用另外两个(或几个)物理量的比值来加以定义,如密度、加速度、电阻、磁感应强度等概念的建立,就是用这种方法。这种抽象概括的方法,是物理学中建立概念时常用的方法,掌握这种方法需要有一定的抽象思维能力,因此在中学物理教学中,要花大力气使学生学会这种方法。

3. 物理概念的剖析:理解内涵、了解外延及与其他概念的关系

学生形成了概念,这只是对物理概念的初步认识。为了比较深刻地理解物理概念,还需要认识概念的内涵、外延以及与其他概念的关系等。为此,必须对概念进行剖析。

1)理解物理概念的内涵

物理概念的内涵就是指概念所反映的物理现象、物理过程所特有的本质属性。在中学物理概念教学中,必须使学生理解概念的内涵。例如,"密度"这个概念,一定要使学生懂得不同的物质,其质量和体积的比值是不同的;而同一种物质,其质量和体积的比值都是一定的。只有从这两方面来分析,才能使学生明白:对一定的物质来说,不管质量和体积的大小如何,它们的比值是不变的。这种比值不变性,就是物质的某一种本质属性的反映,叫做密度。理解了这一点,学生就不会把 $\rho = \dfrac{m}{V}$ 看成是质量越大,密度越大;体积越大,密度越小了。

2)了解物理概念的外延

物理概念的外延就是指具有概念所反映的本质属性的对象。通常说的概念的适用范围就是指概念的外延,它说明概念反映的是哪些对象。例如,重力、弹力、摩擦力、安培力(磁场对电流的作用力)、洛仑兹力(磁场对运动电荷的作用力)等,就是力这一概念的外延。在中学物理概念教学中,对一些重要的基本的物理概念,要逐步使学生了解它的外延,使学生通过对物理概念外延的了解,逐步深化和扩展对物理概念的理解。

3)了解概念与有关概念的联系与区别

联系的观点是认识事物、研究事物的一个基本观点。在教学中,揭示不同概念之间的联系,有助于学生理解知识间的内在联系,从而加深和扩展对所学物理概念的认识和理解。通过比较,了解概念之间的区别,就能使学生分清不同概念所反映的不同本质属性,避免概念之间的混淆不清。例如,在热学中,热量、温度、比热是三个既有联系($Q = cm\Delta t$)又有本质区别的概念,学生只有认清了它们之间的联系与区别,才能准确地理解这三个概念。

除此之外,为了深入理解概念,除了要理解其物理意义外,还应找出概念与构成它的要素或与它相近的另一概念的异同点及联系,以帮助学生掌握概念体系。

所谓概念体系是指由相邻概念(如,静电场与重力场,电力线与磁力线,库仑定律与万有引力定律等)、相似概念(如,质量与重量、动量与动能、振动与波动、电压与电动势等)、相反概念(如,力的合成与力的分解,正功与负功等)、并列概念(如电场强度与电势)、从属概念(如电场强度与点电荷电场强度等)组成的系列概念。

只有当学生弄清了这些易混概念的区别与联系,才能正确理解概念,防止错用概念,提高运用概念的能力。

4.物理概念的巩固:学会运用概念

"学以致用"是我们的教学目的,也是中学物理概念教学中的一个基本要求。因为只有通过运用,学生才能真正掌握物理概念;同时,在运用过程中,学生对物理概念理解上的缺陷才能暴露出来,以便于进一步有针对性地加以纠正,完善和深化学生对物理概念的理解。如学过"密度"这一概念后,可以向初中学生提问:质量是 1kg 的钢球,切去 500g,其密度是否变化? 或许有学生回答:质量减少一半,密度就变为原来的一半了。这时就应引导学生分析,质量减少一半,其体积也随之减少一半,两者的比值即密度是否与其质量的大小有关? 通过这样的分析,让他们悟出密度没有变化的道理,从而加深了密度是物质的固有属性的理解,同时也进行了分析方法的初步训练。

7.1.4 如何搞好中学物理概念的教学

在中物理概念的教学中,一般应从为学生创设学习物理概念的环境、引导学生及时进行思维加工、提供学生运用物理概念的机会等环节来进行。

1.创设学习物理概念的环境

在中学物理概念的教学中,教师必须首先给学生创造一个适应教学要求,借以引导启发学生发掘问题,思考问题,探索事物的本质属性的物理环境,这是由中学生的思维特点决定的。常用方法有:

1)运用实验

运用实验来展示有关的物理现象和过程,不但较之学生在生活中所感受的深刻和典型,而且创设的情境越新颖生动,就越能引起学生的兴趣和积极主动地思考。例如要学习"大气压"的概念,有经验的教师曾创设过这样的一个情境:先将一个剥去外壳的熟鸡蛋,置于较蛋径稍小的玻璃瓶口上,鸡蛋停在瓶口上不动,接着拿去鸡蛋,将酒精棉花点燃后投入瓶内。燃烧片刻,使瓶中空气稀薄,再将那只蛋置于瓶口上,学生们惊疑地看到鸡蛋慢慢地被瓶子"吞入",最后落在瓶中。面对这种意想不到的现象,学生们不但立即引起了浓厚的兴趣,而且激发起主动探索其中奥秘的积极性。

这里教师要注意的是:运用实验来创设学习物理概念的环境,既要有利于激发学生的兴趣和求知欲望,更要引导学生把注意力集中到被研究的对象和现象上来,注意观察它的变化及其产生条件,以便从中发现它的本质属性。

2) 利用学生积累的生活经验

学生在日常生活中，观察和接触过许许多多的物理现象和应用物理知识的事例，善于恰当地利用学生已有的生活经验，也能创设良好的物理环境。例如，在进行压强、摩擦、惯性等概念的教学时，都可以利用许多典型、生动且为学生熟知的事例来创设物理环境。这种通过"第二信号系统"（条件反射），运用生活事例来创设的物理环境，也会使学生有身临其境的感觉。

这里教师要注意的是：所举的事例必须是学生确已熟知的，且要恰当和典型。否则会使学生感到不可捉摸。

除此之外，运用图表、幻灯、电影、电视、多媒体和参观，等等，也可以创设良好的物理环境。

2. 及时进行思维加工

物理概念是对物理现象、过程等感性材料进行科学抽象、概括的产物。所以，在中学物理概念的教学中，教师若只创设学习物理概念的环境，即向学生提供形成概念的感性材料，而不及时让学生参与思维加工活动，则尽管教师在作出物理概念的文字或数学表达时讲得很清楚，但对学生来说，表面联系和内在联系、感性认识和理性认识、生活经验和科学概念仍处在分离的状态。因此，要使学生形成正确的概念，就必须在他们获得足够的感性材料的基础上，及时引导学生运用分析、比较、抽象、概括等思维方法，对感性材料进行思维加工，进而抽象、概括出事物的本质属性，从而使他们形成初步的物理概念。在此基础上，引导学生用精炼的语句将这个概念的内涵表达出来。对于物理量，还应引导学生通过思维加工，得到它的量度公式，进而分析、比较它的量度公式与物理意义之间的联系与区别。

例如，电阻这个物理概念的教学，学生从实验中直接取得的是几组数据，如何对这些数据进行分析、比较、抽象、概括，使学生形成电阻这一物理概念呢？教师首先要引导学生分析一类数据，从对这一类数据的分析、整理中可以得出：对同一导体，加在它两端的电压 U 与通过它的电流强度 I [1] 之比，是一个与 U 与 I 都无关的恒量（R）；然后再考查另一类（或几类）数据，也可以得到同样的结果，于是可以初步概括出如下结论：每个金属导体本身都存在着一个恒量（R），不同的导体具有不同的恒量值。这时，教师可以启发[2]学生运用类比联想，如同种物质它的质量和体积的比是一个恒

---

[1] 我们知道电流强度定义为单位时间内通过导体横截面的电量，需要注意的是，如果是正、负离子同时移动形成电流时（如电解液导电），通过导体横截面的电量是两种电荷电荷量的绝对值之和。

[2] 孔子在《论语·述而篇》中提出"不愤不启，不悱不发"。也就是说，"启发"要在学生达到"愤、悱"状态时才能进行。所谓"愤"就是学生对某一问题正在积极思考，急于解决而又尚未搞通时的矛盾心理状态。这时教师应对学生思考问题的方法适时给以指导，以帮助学生开启思路，这就是"启"。"悱"是学生对某一问题已经有一段时间的思考，但尚未考虑成熟，处于想说又难以表达的另一种矛盾心理状态。这时教师应帮助学生明确思路，弄清事物的本质属性，然后用比较准确的语言表达出来，这就是"发"。

量,不同物质这个恒量的值不同,这个恒量表征物质的一种特性——密度。再让学生悟出金属导体的这个不同的恒量(R),也一定表征着导体的某种固有特性。接着引导学生对几组数据进行比较、分析和推理,可以得到以下结论:在相同的电压下,恒量 R 值大的电流强度小,恒量 R 值小的电流强度大,因此,R 的大小反映了导体对电流阻碍作用的大小,于是引出电阻这一概念。最后,让学生试用文字及数学量度式($R = U/I$)作出正确的表达。

在这里教师要注意的是,在进行思维加工的过程中,教师只起主导作用。要让学生自己悟出(抽象概括出)物理概念的本质属性。

3. 提供运用物理概念的机会

当学生初步形成物理概念后,还必须及时给他们提供运用物理概念的机会,让他们将抽象的物理概念"返回"到具体的物理现实中去,使他们在运用概念联系实际或具体问题的过程中,加深和巩固对所学物理概念的理解和掌握,逐步培养他们分析、解决物理问题的实际能力。所以,提供运用物理概念的机会是使学生把学到的知识转化为能力的关键,也是中学物理新教学的目标之一。

例如,学生学习了"惯性"和"摩擦"以后,教师可向学生提问:如果锤头从木把上脱落,用什么办法可把锤头装牢?道理何在?让学生运用学过的"惯性"、"摩擦"等知识解决这一简单的实际问题,并分析、说明它的道理。

再如,教师在学生学习了电阻这个物理概念以后,可以让学生讨论:通过某导体的电流强度为 1A 时,测得它的电阻为 2Ω。现在若让它通过 2A 的电流,则其电阻为多大?有的学生认为电阻与电流强度成反比,是 1Ω。在学了电功率的概念以后,还可提问:当通过一个导体的电流强度增大到原来的 3 倍时,电流的功率为原来的几倍?有的学生会回答 3 倍($P = UI$),如此等等。问题都出在对电阻概念没有正确的理解,有的甚至是不会正确地分析运用。因此,对前者可启发学生:导体的电阻是否随着通过的电流强度的改变而改变?让学生回到讨论电阻这个概念的定义去解决。对后者,可以启发学生思考,当通过某一导体的电流强度增大时,两端的电压变不变?怎么变;为什么?这样通过讨论和分析,让学生总结教训,有利于对概念的深入理解和掌握,同时,也使学生受到运用概念去解决物理问题的训练。

在这里教师要注意的是,所提的物理问题,要具有典型性、灵活性和启发性。

7.2 中学物理规律的教学

物理规律(physical regulation),它包括物理定律、定理、原理、定则、方程等,是物理现象、物理过程的本质联系在一定条件下必然发生、发展和变化的规律性的反映。例如,牛顿第一定律就是一个物理规律,它反映了一切物体在不受其他物体作用的条件下,必然保持运动状态不变(保持静止或做匀速直线运动状态)这样的规律性。

再如,牛顿第二定律的数学表达式是 $F=ma$,在这个公式中有三个物理量:合外力、质量和加速度。牛顿第二定律反映了这三个物理概念在一定条件下的必然联系。这里的"一定的条件"就是:宏观物体的低速运动;物体的平动;在惯性系中的运动。任何物体只要满足这三个条件,它的加速度、质量跟所受合外力之间的关系在一定的单位制中必然由 $F=ma$ 所表示。因此也可以说,物理规律是物理概念在一定条件下必然的规律性的反映。

在论述中学物理规律教学的具体要求之前,同样有必要先对物理规律的特点与总结物理规律的基本方法,中学物理规律教学的重要性等进行初步的认识。

7.2.1 物理规律的特点与总结物理规律的方法

1. 物理规律的特点

仔细考察物理学中的物理规律,我们发现物理规律具有以下几个特点:

1)物理规律只能发现,不能创造

规律是客观存在的,是不以人的意志为转移的。物理规律与其他规律一样,只能发现,不能创造。发现物理规律有两类方法:归纳推理与演绎推理。无论通过哪种途径发现的规律,都是与观察、实验、思维、数学推理等有着密不可分的联系。例如,牛顿第一定律的建立虽然是以实验为基础,但它不能直接用实验加以验证,它是实验、思维、推理和想象相结合的产物。牛顿第二定律则是在实验事实的基础上,经过分析、综合,并利用数学方法归纳概括出的客观规律。

2)物理规律是有关物理概念之间的必然联系

任何一个物理规律,都是由一些物理概念所组成的,都可以用一些数字和测量联系起来。物理规律把有关概念之间的一定关系用语言逻辑或数字逻辑表达出来。例如,牛顿第二定律就是由质点、力、质量、加速度等概念组成。研究对象是质点,而力、质量、加速度是可测量的三个物理量。它表明了研究对象(质点)的加速度与研究对象(质点)的质量和所受的合外力之间的定量关系。再如,欧姆定律是由导体、电流强度、电压、电阻等概念组成。研究对象是导体,电流、电压、电阻是可测的三个物理量。它表明了通过研究对象(导体)的电流强度与研究对象(导体)的电阻和加在研究对象(导体)两端电压之间的定量关系。

3)物理规律具有近似性和局限性

由于物理学所研究的对象和过程,都不绝对是实际的客体和实际的过程,而是采用科学抽象的方法,或多或少作了一定程度的简化之后,建立的理想模型和理想过程,又由于物理学是实验科学,在观察和实验中,限于仪器的精密程度,操作技术的准确程度,不可避免地出现测量误差,因此,反映各物理量之间关系的物理规律,只能在一定精度范围内足够真实,因而是近似反映客观世界。物理规律不仅具有近似性,而且由于规律总是在一定范围内发现的,或在一定条件下推理得到的,并在有限领域内检验的,所以规律还具有局限性,也就是说,物理规律总是有它的适用范围和适用条件。例如,牛顿第一定律仅适用于质点,且受到参照物的限制——只适用于惯性系。再如,动量守恒定律,这是自然界中普遍适用的定律,无论宏观物体、微观粒子,高速或低速运动的情况都适用。然而,动量守恒定律也是有条件的,这个条件就是研究对象(系统)所受的合外力必须等于零。当然,在运用中,当合外力远小于内力时,可以把合外力忽略不计,实际上相当于合外力等于零,这是一种近似处理。可见,动量守恒定律也是有条件的。

2. 中学物理规律的类型

1)实验规律

物理学中的绝大多数规律,都是在观察和实验的基础上,通过分析归纳总结出来的,我们把它们称为实验规律。如,牛顿第二定律、欧姆定律、法拉第电磁感应定律、气体实验三定律,爱因斯坦光电效应方程[①],等等。

2)理想规律

有些物理规律不能直接用实验来证明,但具有足够数量的经验事实。如果把这些经验事实进行整理分析,去掉非主要因素,抓住主要因素,推理到理想的情况下,总结出来的规律,我们把它称为理想规律。如,牛顿第一定律。

3)理论规律

有些物理规律是以已知的事实为根据,通过数学推理总结出来的,我们把它们叫做理论规律。如,动能定理、动量定理是根据牛顿第二定律和运动学公式推导出来的;万有引力定律是牛顿经过科学推理而发现的;理想气体的状态方程是由气体实验定律和阿佛加德罗定律推导出来的。

4)其他规律

还有些物理规律,虽然不能归入实验规律、理想规律或理论规律,但大家公认具有普遍性,而且可以作为其他规律的基础。这些规律常以原理、方程等来命名,如功的原理、光路可逆原理、热平衡方程等。还有些内容并不属于物理学理论体系中的基本规律,但仍可作为物理规律来看待,如二力平衡条件、物体沉浮条件、光的直线传播、平面镜成像特点、晶体熔解与凝固的特点以及安培定则、左手定则、右手定则等一些法则。

这几类物理规律,有以下几个共同特点:一是都必须经过人的思维加工,都是对客观事物本质的规律性的认识;二是都必须经得起实践的检验;三是都具有真理的相对性。

---

① 爱因斯坦(1879~1955)因在数学物理方面的成就,尤其是发现了光电效应的规律,获得了1921年度的诺贝尔物理学奖。他一生对物理学的杰出贡献主要有光电效应理论、布朗运动理论和相对论。

3.总结物理规律常用的基本方法

在中学物理中,总结物理规律主要运用了实验归纳法、逻辑推理法、理想实验法、图像法以及假说方法,等等,其中又以实验归纳法最为普遍。

1)实验归纳法

所谓归纳法,是从一些特殊的事实中概括出一般性结论的思维方法,是从许多同类的个别事物中找出它们共同点的过程。物理学中运用归纳法的基础主要是实验,因为实验不但能够重复进行,更重要的是它们可以准确地反映事物各个部分或物理过程的各个阶段的相互联系,而且运用实验最容易引起学生的兴趣,所以在中学物理中总结物理规律应用最多的便是实验归纳法。运用实验归纳法时,常常借助于图像,即把实验所得到的数据在坐标系中画点、连线,从分析图线中,总结规律。

由于客观事物所遵循的规律往往涉及许多因素,例如,欧姆定律反映了电路中电流强度与电压和电阻之间的关系;物体加热所吸收的热量不仅与物体的质量、升高的温度有关,还与构成物体的物质性质有关。因此,运用实验方法总结规律时,如果一开始就把所有的因素都考虑进去,势必造成实验的困难,于是人们常常采用单因子实验法,即控制变量法[①]。

2)逻辑推理法

逻辑推理法就是在已有的定律的基础上结合一些概念,运用数学知识推理而得出结论的方法。例如,动量定理、动能定理就可运用此法推证得出。逻辑推导过程,常常又与实验结合进行。例如,串并联电路中总电阻的计算公式,就是利用欧姆定律结合串并联电路中电流、电压的实验关系,运用简单的数学知识推得的。另外,许多用实验归纳法总结的规律,如阿基米德原理、物体的浮沉条件,也可以运用逻辑推理法得到。当然,逻辑推理法证得的结论正确与否,还需要用实验加以验证,实验是检验真理的唯一标准。有一些定量描述的规律,限于实验条件,不易做出精确的演示实验,因此可采用定性演示结合理论推导的方法而得出。例如,电学中的焦耳定律即可如此处理:先通过实验得出电流产生的热量与电阻、电流强度、通电时间的定性关系;然后,根据能量的转换与守恒定律、功能关系、欧姆定律等,即可得到焦耳定律的数学表达式 $Q = I^2Rt$。

3)理想实验法

理想实验法是建立在一定的实验基础上,在人们思想中塑造的一种理想化的理

[①] 物理学中对于多因素(多变量)的问题,常常采用人为控制因素(变量)的方法,从而把多因素的问题变成多个单因素的问题,通过只改变其中的某一个因素,来研究这个因素对事物变化的影响,然而再逐一研究其他因素对事物变化的影响,最后再综合得出结论,这种方法称为控制变量法。它是科学探究中的重要思想方法,广泛地运用在各种科学探究和科学实验研究之中。例如,在验证牛顿第二定律的实验中,先保持质量不变,研究加速度和力的关系;再保持力一定,研究加速度和质量的关系,最后得到牛顿第二定律。

想实验。理想实验，一般来讲，在当时的条件下是无法做成的。因此，它不是真正的实验，而是一种抽象的思维方法，属于假说推理的范畴。伽利略首先提出运用理想实验的方法总结出了惯性定律，即牛顿第一运动定律。中学物理教材中研究牛顿第一定律、理想气体状态方程时都用了此法。

4) 图像法

所谓图像法就是假设某一物理量 Y 随另一物理量 X 而变，从实验和观察中测出一系列与 X 相对应的 Y 值后，在直角坐标系中分别标出与各组测量结果对应的点，再用光滑的曲线把各点连接起来（曲线不一定要通过每个点，但是要使曲线尽可能靠近各个点）构成图像，然后分析图像找出规律；或者与已知数学关系式的图像对比，得出定量的函数关系。初中物理"物态变化"这一章中就是利用图像的方法来研究萘的熔解和凝固的过程中温度随时间变化的规律。

5) 假说法

假说方法是科学研究中的一种假设性的科学解释，它是真理发展过程中的一种形式和研究方法。当真理发展过程中遇到了一种新的事实，而运用现有的真理无法解释时，人们常常提出仅仅以有限数量的事实和观察为基础的新的解释，这就是说，假说被证明是对的就成为理论，假说是一种重要的研究方法，如分子运动论假说、安培分子电流假说、原子结构模型的玻尔假说，等等。

7.2.2 物理规律教学的重要性

中学物理规律教学的重要性可以从以下三个方面来加以认识。

1. 物理规律是物理知识的主干

如果说物理概念是物理知识体系的基石，那么物理规律便是建立在基石之上的物理知识体系的主干。例如，整个力学体系是以力、加速度、质量、动量、机械功和机械能等概念为基石，以牛顿运动三定律、万有引力定律为主干并运用逻辑和数字方法得到动量守恒定律和机械能守恒定律而建立起来的。

2. 掌握物理规律可以更深入地理解物理概念

学生形成物理概念和掌握物理规律之间存在着不可分割的、辩证的联系。一方面，形成物理概念是掌握物理规律的基础，概念不清就谈不上掌握规律。例如，阿基米德原理的掌握是以浮力、（排开液体的）重力等概念的正确形成为基础的。但另一方面，掌握物理规律可以使学生从运动变化中，从物理对象与物理现象的联系中去进一步更深入地理解物理概念。例如，牛顿第一定律的掌握，可以使学生更深入地理解"惯性"这一概念。

3. 物理规律教学也是落实三维目标的重要途径

在中学物理教学中，学生的能力、方法和价值观等主要也是在观察实验、探索和分析物理现象,理解、掌握和运用物理概念和物理规律的过程中,不断发展起来的。所谓应用物理知识去解释物理现象、解决物理问题,主要是运用物理概念特别是物理规律。因此,我们应当在抓好物理概念教学的基础上,认真抓好物理规律的教学,使学生正确理解和掌握物理规律,在此基础上学会分析和解决某些物理问题,从而在这一过程中使学生的能力得到发展、方法得到掌握、价值观得到初步的提升。

7.2.3 重点物理规律的教学要求

物理规律是物理知识的主干,重点物理规律更是如此。重点物理规律教学的成败,对于学生能否学好物理知识,能否运用物理知识解决实际问题具有关键性的作用,必须下大力气抓好。为此,必须明确对重点物理规律的教学要求。重点物理规律的教学要求主要有以下几点。

1. 把握事实依据,懂得研究方法

物理规律本身反映了物理现象中的相互关系、因果关系和有关物理量间的严格数量关系。因此,在中学物理规律的教学中,教师必须把那些原先分散学习的有关物理概念综合起来,把研究它们的关系作为主题。例如,欧姆定律的教学,教师就要把在前面的直流电路中已分散学习过的三个有关的物理概念:电流强度(I)、电压(U)和电阻(R)综合起来,通过启发引导:电压对电流起什么作用?(要让学生回答),"对,电压对电流起推动作用。"电阻呢?"对,电阻对电流起阻碍作用。"显然,通过导体的电流强度的大小,跟导体两端的电压和导体本身的电阻存在着密切的依存关系,依存关系怎样?用联系的观点来引导学生研究新课题,提出新问题,才能激发起学生新的求知欲与新的钻研志趣。

另一方面,物理规律本身,总是以一定的物理事实为依据的,况且,中学生的抽象思维能力不强,理解和掌握物理规律必须有充分的感性材料作为支柱,因此,在中学物理规律的教学中,教师必须在学生认识、分析和研究有关的物理事实的基础上来进行。

人类在对物理规律的探索与研究中,逐步形成了物理学研究的基本方法,即实验归纳法和理论分析法。所谓实验归纳法就是直接从实验结果中分析、归纳、概括而总结出物理规律的方法。如,气体实验三定律:玻-马定律、盖·吕萨克定律和查理定律就是通过实验归纳法得到的。所谓理论分析法就是利用已有的概念和规律,通过逻辑推理或数学推导,得出新的规律的方法。如,动量定理就是由牛顿第二定律和加速度的定义式经数学推导得到的。由于中学生的逻辑推理能力不是很强,因此,在中学阶段,绝大多数用实验归纳法。

2. 理解物理规律的物理意义

物理规律的表达形式主要有两种：一种是文字语言，另一种是数学语言，即公式。对物理规律的文字表述，必须在学生对有关问题进行分析、研究，并对它的本质有相当认识的基础上进行，切不可在学生毫无认识或认识不足的情况下"搬出来"、"灌"给学生，然后再逐字逐句解释和说明。只有这样，学生才能真正理解它的含义。例如，牛顿第一定律的教学，可仿照伽利略当年运用"理想实验"的思路，应在观察实验的基础上，进行推理想象，由有摩擦时的运动情况推想到无摩擦时的运动情况，最后把这一规律的内容作如下表述："一切物体在没有受到外力作用的时候，总保持匀速直线运动状态或静止状态。"在理解时，要注意弄清定律的条件是"物体没有受到外力作用"，还要理解"或"这个字的含义。"或"不是指物体有时保持匀速直线运动状态，有时保持静止状态，而是指如果物体原来是运动的，它就保持匀速直线运动状态；如果原来是静止的，它就保持静止状态。

对于用数学语言即公式表达的物理规律，应使学生从物理意义上去理解公式中所表示的物理量之间的数量关系，而不能从纯数学的角度加以理解。例如，对于欧姆定律的表达公式即表达式 $I = U/R$，应当使学生理解，这一公式表达了同一段纯电阻电路中，电流的强弱决定于加在导体两端的电压的大小和导体本身电阻的大小。即某段纯电阻电路中 I 与 U 成正比，与 R 成反比。把公式加以数学变换，得到电阻的量度公式 $R = U/I$，如果不理解公式的物理意义，就可能得出："电阻与电压成正比"这一类错误的结论来。

3. 明确物理规律的适用条件和范围

每一个物理规律都是在一定条件下反映某些物理量的变化规律的，规律的成立是有条件的。因此，每一物理规律的适用条件和范围也是一定的。学生只有明确物理规律的适用条件和范围，才能正确地运用规律来研究和解决问题，才能避免乱用规律、乱套公式的现象。例如，欧姆定律 $I = U/R$，适用于金属导电和电解液导电，不适用于高电压的液体导电，也不适用于气体导电，更不适用于含有电源的电路，含有电动机、电解槽的电路和含有非线性元件的电路等非纯电阻电路。而且，I、U 和 R 必须是同一段电路上的三个物理量。

4. 认清规律与有关概念和物理规律之间的关系

物理规律总是与许多物理概念紧密联系在一起，与某些物理规律也互相关联。在重点物理规律的教学中，教师应当使学生把物理规律与和它相关的物理概念和物理规律之间的关系搞清楚。例如，牛顿第一定律与物体的惯性虽有联系，但二者有本质上的区别，不能混为一谈。中学生常常把惯性与运动状态等同起来，把用力改变物体的运动状态，说成是"打破物体的惯性"，把物体不受外力作用保持原来的运动状态说成是"保持物体的惯性",等等。再如,在对部分电路欧姆定律的教学中,教师应当把定律的表达式 $I=U/R$ 与电阻的量度公式 $R=U/I$,电阻定律的表达式 $R=\rho l/s$ 和导出公式 $U=IR$,通过分析、比较,把它们的含义剖析清楚并区别开来。

另外,动量定理与动量和冲量这两个物理概念有联系,动量定理反映了力对时间积累作用过程的物理规律,即冲量(描述力对时间积累作用的物理量,它是过程量)等于动量(描述物体机械运动的物理量,它是个状态量)的变化量。冲量、动量、动量的变化量都是矢量,因此动量定理是一个矢量关系。

5. 运用规律分析和解决实际问题

对于重点物理规律,不仅要求学生能理解,而且要求会灵活运用,因为掌握物理规律的目的就在于能够运用物理规律去解决问题。中学阶段,虽然不要求学生能解决某些复杂问题,但是,也应当要求学生学会运用物理规律去说明和解释有关的现象、解决一些有关的简单实际问题。因为在这一过程中,一方面可以巩固和深化对物理规律的理解,另一方面可以使学生学到分析、解决实际问题的思路和方法,发展学生分析问题的能力、逻辑地说理和表达能力以及手脑并用独立解决简单问题的能力。例如,综合运用欧姆定律、串并联电路、电功率、焦耳定律等概念和规律解决日常生活用电中的简单实际问题,如常见家用电路的选择和使用、户内电路的计算与保险丝的选择,等等。

7.2.4 如何搞好中学物理规律的教学

在中学物理规律的教学中,教师一般应抓好以下几个环节。

1. 创设探索规律的物理环境

在中学物理规律的教学中,教师首先应给学生创设一个便于发现问题的物理环境。在中学阶段,主要是通过观察、实验发现问题,也可以从分析学生生活中认知的典型事例中发现问题,有时也可以从对学生已有知识的分析展开中发现问题。其次应给学生创设便于探索规律的物理环境。在中学阶段,教师应做到使学生获得探索物理规律必要的感性知识或数据;提供学生进一步思考问题的线索和依据;为研究问题提供学生必要的知识准备,等等。

2. 引领学生探索物理规律

在中学阶段,教师带领学生探索物理规律主要是通过实验归纳和理论分析来进行的。具体的方法大致有以下几种:

1) 由日常经验或实验结果进行直接归纳得出结论。这种方法用得较多,如研究影响液体蒸发快慢的因素,总结光的反射定律,等等。

2) 先从实验结果或从对实例的分析中得出定性的结论,再进一步通过实验寻求严格的定量关系,得出定量化的结论。这也是一种常用的方法,如研究液体内部的压强规律等。

3)引导学生在观察实验或分析推理的基础上进行猜想,然后通过实验来验证、修正自己的猜想,得出结论。例如,阿基米德原理的教学可以采用这种方法。

4)在通过实验研究几个物理量的关系时,先分别固定几个物理量而研究其中两个量间的关系,然后加以综合,得出这几个物理量的关系。如对欧姆定律的研究可以用这种方法。

5)在日常经验和观察实验的基础上,运用想象和推理的办法得出结论。如对牛顿第一定律的研究。

6)运用已知知识和数学进行推理、讨论、得出结论,即理论分析法。例如,物体浮沉的三种情况——"上浮"、"下沉"和"悬浮"的学习、动量定理的推导等。

无论采用哪种方法,最后都要在科学探究的基础上,得到物理规律的文字表述和数学表述(中学阶段有些物理规律只要求用文字表述)。

3. 引导学生对物理规律进行讨论

教师引导学生对物理规律进行讨论,一般往往从三个方面进行讨论。一是,物理规律的物理意义。讨论物理规律(包括公式)的物理意义,包括对文字表述含义的推敲,对公式含义的明确。二是,物理规律的适用条件和范围。通过讨论,使学生明确规律的适用条件和范围。三是,物理规律与有关概念、规律间的关系。在讨论物理规律与有关概念、规律间的关系的过程中,应当注意针对学生在理解和运用中容易出现的问题,以便使学生对这一物理规律获得比较深刻、正确的理解。

4. 组织学生运用物理规律

在这一过程中,教师首先要用典型的问题通过示范和与学生共同讨论、分析,使学生逐步领会分析、处理和解决问题的思路和方法。其次也是更主要的是组织学生进行运用规律的练习。最后要引导和训练学生善于联系日常生活中的实际问题,学会科学地解释或解决有关的现象或问题。使学生在把物理规律"返回"实际问题的过程中,对所学的物理规律达到更深刻、更准确的理解和掌握。

思考题

1. 何谓物理概念?物理概念的教学有何具体的要求?
2. 请选择一节物理概念课进行教学设计。
3. 何谓物理规律?物理规律的教学有何具体的要求?
4. 请选择一节物理规律课进行教学设计。
5. 请列举课堂引入的具体方法,并对"弹力"一节课的课堂引入进行试教。
6. 在整个物理学大厦中,物理概念是基石,物理规律是主干,物理方法是纽带,试评论之。

【相关链接Ⅰ】

物理概念的分类及教学

物理概念是观察、实验与科学思维相结合的产物。中学物理概念大致可分为以下四类：

1. 反映物质属性的

这类概念的特点是其含义深刻，富有哲理性，很难从其表面定义上获得深入理解。如，惯性、质量、能量、电、磁、波粒二象性等。教学中应由浅入深、由表及里地，使学生通过循序渐进的教学过程来加深对概念的理解。例如，质量这个概念，在初中其定义是很简单的，"物体包含物质的多少叫做质量"但这"物质的多少"究竟是何意思也很难说得清，至于说它是物体的一个属性，是因为它不随物体的形状、状态、位置和温度的改变而改变。这点上学生可以理解，到了高中随着知识学习的积累和发展，学生对质量这个概念会有更深的理解，即通过惯性的学习，会知道质量是惯性大小的量度；通过万有引力定律的学习，会知道物体质量的大小决定了物体间万有引力的大小。这样通过由浅入深的、循序渐进的教学过程，才能使学生从各个不同的方面加深对这一概念的理解。

2. 反映物质及其性质的

这类概念的特点是，它们都反映了物质或物质运动的某种"率"(快慢、本领)以及特性。在定义上，一般都是以两个物理量的比值来表示，但它们的大小又不依赖与这些相关联的量的大小。如，速度、加速度、密度、功率、比热、电场强度、电势、电动势、电阻、电容等，其表示式一般可写成 $X = A/B$ 的形式。在教学中要引导学生把物质、运动的某种性质隔离出来，得到表征物质或运动性质的物理量，并要求学生理解：①概念反映了物质(或物质运动)的一种什么特性；②为什么可以用两个量的比值来定义它？③它的大小取决于什么？例如，讲电阻概念时，这种用两个物理量的比值定义出来的物理量，学生常感到困难，也往往忘记它的物理意义，仅当作数学上的比例系数对待，因此会从其定义式 $R = U/I$ 得出："一个既定导体的 R 值随它两端电压 U 成正比变化，随通过它的电流 I 成反比变化"这样错误的结论。像这类反映物质及其性质的物理概念，要引导学生认识其本质，究其大小取决于哪些因素，这就需要老师讲深讲透它们的决定式。如对"电阻"这一概念，其决定式为 $R = \rho l/s$，即导体电阻的大小仅与其材料、长度、导体的横截面积等有关，而与在它两端是否加电压无关，而比值 U/I 只是电阻的测量值。由此，也就很容易使学生弄清这类物理概念。

3. 反映物质间相互作用关系的

这些概念的特点是与物质间相互作用密切关联，对于单个物质是毫无意义。如，力、力矩、压强、冲量、功、热量。在这类概念的教学中,要强调相互作用的物体。例如,在分析沿斜面下滑的物体受力时,有不少学生会认为有下滑力存在;做竖直上抛的物体一定受到竖直向上的力,即物体在运动方向上必受一向前的力,等等,这种错误主要源于学生头脑中存在着不正确的"前科学概念",混淆惯性的表现与力,不习惯用"牛顿第三定律"来帮助受力分析,或者没有真正意识到有作用力必有反作用力,有受力者就必有施力者,这种物体间的相互作用,导致着遗漏力和多余力。因而,教师在引出这类新概念时,既要讲深讲透,要精选一些例题,更要出一些精心选择、设计的题目让学生做,以便让学生充分暴露出问题,对症下药,及时加以纠正。但有些学生很难通过一次矫治就彻底纠正,必然会有反复,为此,再通过布置适当的变式习题,以检查学生是否能在新的情景中会用学过的概念去解决问题。

4. 一些描述物理现象的名称

如,匀速直线运动、圆周运动、形变、熔解、反射、折射、干涉、静电感应、电磁感应、反射性、核反应、质量亏损等。这类概念的特点是:就其概念本身而言,并不难理解,难理解的是这些物理现象产生的原因、条件及规律。在教学中教师应当创造条件,使学生在了解大量的物理现象后,认真观察物理实验的基础上,分析现象产生的原因、条件,既要使学生"知其然"更要"知其所以然"。例如,电磁感应,学生对如何运动产生电流,如何运动又不产生电流,这一问题没有知识背景和生活经验故难以做出合适的科学假设、猜想,课堂引入时则通过观察"奥斯特实验",使其产生疑问、惊奇、直至发生兴趣,激发求知的欲望,老师再适时地提出质疑:感应电流产生的条件?感应电流的方向与哪些因素有关?什么情况下磁可以生电?采用质疑、提问方法,引导学生进行比较、分析、综合、概括、排除次要因素,抓住主要因素,找出所观察到的一系列现象的共性、本质属性,即感应电流产生条件是:①要有闭合的电路;②穿过回路的磁通量发生改变,从而形成物理概念,并要求用准确的、简洁的物理语言或数学语言逐步地完善所得结论,指出所定义的概念的适用条件和范围,以加深对物理概念的理解和掌握。

(作者为广东省佛山市佛山一中徐慧玲老师,编入本书编者略有修改。)

【相关链接Ⅱ】

物理规律课堂教学"十要"

1. 要重视物理规律的发现背景

让学生了解物理规律发现的背景,有利于培养他们发现问题、想方设法解决问题的科学探索精神,有利于培养他们认真观察、分析问题的良好习惯。

例如,在电磁感应定律的教学中介绍法拉第发现电磁感应现象的历史背景。

1820年奥斯特发现电流的磁效应,善于思考的法拉第就想,既然电能生磁,那么磁能否生电?经历了多次失败,他并没有退缩,坚信"电与磁是一对和谐的对称现象,磁一定能生电"。经过十年的艰辛探索,终于在1831年8月实验获得成功,实现了"磁生电"的夙愿,宣告了电气时代的到来。

实践证明,在课堂教学中适当引入物理规律发现的背景,对激发学生的探索精神、培养学生认真分析问题的态度是很有帮助的。

2. 要重视物理规律的发现过程

物理规律包括实验规律、理想规律和理论规律等。

(1)实验规律:是在观察和实验的基础上,通过分析归纳总结出来的,中学物理中的绝大多数规律都属于这种类型。例如,在牛顿第二定律的教学中,让学生通过实验探索加速度与力的关系以及加速度与质量的关系,得出在质量一定的条件下加速度与外力成正比、在外力一定的条件下加速度与质量成反比的结论。在此基础上,教师指导学生总结加速度、外力和质量的关系,归纳出牛顿第二定律。

(2)理想规律:是在物理事实的基础上,通过合理推理至理想情况而总结出的物理规律。教学中,教师要引导学生"合理推理"。例如,在牛顿第一定律的教学中,引导学生在不同斜面上做小车下滑的实验,发现平面越光滑,小车滑行越远,推理至理想情况下,如果平面光滑(即小车和平面之间无摩擦),小车将永远运动下去,且做匀速直线运动,从而总结出牛顿第一定律。

(3)理论规律:是由已知的物理规律经过推理而得出的物理规律。例如,在"动能定理"的教学中,教师提出问题——外力对物体所做的功与物体的动能之间有没有关系,然而指导学生由牛顿第二定律($F=ma$)和运动学规律($v^2-v_0^2=2as$)推导出动能定理的表达式。

通过物理规律发现过程的教学,使学生对物理规律理解得更深刻,记忆得更牢固,而且能充分调动学生学习的主动性,增强学生的学习兴趣。

3. 要重视与物理规律对应的概念

中学物理基础知识主要是指物理概念和物理规律……物理概念是建立物理规律的基础。学生只有掌握好与物理规律对应的概念,才能正确地理解并掌握物理规律,提高分析问题、解决问题的能力。因此,要重视与物理规律对应的概念的教学,理解概念的含义,挖掘概念的深度和广度。如机械能守恒定律,学生只有在弄清机械能概念的基础上,才能更好地理解和运用该定律。

4. 要重视规律的物理意义

在物理规律的教学中,要引导学生深刻理解其物理意义,防止死记硬背,为此应做好以下三个方面:

(1)从理论上和实验上充分认识、理解物理规律。如玻-马定律、查理定律、盖·吕萨克定律既是实验定律,也可用分子动理论来解释,做到理论和实验的统一。

(2) 从物理意义上理解物理规律图像。如在"波的图像"的教学中,让学生清楚理解图像的物理意义:x 轴表示波的传播方向,波在此方向上做匀速直线运动;y 轴表示各质点在某时刻偏离平衡位置的位移,各质点以平衡位置为中心做简谐运动。

(3) 理解规律表达式的物理意义。如 $E=F/q$,对电场中同一点而言,不能说场强 E 与电场力 F 成正比,与电量 q 成反比,因为场强 E 由电场和电场中该点的位置决定。

5. 要重视物理规律的适用条件

物理规律适用条件的教学是重中之重,因为物理规律都有其适用条件。如牛顿第二定律、动量守恒定律、机械能守恒定律、库仑定律等,只有满足适用条件该规律才是正确的,超出适用范围,就是错误的。如讲完库仑定律后让学生做一道相关练习题:

题目1 在真空中有两个完全相同的带正电的金属小球,带电量均为 q,半径为 r,相距为 $3r$,两小球之间的相互作用力为 F,则（　　）。

A. $F>k\dfrac{q^2}{(3r)^2}$ 　　B. $F<k\dfrac{q^2}{(3r)^2}$ 　　C. $F=k\dfrac{q^2}{(3r)^2}$ 　　D. 无法确定

此题考查的内容是库仑定律的适用条件,正确答案为选项 B 而不是 C。这就要求我们要重视物理规律适用条件的教学。

6. 要重视反映物理规律的表达式

物理规律是"内容",表达式是"形式",二者是完美的统一。在理解好物理规律内容的基础上,要重视物理规律表达式的教学,正确理解和书写表达式。如动能定理的内容是"合力所做的功等于物体动能的变化",表达式是 $\sum W=E_{k2}-E_{k1}$。有这样一道题:

题目2 离地面高为 h 的物体以速度 v_0 被水平抛出,不计空气阻力,求物体落地时的速度。

这道题,相当一部分同学是这样解的:

解 在竖直方向上对物体运用动能定理(设落地时速度为 v,竖直分速度为 v_y),得

$$mgh=\frac{1}{2}mv_y^2 \cdots\cdots ① \qquad v=\sqrt{v_0^2+v_y^2} \cdots\cdots ②$$

由①、②两式得 $v=\sqrt{v_0^2+2gh}$

显然结果正确,但①式不正确,这部分同学对动能定理没有正确理解,不知道动能定理无分量式。这就要求我们要重视反映物理规律表达式的课堂教学。

7. 要重视对同一规律不同的表述语言

同一物理规律有不同的表达语言和表达式。以动量守恒定律为例(两个物体组成的系统),如下表所示。

表达语言	表达式
作用前两物体的动量之和等于作用后两物体的动量之和	$p_1 + p_2 = p_1' + p_2'$
作用前后物体1的动量增量与物体2的动量增量等值反向	$\Delta p_1 = -\Delta p_2$
作用前后两物体的动量增量之和等于零	$\Delta p_1 + \Delta p_2 = 0$
作用前后系统总动量的增量等于零	$\Delta p = 0$

课堂上重视对同一物理规律不同表达语言的教学,有助于加强学生对物理规律的理解,有助于学生灵活运用规律从多个角度分析问题。

8. 要重视物理规律的推广

对某些重要的物理规律,教材只介绍了其最基本的应用,如楞次定律是用来判定感应电流或感应电动势方向的。加以推广"感应电流阻碍相对运动"、"感应电流阻碍磁通量变化"、"感应电流阻碍电流变化"等,总之一句话,"只要是引起磁通量发生变化的原因,感应电流都要阻碍它"。又如牛顿第二定律,教材只介绍了对某物体运用牛顿第二定律,加以推广,把几个物体组成的系统看作一个整体运用牛顿第二定律。通过对某些重要物理规律的推广,学生对其认识得更深刻、更全面,更清楚地认识到,物理规律来自物理现象,反过来能解释更多的物理现象。

9. 要重视相似物理规律的比较

"比较法"是一种重要的教学方法。在教学中,要重视相似物理规律的比较。如玻尔理论中氢原子的核外电子与天体运动的卫星相比较,如下表所示。

	核外电子	卫星	备注
受力情况	$F = k\dfrac{e^2}{r^2}$	$F = G\dfrac{Mm}{r^2}$	相似
运动状态	匀速圆周运动	匀速圆周运动	相同
动力学方程	$F = k\dfrac{e^2}{r^2} = m\dfrac{v^2}{r}$ $= m\omega^2 r = m\dfrac{4\pi^2}{T^2} r$	$G\dfrac{Mm}{r^2} = m\dfrac{v^2}{r}$ $= m\omega^2 r = m\dfrac{4\pi^2}{T^2} r$	$v \propto \sqrt{\dfrac{1}{r}}$ $\omega \propto \sqrt{\dfrac{1}{r^3}}$ $T \propto \sqrt{\dfrac{1}{r^3}}$
势能公式(取无穷远处为零势面)	$E_p = -k\dfrac{e^2}{r}$	$E_p = -G\dfrac{Mm}{r}$	相似

通过比较,学生能更清楚相似规律的异同,对规律有了更深的理解。更重要的是通过相似规律的比较教学,使学生认识到用比较法学习物理的好处,自觉地运用它进行学习,这正是培养学生素质的重要体现。

10. 要重视物理规律的应用

物理规律来源于物理现象,反过来应用于实际问题。使学生学会运用物理知识解释现象，分析和解决实际问题……提高分析和解决实际问题的能力。因此，我们要重视物理规律应用的教学。以动量定理为例：

应用1 求变力的冲量。如果物体受到变力的作用，则不能直接用 $I=Ft$ 求变力的冲量，这时可以先求出该力作用下物体动量的变化量 Δp，然后由 $I=\Delta p$，等效代换变力的冲量 I。

应用2 求恒力作用下的曲线运动中物体动量的变化 $\Delta p = p' - p$。曲线运动中物体速度方向时刻在改变，求动量变化需要应用矢量运算方法，比较复杂。如果作用力是恒力，可以求恒力的冲量 $\sum Ft = \Delta p$，等效代换动量的变化。

应用3 定性解释物理现象。动量定理的表达式为 $\sum Ft = \Delta p$，可以解释以下两类问题。

(1) Δp 一定时，$\sum F \propto \dfrac{1}{t}$。

题目3 从同一高度处落到海绵和水泥地面的鸡蛋，哪个更容易碎？为什么？显然落在水泥地面上的鸡蛋更容易碎。

(2) $\sum F$ 一定时，$\Delta p \propto t$。

题目4 把重物压在纸带上，第一次用一个水平力将纸带从重物下缓慢抽出，第二次用另一个差不多的水平力将纸带迅速抽出，试分析哪种情况下重物的动量变化大？（缓慢抽出动量变化大。）

课堂上重视物理规律应用的教学，一方面使学生对物理规律的应用有了整体认识，另一方面能使学生在练习或考试时迅速选择合适的物理规律解题。

总之，学生掌握物理规律有一个发展的过程。教学中要根据学生的特点，深入研究、钻研教材，把握好物理规律的深度和广度，更好地完成物理规律的教学。

（作者为河北省唐山市丰南一中王殿彬老师，编入本书编者略有修改。）

第8章 中学物理实验设计论

物理实验(physical experiment)是物理工作者在人为控制的条件下,运用仪器、设备,使物理现象反复再现,从而有目的地进行观测研究的一种方法。在物理学的研究中,运用物理实验的目的,在于建立新的物理概念,发现新的物理规律,验证新的物理理论,并使理论在实践中得到应用。在中学物理教学中,运用物理实验的目的,在于给学生学习物理创造一个良好的环境,使学生主动地学习物理知识,同时培养学生的观察、实践与探究能力,并使学生学习物理的兴趣,实事求是的科学态度和良好的学习习惯得到培养。而物理实验设计(physical experiment design)是设计者(如物理教师)在物理思想和教学论思想指导下的一种创造性的劳动,是充实与更新实验教学内容,提高物理实验教学质量的一项重要工作。为此,每一位物理教育工作者都应该重视这方面的研究。

8.1 中学物理实验教学概述

8.1.1 中学物理教学必须以实验为基础

中学物理教学,特别是初中物理教学必须以实验为基础,这是由中学生的年龄心理特点及思维规律和物理学本身的特点及其在物理教学中的作用决定的。

1. 物理实验是物理学发展的基础

物理学发展的历史表明,实验是物理学发展的重要源泉。实验物理的先驱者伽利略(G. Galilei,1564～1642)之所以能建立起加速度、惯性等概念以及发现运动的相对性和单摆的等时性,正是他进行观察实验的结果。科学巨匠牛顿(Isaac Newton,1642～1727)[①]之所以能在物理学上取得那么多的光辉成就,也是与他自己以及惠更斯(Huygens)、开普勒(Kepler)和伽利略等人的实验分不开。分子动理论的形成是以英国植物学家布朗(R. Brown)于1827年做的"花粉实验"为基础的。麦克斯韦(J. C. Maxwell)的电磁场理论是建立在库仑(Coulomb)、高斯(Gauss)、欧姆(Ohm)、安培(Ampere)、奥斯特(Oersted)、毕奥(Biot)、萨伐尔、法拉第(Faraday)等人的实验基

---

① 历史总是充满着巧合,在物理学史中比"伽利略逝世那年(1642年)牛顿恰好出生"更巧的是,被誉为继爱因斯坦之后世界上最著名的科学思想家和最杰出的理论物理学家史蒂芬·霍金(Stephen William Hawking)恰好在伽利略去世的300周年纪念日,即1942年1月8日出生。

础之上。量子理论的提出和发展依赖于黑体辐射、光电效应以及原子、分子光谱等实验事实。就连爱因斯坦(Albert Einstein)建立的相对论也是与迈克耳孙(Michelson)、莫雷(Monley)、斐索、菲茨吉拉、洛仑兹(Lorentz)等人的实验唇齿相依。由于射电望远镜、人造卫星等方面实验手段的应用,人们才能观察到距离地球120亿光年的星系,发现各个演化阶段的星体;才能为人们认识宇宙和建设天体物理提供可贵的资料。今天,人们对激光的应用,超导的青睐,计算机的信任。正是物理实验结出的硕果。所有这些都说明物理学的发展离不开实验,实验是物理学发展的基础。

2. 中学物理实验在教学中的作用

1) 实验能为学生学习物理提供符合认识规律的环境

学生在学习物理的过程中,要形成物理概念和认识物理规律。首先必须有一定的感性认识。这种感性认识可以来源于学生的生活环境,也可以来源于物理实验提供的物理事实。但是,从生活环境中得到的感性材料通常隐含于复杂的运动形态之中,力、热、电、光等现象交织在一起,本质因素和非本质因素又往往相互交融在一起。因此,仅通过这种生活环境来使学生形成概念和认识规律是比较困难的,有时甚至是不可能的。而运用实验则可以提供精心选择的、简化的和纯化的素材,它能够使学生对物理事实获得明确、具体的认识,然后通过简捷的思维活动,就能建立起清晰的物理概念,准确地掌握物理规律,学会科学的研究方法,以最有效的方式迅速地掌握前人发现的科学真理。例如,人们生活在空气的海洋里,都很难感受到大气压强的作用,做一个覆杯实验或马德堡半球实验或"瓶吞蛋"实验,那么建立大气压的概念的物理事实就清晰地展现在学生眼前,通过教师的启发引导,学生对大气压这个概念就易于理解和掌握。

2) 实验能培养学生的多种能力

学生进行物理实验,首先要预习实验内容。通过预习,能够培养学生的自学能力。在实验过程中,为得到正确的实验结果,学生必须细致地观察和认真地操作,而细致的观察和认真正确的操作,又必须以思维作指导,而思维指导下的观察和操作又往往是创造产生的源泉。因此,实验既能培养学生的观察、实验能力,又能培养学生的思维创造能力。此外,把观察实验的结果通过分析与综合后,用语言文字进行表述,又培养了学生分析、解决问题的能力和口头表达能力。由此可见,物理实验是一种多种能力的培养过程。

3) 实验能激发、增强学生学习物理的兴趣

实验为何能激发学生的学习兴趣呢? 因为中学生的年龄一般都在十四至十九岁左右,他们的思维敏捷,易于接受新鲜事物,同时,好奇、好动、好强、好胜又是他们的天性。而中学物理实验作为一种特殊形式的知识载体,首先,实验本身则具有直观、生动、形象、有趣的特点,恰好适合中学生年龄特征的需要,因此实验对他们有很强的吸引力,极易唤起他们的直觉兴趣。例如,让学生观察"喷泉"、"煮金鱼"等生动有趣

的实验,他们的注意力会高度集中,新奇的实验现象常常出乎他们的意料之外,使他们兴趣盎然。这样,就容易唤起他们的好奇心,激发他们的求知欲望。其次,实验是一种有目的性的操作行为。学生在观察的基础上,很自然地会产生一种自己操作的欲望。让学生动手实验,不但可以满足学生的操作意愿,还可以发展学生对探索知识和规律的兴趣,进而发展学生的认识兴趣。

当学生对物理产生浓厚兴趣的时候,他们的学习欲望强烈,学习中会感到轻松愉快,从而有利于形成主动、正确的学习方法。不断体尝"发现"与"战胜困难获得成功"的喜悦,学生学好物理的信心就会越来越强。更为重要的是,由此可转化为一种热爱科学的素质和志向,这对学生个性的发展具有重要意义。

4) 实验能培养学生的科学态度和优良的品格

实验是科学研究的一种方法。因此,学生必须抱着科学的态度去进行实验。实验前,需要把各项准备工作做得井井有条。实验中,需要按科学的方法进行正确的观察和操作,实事求是地记录物理现象及测得的数据,这对培养学生良好的科学态度是有好处的。同时,因为实验是一种科学活动,要求学生必须善始善终,对实验中遇到的问题和困难,要积极探索,迎难而上,努力克服,需要有不取得成功不罢休的拼搏精神,这对学生来说是一种意志锻炼。所以,实验不仅能使学生学到物理科学知识,而且还能锻炼性格、陶冶情操,使学生养成良好的学习习惯。加之,物理实验中存在着丰富的辩证唯物主义素材,这对学生世界观的形成,也有不可低估的促进作用。从某种意义上说,实验的这种作用,较之于学生掌握一些具体的知识和技能更为重要,对于提高人的素质具有很大的意义。

综上所述,实验在完成中学物理教学任务中占有非常重要的地位,有些国家的中学教材就是以实验为主体,围绕实验来展开的。在我国具体条件下,目前这样做还有一定的困难,但我们必须从培养 21 世纪的、有个性特征的、全面发展的人才的高度来充分认识实验教学的意义,改变某些不重视实验的旧观念,始终坚持以实验为基础的教学方向。

8.1.2 中学物理实验的种类

中学物理实验若按操作主体来进行划分可分为演示实验和学生实验两种;若按实验的时间和空间来进行划分可分为课内实验和课外实验两种;若按教学的组织形式来进行划分可分为学生分组实验和边学边实验两种。中学物理实验虽有各种不同的划分方法,但总括起来其种类主要有以下四种:演示实验、分组实验、边学边实验和课外实验。

1. 演示实验

演示实验是指在课堂上以教师为主要操作者的表演示范实验。它主要是把要研究的物理现象展示在学生眼前,引导学生观察思考,配合教授或穿插学生讨论等方式完成课堂教学任务。它的优点是能够充分发挥教师的引导和示范作用,并为学生独立训练创造条件。成功的演示实验,常常给学生留下难以磨灭的鲜明印象,使课堂气氛异常活跃,从而获得很好的教学效果。

1) 演示实验教学的基本要求

● 确保(演示)成功。教师要成功地进行演示实验,首先要掌握实验原理,只有掌握原理,才能准确地抓住关键,成功地进行演示。其次要注意环境条件。例如,静电实验的成功与否跟天气的干湿条件很有关系,因此在实验之前,要估计到各种可能的不利条件,以便预先作好充分准备。第三课前必须充分准备并进行试做。例如,在演示用木尺打击重物下面的棋子以展示重物惯性的实验时,教师必须经过反复试做,掌握实验中的每一个细节,如打击时尺子的角度、方位、力度、速度等,以确保课堂演示成功有效。

● 现象明显。因为演示实验是一人演示,众人观察,所以必须使演示的现象明显,为此仪器的尺寸要足够大,测量仪表的刻度线要适当粗些。可是,有些仪器不宜做得太大,如金箔验电器做得太大会影响其灵敏度;毛细管的内径只能很细;等等。对于"可见度"较差的演示,通常可采用光、电、机械等各种放大装置或运用摄像头进行投影放大[1]来增强演示效果。除此之外,最常用的方法还有:采用背景衬托和染色措施,以及把演示仪器放置适当的高度(垫高)等。

● 简单直观。演示实验要求简单直观,包括仪器结构简单、操作简单和由演示现象导出结论时解说或推理直观。例如,我们用椭圆形墨水瓶演示微小形变现象,效果就比用复杂的光杠杆系统装置要好。又如,用旋转电枢(或磁铁)的方法演示电动机的原理就比搬一个真的电动机来做实验更能突出物理原理。

2) 演示实验教学中教师应注意几点

为了充分发挥演示实验在引入新课、形成物理概念和建立物理规律以及深化、巩固、应用物理概念和规律过程中的作用,教师应注意两点:第一,要指导学生观察;第二,实验要与思维相结合。

● 指导学生观察。演示实验从出示仪器到进行表演的全过程,都将给学生以多方面的刺激。但刺激有主次之分,有本质和非本质之别,教师要求学生观察的现象不一定都是很明显的,而且有的现象还稍纵即逝,以致在演示中出现的某些重要事实或现象,学生往往视而不见。这就需要教师指导学生善于观察——进行全面观察、对比观察、跟踪观察等,把握好时机。既要注意现象的渐变过程,又要注意它的突变过程。

● 实验要与思维相结合。有些物理概念(如大气压)的建立所必需的感性认识通过直观教学即可提供,但有些物理规律(如左手定则)的建立,即确定事物或现象之间的因果联系,需要实验与思维相结合。一般可采取这样几步:第一步,提出问题,通过

---

[1] 许多物理演示实验,因为可见度低而影响了它的实验效果,或是实验的现象无法让全班学生看见,或是数据无法让全班学生一起读数等等。运用简单的摄像头,就可以较好地解决这一问题。

实验建立初步表象;第二步,再做实验,并由实验进一步提出问题,进行探索,找出规律;第三步,应用规律对现象作出判断或预测,并用实验来验证。这一过程体现了实践——理论——实践的认识过程。有些新教师做演示实验,常常以能显示现象为满足,较少从培养学生的思维能力的角度上考虑,致使演示实验未能发挥应有的作用。

2. 学生分组实验

学生分组实验是指学生在教师指导下利用整节课(或连续二节课)的时间,在实验室分组进行的实验。它是学生亲自动手使用仪器、观察测量、取得数据、并亲自分析总结的过程;是学生学习物理知识、培养实验技能和良好品德素质的重要环节;是任何其他的教学方法和手段所替代不了的。

1) 学生分组实验的类型

从教学目的的侧重点来划分,学生分组实验大体上可分为四类,即:探究性实验、验证性实验、测定性实验和基本练习性实验。

● 探究物理规律的实验——探究性实验。探究性实验的主要目的是让学生设计物理实验,通过实验、观察(记录)、归纳,认识物理规律、训练实验设计技能,它是由个别到一般的认识方法。它的特点是实验在前,结论在后,实验成为探究物理规律的主要手段。例如,"楞次定律的探究",等。

● 验证物理规律的实验——验证性实验。验证性实验的主要目的是通过实验验证由已知的理论推导出新结论的正确性,加深对新知识的理解,并训练实验操作技能,它是一种推理、判断在前,实验验证在后的研究方法。例如,"牛顿第二定律的验证"、"动量守恒定律的验证",等。

● 测定物理量和物理常数的学生实验——测定性实验。这类实验的主要目的是帮助学生理解物理概念及物理量的意义,应用物理规律、训练基本的实验技能,并学一点间接测量的思想方法。例如,"重力加速度的测定"、"密度的测定",等。

● 着重使用某种仪器和训练装配技术的学生实验——基本练习性实验。这类实验的目的或是认识和训练学生使用某种仪器,或是学习某种装配技术。例如,"练习使用滑线变阻器"、"照明电路的安装"、"打点计时器的使用",等。

2) 学生分组实验的一般过程及基本要求

学生分组实验的教学过程,一般分为三个阶段:准备、操作和总结阶段。

● 准备阶段的基本要求:在准备阶段,教师要求学生明确实验目的,理解实验原理、方法,认识实验仪器,做好操作与记录的准备工作。其核心是理解实验方案。

● 操作阶段的基本要求:操作阶段是把实验方案变为实践的阶段。在操作阶段,教师要求学生能自己安装和调整仪器,操作控制实验条件的变化,观察测量取得必要的数据和排除可能出现的故障。

● 总结阶段的基本要求:在总结阶段,教师要求学生能处理数据、分析结果及完成实验报告。

3. 学生边学边实验

课堂教学中的演示实验,基本上是教师做、学生看。(学生)边学边实验是指学生在教师的指导下,一边学习,一边做实验。过去常常把这种教学形式叫做"边教边实验"或随堂实验,指的一边是教师在教,一边是学生在实验。显然这里"教"和"实验"分别出于两个主体。但词组"边……边……"应是指一个主体同时进行的两个动作。故,我们应取另一种认识,是学生一边学,一边实验,所以现易名为"边学边实验"。

"边学边实验"与演示实验相比,其特点是让学生手脑并用,在教学过程中要求学生人人动手,在操作、观察中积极思考,主动获取物理知识,提高实验技能。"边学边实验"与学生分组实验相比,其特点是能更好地与课堂教学内容结合,配合教学内容进行,以使学生更深入、有效地理解和掌握课堂教学的内容。

随着物理新课程教学改革的不断深入,科学探究中的"边学边实验"已成为学生在课堂教学中获取知识、培养动手能力和提升科学素养的一种重要的载体和手段。跟教师在课堂教学中运用的教具相对应,学生在"边学边实验"中所用的实验器具可称为学具。随着新课程的实施,虽已出现了一些生产学具的单位,但有的学校限于经费和已生产的学具品种的限制,开展有效的"边学边实验"尚有一定困难。为此,在实施新课程的背景下,中学物理教师仍需要有我国已故著名物理教育家朱正元教授"坛坛罐罐当仪器,拼拼凑凑做实验"[①]的精神,自己制作简单的实验仪器,指导学生制作简易的学具或利用身边的"坛坛罐罐"当学具。例如,对高中物理中的"失重现象",用一只旧可乐瓶,就可以做"边学边实验"——在可乐瓶的下端侧壁上钻几个小孔,用手指堵住小孔,向瓶中装满水再滴几滴红墨水,松开手指,则水就会喷射出来。这是水的重量产生的压强对瓶壁的作用。如果松开了拿可乐瓶的手,让瓶自由下落,这时可以看到水立即停止喷出。这是因为正在自由下落的水处于完全失重状态,水层之间不再存在压力,故水不会从孔中流出。

再如,学生在刚理解静摩擦力的方向时会感到困难,这时学生可以在老师的指导下用一把生活中用过的牙刷通过"边学边实验"来理解:把牙刷有毛的一面平放在桌面上,用手握住牙刷的把柄,用力地往前推或拉(牙刷仍处于静止状态),牙刷毛的形状就会向后发生形变,形象地显现了牙刷的运动趋势,以及静摩擦力的方向。在演示滚动摩擦小于滑动摩擦时,可以不用实验室提供的器材,用书本、铅笔等来做效果会更好。这样用生活中的"坛坛罐罐"来做实验,会使学生既熟悉,又容易理解,从而可以取得良好的教学效果。

4. 课外实验

前面三类实验是在课堂上进行的,统称为课内实验。所谓课外实验是指学生按照

---

① 朱正元(1900~1985)教授通过长期的教学实践,根据我国当时的国情提出了"坛坛罐罐当仪器,拼拼凑凑做实验"的名言。他提倡物理教学要设法不花一文钱而能做物理实验,以一枚硬币和一张废纸可以表演重力加速度相等的实验,这就是他所提倡的"坛坛罐罐当仪器,拼拼凑凑做实验"的含义。

教师布置的任务和要求,在课外用一些简单的仪器或自制的仪器独立地进行的实验。它是物理实验教学的一种很有效的补充形式。通过课外实验可以扩大学生的知识领域,使理论联系实际,培养学生对物理和技术的学习兴趣和独立工作能力。

1)物理课外实验活动的作用

配合中学物理课堂教学开展课外实验活动的作用主要有以下几个方面:

● 丰富感性认识,深化所学的知识

通过丰富多彩的课外实验活动,学生有意识地对自然现象进行观察,可以大大丰富他们的感性认识,为接受和巩固课内的系统知识打下较好的基础。在教师指导下学生还可以把学到的知识主动应用于课外实践,从而深化与活化所学过的知识。从课外教学与课堂教学的密切联系来看,课外实验活动是课堂教学必要的补充和重要的延伸。

● 因材施教,激发学习兴趣

课外实验活动的特点是小型、灵活、生动、多样和富有乡土气息。它能满足不同程度、不同个性和不同兴趣的学生的需要。因而有利于因材施教,激发学习兴趣,增强学习信心。

● 开阔知识视野,培养热爱科学的志向

课外实验活动的许多内容与生产、生活联系密切,涉及多种学科;有些内容能迅速反映科学技术的新成就、新发展。因此,开展课外实验可使学生扩大知识面,开阔知识视野,活跃思想,培养学生热爱科学、追求科学真理的志向。

● 有利于培养学生的能力

由于课外实验活动是以学生动手为主的实践活动,富有独立性和创造性。学生独立思考,独立设计实验方案和独立操作,增加了动手的机会和独立分析问题、解决问题的机会,因而有利于培养学生的自学能力、独立工作的能力和创新能力。

● 有利于学生形成优良的品德

通过开展课外实验活动,可以培养学生的劳动观点、手脑并用的习惯和团结协作的优秀品德。

2)物理课外实验活动的类型

中学生物理课外活动按组织形式可分为家庭实验、开放实验室和室外实验三种方式。家庭实验是为了配合教学,教师指导学生在家里完成的实验。这种实验是教师把实验的内容、要求、方法等布置给学生,由学生自己创造实验条件,包括选取日常生活中的一些物品当作实验器材,自制一些简单的仪器或零件等,自己动手独立完成实验的全过程。开放实验是让学生在课外利用实验室的仪器设备条件,在教师的指导下,自己设计实验方案,安装仪器,完成实验。室外实验的优点是空间开阔,不受实验室空间的限制,使学生感到新颖。例如,让学生从高楼的阳台上丢下两个不同的物体,模仿比萨斜塔实验。

课外实验按实验内容主要分为以下几种类型：

- 观察性实验

大自然、日常生活和生产技术是学习物理的广阔课堂。有意识地引导学生观察，对培养学生的兴趣、提高观察能力、培养洞察事物的思维能力是很有益处的。例如让学生在静止的火车上观察窗外另一辆启动的火车，学生将对参照物和运动与静止的相对性留下深刻的印象。还可以让学生观察雨后的彩虹、湖面的涟漪、五彩晶莹的薄膜等等。教师对这类活动的指导，重点应放在扩大观察范围和培养兴趣上，可以经常布置观察课题，鼓励学生写观察日记，定期举办观察发现汇报会，配合实验复制观察到的自然现象等。

- 课内教学的补充性实验（课外小实验）

课外小实验包括在家庭进行的小实验和在开放实验室完成的小实验，目的在于帮助学生进一步理解物理概念和规律，灵活运用所学的知识，训练实验技能。初中物理教科书中安排了一些小实验，还可以根据教材各单元的教学要求，补充一些小实验。例如，在初中补充一些国际单位感性化的小实验和联系生活和生产的应用性小实验；在高中电学中补充伏安法测电阻的系统误差的研究性实验、研究电池组的电动势和内电阻的实验、用电阻箱和电流表（或电压表）测电源电动势和内电阻的设计性实验。还可以补充一些综合运用各单元知识的实验，例如，用各种不同的实验方法测重力加速度，用各种不同的实验方法验证机械能守恒定律等。

- 小型科研训练实验

进行这类实验的目的侧重于使学生获得物理实验研究方法的训练。教师可以列出一些研究课题和提示，让学生设计方案，经过与教师商定后进行实验。所谓科研训练实验，并不一定总要内容复杂或难度较高，应当努力开发一些小型的、含有某些巧妙设计思想的实验。例如，可以让学生研究自制量杯的刻度，研究测重力加速度的实验，可以从中学习到许多科研实验的基本方法，对未来的学习是很好的锻炼和准备。

- 游艺用的趣味性实验

为了培养学生对物理学的兴趣，活跃学生的文化生活，可以采用一些游艺性的实验，在课外进行，或者在游艺会上表演。对这类实验，要求利用物理原理，加上适当的艺术夸张，使之新奇、有趣。例如，沸水煮鱼，纸锅烧水，双锥体"爬坡"等实验。

8.2 中学物理实验设计与研究

8.2.1 中学物理实验的设计方法

在中学物理实验中，有许多实验其设计构思十分巧妙，其中有一些实验在物理学理论的建立和发展中具有重要的意义，其间凝聚着科学家的智慧和创造。教师在中学实验教学中,恰当地向学生介绍和运用这些实验的设计思想、实验方法和技巧,对于学生深刻地领会实验原理、启迪学生的创造性思维和尝试中学物理实验的设计是大有裨益的。在中学物理实验中,常见的实验设计方法主要有以下几种[①]:

1. 平衡法

平衡是矛盾的对立双方的暂时均衡,反映在物理学中就是一个物理量同另一个或几个物理量作用的抵消或相当。在物理实验设计中,平衡法是运用已知量确定未知量的一种常用方法。平衡原理,包括二力平衡、力矩平衡、电平衡、热平衡等,应用于物理实验设计的例子很多。例如:①用托里拆利实验来测量大气压强,是根据二力平衡的原理,即托里拆利管中一定高度的水银柱所产生的压强(压力)与管外大气所产生的压强(压力)相等;用弹簧秤来测量力的大小的实验,也是根据二力平衡的原理,即所加外力的大小与弹簧的弹力大小相等。另外,用密立根油滴实验来测定油滴的电量,也利用了二力平衡的原理。②利用天平测质量的实验,是根据力矩平衡的原理,即等臂杠杆平衡时两边的质量相等。除此之外,验证万有引力定律的卡文迪许实验、库仑扭秤实验以及磁电式电流表的设计等都运用了力矩平衡的原理。③用电桥测电阻的实验,以及用静电计(又叫电势差计或指针验电器)来检测或测量电压则运用了电平衡;用量热器测定金属比热的实验和用温度计测液体的温度是运用了热平衡。

2. 转换法

转换法是一种间接测量或间接观察的方法。物理实验中有一些物理现象、物理过程或物理量要想直接观测有一定的困难,这时可应用等效的思想进行转换,即根据效果相当的原则使之转换为容易观测或能够观测的物理现象、物理过程或物理量,并且效果显著,这就是转换法。物理实验设计中的转换法主要是根据力、热、光、电等现象间的转换关系,运用等效的思想来进行实验设计的。例如:①弹簧秤、握力计、牵引测力计等是把力的大小转换为弹簧的伸长量或者指针的偏转角度;微小压强计是把压强的变化转换为连通器中两边液面的变化;而打点计时器则将纸带的运动时间转换为在纸带上打出的点数来进行记录和计算。②双金属片热胀冷缩时的弯曲,不用投影仪是不容易看清楚的,但利用它的弯曲来接通电路,用灯的明暗来反映它的弯曲,则效果很好。③利用粒子对物质作用产生的各种效应,可用云室将粒子的运动径迹转化为雾迹,用荧光屏将射入其上的粒子转换为闪光。④示波器将脉动电压转换为直观形象的电压波形来进行观察。另外,电流表测电流、电压表测电压、欧姆表测电阻等都是将相应的待测量转换为指针的偏转来观察和读数的。除此之外,迈克耳孙干涉仪则是把测光速转换成测光的干涉条纹,等等。

---

① 参考韩景春,沈建民.物理实验教学研究[M].香港:银河出版社,2002.80—82.

3. 放大法

在物理实验中,微小量的测量或微小量的观察常采用放大的方法来解决。物理实验设计中常用的放大法有:①电放大。例如,用单根导线切割磁感线来产生感应电流的演示实验,由于感应电流很微弱,可以在示教电流表上附加一个放大电路,使感应电流放大从而能在示教电表上明显地显示出来。再如,扩音器、喇叭等是运用电子元件对微小信号所进行的放大。②光放大。例如,在高中物理人教版的教材中演示物体微小形变时就利用了入射光两次经平面镜反射后通过改变反射光的角度而放大现象,以便于观察。再如,放大镜、望远镜、显微镜、幻灯机等是利用光学元件对观察对象的空间尺度所做的放大。③机械放大。运用机械放大主要是将微小尺度的变化转换为较大尺度的变化。例如,螺旋测微器(又称千分尺)将其固定刻度上一个螺距的微小长度的变化转换为可动刻度的一周的转动,通过这种运动方式的变化来实现放大目的;游标卡尺则利用主尺和游标最小分度的差,将游标的微小移动转换为游标和主尺在较大尺度上的比较,从而进行放大。再如,利用杠杆原理将微小长度的变化转换为较大长度的变化或将小角度的变化转换为较大尺度的变化等。④累积放大。对微小量的测量,可采用累计后求平均的方法以减少相对误差。这是一种间接性的放大。例如,薄纸的厚度可测多张后求平均而得;细金属丝的直径可测量绕多圈后求平均得出;单摆的振动周期通过测出几十次摆动的时间求平均而得,等等。

4. 比较法

人们认识事物、区别事物主要是掌握它们的特点,而它们的特点主要是通过比较来进行的。通过比较达到辨异求同或者同中求异,从而打开思路,获得解决问题的方法。比较是认识事物的基础,因而也广泛应用于物理实验设计中,在物理学中由于研究对象的广泛性和多样性,比较的形式也是灵活多样的,可以是比较某物理现象在实验时间内前后的变化情况,可以是对几类物理现象变化过程的比较,也可以比较同一对象在不同条件下的变化情况。例如:①通过实验比较,可知酒精和水混合后的总体积减小,从而可推知物体内分子之间有空隙。②将平抛运动和自由落体运动相比较,验证了平抛运动的规律(竖直方向上做自由落体运动)。③对晶体和非晶体作比较,发现了二者物理性质的差异,并进一步揭示了二者在微观结构上的差异。④运用比较法,人们认识了密度、比热、电阻率等表征物质某种属性的物理量。⑤在两个 LC 振荡电路发射与接收的实验中,运用比较法,发现了电谐振现象及其发生条件等。再如,研究物体的浮沉条件时,用重力相等的铝盒与铝团作比较;两种不同的金属铆在一起做成双金属片进行受热膨胀的比较;用黑白颜色截然不同的两种物体表面来对比物体吸热本领的不同;在观察自感现象的实验中,通过灯泡亮度的比较,显示自感现象的存在,等等。

5. 对称法

对称思想是物理学中的一种重要思想,在物理实验设计中对这种思想也有巧妙的运用。例如,库仑在"扭秤实验"的设计中,运用对称思想巧妙地把小球的带电量分为 1/2、1/4、1/8……,成功地发现了电荷间的作用力与它们间的距离和电量之间的关系。又如,托马斯·杨运用对称法把点光源发出的一束光分成两束,巧妙地获得了相干光源,从而观察到光的干涉现象,验证了光的波动性。上述两个实验其装置本身的结构也是具有对称性的。再如,卡文迪许实验、等臂天平等实验装置在结构上也是对称的。由此可见,对称思想把复杂的物理实验研究问题简单抽象化,使得实验操作易控可行。

6. 模拟法

模拟法是近代科学实验中的一种重要方法。这种方法通过易表现的事物或现象来反映不易表现的事物或现象,是揭示事物本质特征的一种间接而有效的方法。模拟对象与被模拟对象之间有本质上的共同性或形式上的相似性。例如:①在磁体周围均匀地散布细铁屑,通过细铁屑的规则排列来形象地模拟磁体周围的磁力线的实验。②利用静电起电器对撒放了头发渣的蓖麻油中的电极进行起电,然而通过头发渣的规则排列来模拟点电荷周围的电力线的实验。③利用静电场和电流场遵循规律的相似性,用电流场来模拟静电场,从而在实验中可描绘出静电场中的等势线的实验都采用了物理实验设计中的模拟法。再如,用棱镜对光进行色散就可以模拟彩虹,从而达到研究彩虹的目的。这种方法是模拟自然现象发生的条件,在实验室中重现自然现象。

7. 近似法

在中学物理实验中,有时为了简化实验,突出实验的物理意义,对一些中学阶段要求不太高的实验,在其设计上可采用近似法。例如:①利用"伏安法"测电阻时,将安培表、伏特表近似地视为理想仪表。②用"半值法"测电流表的内阻时,将变阻箱的示数近似地作为电流表的内阻。③在验证牛顿第二定律的实验中,将砂桶的总重力近似地当作小车所受拉力的大小。但需要注意的是,在运用近似法设计的实验中,为了提高实验的精确度,应将实验条件控制在一定的要求中。例如,用"伏安法"测电阻时,应根据待测电阻、电流表和伏特表内阻的大小关系,合理选择连接方式(内接法和外接法);用"半值法"测电流表内阻时,应保证滑动变阻器电阻远大于变阻箱电阻;在验证牛顿第二定律的实验中,应保证小车和砝码的总质量远大于砂桶的质量。

8.2.2 演示实验的设计与研究

演示实验是物理课堂教学中一种深受学生欢迎的实验形式。由于演示实验一般是由教师操作表演,一套装置就能满足全班学生观察的需要,对实验条件的要求不高,即使是条件较差的学校,通过自制教具也能解决很大的问题。因此,演示实验的设计与教学研究,已得到普通重视。

1.演示实验教学设计的基本方法

由于教学活动的多样性、灵活性和复杂性,致使演示实验教学设计无法得到一整套像工程技术设计那样比较确定的技术设计方法。但是,课堂演示实验教学设计仍有其规律性。课堂演示实验教学设计的一般思路是:第一,必须选择实验教学目标,确定方向。第二,必须选择能够达到这些目标的教学策略。作为教学策略的一部分,必须选择实验内容和总的步骤。第三,必须选择能实施和实现上述教学策略的教学手段和方法。第四,必须选择适当的手段和方法来评价和检查所做的工作。

1)课堂演示实验教学模式

课堂演示实验有多种不同的教学模式。这里仅介绍一种在物理规律的教学中适应性较强的演示实验教学模式。如图 8-1 所示。

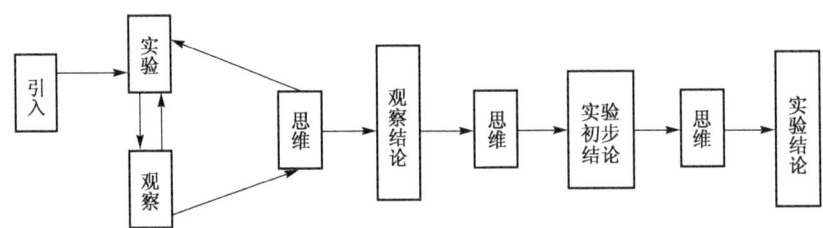

图 8-1 演示实验教学模式示意图

实验操作产生的物理过程和现象,由观察者感知得到一定的物理表象——感性知识(感性的具体),这些表象经初步的思维加工而得到观察结论(抽象的具体),再经过思维加工之后得到初步的实验结论,最后进一步思维加工就可得到一般的实验结论。

在这个实验模式中,实验操作是基础;而教师的操作又必须通过学生的有效观察而起作用,观察是关键;思维不仅是得到实验结论所必需的,而且还可提高观察的各种品质,提高观察的质量,可使操作更具有目的性和条理性,思维是核心。

2)课堂演示实验教学设计的基本程序

演示实验教学设计一般需经过以下几个阶段:

(1)选题

根据课堂教学的目的、要求和内容,确定演示实验课题。

(2)制定实验教学目标

实验教学目标主要包括三个方面:①知识——物理基础知识、实验现象及实验基础知识、实验研究方法;②能力——观察能力、思维能力、实验操作能力等;③个性、素养——兴趣、动机、态度、习惯等。

(3)设计与选择实验方案

一个实验内容往往可以有不同的方案。选择实验方案的依据主要有：①所选课题的实验目的、要求、内容；②演示实验的基本要求，如目的性、科学性、简便性、明显性、趣味性等；③学校的实验设备情况；④学生的情况，如物理知识、接触过的实验、实验知识和技能、思维与生理心理特征等；⑤实验时间和教学所允许的时间；⑥是否与实验体系和演示实验教学体系相协调。

在这一阶段，围绕一个教学主体所选的实验方案往往不是一个。

(4)进行总体构思

根据教学目标和所选实验方案，设计或选择适当的教学策略，建立或选择教学结构模式，对整个教学过程进行整体构思，决定主要的教学环节和大致的教学程序。

(5)确定局部(子)课题

根据所选定的教学策略及总体结构模式，逐一分析实验要点，分析学生学习的重点、难点，分析判断学生在观察与思考时可能产生的问题和困难。在此基础上确定教学过程中需要重点解决的若干局部(子)课题。

(6)局部设计

对确定的各子课题分别进行分析，初步定下在实验、观察、思考等方面的相应对策。如分析：①实验时应重点显示或测量什么？重点表演什么？表演时应注意什么？②指导观察时，应指出什么？交代什么？提醒什么？指导学生用什么方法进行观察？可以得到什么结论？③启发引导学生积极思维得到实验结论时，应讲解什么？提问什么？讨论什么？启发什么？分析归纳什么？怎样从观察结论得到实验结论？实验结论是什么？等等。初步确定所要采用的教学手段和教学方法，初步确定具体的实施方案。

(7)确定总体设计方案

根据总体构思，将局部设计方案汇合、串接、整理、加工成为一个完整的总体设计方案。在这一阶段应注意：①各局部设计、各环节的"接口"(过渡、衔接)需自然、恰当。②教学方法和教学手段的选用须与演示实验内容相融洽，与实验操作相配合，并以实验内容和实验操作为中心。在围绕一个实验内容的教学中，教学方法和教学手段的种类不宜用得太多。

(8)试教(试验)

选择或试制实验器材，按设计的方案进行试教(试验)。

(9)评价、修改

根据实验教学目标和试验情况，对总体方案进行必要的评价，看其能否达到拟定的实验教学目标，如果没有达标，则须从第3步开始重新设计或修改；如果达标了，则实验教学设计通常可算完成了。

2. 演示实验的教学研究

随着教学改革的深入,物理演示实验也在不断发展。开展演示实验的教学研究,不断丰富和改进演示实验,已是物理实验教学的发展趋势。就目前的情况看,可以以下几个方面开展演示实验的教学研究。

1)实验设计思想的研究

能否设计出一个好的演示实验,或者能否发挥演示实验的作用,首先在于深入分析研究它的设计思想,即要从物理学的理论、思想、方法和教学论的思想方法来发掘演示实验本身的潜在意义,研究进行演示实验教学的规律。

2)提高已有演示效果的研究

这是一种最为经常和大量的研究,不要认为已有的演示实验没什么可研究的了,实际上已有的实验中有许多问题值得研究。例如,仪器设备是否能达到预定的教学要求,如何不断改进更新?怎样更好地改进演示程序,提高演示效果等等,都值得深入研究。为适应教学改革的需要,必须大力改进演示方法,提高演示效果。

3)填补演示空白、突破教学难点的专题研究

某些重要的物理概念和规律,需要用演示来帮助学生认识,但有时教学中缺少这样的实验,因此需要进行研究和设计。还有一些物理学史中的重要实验,目前尚无简单有效的仪器可以进行演示,这也需要研究或设计出相应的教学仪器,或用模拟的方法来解决困难。

特别需要提出的是,目前亟需开发一些突破教学难点的演示方法,对此,处于教学第一线的教师最有条件开展。为了研究这些课题,必须研究教材中哪些地方是教学难点,形成难点的原因是什么,并结合教学,研究解决的方法。

4)多种演示手段和替代性实验的研究

利用常用仪器教具进行演示,这是一种最基本的手段。同时还可以利用投影、教学电影、电视录像以及计算机进行模拟演示等等。这些手段之间应当如何配合?如何发挥每一手段在演示中的特殊作用?另外,为了解决缺少仪器的暂时困难,还需要设计各种替代性实验,这些都是值得大力研究的课题。

总之,进行演示实验的教学研究不仅十分重要,而且研究的领域也是相当广阔的。作为一个物理教育工作者,应该在这个广阔的领域里施展才能,使中学物理教学质量得到较快的提高。

8.2.3 学生分组实验的设计与研究

学生分组实验是学生在教师的组织指导下,在实验室分组进行实验,包括亲自动手操作,观察实验现象,取得数据并进行分析处理,得出结论等。通过学生分组实验,一方面可以帮助学生巩固所学的物理知识,另一方面可以培养学生的实验能力和从事科学研究的基本素养。因此,必须充分重视和不断加强学生分组实验的组织、设计和研究工作。

1. 学生分组实验的分类及其设计

在中学物理实验教学中,学生分组实验主要有测定性实验、验证性实验、研究性实验、观察性实验和基本练习性实验。下面以前两类实验为例,说明学生分组实验的设计问题。

1)测定性实验

测定性实验主要是测定某些物理量或物理常数,学习利用物理公式进行间接测量的方法。例如,初中物理中测定物质的密度、测定滑轮组的机械效率,高中物理中用冲击摆测弹丸的速度、测定重力加速度、测定电池的电动势和内阻等都属于这类实验。设计测定性实验,关键是选好实验所依据的原理。至于选哪个物理规律作为实验原理,首先这个规律应当包含待测物理量;其次还要兼顾实验组装的方便、准确度要高、仪器容易选择等因素。

下面以测定重力加速度为例,说明设计该类实验的程序。

(1)选择所依据的原理。选择实验原理的原则,是看依据哪个原理进行实验会更简便易行,而精确度又高。如果依据万有引力定律来测量,由 $F=mg$ 和 $F=\dfrac{GMm}{r^2}$,可得 $g=\dfrac{GM}{r^2}$。其中 r 在当地之值很难准确求得,且 M、r 的数量级很大,精确度也不够,可见用此式测 g 不很妥当。若依据自由落体运动规律来测量,又有设备复杂的缺陷,所以多选用单摆周期公式 $T=2\pi\sqrt{\dfrac{L}{g}}$ 作为测量的依据。

(2)选择实验仪器。选择实验仪器的依据,是尽量选用测量原理方程中所涉及的各物理量的直读仪表,以进行直接测量。在本例中需选用测单摆的摆长和周期的仪表,如米尺、卡尺、秒表等。

(3)编排实验步骤。首先根据实验原理的要求组成实验装置,本例中就是组装典型的单摆。其次按完成一个物理量的测量为一步的原则,拟就实验步骤。本例中是先测量单摆的摆长,再测量振动周期。

(4)设计记录表格。本实验可设计记录表格如表 8-1 所示。

表 8-1 测定重力加速度实验数据记录表

实验次数	摆长 L(m)	摆动 50 次的时间 t(s)	平均周期 T(s)	重力加速度 g(m/s²)
1				
2				
3				
平均值				

2)验证性实验

验证性实验的主要目的是,通过实验验证已学过的理论知识(一般是物理规律)

的正确性,加强对新知识的理解,并训练实验技能。这类实验所验证的规律一般都有严格的数学表达式。如牛顿第二定律,其表达式为 $F = ma$,它表示外力在数值上与 m 和 a 之积相等。所以实验验证的核心是这个相等性。实验工作就是用测量到的数据证实这个等式。因而这种实验必须求得方程式两边的所有物理量,并依据方程处理数据。可见这种实验实际分为两步:一是测定各物理量,如在此例中测 F、m 和 a;二是数值验证。

设计这类实验要注意突出主要矛盾,尽量排除次要因素的干扰,使所要验证的物理规律尽可能"不失真"地呈现在学生面前。要做到这一点,必须严格控制实验条件(即物理规律成立的前提条件)。例如玻意耳—马略特定律,其关键是气体的质量和温度不变,其次要指导学生运用误差概念正确理解和区别理论结论和实验结果,这个定律无论怎样控制"恒质"和"恒温",实验结果和理论结果都不会完全吻合,因为在实验中得不到"理想气体"。

2. 学生分组实验的教学研究

学生分组实验教学研究的课题主要有以下几个方面:

1)研究如何创造条件,完成中学物理课程标准规定的学生分组实验

对于一些尚不能完成课程标准所规定的学生分组实验项目的学校和教师,应当研究如何创造条件,例如,设计一些替代性的学生实验,开展自制教具活动等,以完成课程标准规定的学生实验。

2)研究如何改进某些学生实验,以获得良好的实验效果

中学物理中有些学生实验难度较大,例如,晶体的熔解和凝固实验、冲击摆测弹丸速度的实验、用干涉法测光的波长的实验等,需要分析导致这些实验困难的原因,研究改进的措施。

3)开发与设计一些新的学生分组实验项目,以满足教学的需要

根据教学的需要,可以设计或从演示实验中选取一些对学生锻炼意义较大的实验作为学生分组实验,以加强学生的技能训练。对一些在生产技术中有广泛应用的基本仪器,应设计一些新实验使学生有一定反复训练和提高的机会。课本内容的某些领域(如关于场的性质、原子物理等)实验较少,也需要进一步开发。可以设计一些测定重要的物理常数的实验,对学生理解这些物理常数的意义,学习这些常数的科学测定方法是有益的。设计这些实验时,应考虑中学的条件、中学生的接受能力和心理特点,而不能简单照搬大学基础物理实验中的有关方法。

4)学生分组实验教学方法的研究

学生分组实验的传统教学方法,都是先让学生预习实验教材,课堂上教师对实验原理、实验方法、仪器使用、操作步骤以及注意事项等进行详细讲解,然后让学生按规范步骤进行实验操作。这种方法在实验初期是十分必要的。但随着年级的升高和学生实验技能的提高,如果总是采用这种方法就不恰当了。教师应该研究如何改变那

种教师全面讲解、学生"照方抓药"式的实验教学方法,充分调动学生在实验中的积极主动性。为让学生在实验中主动思考和探索创新创造良好的条件。

总之,要建立适应我国国情的中学物理实验教学的结构体系和提高实验教学质量,必须从理论和实践两方面的结合上深入进行探讨。

8.2.4 课外实验的设计与研究

物理课外实验是物理课堂教学的一种有效补充形式,也是物理活动课程的一部分。进行物理实验教学研究,应当把对物理课外实验的研究作为一项重要内容。

1. 观察性实验

1)漫反射现象的观察

漫反射的作用往往不被学生所认识,许多学生觉得镜面反射是不可少的,而漫反射没有多大作用。因此,有意识地安排一些对漫反射现象的观察性实验,对帮助学生搞清楚漫反射的作用是极为有益的。

(1)野外观察

选择一个雨后的夜晚,在黑暗的野地里进行观察。

把手电筒的光会成一束,最好再用一张黑纸卷成筒状,套在手电筒头上。将电筒光对空向各个方向照射,这时站在边上的人很不容易发现电筒的光束,电筒光也并不为周围空间增添光亮,好像电筒不亮一样。如果在光线行进的途中设法在空气中扬起灰尘,则一道光束清晰可见。

将手电筒的光束射向池塘的水面(或射向一块大的平面镜),只能在水面(或镜面)上留下一个不大的亮斑,周围仍旧黑洞洞的,也看不见手电筒的亮柱。若将电筒光束投射在白色的物体上,则无论从哪个方向看去,都显得非常明亮,整个空间也好像一时亮了许多。

(2)室内观察

在空气清新的夜晚,在室内进行上述观察,结论基本上相同。只是当光束投射在白墙上时,由于几面墙壁的多次漫反射而使整个室内一片通明,比室外观察时要亮得多。

在指导学生进行观察后,可引导学生结合日常生活现象展开讨论,使学生搞清楚漫反射使人们看清物体的道理:人们之所以能看清各式各样的物体,主要是因为这些物体发生了漫反射的结果。

2)光的色散现象的观察

光的色散现象说明白光是由各种颜色的光组成的,引导学生对色散现象的观察不仅能使学生搞清楚白光的组成,注意各种色光的排列顺序,而且还能学到用多种方式观察同种现象的观察方法。

(1)美丽的彩虹

夏天,雨后的晴空经常会出现一道美丽的彩虹,它是太阳光经空气中的许多小水珠折射、反射而形成的。观察彩虹,看它里面的各种色光的排列顺序如何,彩虹的位置与太阳的位置之间有什么关系。

在斜射的阳光下,背向太阳,用喷雾器喷雾,或者将一口水喷成雾状,即能看到雾中出现的人造彩虹,与天空中出现的彩虹一样。

在房间里也能造一条虹,只要把一杯水放在窗台上,在地上铺一张大白纸,太阳光通过水发生折射,于是在纸上形成一道非常美丽的彩虹。

(2)自制水三棱镜

白光通过三棱分解后,形成绚丽多彩的光带(光谱)。可以自制一个水三棱镜来观察光谱。

用三块长方形的玻璃片和一只小塑料袋,就可以自制一个水三棱镜。如图 8-2 所示,三块玻璃片围成一个三棱柱,用细线或橡皮筋扎紧,塑料袋内充满水,两端用细线扎紧。也可以用三块长玻璃和两块三角形铁皮用油灰或医用胶布胶粘,先留出上面的一块三角形,待装满水后再用胶粘住,这种水三棱镜的分光效果与玻璃三棱镜差不多。

寒冷的冬天还可以将一块冰加工成冰三棱镜,加工时需注意使表面尽量平滑,否则分光的效果差。

观察时,把三棱镜横放在阳光下,太阳光通过三棱镜后,在地面上形成一条彩色的光带。注意太阳光在通过三棱镜后是向什么方向偏折的?什么色光偏折得最多?

不用三棱镜,用如图 8-3 所示的简单方法也能观察到光谱。在水盘里斜靠一面小镜子,然后让太阳光投射至水里的镜面上,经镜面反射再折射到天花板上,由于阳光进入水和由水射出两次折射,与三棱镜的情况类似,所以投射到天花板上的也是一条彩色的光带。

这种观察性实验不仅有助于学生掌握知识,而且能帮助学生提高观察力。

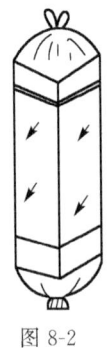

图 8-2

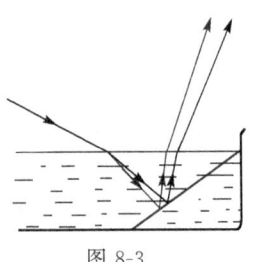

图 8-3

2.课内教学的补充性实验

1)用算盘研究摩擦力

为了使学生加深对摩擦力的理解,可以让学生用算盘来做实验。通过实验找出影响摩擦力的因素,从而研究其初步规律。

[实验方法]

用一个算盘和一段稍粗的橡皮筋,在橡皮筋的一端用细线拴一个铁丝钩。

①用铁丝钩钩住算盘的一端,分别拉算盘在桌面上滑动和滚动,从两次实验中橡皮筋的不同伸长,比较滑动摩擦与滚动摩擦的大小。

②依次在算盘上放一、二、三本书重新实验,从每次橡皮筋的不同伸长看摩擦力与正压力的关系。

③将算盘先后移至不同粗糙程度的台面上,重做滑动摩擦实验,看摩擦力与接触面粗糙程度的关系。

④重新做滑动摩擦实验,逐渐加大拉橡皮筋的力,但算盘并没有被拉动,这个过程说明了什么?(说明静摩擦力是一个变量)然后继续增大拉橡皮筋的力,注意观察算盘刚被拉动时和做匀速运动时橡皮筋伸长的不同,从中得到什么规律?(最大静摩擦力大于滑动摩擦力。)

[分析与研究]

用算盘研究摩擦力是一个简便易行的实验。它不仅能帮助学生理解有关摩擦力的一些概念,而且能够比较各种情况下摩擦力的大小,认识摩擦力的初步规律。该实验有以下几点需要注意:

①实验中用橡皮筋的伸长来测量力,严格说来,橡皮筋受力伸长一般并不遵循胡克定律,但在一定范围内其伸长量随拉力的增大而增大的关系是存在的,这一点可用来粗略地比较力的大小。

②橡皮筋所示出的是拉橡皮筋的力或橡皮筋拉物体(算盘)的力,当物体静止或做匀速直线运动时,此力与摩擦力相平衡。因此,橡皮筋的伸长只是间接地显示了摩擦力的大小。

2)测定声音在空气中的传播速度

[实验方法]

由三个人站在较平直的公路上进行实验。一人为发令者,站在起点用竞赛信号枪(或点燃一爆竹)发送信号,另二人在距发令者尽可能远一些的地方(如 300 米左右)接收信号。两人各带一只校准的秒表,把其中一人的眼睛蒙起来,把另一人的耳朵塞起来。当发令人发出信号后,两人分别根据光烟信号和声音信号启动秒表,然后再把秒表交到一人手中,同时揿停秒表。两只秒表的读数差即近似为枪声从发令处到接受处的传播时间。

距离可以用数步法测出;或者将自行车轮上作一记号,数出自行车从起点到终点的车轮转数,再根据车轮半径求得;还可以根据人行道边的水泥电线杆的数目或公里里程碑等求得。这样即可算出声音在空气中的传播速度。

[分析与研究]

这个实验是测量长距离和短时间的综合训练,对初中学生是很适宜的。为了发挥学生的主动性,可以让他们自己提出测试的方法,并在实践中修正和改进。

由于各人动作反应的灵敏程度不一样,会出现一定的系统误差,这可以用交换测量的方法来减小。如果两只秒表的时标差异可以察觉,则应当以一个表为准,测出修正值加以修正。对于偶然误差可以用多次测量求平均值的方法来减小。在这个过程中,学生可以学到一些减小误差的方法。至于测量结果,只要能达到数量级的要求就可以了。

如果在远处看不清发射时的烟光,可以让一个接收者到发令人身边去启动秒表。

这个实验还可以利用收听广播的方法来进行。例如,实验者带着秒表和收音机到离开某高音喇叭很远的地方(如 1 千米远),根据自己身边收音机发出的报时信号启动秒表,再根据听到远处喇叭传来的报时信号揿停秒表,由此测出时间,再运用几何测量的方法测出距离,即可测出声速。

3.趣味性实验

1)双锥体"爬坡"

用木材削制一个两头尖、中间粗的滚轮(即双锥体),中间直径 15～20cm,高 20～30cm。如果有现成的金属双锥体更好。把双锥体放在 V 形斜槽轨道(滚架)的低端,当观察者视线方向与滚轮轴心取向一致时,将会看到滚轮向斜槽高端滚动,犹如"爬坡"一样。

[分析与研究]

双锥体在 V 形轨道上自低端向高端滚动,实际上是因轨道逐渐变宽,锥体的重心在重力作用下逐渐降低,使测视的观察者受滚轮上的同心圆和槽板上的竖直线的诱惑所造成的错觉,但整个锥体还是由高向低运动的,如图 8-4 所示。

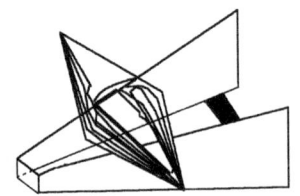 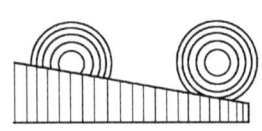

图 8-4 双锥体"爬坡"示意图

滚架的制作一方面要尽量使两端的高差大些(此高差一定要小于圆锥底面的半径);另一方面又必须使圆锥放置在高端时重心(或锥尖)的位置低于在低端时重心的位置。此要求可通过调整滚道两端的间距来达到。

2)一纸托千斤

一纸托千斤实验装置如图 8-5 所示,一截长 40 厘米、直径约 6 厘米的竹筒(最好是铁管子),利用中间的节子竖直搁放在木板架的孔中。筒子的下口平整地蒙上一层纸,并用细绳扎紧,用手托住纸缓缓地向筒内装入细砂约一半略多。插入一根直径略细的圆木棍,在木棍上横放一块长木板(板上可钉 3~4 个三角支撑,使木板平稳地嵌在圆木棍上),此时可在长木板上坐好几个人,筒底的纸都不会被压破。

[分析与研究]

这是一个很好的游艺实验,用在晚会上表演能获得惊人的效果。木板架须结实,不要做得太高,长木板的高度以人能骑坐为宜,板长 1.5 米左右,这样能坐 8~10 人,几乎重千斤。表演时当众蒙纸装砂,表演完将砂倒出,并将圆木棍插至筒内离纸不高处放下,纸当即被捣破,以解除观众对纸的怀疑。

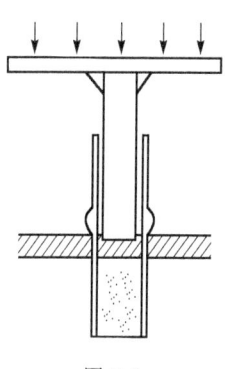

图 8-5

这个实验的原理是这样的:相互接触的两个物体间有力(机械力)的作用而无相对运动趋势的时候,力发生在接触点(或面)处,并垂直于两个物体接触处的公切面。当细砂上面一层受到垂直向下的压力时,由于细砂呈颗粒状,这个压力将沿着与它接触的砂粒的公切面的法线方向作用到其他砂粒上,以至最后在管壁和底面上几乎均匀地受到压力。这如同在铁路的枕木下铺设石碴能将火车的压力均匀地分散在整个路基上一样。由于管壁的面积比底面积大得多,因而管壁所受的力将比管底纸所受的力大得多。又由于细砂受压有向下运动的趋势,因而管壁对砂粒有一个向上的摩擦力,正由于这个摩擦力阻碍了细砂的向下运动,支承了压力的绝大部分,从而减少了纸实际承受的压力。

根据以上分析,需注意以下两点:第一,为增大摩擦力,砂柱应尽量装得长一些;管内壁不宜光滑,可适当打毛一些。第二,砂粒中不宜混有黏土,以免影响到压力的均匀分散。

 思考题

1. 请阐述物理实验在中学物理教学中的地位和作用?
2. 在新课程背景下如何使物理实验发挥其应有的作用?
3. 物理实验设计对培养学生的创新能力有什么作用?
4. 请利用物理实验设计的基本方法设计一个中学物理实验。
5. 中学物理能离开物理实验进行教学吗?请一说说你的观点。

【相关链接 I】

一道开放性实验题的 11 种设计

题目:在初中物理实验中,常常用长方体木块作为实验器材来研究一些问题,现在请你以长方体木块作为实验器材之一,可以添加其他辅助器材,设计三个实验来研究或说明相关物理问题。

	添加的主要器材	实验的主要内容	研究或说明的物理问题
设计一			
设计二			
设计三			

分析：本题是答案并不唯一的开放性试题，解答（设计）时我们可从力、热、声、光、电五个方面加以考虑。

	添加的主要器材	实验的主要内容	研究或说明的物理问题
设计一	细绳、小车	将木块竖直放在小车上，用细绳突然拉动小车向前运动，木块向后倒下。	木块具有惯性
设计二	弹簧秤、细线	用细线将木块挂在弹簧秤钩上，木块静止时，弹簧秤有读数。	木块受到重力
设计三	弹簧秤、水、细线、烧杯	将挂在弹簧秤下的木块放入烧杯的水中，发现弹簧秤的读数变小。	木块受到浮力
设计四	弹簧秤、木板、毛巾、砝码	将木块分别放在木板、毛巾上用弹簧秤匀速水平拉动；砝码放在木块上后再放在木板上匀速拉动。	摩擦力的大小与压力的大小、接触面的粗糙程度有关
设计五	泡沫塑料	将木块分别平放、竖放、侧放在泡沫塑料上，观察泡沫塑料的凹陷情况。	压力作用的效果与受力面积的大小有关
设计六	弹簧秤、细线、溢水杯、小桶、水	用弹簧秤在空气中测出木块的重力，然后将木块轻轻放入盛满水的溢水杯中，再用弹簧秤测出被排出的水的重力。	研究阿基米德原理
设计七	烧杯、热水	将木块的一端放入热水中，手握另一端不觉热。	木块是热的不良导体
设计八		将耳朵靠在木块上，轻轻敲击木块的另一端，耳朵能听到声音。	固体能传声
设计九		将木块放在太阳光下，木块后部出现影子。	光的直线传播
设计十		将木块拿在手上高举，坐在教室任何部位的同学都能看到。	漫反射
设计十一	导线、开关、灯泡、电源	将导线、开关、灯泡、电源和木块连成串联电路，闭合开关，观察灯泡是否发光。	木块是绝缘体

（资料来源：《物理教学探讨》2004年第2期（下半月），作者为江苏省海安县大公中学的田建忠老师。）

【相关链接Ⅱ】

自制教具演示"失重现象"

"失重现象"是高中物理中不容易理解的内容。下面介绍几个自制的演示失重现象的小实验，相信会给大家一定的启发。

1. 链条失重现象

自制一倒 U 形木架，在木架上端悬挂一根细链条，使链条的一端 A 固定在木架横梁上，另一端 B 用细线系在链条 A 端的一个环上（为使现象明显可使链条适当长一些，并在 B 端挂一个钩码）。此装置放在带有托盘的台秤上，如图 8-6 所示，装置静止时观察台秤指针所指的示数。点燃火柴烧断系住链条 B 端的细线，这时引导学生观察台秤示数的变化，可观察到台秤示数变小。这说明链条下落时发生了失重现象。但当这一半链条下落到被上半链条拉住静止时，台秤又恢复到原来的示数。

2. 压力消失现象

在一个平底吊盘上放一个重物 m，把一张薄纸条 A 的一端压在重物 m 和吊盘之间，如图 8-7 所示，纸条尽量窄且不很结实。当抽动一端时，纸条轻易地被拉断。实验时，一只手把纸条的另一端固定，另一只手提着盘的吊线 B（也可以请学生上讲台来帮助教师完成此实验）。先用手提着盘和重物慢慢下降，则纸条先被拉紧，接着就断裂了。这是因为纸条被重物压着的一端存在静摩擦力的作用。第二次换一张同样的纸条，把纸条的一端压在重物和盘之间，另一端固定，但是提吊线 B 的手突然放开，使盘和重物同时自由下落，可以看到纸条不但没有被拉断而且完好如初。这是因为自由下落过程中重物完全失重，不受盘的支持力，其反作用力——重物对盘的压力也就消失了，使静摩擦力不复存在。因此，可以从容地拉出纸条。

3. 喷泉失射现象

取一只旧塑料瓶（如可乐瓶），在瓶的下端侧壁上钻几个小孔，用手指堵住小孔，向瓶中装满水（向水中滴几滴红墨水，便于看得更清楚），松开手指，则水就会喷射出来。这是水的重量产生的压强对瓶壁的作用。如果松开了拿瓶的手，让瓶自由下落，这时可以看到水立即停止喷出。这是因为正在自由下落的水处于完全失重状态，水层之间不再存在压力，故水不会从孔中流出。

4. 斜面上下滑小车失重现象

用薄三合板自制一个斜面（稍长些），把一小车通过细线固定在斜面的上端，如图 8-8 所示。此装置放在带有托盘的台秤上（固定好），待装置静止时观察台秤指针所指的示数。点燃火柴烧断系住小车的细线，小车将沿斜面加速下滑，这时可观察到台秤示数变小。这说明小车加速下滑过程中发生了失重现象。

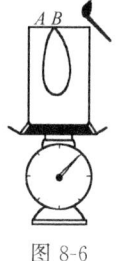

图 8-6

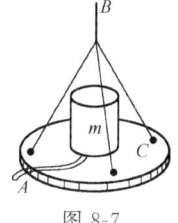

图 8-7

图 8-8

第 9 章　中学物理教学研究论

所谓中学物理教学研究,是指教师对中学物理教学中涉及的问题,包括中学物理教学的基本理念、教学原则、教学内容、教与学的策略、直至教学过程中的每一个环节等进行研究,通过总结经验、辅之理论、提升规律,从而形成一种相对独立、完整的科学体系,并藉此指导、控制、优化中学物理教学的全过程,这一切活动就是中学物理教学研究。

教学研究是学校教育科研的重要组成部分。积极开展中学物理教学研究,对于教师探索中学物理教学的规律、提升自身的科研能力、促进课堂教学的改革、提高教学的质量和效率,以及促进自身的专业成长都具有重要的现实意义。为此,作为一名中学物理教师,应重视并努力践行中学物理教学研究。

9.1　中学物理教学研究的内容选择

中学物理教学研究的内容十分广泛。可以这样说,凡是教师在教学过程中涉及的一切问题,都可以作为教学研究的课题。其内容主要包括以下几个方面。

9.1.1　课程标准和教学内容的研究

课程标准是按门类确定一定学段的课程水平及课程结构的纲领性文件,是一个国家对基础教育课程的基本规范和质量要求。虽然(国家)课程标准是教材编写、教学、评估和考试命题的依据,是国家管理和评价课程的基础。但它不应是一成不变的,随着时代的发展变化,国外教学理念的引入和本土化进程的推进,在此基础上,适合中国国情的新的教学理念也随之而生,课程标准也要进行必要的修改。新中国成立后,中学物理教学大纲(相当于现在的中学物理课程标准)已进行过几次重大的修改就是佐证。当前,随着学习化社会的到来、素质教育的逐步推进,教学理念也应得以提升。因此,立足中学物理,放眼国际国内,结合时代背景,深入探讨中学物理的课程标准的相关内容不仅是可行的,而且也是有研究价值的。

随着科学技术的迅猛发展,教学内容也应有所变化。教学内容的变化集中体现在课程改革中。目前,在邓小平的"三个面向"指导下,国家已进行了第八次课程改革。其中课程内容的改革要具有现代性,也就是说,课程内容应反映最近的研究成果。因此,中学物理教学内容如何具有现代性是教学研究的课题之一。削枝强干、开设窗口、安装接口等是使教学内容具有现代性的思路之一。

9.1.2 教学规律和实验设计的研究

这方面的研究是教学研究的主体部分,内容丰富,大体可细分为以下几个方面。

1. 物理教学的规律探讨

探讨教学规律,提高教学质量和效率是学校教学工作中一项关键性的任务。其实质就是探讨教育、教学等外部的对策,如何才能高效地促进学生的发展,学生的可持续发展。在这方面,虽然前人已经做了大量的工作,获得了一些规律性的准则,如中学物理的教学原则;中学物理教学过程的基本模式;等等,但随着时代的发展、教学实践的深入,这其中又出现了许多崭新的课题等待着我们去探究。如,在中学物理教学中怎样培养学生的批判性思维能力;发展学生的非智力因素与提高物理学习质量的关系如何,等等。

2. 物理课堂的教学设计

教学设计是从国外引进的一个概念,类似于我们较为熟知的备课。但是从本质上讲,教学设计是一个分析教学问题、设计解决方法,对解决方法进行试行,评价试行结果,并在评价基础上修改方法的过程。因此,从其内涵上来讲,教学设计是一个动态的过程,其目的是获得解决问题的最优方法。从外延上来讲,从系统论的视角,教学设计按其研究的范围可简单划分为四个层次,即教学系统设计、课程教学设计、课堂教学设计和教学媒体设计。所谓课堂教学设计是指"教师根据现代教育理论的基本观点与主张,依据教学目的和要求,通过对课堂教学过程中各主要要素的系统分析,确定合适的教学起点,创造一种教学活动模式,并形成有序的流程,以指导现代课堂教学工作的有效实施"[①]。

综上所述,新课程背景下的课堂教学设计的"成果"应是一个指导性的动态方案,而不应是一个计划性的静态教案。基于这样的认识,如何对某一节中学物理课进行具体的设计就是摆在我们面前的一个课题。

3. 物理实验的改进和设计

物理学是一门以实验为基础的学科。物理实验在中学物理教学中起着举足轻重的作用。但是,由于各种原因,有些学校把物理实验的最基本要求——做实验改成了背实验,这就更谈不上对物理实验的改进和设计了。作为一名中学物理教师应在学校领导的配合下,力所能及地开设有关的物理实验,并在此基础上积极开展对物理实验的改进和设计。

物理实验的改进,主要是指针对物理实验在某一方面的不足或缺陷,而有意识地加以弥补的活动。而物理实验的不足或缺陷主要包括以下几个方面:①现象不明显;

---

① 教育部师范教育司.高中物理课堂教学设计[M].上海:上海教育出版社,2000.4.

②成功率低;③结构较复杂;④安全性较差;⑤容易引起误解,等等。

物理实验设计的核心是创新,也就是说,设计的物理实验是"史无前例"的,要具有一定的新颖性。物理实验设计的基本方法有以下几种:①平衡法;②转换法;③放大法;④比较法;⑤再现法,等等。

4. 物理教学质量的评价

所谓评价,是指按照一定的标准或预期目标,对评价对象所进行的价值判断。对教学质量作出全面、系统、客观的价值判断,是教学管理改革的重要内容。教学质量包括教师教的质量和学生学的质量两个方面。过去对这些问题或者凭借各种考试来确定,或者依据直觉的印象作出定性的分析,往往缺乏应有的准确性和可靠性。为使教学质量的评价既科学又能定量,需要认真研究,制定出确实能反映教师教的质量和学生学的质量的目标体系,并以此为依据,开展对教学评价的各方面的专题研究。

9.1.3 学生的认知规律和学习策略的研究

学生是教学过程中的主体。为了充分发挥学生学习的主动性和积极性,使教师的主导作用和学生的主体地位有机地结合起来,教师必须了解和研究学生的认知规律和学习策略,只有这样,教师的教学活动才有针对性,学生才能获得高效的发展,且这种发展是符合时代要求的可持续发展。

1. 学生认知规律的研究

所谓学生的认知规律,主要是指学生在认知、理解和掌握物理事实、物理概念和物理规律中的思维规律。虽然前人已为我们总结出一般的规律,例如,初中生主要靠形象思维、高中生的思维已发展成抽象思维等,但是随着社会的进步,时代的发展,特别是目前学生智力的早期开发,学生的思维规律也会发生变化。况且不同学校,特别是发达地区的学校和不发达地区的学校、大城市中的学校和小市镇中的学校、城市中的学校和乡镇中的学校,它们的学生的思维规律也会存在差别,这就值得我们去专门研究。

2. 学生学习策略的研究

所谓学习策略,是指学生在元认知的作用下,根据学习情境的各种变量、变量间的关系及其变化,调控自己的学习活动和学习方法的选择与使用的学习方式或过程。在现代学生化社会中,教师在教学过程中让学生学习、内化,进而生成自己的学习策略,对于学生高效地获取信息、分析信息、加工信息、贮存信息以及提取信息具有极其重要的价值。教师可以结合学习策略的有关理论和自己教学的实际效果,开展对中学物理学习策略的研究,这必将有助于学生跳出"题海",获得新生。

此外,结合中学物理教学内容,教师通过对物理学史的专题研究,不仅可以丰富中学物理课堂教学的内容,而且利用研究的成果对学生进行实事求是的科学态度,坚韧不拔的学习毅力的教育,为学生人格的整合发展将起到重要的作用。

9.2 中学物理教学研究的理论基础

随着素质教育的逐步推进,综合课程的日渐青睐,学校教育迫切需要复合型的教师来承担。在复合型教师日趋受到重视的今天,教师对中学物理教学进行研究也需多种学科理论的整合。为此,中学物理教师需要具备以下几方面的理论基础。

9.2.1 教育传播理论

从传播的视角来看,教学过程是一个特殊的传播过程。因为它具有传播的基本组成部分:传者、信息、信道、受者、环境和反馈等。因此,运用教育传播理论的有关原理可对教学过程作出较为新颖的阐述。

1. 传播理论简介

传播一词译自英语 communication,也有人把它译成交流、沟通、传通、传意等,它来源于拉丁文 communicure,意思是共用或共享。现在一般将传播看做是特定的个体或群体即传播者(传者)运用一定的媒体和形式向接受者(受者)进行信息传递和交流的一种社会活动。传播按其涉及人员的范围大小以及对象又可依次分为四种类型:即人际传播、组织传播、大众传播和自我传播。

人们提出了各种各样的传播理论和模式,最主要的两种模式是工程学模式(engineering models)和心理学模式(psychological models)。1949 年,信息论的创始人香农(Claude E. Shannon)出于对电报通信问题的兴趣,提出了一个关于通信过程的数学模型。在此模型中,传播被描述为一种直线性的单向过程,包括了信息源、发射器、信道、接受器、信息接受者以及噪声六个因素,其中发射器起编码功能,接受器起译码功能。噪声是指任何干扰信息传递或使之失真的因素。不久,他与韦弗(Warren Weaver)合作改进了模型,添加了反馈系统。此模型后来被称为"香农-韦弗模式",如图 9-1 所示。

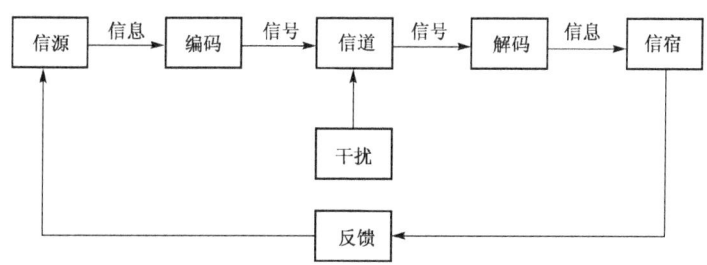

图 9-1 香农-韦弗模式

心理学模式关注的是信息源、接受者以及传播产生的效果,尤其是传播对接收者来说发生了什么效果。贝罗(D. K. Berlo)在他的传播模式中把传播过程分解为四个要素：信息源(source)、信息(message)、通道(channel)和接受者(receiver)(见图9-2)，并说明了影响信息源、接受者和信息实现其传播功能的条件，说明信息传播可以通过不同的方式和渠道。从该模式中可以看出，影响信源和接受者的因素是相同的，都是传播技巧、态度、知识、社会和文化背景。影响信息的因素是内容、要素、处理、结构、符号等项，而信息的内容、符号及处理，均能影响通道的选择。贝罗的SMCR模式，现在常被用来解释教育传播过程，它说明了在教育传播过程中，影响和决定教学信息传播的效率和效果的因素是多方面的、复杂的，各因素间既相互联系又相互制约，因而，要提高教育传播的效果，必须综合研究和考察各方面的因素。

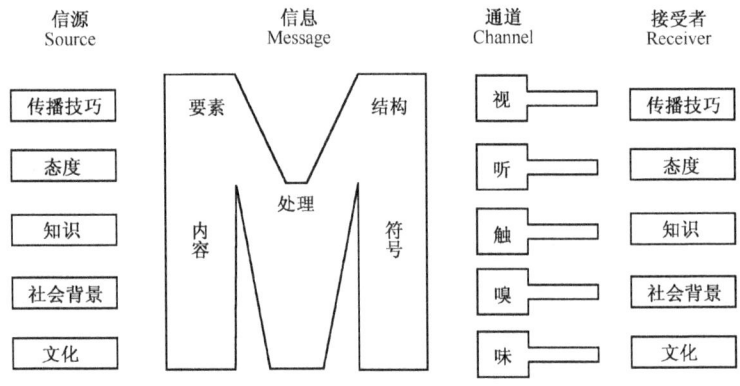

图9-2　贝罗的SMCR模式图

罗密佐斯基(A. J. Romiszowski)综合了工程学模式和心理学模式的优点，形成了一个比较适用于教育的双向传播模式。他认为，传播过程是一种双向的过程，传者和受者都是传播的主体。受者不仅接受信息，而且对信息作出积极的反应，如图9-3所示。

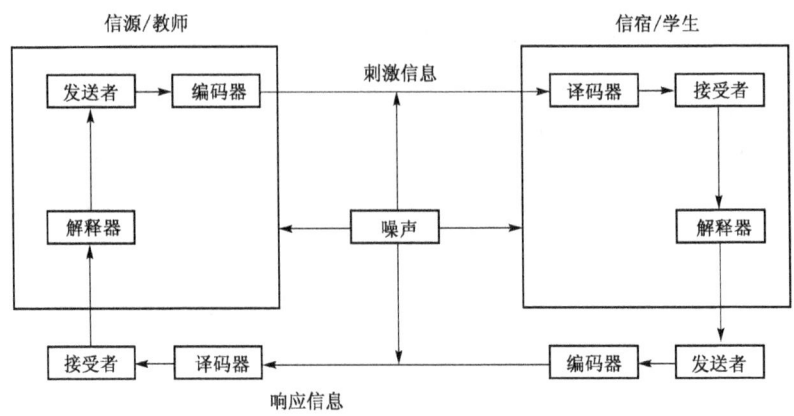

图9-3　罗密佐斯基的双向传播模式图

2. 传播理论在教学中的应用

许多研究者利用传播理论的概念及有关模型中的要素来解释教学过程,并提出了许多关于教学传播过程的理论模式,为教育传播学奠定了理论基础。

1) 说明了教学过程所涉及的要素

1948年,美国政治学家拉斯威尔(Haold Lasswell)在一篇论文《传播在社会中的结构与功能》中提出了一个用文字形式阐述的线性传播过程模式。他认为"描述传播行为的一个方便的方法,是回答下列五个问题:who?(谁?)、says what?(说了什么?)、in which channel?(通过什么渠道?)、to whom?(对谁?)、with what effect?(取得什么效果?)"这就是著名的"五W模式"。后来,有人在此基础上发展成"7W"模式(见表9-1)。其中每个"W"都类同于教学过程中的一个相应要素。

表9-1 教学传播过程中的七要素与教学过程中的七要素对应列表

who	谁	教师或其他信息源
says what	说了什么	教学内容
in which channel	通过什么渠道	教学媒体
to whom	对谁	教学对象即学生
with what effect	取得什么效果	教学效果
why	为什么	教学目的
where	在什么情况下	教学环境

2) 指出了教学过程的双向性

早期的传播理论认为传播是单向的灌输过程。它认为受者只是被动的接受信息,只能够接受传者的意图。这种传播思想忽视了受者的主动性和自主性,显然是一种片面的认识。奥斯古德和施拉姆提出的模式强调了传者和受者都是积极的传播主体。受者不仅接受信息、解释信息,还对信息作出反应,说明传播是一种双向的互动过程,藉着反馈机制使传播过程能够不断循环进行。教学信息的传播同样是通过教师和学生双方的传播行为来实现的,所以教学过程的设计必须重视教与学两方面的分析和安排,并充分利用反馈信息,随时进行调整和控制,以达到预期的教学目标。

3) 确定了教学传播过程的基本阶段

教学传播过程是一个连续动态的过程。但为了研究方便起见,南国农、李运林将它分解为六个阶段。

确定教学信息:教学传播过程的第一步是确定所要传递的教学信息。传递什么信息,要依据教学目标和课程目标。一般说来,课程的文字教材是按照课程标准由学科专家精心编写的,通常都体现了要传递的教学信息。因此,在这一传播阶段,教师要认真钻研文字教材,对每单元的教学内容作仔细分析,将内容分解成若干个"知识"点,并确定每个"知识"点要求达到的学习水平。

选择传播媒体:选择传递信息的媒体,实际上就是信息编码的活动。某种信息该用何类符号和信号的媒体去呈现和传递,是一个较为复杂的问题,需用一套原理作指导。如选择媒体要能准确地呈现信息内容;要符合学生的经验和认知水平,容易被接受和理解;容易得到,需要付出的代价不大,而又能取得较好的传播效果。

媒体传递信息:这时首先要解决两个问题:一是信号要传至多远,多大范围。要根据信号的传递要求,应用好媒体,保证信号的传递质量。二是信息内容的先后传递顺序问题。在应用媒体之前,必须做好信息传递的结构设计,在媒体运作时,有步骤地按照设计方案传递信息。媒体传递信号时应尽量减少各种干扰,确保传递质量。

接收和解释信息:在这一阶段,学生接收信号并将它解释为信息意义,实际上就是信息译码的活动。学生首先通过各种感官接收经由各种媒体传来的信号,然后学生依据自身的经验和知识,将符号解释为信息意义,并随之储存在大脑中。

评价和反馈:学生接收信号解释信息之后,增加了知识,发展了智力,但是否达到了预定的教学目的,需要进行评价。评价的方式和方法很多,可以观察学生的行为变化,也可以通过课堂提问、课后书面作业,以及阶段性的反馈信息。

调整和再传递:通过将获得的反馈信息与预定的教学目标作比较,可以发现教学传播过程中的不足,以便调整教学信息、教学媒体和教学顺序,进行再次传递。如在课堂提问时发现问题,可即时进行调整;在课后作业中发现问题,可进行集体补习和个别辅导;在远距离教学中发现问题,可以增发辅导资料,或在一定范围内组织面授辅导。

9.2.2 现代学习理论

学习理论旨在阐明学习是怎样产生的,它经历怎样的过程,它有哪些规律,如何才能进行有效的学习等问题。描述如何学习的理论繁多,而影响较大的主要有以下四种学习理论。

1. 行为主义学习理论

行为主义学习理论主要解释学习是在既有行为之上的学习新行为的历程,是关于由"行"而学到习惯性行为的看法。其代表主要有桑代克的联接主义学习理论与斯金纳的操作条件作用学习理论。

1)桑代克的联接主义学习理论

联接主义学习理论又称"联接说"或"试误说",它来源于桑代克(E. L. Thorndik)"饿猫打开谜箱"实验。实验中将饿猫关进谜箱内,它若拉开箱内装的开门设施(如一圈金属绳,一个把柄或一个旋钮),便可打开箱门,并吃到箱子附近放置的鱼。联接主义学习理论认为:①学习是刺激——反应的联结。②在试误学习中,影响刺激与反应间的关系能否建立,主要依赖三大法则即练习律、准备律和效果律[①]。③个体在某种

[①] 练习律是指刺激与反应间的联结随学习次数的多寡而有强弱之分。准备律是指刺激与反应的联结,因个体身心准备状态而异。效果律是指刺激与反应的联结因反应之后是否获得满足的效果而定。

刺激激情中学习的刺激与反应的联结,将有助于其他类似情况中学习新的刺激与反应的联结。

2)斯金纳的操作条件作用学习理论

斯金纳(B. F. Skinner)设计了一种特殊的阴暗的隔音箱——"斯金纳箱"(Skinner box),箱子里有一个开关。早期斯金纳用老鼠做实验。老鼠或快或慢偶然的按下一个开关(杠杆),食物就掉进盘内,老鼠就得到了强化,老鼠的行为是通过操作环境(按压杠杆)而获得食物的,即强化物只有在条件反应出现后才会出现。斯金纳根据其著名的"斯金纳箱"(Skinner box)的动物(老鼠)实验研究,创建了独具特征而又对教育心理学影响极大的操作条件作用学习理论。这种理论认为:①学习的历程为操作型条件作用;②"强化原理"——凡因强化物出现而强化某种反应的现象,称为正强化,凡因强化物消失而强化某种反应的现象称为负强化。

2. 认知主义学习理论

认知主义学习理论解释学习是在既有知识之上学习新知识的历程,这是由"知"而学到知识性行为的看法。主要代表有布鲁纳的发现学习论、奥苏贝尔的意义学习论和加涅的信息加工学习论。

1)布鲁纳的发现学习论

布鲁纳(J. S. Bruner)认为认知表征有三个发展阶段:第一,动作表征,指依靠动作来获取知识。如幼儿经由"坐"的动作了解椅子的意义。第二,形象表征,指经由对物体知觉留在记忆中的印象或靠照片图形等获得知识。如儿童不依靠实物就能回答"西瓜大还是苹果大"等类问题。第三,符号表征,指运用符号、语言文字为依据的求知方式,如数、理、化等科目,非借助符号不可。

发现学习是指学生在学习情境中经由自己的探索寻找,从而获得问题答案的一种学习方式。发现学习有三个重要的观念,第一,直觉思维是发现学习前奏。学生在发现答案之前,依据自己的知觉和经验,对问题情境先作一番知觉思维。第二,学习情境的结构性是有效学习的必要条件。发现学习只有在具有结构性的学习情境下才会发生,因为只有具有结构性的教材,才会使学生理解,才会学后长期保持,不易遗忘。第三,探索中发现的正误答案都具有反馈价值。学生一旦发现错误而自行改正之后,其所产生的反馈作用,远比外在奖励更有价值。因此,"发现自己的错误"与"发现正确答案",对有效学习是同等重要的。

2)奥苏贝尔的意义学习论

奥苏贝尔(D. P. Ausubel)的意义学习论强调"认知——接受"学习。该理论内涵主要表现在以下几方面:①有意义接受学习是学生学习的主要形式。②有意义接受学习的过程就是以符号为代表的新概念与学习者认知结构中原有观念建立非人为的实质性联系的过程。③新旧知识建立联系通过认知结构中新旧知识"同化"或"类属"来实现的。④设计"先行组织者"是学习的有效方法之一。

3）加涅的信息加工学习论

加涅（R. M. Gagne）根据信息加工理论提出了学习过程的基本模式，认为学习过程就是一个信息加工的过程，即学习者对来自环境刺激的信息进行内在的认知加工的过程，并具体描述了典型的信息加工模式。认为学习可以区别出外部条件和内部条件，学习过程实际上就是学习者头脑中的内部活动，与此相应，把学习过程划分为八个阶段：①动机阶段；②了解阶段；③获得阶段；④保持阶段；⑤回忆阶段；⑥概括阶段；⑦操作阶段；⑧反馈阶段。

3. 建构主义学习理论

建构主义学习理论强调学生在学习过程中主动建构知识的意义，以个人原有的经验、心理结构和信念为基础来建构新知识。

1）建构主义的学习观

建构主义认为，学习不是知识由教师向学生的传递，而是学生建构自己的知识的过程。学生不是被动的信息吸收者，而是意义的主动建构者，这种建构不可能由其他人代替。

学习是个体建构自己的知识的过程，这意味着学习是主动的，学生不是被动的刺激接受者，他要对外部信息做主动的选择和加工，因而不是行为主义所描述的 S—R 过程。而且，知识或意义也不是简单由外部信息决定的。外部信息本身没有意义，意义是学习者通过新旧知识经验间反复的、双向的相互作用过程而建构成的。其中，每个学习者都在以自己原有的经验系统为基础对新的信息进行编码，建构自己的理解，而且原有知识又因为新经验的进入而发生调整和改变，所以学习并不简单是信息的积累，它同时包含由于新、旧经验的冲突而引发的观念转变和结构重组。学习过程并不简单是信息的输入、存储和提取，而是新旧经验之间的双向的相互作用过程。因此，建构主义又与认知主义的信息加工论有所不同。

2）关于建构的几种途径

（1）支架式建构。支架式建构即指当建构新材料 A 时，先有同性质的材料 B 的知识，将有助于 A 的学习。

（2）抛锚式建构。抛锚式建构即指为了建构新材料 A 时，先呈现一组概念，从而有助于 A 的学习。

（3）导引式建构。导引式建构即指为了建构新材料 A，可以选用一种材料 B 的学习来引入 A 的学习，使材料 A 的意义在材料 B 的基础上更易理解。

4. 人本主义学习理论

人本主义心理学是 20 世纪五六十年代在美国兴起的一种心理学思潮，其主要代表人物是马斯洛（A. Maslow）和罗杰斯（C. R. Rogers）。人本主义心理学家认为，行为主义将人类学习混同于一般动物学习，不能体现人类本身的特性，而认知心理学虽然重视人类认知结构,却忽视了人类情感、价值观、态度等最能体现人类特性的因素对学习的影响。在他们看来,要理解人的行为,必须理解他所知觉的世界,即必须从行为者的角度来看待事物。要改变一个人的行为,首先必须改变其信念和知觉。人本主义者特别关注学习者的个人知觉、情感、信念和意图,认为它们是导致人与人的差异的"内部行为",因此他们强调要以学生为中心来构建学习情景。

总之,人本主义学习理论①强调学生为"中心"的教育理念。将学生视为教育的中心,学校为学生而设,教师为学生而教。②坚持自由为基础的学习原则。③重视价值、态度、情感等因素在学习中的作用。在学生的学习过程中,就是要引导他形成积极向上的自我概念、价值观和态度体系,从而使学习者自己教育自己,最终成为能够充分发挥作用的人。

9.2.3 现代教学理论

现代教学理论流派众多。斯金纳的"程序教学"理论、维果斯基的"最近发展区"的观点、赞可夫的"教学与发展"实验教学理论、布鲁纳的"结构主义"教学理论和瓦根舍因的"范例教学"理论等可谓是现代教学理论中的佼佼者。

1. 程序教学理论

斯金纳是用动物实验开展他的有机行为控制和行为改变的研究的。20世纪50年代,斯金纳根据他的"操作条件反应"和"积极强化"的学习理论,在普莱西教学机器的基础上,开始赋予程序教学新的含义。首先,从学习的角度看,他认为程序教学的基本过程是学习程序的呈现过程。所谓学习程序是将学习分成若干小的单元,让这些小的单元按照某种系统排列起来,编成程序,以便让学生循序渐进地进行学习。学习程序的呈现分为3个步骤。即:刺激→解答(反应)→确认(强化)→进展。这3个步骤是一个教学周期。这个周期通过机器使这个过程依次、逐步地进行。这样的学习程序使学生能发挥自己最大的潜力,按照对自己来说是最佳的速度进行积极主动的学习。

斯金纳通过研究认为程序教学应遵循如下基本原则:

(1) 小步子原则

斯金纳认为,学习上前后连续的每一个步骤应该尽量小些,这样就可使强化的次数提高到最大限度,而由于错误引起的令人反感的不愉快的后果则缩减到最低限度。

斯金纳认为,学习内容一旦按其内在联系和学习程序过程分成许多小的步子,每完成一步就给予一次强化,那么学生的学习就可以得到比传统教育更多的强化,使其积极性以以提高。同时,由于小步学习使学习的难度降低,学生在学习每一步时都能得到提出正确答案的最大可能,因而在整个学习过程中,阳性强化充分发挥作用,阴性强化则降到了最低程度。而在传统教学中,阴性强化起主导作用。

(2) 积极反应原则

斯金纳认为,在传统教学中,教师以传授知识为主,学生则被动地接受知识,很少有机会对教师的提问做出反应。要克服这个弊病,就必须让学生对每一个问题有所反应,这样才能使学生的消极学习变为积极反应,使学习的效率极大地提高。因此,程序教学必须让每个学生有一套程序课本或机器。这样,学生才能真正开动脑筋学习,通过选择、"书写"答案、填充、解题或者"按键"回答问题,做出积极反应。

(3) 即时强化原则

即时强化的原则要求,在每个学生做出反应后,教学程序必须使学生立即知道其反应是否正确,即给学生"及时确认"或"及时强化"。斯金纳认为,当一个操作反应为一个刺激紧随时,这个操作力量就会提高。然而在传统的教学中,强化通常要在学生反应后的"几分钟"甚至"几十小时"才能出现。这样的做法对于塑造行为极其不利,所以,强化必须立即进行。这样,才能提高学生的自信心,增进学习的效果,保持和巩固已有的知识。

(4) 自定步调原则

斯金纳认为,学生的学习能力和学习速度是各不相同的,因此,程序教学应该让学生根据自己的速度和学习潜力进行学习,即所谓的自定步调。也就是要求程序教学以个体化的学习方式进行,不要求统一的进度。这样,就能够较好地解决因材施教的问题,激发学生的学习兴趣,在一定的时间内,完成尽可能多的学习。

(5) 低错误率原则

斯金纳认为,与小步子原则相适应,在程序教学的过程中,要尽量避免学生出现错误的反应。因为,从学习理论看,错误行为往往导致惩罚,而惩罚并没有告诉学生正确的答案,是令人反感的刺激。错误太多,会影响学习的进度、正确行为的巩固、学习者反应兴趣的维持等,所以,在程序教学的过程中应该尽可能避免可能出现的错误反应。这样,可以提高阳性强化的比例,提高教学的效率。

2. 范例教学理论

德国范例教学理论兴盛于 20 世纪五、六十年代,被理论界视为第二次世界大战之后与前苏联赞可夫(Леонид Владимирович Занков,1901~1977)提出的教学与发展实验教学理论和美国布鲁纳(J. S. Bruner)提出的结构主义教学理论并列的三大新教学论流派之一。其代表人物是德国教育实践家瓦根舍因(M. Wagenschein),他根据自己多年从事教学的经验,首先在物理和数学中提出"范例教学"理论,并率先实践。

范例教学,意指借助于精选材料中的示范性材料使学生从个别到一般,掌握带规律性的知识和能力。说得通俗一点,"范例"的意思是"例子",更确切地说是"好的例子"、"典型的例子"、"特别清楚的(言简意赅的)例子"。因此,"范例教学"就是根据好的、特别清楚的、典型的事例进行的教学与学习。

1) 范例教学的内容选择

范例教学在课程内容的选择上要遵循"三个原则",即"基本性"原则、"基础性"原则和"范例性"原则。

- "基本性"原则,强调教学应教给学生基本的知识,也就是说基本概念、基本规律或知识结构。
- "基础性"原则,强调教学内容应适应学生的基本经验和生活实际,适应学生的智力发展水平,也就是教学内容对学生来说是基础的东西。
- "范例性"原则,是指教给学生的是经过精选的,能起到示范作用的典型事例和学习材料,它们将有助于学生举一反三,进行学习迁移和实际应用。它们必须是整体的一面镜子,可以起到"窥一斑而见全豹"的作用。

2) 范例教学的内容分析

"范例教学"认为教师在备课中应具有双重身份:一是教材编写者的身份,二是学习教材的学生的身份。具备教材编写者的身份,才能在备课中深刻领会教学内容,吃透教材,掌握教材编写的目的、要求、系统、结构。具备学习教材的学生的身份,才能去发现教材可能存在的难点是什么,问题在哪里。

教师在备课中应对教学内容应进行如下五个方面的分析。

第一,基本原理的分析。分析本课题哪些是带有普遍意义的内容,这些内容对今后教学起什么作用,选择哪些范例,通过探讨范例使学生掌握哪些原理、规律、方法和态度。通过这样分析,教师就明确让学生掌握哪些重要的基本概念、基本原理和基本方法。

第二,现实意义的分析。分析这个课题内容对学生智力活动应起什么作用,这些内容学生是否接触过,是否觉得这个课题的重要。通过这样的分析,以便教师在教学中突出重点,强化学生的智力活动。

第三,未来意义的分析。分析这个课题对学生今后生活的意义,对今后的前途有什么关系,以便教师在教学中吸引住学生的注意力,调动起他们学习的积极性。

第四,内容结构的分析。即分析这个课题内容的结构,组成整个内容有哪些要素,这些要素之间关系怎样,是否有层次,难点在什么地方,通过教学学生应获得哪些起码的知识。通过这样的分析,使教师进一步弄清楚教材内容,明确使学生获得什么系统知识。从而掌握知识结构。

第五,内容特点的分析。分析这个课题有哪些内容能引起学生的兴趣,通过哪些直观手段引发学生提出问题,布置什么作业使学生有效地应用知识。通过这样的分析,使死的教材因采用活的教学手段而达到活的教学效果。

3) 范例教学的实施过程

范例式教学可分为三个环节:第一步是选择与描述范例;第二步是说明一般的、抽象的真理;第三步是运用第二步的结论去把握新的现象。

范例教学的具体实施过程由如下四阶段构成。

第一阶段:范例性地阐明"个"的阶段。这个阶段要求在课题性教学中以个别事实和对象为例来说明事物的本质特征,从而从具体、直观的"个"的范例中,抓住事物的本质特征。

第二阶段:范例性地阐明"类"的阶段。这个阶段是对个别事例进行归类,对许多在本质特征上相一致的个别现象作出总结。即,将第一阶段里掌握的"个",置于类型概念的逻辑范畴之中进行归类,对于在本质特征上相一致的许多个别现象作出总结。

第三阶段:范例性地掌握"规律"的阶段。这个阶段教学要求在前两个阶段的基础上提高到规律性的认识上来。通过第一、二阶段的教学把"个别"抽象为"类",再发掘出"类"里边的规律性的内容。即,将"个别"抽象为"类型"之后,找出隐藏在"类型"背后的某种规律性的内容。

第四阶段:范例性地获得关于世界和生活的经验的阶段。

3. 最近发展区理论

前苏联著名心理学家维果斯基(L. S. Vygotsky)依据一系列实验的结果,指出了对学龄期的教学与发展问题具有重要价值的观念——"最近发展区(zone of potential development)",又译为"潜在发展区"。维果斯基的"最近发展区理论",认为学生的发展有两种水平:一种是学生的现有发展水平(不是指学生的现有水平),表现为学生在现有水平的基础上能够独立地、自主地完成教师提出的学习任务。这是个体能够独立解决问题的层次,即现实发展层次。另一种是学生潜在的发展水平,表现为学生在现有水平的基础上还不能独立地完成学习任务,而必须在其他人的帮助或促进下,通过自己的努力才能完成学习任务。这是在教师的引导下或是与能力较佳的同伴合作下,可以解决问题的层次,即潜在发展层次。这两个层次间的差距就是所谓的"最近发展区"①。现实发展层次、潜在发展层次与最近发展区的关系可用图9-4简单示意。需要注意的是,所谓的"最近发展区"并不是一段固定的距离或是明确的学习空间,它会随着个体的不断发展而更新,是在人际间对话互动中所创造出来的可能学习范围。为此,教学应走在发展的前面,应着眼于学生的最近发展区,为学生提供带有难度的内容,调动学生的积极性,发挥其潜能。

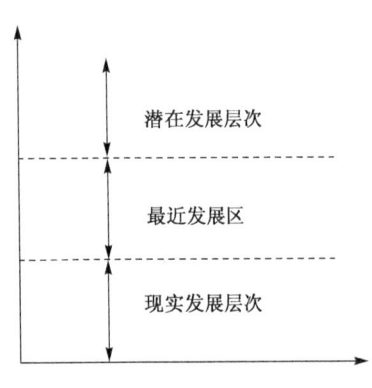

图 9-4　最近发展区示意图

依据"最近发展区"的思想,"如果只根据学生现有的发展水平来确定教学目标、任务和组织教学,就是指望于学生发展的昨天"。这样的教学,从发展意义上说是消

---

① 维果斯基提出的"最近发展区"的确切含义,是指儿童"由独立解决问题所决定的现实发展水平(real level of development)"和"由在成人指导下或与能力更强的同伴合作下解决问题所决定的潜在发展水平(potential level of development)"之间的差异。参见:Vygotsky, L. S. (1978) Mind in Socity. Cambridge, MA: Harvard University Press. 86.

极的。它不会有效地促进学生的发展。教学过程只有建立在那些尚未成熟的心理机能上,才能产生潜在水平和现有水平之间的矛盾,而这种矛盾又可引起学生心理机能间的矛盾,从而推动并促进学生的有效发展。

在论述"最近发展区"理论时,维果斯基还提出了"教学最佳区"的概念,并指出传统的教学处于教学的最低界限,好的教学应该处于"教学最佳区"(即最低教学界限与最高教学界限之间的区域),教师在教学中起到辅助学习的作用。

以"最近发展区"理论为基础,建构主义发展了一种新的教学模式——支架式教学。支架式教学模式中的"支架"喻指"教师的帮助"。研究表明:在支架式教学这一模式中,只有根据学生的"最近发展区"搭建的"脚手架"对学生的发展才是最有效的。因此,我们不难看出,维果斯基的最近发展区理论对现代发展式教学观的确立具有重要的借鉴意义。

在由应试教育向素质教育转轨的今天,依据"最近发展区"进行教学能增强学生对本学科的兴趣,也使学生学有所乐,促进学生在点滴教学中提高素质。只要教师多研究所教学生的"最近发展区",在课堂教学设计中确定有效的教学起点,并在课堂教学中采取符合学生实际情况的教学方法必定能让学生各有发展。

9.3 中学物理教学研究的论文撰写

论文从其研究的内容而言,可分为教学论文(教学研究论文)和学术论文(科学研究论文)两大类。所谓教学论文,一般是指该论文主要讨论或研究教学问题,与具体的教学内容密切相关,而学术论文一般是指超越教学内容,或跟具体的教学内容关系不大。对中学物理教师而言,一般是从撰写教学论文开始,尔后可逐步过渡到学术论文的写作。

9.3.1 论文的基本结构及撰写要求

一篇完整的论文一般具有以下几个组成部分:题目(标题)、署名及隶属单位、摘要和关键词、前言(引言)、正文、结论(结语)、参考文献与注释,以及英文摘要(包括题目、署名、中文摘要及关键词)。其中,前言、正文、结论是论文的三个主要组成部分,而题目、摘要和关键词、参考文献与注释是论文的三个次要部分。

(1)题目。论文题目必须反映出论文所阐述的中心思想,尽可能用最恰当、最简洁明快的词语组合,概括全文内容并能引人注目,做到确切、中肯、鲜明、简练、醒目、深刻,使人一看题目就能大体知道这篇文章要讲什么,并产生阅读全文的兴趣。论文题目要避免笼统、太长,文章论述的内容包含不过来,深入不下去,给人以肤浅的感觉;题目太复杂、太长,缺乏鲜明、醒目、深刻的力度,效果也不好。必要时为了充分表现主要内容,可采用加副标题的办法。

(2) 摘要与关键词。论文的摘要是独立于文章本身的一段短文,置于文章的前面,用"摘要:"或"[摘要]"加以标识,而英文摘要前加"Abstract:"作为标识。它是从文章中直接摘引要点,并通过添加恰当的文字,形成一段通顺、连贯的文字,具有独立性、自含性和自明性。它不是整篇论文的中心思想或"段落大意"。其作用是补充题名的不足,并使读者通过这段概括、浓缩的文字,了解全文的主题及主要内容,起到"窥一斑而能见全貌"的效果,从而决定是否值得读全文。教学论文的摘要,字数一般控制在100~300字。在摘要中,不要列举例证,不写研究过程,不用图表,不用结构式,也不要作自我评价。撰写论文摘要,目前存在以下两个误区:一是把摘要写成了引言,其显著标志是用"随着……发展,笔者试对……进行探讨""在……中,本文试对……进行研究"等表述方式和语句,这样的所谓摘要,可以直接移至文章的开头,作为首段使用;二是把摘要写成提要,其显著标志是用"文章提出了……""文章通过……""本文介绍了……""本文采取……方法""从……入手同,本文分析了……"之类属于"提要"等介绍性、报道性表述方式和语句。这种所谓的摘要,与真正的摘要十分相近,不仅作者,许多期刊也未能很好地辨别和处理,特别需要我们初学者认真对待。而关键词是用"关键词:"或"[关键词]"加以标识,而英文关键词前冠以"Keywords:"作为标识。它为了方便文献索引和检索而从论文中选取出来的能反映论文主题内容的词或词组。一篇论文可选取3~8个词或词组作为关键词,多个中文或英文关键词之间应以分号分隔,以便于计算机自动切分。关键词的一般选择方法是,由作者在完成论文写作后,纵观全文,写出能表示论文主要内容的词汇,这些词汇,可以从论文标题中去找和选,也可以从论文内容中去找和选。

(3) 前言。前言就是开场白。要求作者必须明确提出论文所要论述的主要内容,扼要说明该项研究的目的、意义和现状,并点出论文要解决的主要问题即论点。一般供学术刊物发表的论文,前言部分应力求简明扼要、直截了当,不要拖泥带水。长篇论文(如毕业论文)的前言可详细一些,甚至自成一"篇"。文章开头语是最难写的,好比演奏音乐的定调,往往花很长时间才得以体现。教学论文的开头语,可以采取开门见山的方法,直入主题;也可以先提出问题,再引入主题;还可以先交代该项研究的历史、现状、目的、意义,然后逐步展开,等等。

(4) 正文。正文是对研究的问题和内容进行的全面讨论和阐述,占据论文的绝大部分篇幅,是论文的主体部分。正文又是论文的关键部分,体现了分析问题、解决问题的过程,决定着论文的质量和水平。因此,要高度重视正文部分的撰写。撰写前必须首先掌握充分的材料(包括对相关参考文献的仔细阅读),然后对材料进行加工提炼、去伪存真、去粗取精,经过概括、判断、推理的逻辑整理,产生正确的观点。在行文过程中,应以观点为轴心,使论点明确;用材料说明论点,使论据确凿,说理充分,从而做到观点和材料的统一,论点和论据的统一,并科学、准确、生动形象地表达研究的成果。撰写论文要克服两种不良倾向:一是只顾表述自己的观点,缺乏使用材料的科学论证,使论文空洞乏味,空无说服力;二是只是罗列堆砌大量材料,不加整理,平铺直叙,看不出主要论点。这两种倾向都是理论与实际脱离造成的。

(5)结论。结论部分是论文作者经过反复研究构成的总体论点,是整篇论文的归宿。因此,结论应指出哪些问题已经解决了,还有什么问题尚待解决。有的论文由于把结论已分散到正文的各个部分,可以不必专门写一段结论性文字。还有的论文可以不写结论,但应作一简单的总结,或者对研究结果展开一番讨论,或者提出若干条建议。教学论文的结论部分是分析问题、解决问题的必然结果,必须总结全文,深化主题,揭示规律,而不是正文部分的简单重复。所以写结论应该十分谨慎,文字要简明,措词要严谨,逻辑要严密。

(6)参考文献与注释。任何科学的研究活动都是在前人研究的基础上前进和发展的,研究中应广泛地阅读文献资料,参考已有的成果,以减少不必要的重复劳动,取得有价值的成果和突破。引用他人的材料或成果都要注明出处。注明出处反映出作者严肃的科学研究态度,能体现出论文的科学依据,同时也是对他人劳动成果的尊重。教学论文的参考文献是指和自己撰写的论文有关的重要文献,如书、文章等,往往附在论文的篇末。每一项参考文献都应写明作者姓名、文章标题或书名、期刊名或出版社名、期数或出版年,等。教学论文的引文注释主要有文内注、页末注和文末注三种情况。文内注又叫夹注,一般放在引文后面添加的小括号内。页末注也叫脚注,通常在本页的下端,与正文间有一条横线,横线下面注释。文末注也叫篇末注或尾注,在文章后面对引文编制一个顺序,依次注释。注释内容主要包括作者姓名、文章标题或书名、期刊名或出版社名、期数或出版年、文章页码,等。需要注意的是,引文注释不但可以注明出处,也可对引材料加以解释或说明;还可用加注的形式对正文中某个观点做进一步的阐述,但解释和阐述,必须言简意赅,不要展开过多的论述。

9.3.2 撰写教学论文的基本环节

教学论文是讨论或研究教学问题的文章。撰写教学论文是教师表达和阐述其对教学研究的成果的基本方式之一。一般而言,教学论文要回答以下四个问题:①要解决的问题是什么?②你是如何研究这个问题的?③研究中发现了什么结果?④这些结果有什么意义?从论文的形式上看,可以有论述性质的论文、调查报告性质的论文和实验报告性质的论文等,一般的教学工作总结或教学经验介绍不属于教学论文的范畴。教学论文的撰写一般要经历以下几个环节。

1)确定论文题目

论文题目选取得好与坏,在一定程度上决定了撰写的论文能否被录用(刊出)。因此,首先要做好选题,一般的方法有:①在研究的"热点"上选题。这要求作者密切关注本学科、领域或其中某个方面当前讨论的"热点"问题。②在研究的"冷点"上选题。"冷点"就是别人不注意或不研究的问题。你若研究出成果,就有可能异军突起。

③在本学科研究的常规方向上选题。任何一个刊物都不会忽略常规研究方向上的文稿和常规教学内容。即使是老课题,只要有新意,也能写出好文章。其次,所确定的论文题目不仅应反映论文的中心思想,起到"窥一斑而能见全貌"的效果,而且也要有新意、有吸引力。因为论文写作是为了发表出来给别人看的。人们看论文,第一眼是看题目,论文是否能给人留下比较深刻的印象,因而引起别人的兴趣,就看题目起得如何。题目的最基本要求是确切,长短适宜。确切指题目能够准确地反映论文的主题或中心思想。长短适宜指论文的题目不宜太长。最后,论文题目确定时还要注意题目不要太大,太泛。题目太大,必然会使论文空洞无物。即使问题单一的论文,题目也尽量有特色,不要过于泛。

论文题目确立的实质是确立论文所要研究的主要问题,怎样才能找到有意义的研究问题?一是,注意在教学实践中积累资料,经常总结,从中发现问题。二是,从教育教学文献阅读中发现问题。三是,参加课题研究工作。在确立研究问题时,应注意所选问题的意义应比较大(但题目不一定大),问题应是自己熟悉的,自己有能力、有条件进行相应的研究。还有一点很重要,即所研究的问题要有创新。

2) 收集论文材料

论文的写作离不开材料的运用,没有足够的材料支持,就无法使自己的观点站住脚。撰写论文所需材料的来源主要有三方面:

(1) 从文献资料中获得。目前可以利用的文献资料中教育学专著,教育发展史料,教育教学专业刊物上的经验介绍和工作总结文章,自己或其他教师的教案,学生的作业和考卷,其他学科对教学研究有启发的资料。

(2) 教学调查。教学调查是通过考察教学现状进行的研究工作,通常是为了系统地了解教学中的某些事实,在调查中获取的资料是第一手资料。调查的方法有许多种,常用的有:①问卷法。问卷法即使用事先印制好的调查表与被调查者进行书面形式的谈话。②谈话法。谈话法是一种通过与调查对象面对面交谈获得客观事实材料的方法。③课堂观摩法。观摩课堂教学是教师获得教学研究第一手资料的另一种方法。④测试法。测试法应用的对象一般是中学生。调查者通过让学生完成精心设计的活动内容,达到获取所需资料的目的。

(3) 教学实验。教学实验是教学研究的重要组成部分。进行教学实验已不单纯是了解教学现状,而是将研究者对某一教学问题的设想付诸实现,以检验自己的假设。

3) 拟定撰写提纲

撰写论文前,教师必须先筹划好文章的结构,草拟出撰写的提纲。这如同设计一个建筑大厦的施工蓝图,没有蓝图造不好高楼,同样如果不先拟定撰写提纲,写作过程就会走弯路,也写不出好文章。所谓撰写提纲,即论文准备写哪几个部分,各部分写什么,各部分之间通过一根什么主线相联系,怎样开头,怎样结尾等。拟定撰写提纲的好处有：一是，可灵活机动地写，有一点时间就写一部分，不至于无相对集中的时间而使思路中断；二是，可以保证写作中不走调，不离题。

在拟定论文提纲的过程，实际上是对所研究的问题进行全面总结和构思的过程，也是谋划文章怎样写作的过程。在拟定提纲的过程中，教师要对搜集到的大量材料，包括自己已有的经验体会和理论思考进行认真的整理加工，通过分析、综合、比较、归纳、抽象、概括等方法，对选用的材料进行筛选、提炼、增删和联合，选取其中最有价值的观点和论据，并提出新的观点和结论。有了详细的论文撰写提纲，实际上是完成了三分之一的写作任务，这为写好全文奠定了必要的基础。

4）完成论文撰写

论文的写作是有一定格式的，调查报告式论文和实验报告式论文是我们经常运用的论文形式，其写作格式一般比较明显，也容易掌握。

(1) 调查报告和实验报告的撰写

调查报告和实验报告大致可以从以下三方面撰写：

第一部分是引言。这部分的目的是提出问题，即调查或实验的目的是什么，问题是怎样提出的。引言可以作为同其他部分并列的独立部分，也可另加标题，放在文章的开头。引言比较短，要开门见山，简明扼要。

第二部分是调查或实验的方法及过程。包括调查或实验对象的选取，实验变量的确定和控制，调查或实验的实施过程等。这部分要让读者了解调查或实验的过程及使用的方法，以考察所用资料是否可靠。

第三部分是讨论，即对由第二部分获得的数据资料进行分析，从中得出研究的结论。这部分要反映研究者的论点，写作时可以用简明的语言提出自己对问题的看法，做到论点鲜明。另外需要注意的一点是结论的得出要与已有的材料吻合。

(2) 论述性论文的撰写

从目前看，教师写论述性论文的较多，而且一般没有明显的结构划分。实际上，论述性论文也有相对固定的结构，大致也可以分为三部分：问题的提出，理论分析和结论。问题的提出部分应力求简明扼要，直截了当，不拖泥带水。理论分析部分是论文的主体部分，论文的论点、论据、论证一般都在这里出现，因此要"有血有肉"，饱满有力。结论部分在整篇论文中应起到画龙点睛的作用。它应以正文的论述为基础，对整篇论文形成最终的总体的观点。

根据撰写提纲的思维框架，通过具体写作，首先完成论文的初稿，这是撰写论文的必经程序。论文的初稿写出来以后，还要以极大的耐心从立意、说理、结构、句法、文字、格式等方面进行多次"删、增、改、换"的修改、润色，以提高论文的质量。具体而言，可以从以下几个方面去修改、润色：①重审论点，是否表述得正确、清楚。看文章中的论点表述得怎么样，写出来的和设想的是否相同，读者读了以后，是不是与自己的想法一致。文章中的每一个分论点是否从不同的角度论证了中心论点。②核实论据是否正确、充分。对所使用的每一个论据加以核实,看观点与材料是否相符,论据有没有代表性和典型意义,用得是否恰当、准确、有力。可有可无的材料要去掉。文章的质量不在于材料的数量,关键是材料本身的性质、特点和对论点的直接论证效果。③斟酌布局,修改论文的结构。文章写出初稿之后,要进一步根据中心论点对文章的结构的需要作合理的调整。对于诸如顺序颠倒、详略不当、前后重复、层次不清、缺乏条理性,等等,需要进行具体的修改。④推敲语言是否通顺、规范、精练。论点、材料、布局等方面的内容,归根到底都要落实到文字上。读者借助语言来评判、接受作者的观点。为了使语言不啰嗦、不凌乱,修改时就要一字一词的推敲,寻找最合适的字词来表述内容,使文字通顺、流畅、准确。最后完成定稿。在这方面,我们一定要向一些著名大文学家学习,曹雪芹写《红楼梦》,"披阅十载,增删五次",字字看来皆是血,十年辛苦不寻常;鲁迅曾说,"我力避行文的唠叨","写完后至少看两遍,竭力将可有可无的字、句、段删去,毫不可惜";许多古代诗人也有"语不惊人誓不休"的誓言。我们对自己的文章,要反复读,反复改,敢于忍痛割爱,要精心锤炼,把好自我关。

作为能发表的高质量的教学论文,第一,观点要明确,而且要有自己的观点。第二,要用适当的材料说明观点,从事实材料中得出结果。第三,论文中的概念要准确、判断要严密、推理应周密。第四,文字要简明、清晰,语句应通顺,结构要紧凑。第五,要遵循基本的写作和出版道德规范。

9.3.3　参考文献与注释的区别

教学研究和科学研究都具有继承性,研究的成果是对前人工作的继承、发展和超越。因此,撰写论文一般要引用别人的研究成果,这就出现了论文中一般都要具有参考文献与注释。但这两者是有区别的。参考文献是作者写作论文时所参考的文献书目,而注释是对论文中某一特定内容的进一步标注、解释或补充说明。

1. 关于参考文献

采用参考文献,一般是指在论文的写作过程中参考了别人的文献,包括文献的中心思想、文献中经过自己改动的语句,等等。它的一般注明格式是[1]……,例如:

● 专著

[1] 王力邦主编:《中学物理教学论》,广西民族出版社1999年7月版。

[2] [美]R·M·加涅著,皮连生等译:《学习的条件和教学论》,华东师范大学出版社1999年11月版。

[3] 盛群力,李志强编著:《现代教学设计论》,浙江教育出版社1998年12月版。

[4] 邵瑞珍主编:《教育心理学》(修订本),上海教育出版社1997年6月版。

● 期刊文章

[1] 沈建民:《以学生为本:现代课堂教学设计的基本理念》,《教育理论与实践》2002年第8期。

[2] 李森,于泽元:《对探究教学几个理论问题的认识》,《教育研究》2002年第2期。
- 报纸文章

[1] 何连弟,宋琤:《现代教育要培养创新人才》,《文汇报》2000年10月10日第5版。

2. 关于注释

采用注释,一般是指在论文中直接引用了别人的文献中的某一句话。它的一般注明格式是①……,例如:

- 专著

① 王力邦主编:《中学物理教学论》,广西民族出版社1999年7月版,第153页。

- 期刊文章

① 沈建民:《以学生为本:现代课堂教学设计的基本理念》,《教育理论与实践》2002年第8期,第50页。

- 报纸文章

① 何连弟,宋琤:《现代教育要培养创新人才》,《文汇报》2000年10月10日第5版。

由上可知:如果是书,注释的内容为相应的参考文献内容再加上第几页。如果是杂志和报纸,注释的内容和相应的参考文献内容差不多。

3. 关于参考文献和注释的规范化格式

为了便于文献的检索和管理,目前,参考文献和注释的格式正向规范化逐步迈进。参考文献序号用[1]、[2]……表示,注释序号用①、②……表示。其书写格式为:

- 专著

序号 主要责任者.书名[M].出版地:出版者,出版年.起止页码.

[1] 盛群力.现代教学设计论[M].杭州:浙江教育出版社,1998.140.

[2] [德]W.布列钦卡.教育科学的基本概念[M].胡劲松译.上海:华东师范大学出版社,2001.84.

[3] [美]托夫勒.第三次浪潮[M].朱志炎,等译.北京:三联书店,1984.159.

- 期刊文章

序号 主要责任者.题目[J].刊名,年,卷(期):起止页码.

[1] 沈建民.课堂教学设计要关注并渗透学习策略[J].课程·教材·教法,2002,(3):33—36.

- 学位论文

序号 作者.题目[D].保存地点:保存单位,授予年.

[1] 沈建民.走向"学本"的课堂教学设计:理念与模式[D].上海:上海师范大学,2002.

- 报纸文章

序号 主要责任者.文章题目[N].报纸名,出版日期(版次).

[1] 何连弟.现代教育要培养创新人才[N].文汇报,2000/10/10(5).

● 电子文献

序号　主要责任者.电子文献题名[电子文献及载体类型标识]①.电子文献的出处或可获地址,发表或更新日期/引用日期(任选).

[1] 张立昌.试论教师的反思及其策略[DB/OL]. http://www.edu.cn/zong-he_380/20060323/t20060323_23413.shtml,2002-01-23.

● 其他

其他类型采用如下的单字母方式标识:论文集——C,论文集中析出文献——A,研究报告——R,字典、教材——Z,标准——S,专利——P。

例如:

[1][英]卡尔.教育理论和教育实践的原理[A].瞿葆奎.教育学文集·教育与教育学[C].北京:人民教育出版社,1993.557-579.

[2] 刘延东.优化资源,促进公平,加快义务教育均衡发展——国务委员刘延东在全国推进义务教育均衡发展经验交流会上的讲话[R].2009-12-01.

① 人民教育出版社课程教材研究所物理课程教材研究开发中心.普通高中课程标准实验教科书·物理(选修1)[Z].北京:人民教育出版社,2006.11.

② 中华人民共和国教育部.普通高中物理课程标准(实验)[S].北京:人民教育出版社,2003.2.

思考题

1. 中学物理教学研究对提升课堂教学有何价值?
2. 建构主义学习理论对中学物理教师的课堂教学有何指导意义?
3. 最近发展区理论对中学物理教师的教学提出怎样的要求?
4. 一篇完整的中学物理教学方面的论文应具有怎样的格式规范?
5. 请尝试撰写一篇中学物理教学方面的论文。

【参考样例】

浅谈高中物理教学中的例题设计②

摘　要:课堂例题是教学内容的一个重要组成部分,因此科学地设计课堂例题显得尤为重要。例题设计除了有明显的设计目标和可测性外,还需注意以下八个方面:

---

① 对于非纸张型载体的电子文献,当被引用为参考文献时需同时标明"参考文献类型标识"和"载体类型标识"。如:[DB/OL]——联机网上数据库(database online);[DB/MT]——磁带数据库(database on magnetic tape);[M/CD]——光盘图书(monograph on CD-ROM);[CP/DK]——磁盘软件(computer program on disk);[J/OL]——网上期刊(serial online);[EB/OL]——网上电子公告(electronic bulletin board online)。

② 该教学论文选自《中学物理教学参考》2005年第5期,作者为湖州师范学院物理学专业2003届毕业生肖永强。收入本书时编者略有修改。

应使题意明确,便于学生审题;具有前后知识的连续性;注重对比性;注重变式练习;有助于提高学生的形象思维能力;注重克服学生的思维定势;有助于培养学生的发散思维;培养学生思维的深刻性与整体性。

关键词:高中物理,例题设计,多视角

当前,学校教育已经从应试教育开始向素质教育转化,而课堂教学是落实素质教育的主阵地。因此,对于教学而言必须提高课堂教学的效果,其关键在于向课堂45分钟要质量。课堂例题又是教学内容的一个重要组成部分,怎样更好地设计课堂例题就显得尤为重要。下面就课堂例题设计谈谈笔者的看法。

从总体上来说,例题设计应有明显的设计目标和可测性。一般课堂时间有限,例题设计首先必须具有设计目标,即明确设计的例题是着重于陈述性知识还是程序性知识。如果是设计陈述性知识的例题则应着重于概念的辨别;如果是程序性知识应着重于变式练习。在物理教学中,多数的知识既含有陈述性知识又有程序性知识,所以对教师的例题设计就提出了较高的要求。其次,设计的例题应具有可测性,即通过一道例题要求学生对某一知识掌握到什么程度,应该能被比较准确地测量出来,这就需要教师先预计一个可能值,并具体体现在课后的同类型习题中。此外,例题的设计还需注意以下几个方面。

一、例题设计应使题意明确,便于学生审题

信息加工心理学家一般把解决问题过程分解为问题表征、设计解题计划、执行解题计划和监控等几个部分。作为解决问题的第一部分的问题表征就是形成问题空间,包括明确问题的给定条件、目标和允许的操作等。为了便于审题,设计的例题应该条件齐备、文字通顺、题意明确。

二、例题设计应具有前后知识的连续性

为了适应快速审题的要求,例题设计应具有前后知识的连续性。课堂所设计的例题可以是以前出现过的例题的简单修改,这样,学生审题就很迅速,节省了审题的时间,提高了课堂效率。另外,根据奥苏伯尔的同化理论可知,用旧知识来促成新知识的学习总是比较容易的。例如,在直线运动中,对匀变速直线运动的速度和位移的教学,可设计如下例题。

例1 飞机着陆时初速度 $v_0 = 200$m/s,加速度的大小为 5m/s^2。问(1)第20s末,飞机的位移如何?(2)第50s末,飞机的位移如何?(3)第20s末,飞机的速度如何?(4)第50s末,飞机的速度如何?

说明 该例题的前两问在位移教学中出现,后两问在速度教学中出现,同一道题具有连续性,便于学生审题,并能促进学生对新知识的掌握。

三、例题设计应注重对比性

根据奥苏伯尔的迁移理论,要促进原有知识向新的学习迁移,教学中应注重新旧知识异同的比较,利用新旧知识之间的异同点,用原有知识同化新知识。反之,如果不注意比较新旧知识的异同,则先后两种知识间可能产生混淆。例如,我们在学习直线运动的图像时,可从匀速直线运动的图像来比较学习匀变速直线运动的图像。

例 2 如图 9-5 所示,表示物体做匀变速直线运动的图像是( )。

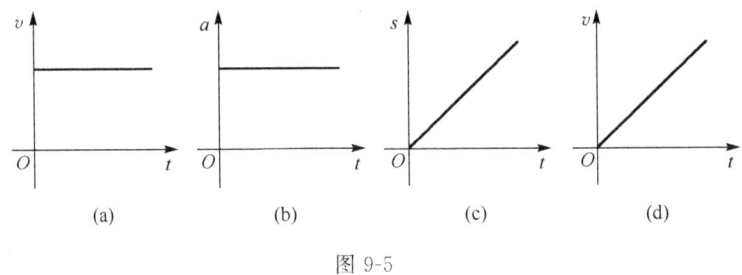

图 9-5

说明 图 9-5 中的四个图像中,(a)与(b)、(c)与(d)形同而质不同,通过对比使学生明确其本质。学生不仅能更好地掌握新知识,也能更好地巩固原有知识。同样,我们在学习机械振动和机械波时,可利用简谐运动的图像来促进学生掌握机械波的图像。

四、例题设计应注重变式练习

我们经常看到有些学生将一些公式、定义、规则说得头头是道,如果遇到具体的问题情景,往束手无策,或者屡屡出错。究其原因,主要是缺乏变式练习。所谓变式练习,就是在其他有效学习条件不变的情况下,通过变换问题情境来促成学生对物理概念或规律的掌握和理解。变式练习必须循序渐进。例如。在加速度这节的学习中,为了理解速度变化量的概念,可设计如下例题。

例 3 下述三种情况物体的速度变化量如何?

(1)初速度大小为 3m/s,方向向右,末速度大小为 6m/s,方向向右。

(2)初速度大小为 3m/s,方向向右,末速度大小为零。

(3)初速度大小为 3m/s,方向向右,末速度大小为 3m/s,方向向左。

说明 该例题第(1)小题为速度同向增加;第(2)小题为速度同向减少;第(3)小题包括了速度的同向减少和反向增加两个过程。通过该例题可以使学生正确理解并掌握矢量变化量的计算。该例题为一类简单的概念性变式练习。此外,还可以设计一些知识综合的变式练习。例如,在应用牛顿定律解题的教学中可设计如下例题。

例 4 质量为 2kg 的物体静止地放在水平面上,它们之间的动摩擦因数为 $\mu=0.2$,现对物体施加大小为 20N、方向水平向右的力 F,当物体运动后第 2s 末撤去外力 F,直到物体停止,物体共行进的总路程是多少?($g=10\text{m/s}^2$。)

另问:(1)若力 F 与地面成 53°角斜向上,其他条件不变,结果如何?

(2)若力 F 与地面成 53°角斜向下,其他条件不变,结果如何?

说明 该例题只改变了力与水平面间的角度,题目的难度就上了一个大台阶,其中在另问的(1)和(2)中需要考虑撤销力的前后物体与地面间摩擦力大小的改变,此题可使学生对运动和力的关系具有更高层次的认识。

五、例题设计应有助于提高学生的形象思维能力

从物理学习的认识结构看,由于认识主体存在着知觉优先的倾向,因此首先使用形象思维来认识客体,可以在面临新的问题情景时,使其认知活动能回到较低水平。所以在教学中,我们必须增强直观教学意识,培养学生的形象思维能力,在具体解题中应多采取数形结合,对物理过程进行再造,使所研究的物理过程图像化,运用数学的"形"载着物理的"质",从图像上再获取新的信息,使问题得到更快、更好地解决,从而培养学生的形象思维能力。

例 5 一物体做加速直线运动,依次经过 A、B、C 三个位置,B 为 AC 的中点。物体在 AB 段的加速度恒为 a_1,BC 在段的加速度恒为 a_2,现测得 $v_B = (v_A + v_C)/2$,则加速度 a_1 和 a_2 的大小关系如何?

说明 此题用直线运动的知识列方程来求解就有很多未知量,求解过程可能会较困难,如果通过图像来解就比较容易,如图 9-6 所示,根据题意 $v_B = (v_A + v_C)/2$ 可知,如果 v_A、a_1 一定,则 v_B、v_C 也一定;又根据点 B 是 AC 的中点,则必须保证梯形 abt_0O 的面积等于梯形 $bctt_0$ 的面积,这样就会很容易地通过比较、判断而得出 bc 比 ab 更倾斜,即 $a_1 < a_2$。

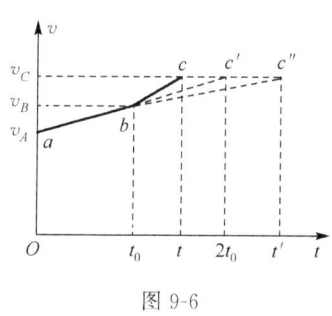

图 9-6

六、例题设计要注重克服学生的思维定势

所谓"思维定势"是指,由于事先的做法(或习惯)而造成的一种心理准备状态,它使人们以比较习惯的方式或方法去认识(行动)。思维定势对于解决归类型题目能起到积极的促进作用,即在不变的情况下,有助于学生对于所解决的问题做出迅速的反应,但在变化的情况下,思维定势又常常阻碍学生利用新的方法去解决新问题。

例 6 如图 9-7 所示,电动机牵引一根原来静止的长为 $L = 1\text{m}$、质量为 $m = 0.1\text{kg}$ 的导体棒 MN,导体棒的电阻 $R = 1\Omega$。导体棒架在竖直放置的电阻不计的导体框架上,导体框架处于沿水平方向的磁感应强度 $B = 1\text{T}$ 中。当导体棒上升高度 $h = 3.8\text{m}$ 时获得稳定的速度,导体棒产生的热量 $Q = 2\text{J}$。电动机牵引导体棒时,电压表和电流表的读数分别为 $U = 7\text{V}$,$I = 1\text{A}$。电动机内阻 $r = 1\Omega$,不计导体棒与框架间的摩擦,g 取 10m/s^2,求:

(1)导体棒能达到的稳定速度;

(2)棒从静止达到稳定速度所需要的时间。

解析 (1)导体棒速度稳定后,电动机输出的功率应等于导体棒重力势能增加所

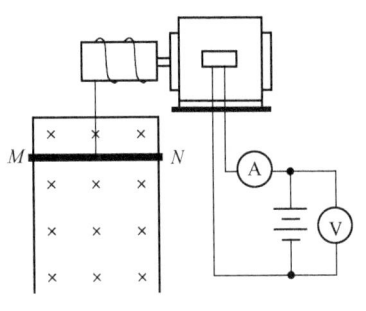

图 9-7

对应的机械功率和导体棒中产生的感应电流的电功率之和,即 $UI - I^2r = mgv + B^2l^2v^2/R$。

代入数据整理,得 $v^2 + v - 6 = 0$。解得 $v = 2\text{m/s}$。

(2) 由能的转化和守恒定律可知,时间 t 内电动机消耗的电能应等于电动机内阻产生的内能、导体棒增加的动能、重力势能及导体产生的热量的总和。

即 $UIt = I^2rt + \frac{1}{2}mv^2 + mgh + Q$。解得 $t = 1\text{s}$。

说明 绝大多数学生在老师的指导下,心领神会,频频点头,以示理解和欣赏。由于思维定势而深信经典案例不会出错,更不会怀疑题目本身。而此题恰是一个不可能实现的题目,因为即使导体棒以 2m/s 的最大速度运动 1s,也只能使之上升 2m,题中导体棒怎么可能上升 3.8m 呢?所以,加强学生解题后的反思,引导学生突破原有的思维定势的影响,提高学生的解题能力也是例题设计的重要方面。

七、例题设计应有助于培养学生的发散思维

创造性思维中,发散思维是一种重要的思维方式,它具有多端性、变通性、独特性的特点,即思考问题时注重多途径、多方案,解决问题时注重举一反三、触类旁通。所以,拓展学生的发散思维能力,是培养学生的创新能力的一个重要途径。在 2004 年普通高等学校招生统一考试的理科综合卷中有这样一题:

例7 在勇气号火星探测器着陆的最后阶段,着陆器降落到火星表面上,再经过多次弹跳才停下来。假设着陆器第一次落到火星表面弹起后,到达最高点时高度为 h,速度方向是水平的,速度大小为 v_0。求它第二次落到火星表面时速度的大小,计算时不计火星大气阻力。已知火星的一个卫星的圆轨道的半径为 r,周期为 T。火星可视为半径为 r_0 的均匀球体。

发散 试求火星表面的重力加速度大小与地球表面重力加速度大小的关系式?

说明 此题不仅是一形式新颖的试题,而且重视基础,要求学生要有较强的综合能力和发散思维。既能使学生掌握新知识,又能激发学生的兴趣,培养学生从多角度去考虑问题,从而形成对规律的更全面的认识和理解。

八、例题设计应培养学生思维的深刻性与整体性

学生解题时,对单一按部就班的问题往往觉得比较容易,一旦出现物理情景较新和物理过程较复杂的问题时,往往难于把握物理问题的本质特征,缺乏对问题全面地把握和判断。

例8 一小圆盘静止在桌布上,位于一方桌的水平桌面的中央。桌布的一边与桌的 AB 边重合,如图 9-8 所示。已知圆盘与桌布间的动摩擦因数为 μ_1,盘与桌面间的动摩擦因数为 μ_2。现突然以恒定加速度 a 将桌布抽离桌面,加速度的方向是水平

的且垂直于 AB 边。若圆盘最后未从桌面掉下，则加速度 a 满足的条件是什么？（以 g 表示重力加速度）

解析 设圆盘的质量为 m，桌长为 L，在桌布从圆盘下抽出的过程中，盘的加速度为 a_1，则有 $\mu_1 mg = ma_1$，桌布抽出后，盘在桌面上做匀减速运动，以 a_2 表示加速度的大小，则有 $\mu_2 mg = ma_2$。设圆盘刚离开桌布时的速度为 v_1，移动的距离为 x_1，离开桌布后在桌面上再运动距离 x_2 后便停止，有 $v_1^2 = 2a_1 x_1$，$v_1^2 = 2a_2 x_2$，盘没有从桌面上掉下的条件是 $x_2 \leqslant \dfrac{1}{2}L - x_1$。设桌布从盘下抽出所经历时间为 t，在这段时间内桌布移动的距离为 x，有 $x = \dfrac{1}{2}at^2$，$x_1 = \dfrac{1}{2}a_1 t^2$，$x_2 = \dfrac{1}{2}L + x_1$。由以上各式解得 $a \geqslant \dfrac{\mu_1 + 2\mu_2}{\mu_2}\mu_1 g$。

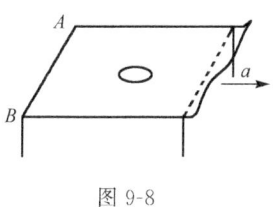

图 9-8

说明 此题为一道综合题，若学生对其物理过程没有一个清晰的认识就很难把握问题的本质特征，所以要注重这方面例题的选取。

总之，物理教学中的课堂例题设计角度是多方面的，主要是根据课堂教学需要达到怎样的教学目标来设计，只要平时注重积累和潜心研究，一定能提高课堂 45 分钟的教学效率。

参 考 文 献

[1] [美]Robert J. Sternbert, Wend M. Williams. 教育心理学[M]. 张厚粲译. 北京：中国轻工业出版社，2003.9.

[2] 王道俊，王汉澜. 教育学[M]. 北京：人民教育出版社，2001.5.

[3] 梁树森. 物理学习论[M]. 南宁：广西教育出版社，1996.12.

[4] 邵瑞珍. 教育心理学[M]. 上海：上海教育出版社，1997.23.

[5] 皮连生. 学与教的心理学[M]. 上海：华东师范大学出版社，1997.6.

第 10 章　物理教师专业成长论

课程改革给教育界带来的最大挑战莫过于对"教师专业化"的挑战。"课程即教师",课程改革的成败归根结底取决于教师。确实,教师是理想与现实、理论与实践之间的转化者。而学校是教师基本的工作环境,教师的成长过程是教师的专业信念、专业知识和专业技能等不断丰富、提高的动态发展过程,是学校和教师多主体的全面努力过程,也是教师自身与其外部环境的积极互动过程。新课程与教师专业发展是内在统一的。"课程发展即教师发展",英国著名课程论专家和课程改革家斯腾豪斯(L. Stenhouse)的这句话高度概括了新课程与教师专业发展的关系。我们认为,教师专业素质的提升,要在学校情境和教育教学实践中去提高,教师的专业成长只有与学校改革及教育教学实践紧密结合起来,才能真正得以实现。

10.1　教师专业成长的一般理论

原教育部副部长王湛在全国基础教育课程改革实验工作座谈会上的讲话——《巩固成果,开拓进取,深入开展基础教育课程改革的实验与推广工作》(2004 年 3 月 5 日)中指出:"广大教师是新课程建设的主体力量,新课程的实施必须依靠广大教师。新课程是在广大教师的创造性的教育教学实践中得以建立、丰富和发展的。广大教师对新课程必须有一个理解、熟悉到创造性实施的过程。这个过程是教师学习和研修的过程,也是教师成长、发展的过程。"

10.1.1　教师专业化的内涵和专业成长阶段

教师的职业是一种专业,教师的专业素养是做好教师的不可或缺的重要条件。从教学新手到专家型的教师,其间有一个专业成熟的过程。教师的专业成熟一般要经历三个时期:一是适应期,教师从站上讲台进步到站稳讲台,成为一名合格的教师;二是发展期,教师从站稳讲台发展到站好讲台,成为一名骨干教师;三是自主发展期,此时的教师在外界提供的发展条件和内在发展动力的推动下,克服"高原效应",实现自身的持续发展,成为一名专家型的教师。

教师是一个高尚和体面的职业,作为教师,你必须成长、投入和具有专业精神。这意味着教师劳动具有规范性、创造性和复杂性。教师角色包括规划者、传授者、领导者、促进者和引导者等。

1. 教师专业化的内涵

一个职业成为一个社会专门的职业，其核心是这个职业具有"职业的不可替代性"。当教师仅是个"知识传授者"的时候，教师的职业是可以被同等学历的人所代替的。而当教师是个"学生发展的促进者"的时候，教师的职业才具有了不可替代性。这个过程，也就是教师职业的专业化过程。

教师的专业应该"专"在哪里，才能显示出教师职业如同医生、律师等职业一样的"不可替代性"？

顾泠沅老师将教师专业成长划分为职初教师、有经验教师和专家教师三阶段，并将三阶段的知识结构进行比较，如图10-1①所示。从图中可见，教师专业成长的关键在于教学经验和教学策略的积累和发展。

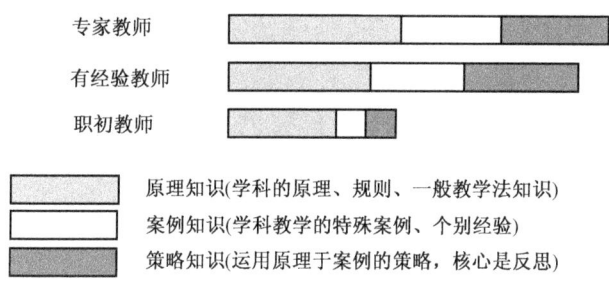

图10-1　教师专业成长与知识结构变化

那么，什么是教师专业化呢？什么样的教师才算具备了专业素质呢？

对教师专业化的学术定义已经不少，但我们认为，教师的专业化（professionalize）是指教师通过专业的教育与训练，掌握教育教学的专门知识，形成专门技能，养成专业道德，逐步提高职业素质，成为教育专业工作者的专业发展过程。"教师专业'化'，这个'化'是一个过程，即教师在他整个教育教学生涯中，不断地提高自我，由不够成熟向成熟过渡，这一过程即教师专业化的过程。"②教师专业化是一个发展的概念，既是一种状态，又是一个不断深化的过程。教师职业的专业化既是一种认识，更是一个奋斗过程；既是一种职业资格的认定，更是一个终身学习、不断更新的自觉追求。

教师专业化是一个长期的过程，是教师在整个专业生涯中，通过终身专业训练，获得教育专业知识技能，实施专业自主，表现专业道德，并逐步提高自身从教素质，成为一名良好的教育专业工作者的专业成长过程。

2. 教师专业成长的阶段

教师专业化发展过程表现出一定的阶段性，每一阶段的核心问题的解决对后阶

---

① 顾泠沅. 教学改革的行动与诠释[M]. 北京：人民教育出版社，2003.366.
② 肖川. 教师：与新课程共成长[M]. 上海：上海教育出版社，2004.241.

段都有很大的影响。正是在这个持续性的社会化过程中,教师提高了自己专业化的程度。从教师关注的变化,可以显现教师成长与发展的阶段性。

1)"非关注"阶段

"非关注"阶段,指进入正式教师教育之前的阶段。尽管后来做教师的人在这一阶段很难说有从教意向,更没有专业发展的意识,但对后来从教的影响却不容忽视。这一阶段的生活经历所养成的良好品格是教师专业成长中重要的生活基础。

事例:1971年,一个偶然的机会,韩学庆当上了"民办"教师。那年,他才18岁。因为"文革"开始那年不招生,长在海边的韩学庆,小学毕业后便下海学捕捞,上岸干"加工"。人们渐渐发现,小伙子不仅能干,而且颇多心计。村支书看中他,说:"你教书准行,去学校当老师吧!"其实,支书冲的就是他那股钻研精神,那股一点即通的机灵劲儿。

问:您小学毕业后的磨练,对您后来的教育成就有哪些影响?一个优秀的教师是否需要有比较坚实的生活基础?

答:一个教师,特别是要成为一名优秀教师,应当有比较坚实的生活基础。这是因为,学校是社会的一个组成部分,学校里进行的一切教育活动,不可能脱离生活实际而孤立地进行。生活基础应当包含两个意义:一是自己的亲身经历,并把这种经历变成一种教育行为。二是间接体验。通过这种方式,充实自己的生活知识。

作为我所经历的"下海捕捞,上岸加工",对我的影响是多方面的:体验了劳动的艰辛,渔民的勇敢顽强,大海的浩淼和它所给予人的力量……每当回忆起这些,还是让人有一种生活的充实感。一个毫无生活基础的人是很难成为一名优秀教师的。

非关注阶段所形成的"前科学"的教育教学知识、观念也会一直迁延到教师的正式执教阶段。在教师写的轶事中,其中有许多轶事的主人公谈及在儿童时代某教师对自己后来为师的影响:

一天中最美好的一刻便是老师讲故事的时候。我凝视着她的一举一动,聆听她说话时发音的方式。回到家里,我就玩学校里的过家家游戏,我一丝不差地照着老师的样子把她讲给我听的故事再原原本本地讲给想象中的小朋友听……虽然这已是多年以前的事了,但至今仍记忆犹新,因为我知道这位教师对我(现在也成了一名教师)意味着什么。

对于教师来说,做学生的过程对自己的专业成长有重要的价值,如果学生头脑中存储了无数课堂场景的活生生画面。学生会逐渐把教师的教学模式内化到自己身上,而当他们自己执教时这些模式又被重新激活了,许多做教师的人都感到是在学着自己的教师的样子在做教师,只是当时没有把教师的特定行为纳入到教学理论的框架中去理解。

教师的教育信念,有些也在师范生入大学之前就已经确立了。师范生入学前已有的教学观念成了他们师范教育阶段学习内容的过滤器。在师范教育之后,有些观念成了接受新观念的障碍。对师范生带入教育专业学习阶段的教育观念,师范教育者并未觉察,师范生本人对此也处于无意识状态。这是当前教师教育中的一个很大的盲点,也是教师职前教育中教育理论不被吸收、教学行为简单模仿的一个重要原因。

在教师专业化发展的"非关注"时期,除了教师职业的"相关品质"、"前学科知识"的影响之外,还有与教师专业能力相关的一般性能力,尤其是语言表达能力、交往能力和组织管理能力方面也为正式执教打下了一定基础。

2)"虚拟关注"阶段

"虚拟关注"阶段,主要是指师范生在师范学习阶段的发展状况,这时的师范生所接触的中小学实际带有某种虚拟性。这种虚拟性给教师教育带来的主要问题是,师范教育没有形成教师专业成长的特殊环境,师范生的自我发展意识比较淡漠。

师范生最关心的是学到学科知识,学到课堂管理方面的知识,对教育理论的学习比较空泛,并且很少与自己未来的专业成长产生联系。由于师范生的主要身份还是学生,所以他们较少参与教学专业活动,他们的专业活动还只是某些特殊技能、技巧层面的活动。他们也比较忽视教育观点方面的改革与培养。

师范生专业发展淡漠的情况,在经过教育实习后会有所改变。他们原有的教育信念受到冲击,开始重新界定自己的教育信念。他们感到理论学习阶段并没有为当教师做好准备,开始对自己的专业结构合理性进行反思,意识到自己知识、能力等方面的欠缺,并试图重新建构自己的专业结构,但在紧迫的时间里难以实现这些意图,只能在"速效"的教学技能方面有所发展。

通过"虚拟关注"阶段的分析,可以看出,师范教育仅是教师专业成长中的一个重要环节,教师的专业成长并非师范教育阶段就可完成的。教师的专业能力主要是在后来的实际教育教学工作过程中形成的。

3)"生存关注"阶段

"生存关注"阶段是指初任教师的阶段。这个阶段,教师有着强烈的专业成长与发展的忧患意识,他们特别关注专业成长与发展结构中的最低要求——专业活动的"生存技能"。

在这一阶段,从教师专业成长的角度看,初任教师的境况将影响他们将来成为什么样的教师。有研究证明,一个人第一年教学的情况对他所能达到的教学效能水平有重大影响,会影响到整个教师职业生涯中对教师行为起调节作用的教师态度。

这个时期的教师面临着应对现实的冲击,他们在师范教育阶段所形成的教学理想在日常的课堂生活现实中很难实现,对学校现实环境难以适应。这时,他们所关注的是如何"生存"下来。教师专业成长与发展主要集中在专业态度与动机方面,尚难以过多地顾及专业知识和能力的发展。

经过现实的冲击以后,教师的教育信念也有所变化。在职前培养阶段,师范生对教育的态度越来越趋于理想、进步、自由,而在"生存关注"阶段,他们的态度会朝着相反的方向转化,变得愈加传统、保守或主张控制。在学生观方面,由先前的学生中心倾向转到专制倾向,当他们采用民主的教学方式遇到困难后,便很快做出了调整。在教学观上,他们认为实际的教学只是一种知识传递过程,而不是在师范院校中所学到的"师生共同发展的过程",教师在课堂上主要是讲述知识,而学生主要是记忆这些知识。所以,这一时期的教师的知识、能力也都是围绕如何更好地传递知识来构建的。

这个阶段的教师急于找到维持最基本教学的求生知识和能力,他们努力维持课堂纪律、激发学生动机、处理学生个别差异、评价学生作业、与家长建立关系。在处理这些问题时,他们又感到缺乏基本的教师专业知识和基本的教学能力,他们需要求助于有经验的教师,同时自己也在教学实践中进一步补充这些知识。

4)"任务关注"阶段

"任务关注"阶段是教师专业结构诸方面稳定、持续发展的时期,由关注自我的生存转到更多地关注教学上来,以便更好地完成教学任务,获得职业阶梯的升迁和更高的外在评价。

这个阶段的教师能够把精力集中在教学专业上,同时成为教师待遇的受益者,教师有管理得很好的班级和满意的师生关系,掌握了一套有效的教学技能,与其他专业人员保持密切的联系;能恰当地处理工作需要和家庭需要之间的关系。有一位处于这个时期的教师谈了如下感受:

我感到我能够了解周围所发生的一切了……与以前相比,能够提前一些时间准备好课。我现在也能够较快地解读我的班级、了解学生的需要了。我感到在处理问题情境时有了更多的可利用的资源,知道该教什么、如何处理人际关系。

随着教师对常规教学的逐渐熟悉,教师的专业自信心也越来越强,注意力也更多地转移到常规教学以外的对象。他们在教学中,注意适应学生的现有水平和需要,就知识结构的改进来说,教师的专业学科知识和学科教学法知识成为发展的重点。

在这个阶段,教师专业态度较为积极、稳定,至少从心理上接纳了教学工作。教师专业成长意识向积极方向发展,眼界开阔,积极吸收外界的一切好的研究结果为自己的成长服务。教师以教师职业阶梯作为自己成长的路线,自觉地寻找各种教师专业成长的活动,对于阅读教育报刊、与其他教师交流有很高的热情。

5)"自我更新关注"阶段

在"自我更新关注"阶段,教师不再受外部评价或职业升迁的牵制,直接以专业成长为指向。教师有意识地自我规划,以谋求最大程度的自我发展。这些已成为教师日常专业生活的一部分。

这个时期的教师更加关注课堂内部的活动及其实效,关注学生是否真的在学习。教师能够对问题予以整体、全面的关注。这一时期教师的特征是自信和从容。

处于"自我更新关注"阶段的教师在学生观上的一个重要转变是认识到学生是学习的主人。教师除了要让学生理解所教的内容之外,还鼓励学生自己去发现、构建知识体系。教学不再仅限于帮助学生学习知识,而且要在师生互动过程中使学生获得多方面的发展。教师知识结构发展的重点转到了教育教学理论知识的应用上来,不再把专业学科知识和学科教学法知识作为重点。

教师在教育教学理论指导下的个人实践知识进一步拓展。个人实践知识是指教师关于课堂情境和在课堂上如何处理所遇到的困境的知识,它集中地反映了课堂教学的复杂性和主动性的特征,是一种体现教师个人特征和教学智慧的知识。教师在"自我更新关注"阶段拥有了理论指导下的"个人实践知识",标志着教师专业成长的重大进步,意味着教师开始有了自己个人特点的专业知识结构的构建,形成富有"个人特征"的知识结构。教师追求卓越和专业成长,他们保持一种开放的心态,积极接纳新的教育思想和观念。

10.1.2 教师专业发展规划的制定

新课程为教师的专业发展提供了平台和契机,作为教师个人必须对自己的专业发展作出规划。因为教师个人专业规划的制定具有以下意义:①有助于增强个人自主发展的意识;②有助于增强教师自我发展的目的性;③有助于促进教师主动探索个人发展的策略;④能为教师的自我反思与自我监控提供现实而有效的参照。

1. 制订个人专业发展规划的基本要求

1) 个人需要与社会需要相结合

个人专业发展规划应着眼于个人发展的需求,同时要兼顾学校、学生及家长对教师的要求。

2) 教育实践与理论相结合

充分利用自己过去已有的成功经验并借鉴个人失败的教训,并从自身以往实践中所遇到的问题或困难中寻找自我发展的生长点,同时,要体现出相关的教育理论的支持。

3) 长期规划与中期规划相结合

个人专业发展规划本身属于长期规划,可将中期规划安排到阶段性目标之中。

4) 规范化与个人特色相结合

个人专业发展规划在格式与内容框架上应该遵循统一的标准,而在具体内容上要体现个人特色,防止互相照搬、千篇一律。

2. 个人专业发展规划的结构和主要内容

1) 个人发展现状分析

这是制订个人专业发展规划的基础和起点。包括以下具体内容

- 个人基本情况简介:简要介绍个人的年龄、教龄、学历及专业、现任职称等。
- 个人成长史回顾:其一,个人职前教育经历。简要介绍过去在师范教育阶段的

学习情况,如学科知识与技能、教育理论及教师技能的掌握情况等。其二,个人从教经历。简要介绍个人从师以来的工作经历,如承担的课程、担任班主任的情况、在岗培训情况、个人学习情况、有无对自身成长产生重大影响的关键性事件等。其三,个人已有的专业发展状况及所处的发展阶段。包括个人过去任教过程中遇到过哪些困难,是如何克服困难取得进步的?从教以来的主要成功经验、各类成绩及存在的问题是什么?目前自己所处的发展阶段是什么?(参考10.1节中的"教师成长的阶段"理论部分。)

- 个人基本素质的自我评价:在以上分析基础上,总结个人在师德、知识(含学科知识及教育理论知识)、从教能力等教师基本素质达到何种程度?自己的教育及教学风格与特色是什么?自己的优势及劣势是什么?最后对自己进行整体的定性评价(如在新手教师、合格教师、优秀教师或骨干教师、专家教师这个序列中自己属于哪个层次)。

个人发展现状分析应注意与专业发展需要相结合,应参照新课标、学校、学生对教师的要求来衡量自己,同时还可参照自己在本地区及本学校师资队伍中的位置来衡量自己,也可参照同事、领导、学生对自己的评价来衡量自己。此外,如果能参照一些心理测验、作品分析来分析自己则更具说服力。

2)个人发展目标制定

这部分是制订教师个人发展规划的核心,对个人专业成长具有导向作用。

- 整体目标:即自己最终想成为一个什么样的教师,包括成才类型(如:教学型、研究型、教学研究型等)与成才层次(如:优秀教师或骨干教师、专家型教师或特级教师等)。

- 分阶段及分项目标:拟定自己未来的专业发展阶段,然后将整体目标分解在各个阶段逐步实现。各个阶段的目标应比整体目标更具体,它主要由现代教育理念,以及教学、教育、管理和研究等分项目标组成。

个人发展目标应体现理想目标与现实条件相结合的原则。理想目标应体现社会对教师的期望或要求,如新课程对教师的要求、学校对教师的要求、家长与学生对教师的要求等。现实条件主要指个人的发展现状及发展条件(包括主观条件及客观环境条件),同时体现个人对未来前景的期望。个人发展目标的制定应该努力体现这两者的平衡。

3)个人专业发展的策略

这部分是制订教师个人发展规划的关键,关系着实施个人专业发展规划的成败。

- 强化学习:教师的学习包括自修与进修两种途径。自修主要通过制订学习计划、列出读书目录、做读书笔记、研讨与交流等实现自身提高。学习内容包括学科知识、教育理论、新课标及教材的研究、教学方法与策略的学习(如通过教学观摩)等方面。在制订个人自修策略时应依据个人现有知识结构中的缺陷以及个人在实践中遇到的问题来确定具有个人特色的学习的内容,应本着"问题与任务导向"与"充电"的原则,以弥补缺陷、充实提高为宗旨。进修主要包括:短期培训班、单科进修、访问学者、学历教育等。

● 实践与反思:教师知识结构的改善是为提高教师的教育教学实践能力及研究能力服务的。因此,应将个人专业发展的重点放在上述能力的提升及教学实践方式的改善上。此部分内容应根据个人的能力方面的特长与不足,并反思过去教学实践中的经验与教训,提出有针对性的改进措施与步骤。个人发展规划的制订还应就如何进行教学反思进行系统的设计,要定期或不定期地写反思材料。如:教学案例分析、教育叙事和教学随笔等。

● 教育教学研究:教师应做一个积极的行动研究者,要善于运用一定教育理论总结提升自己的教学实践经验及教学反思成果,积极申报课题,最终形成系列教研成果。

此部分应根据自己过去在研究能力或研究动力方面的不足之处,提出有针对性的改进措施与步骤,并初步拟定今后的长期研究计划。

3. 个人专业发展规划的格式要求

为规范化起见,教师撰写的"个人专业发展规划"文本需要统一的格式,一般说来,其具体要求有:

(1)字数要求:2000字以上。

(2)页面设置与行距:页面设置:默认值。文字行距:1.5倍距离。

(3)内容顺序、字号及格式为

● 标题:三号宋体,加粗、居中。(注:标题统一为:"个人专业发展规划")

● 作者单位及姓名:小四号宋体,加粗、居中。(注:作者单位为所在地区及学校名)

● 正文:小四号宋体。(注:正文上方应与作者单位及姓名之间空一行)

● 落款日期:正文结束后应有落款日期,小四号宋体,置于正文右下方,并与正文之间空一行。

10.2 教师专业成长之"说课"

由于通过说课能够展示说课者在课堂教学设计中的思维创新过程;能够凸现出说课者对课程标准、教学内容、学生主体的理解和把握的水平,以及灵活运用有关教育理论和教学原则的能力;同时又具有时间短,操作方便等优点,所以"说课"不仅常被应用在师范生的技能训练、新教师的招聘上岗之中,而且也在教师的教学比武,校本教学研究中逐渐成为"主流"。因为它对教师的专业成长正发挥着越来越重要的作用。

10.2.1 说课的内涵与类型

1987年,说课这一活动最早诞生于河南省新乡市红旗区。借鉴戏剧界导演给演员"说戏"一词,人们把这种教研活动取名为"说课"。1992年,"全国说课研究协作会"的成立标志着说课活动真正跨出新乡,走向全国。

1. 说课的内涵

什么是说课?或者说,说课的内涵是什么?由于学者的视野不同,所下的定义也不完全一样。对以上这个问题的回答,比较有代表性的有以下两种观点:周勇、赵宪宇在《说课、听课与评课》(教育科学出版社 2004 年 6 月版)中认为,"说课,就是教师以教育理论为指导,在精心备课的基础上,面对同行、领导或教学研究人员,主要用口头语言和有关的辅助手段阐述某一学科课程或某一具体课题的教学设计(或教学得失),并与听者一起就课程目标的达成、教学流程的安排、重点难点的把握及教学效果与质量的评价等进行预测或反思,共同研讨进一步改进和优化教学设计的教学研究过程。"从这个定义,我们不难领悟"说课"中的"课"有二层含义:一是指课程,二是指课题。这是从广义上来说的。而崔小春在《"说课"断想》(载《人民教育》2005 第 8 期)中认为,"说课是教师依据课程标准、教育教学理念,口头表述自己对教学内容、教学目标、教学重难点、教学方法、教学程序等进行创造性设计的一种教研形式。"从整篇文章来理解,这个定义中的"课"则侧重于课题。这是狭义上的说课概念。本书主要论述基于新课程视野下的狭义的说课。为了与新课程的核心理念——"以学生发展为本"相匹配,我们不妨再为"说课"这一概念的内涵进行进一步的界定——"说课是教师依据课程标准与教学理念和学生的学习水平与发展潜能,口头表述自己对某一课题的学习目标、学习的重点和难点、教与学的策略、教学流程等进行创造性设计及其原因的一种教学研究活动形式。"[①]简单地讲,就是阐述"课堂教学设计的内容和为什么进行如此设计的原因"等问题。

2. 说课的类型

说课,作为校本教学研究活动的一个重要内容,因其活动的目的、要求及次序等方面的不同,常有不同的类型。从服务于课堂教学的先后顺序来分,说课一般可分为课前说课与课后说课;从改进和优化课堂教学设计来看,说课也可分为预测性说课和反思性说课。除此分类外,如果从性质上来划分,说课主要有以下几种类型。

1)研究型说课

研究型说课,就是教师集体以课堂教学工作中遇到的重点、难点或热点问题为主题,在进行一段时间的校本实践和探索的基础上,各自用说课的方式向其他教师(包

---

① 沈建民.试论新课程背景下的"说课"[J].天津教育,2005,(11):44.

括专家和领导)汇报其研究成果的教育教学研究活动。通过这种类型的说课,有助于提高教师课堂教学的研究能力、丰富教研活动的内容,更为主要的是它对"建立'以校为本的教研制度',促进教师的专业成长"具有不可低估的作用。它是教师由"教书匠"向"研究者"转变的必然要求。

2) 示范型说课

示范型说课,一般是指素质好的优秀教师,如教学能手、学科带头人或特级教师等,先向听课教师(包括教研人员)做示范性说课,然后让说课教师将课的内容付之一课堂教学,最后组织听课教师和教研人员对该教师的说课及课堂教学作出客观公正的评析。通过这样一种形式的教学研究活动,听课教师从听说课、看上课、讲评析中增长见识,开阔思路,不断提高自己运用理论指导课堂教学实践的能力。示范型说课不仅是培养教学骨干的有效方式和重要途径而且也是促使听课的年轻教师快速成长的重要载体。

3) 评比型说课

评比型说课,就是把说课作为教师教学业务评比的内容或一个项目,对教师运用教育教学理论的能力、理解新课程标准和针对学生现状对教材进行"二次开发"的能力水平、教学流程设计的科学性和合理性等做出客观公正评判的教研活动方式。它要求参赛教师按指定的教材和课题,在规定时间内自己写出说课稿,然后登台说课,最后听课评委评出比赛名次。评比型说课有时除了说课外还要求说课内容付之课堂实践,或者把说课与交流有关"说课"的理论和经验结合起来,以便把"说课"活动推向更高的层次。它既是发现和遴选教坛新手的一种评比方法,也是促进教师在专业方面成长的有效途径。

10.2.2 说课的表述形式和表述内容

说课,涉及"说"和"课"。"说"是说课中的表述形式,而"课"则是说课中所要表述的内容。因此,从这个意义上来理解,说课者需要在"说"和"课",也就是从表述形式和表述内容两方面下功夫,才能取得良好的说课效果。

1. 表述形式

说课者的说课能否生动、深刻且吸引人,"说功"是关键。要想达到好的说课效果,说课者在说课中需要合理地使用好三种语言:一是独白语言。说课者在说明课堂教学设计的理念,分析课堂教学的内容、学生的学情、学习目标的设计、学习重点和难点的罗列,说明教学流程的安排及其原因等方面表述自己操作意向的描述性部分和理论依据部分,都应使用独白语言。一般而言,说课者面对的基本上是同行,因此独白语言的使用尽量做到言简意赅、有条有理。说课者用好这种语言,能让听者容易明了说者的设计意图和具体的操作策略,从而让说课变得有亲和力与感染力。二是课堂语言。这种语言在说教学流程这个环节中用得比较多。说课者在预演或反思课堂中将会出现的教学情境时,要把自己的身份由说课者切换为课堂上的上课者,通过自己绘声绘色的课堂语言把预演或反思的教学情境展现在听者的眼前,把听者带到真实的课堂教学情境中去,这是课堂语言在说课中的独特魅力。三是肢体语言。尽管说课只是说课者的单项活动,但是如果说课者能充分运用好自己的肢体语言,会为自己的说课效果增色不少。但说课面对的主要是同行,所以说课者不能手舞足蹈、目中无人,特别是要注意和听者做好眼神交流,不溺不倦,不媚不冷,在平等中温情交流。

2. 表述内容

虽说说课者的"说功"是关键,但说课的内容才是核心。一般而言,说课中说者需要向听者表述的内容主要包括以下三个主要部分:说分析、说策略、说流程。下面主要谈谈这三个方面。

1)说分析

说分析是指说课者除了根据对任教班级学生的学情的具体、准确把握和对某节课的教学内容在本单元或本章节中所处地位和作用的领悟以及和前后内容的联系等进行简单地说明和分析外,应着重说明自己对本节课的三维学习目标的确定及其理论依据、学习重点和难点的确定以及如何突出重点和突破难点等方面的分析。

2)说策略

说策略(或称方法)是指说课者在说明和分析任教班级学生的学习现状和发展潜能的基础上,针对学习的内容,说明本节课教者要采用的教学方法和对学生要进行的学法指导。目的是为了突出重点和突破难点,为学生的发展服务。

3)说流程

说流程是说课者在说三个主要环节中应当重点说明的部分。所谓说流程是指说课者对本节课的课堂教学过程所进行的粗线条安排及其原因进行说明,同时要使用课堂语言对教学流程中的精彩教学片断进行适当的"演示"。

10.2.3 说课应遵循的原则与注意事项

随着新课程的逐步推进,"说课"这一教研活动形式已引起了教育界的广泛关注并得到了深入的发展,无论从理论上还是实践上都探索并积累了不少有益的经验,正日渐成为促进教师专业成长的一条简捷、有效的途径。要真正发挥"说课"成为教师走进新课程并与新课程一起成长的一座桥梁,"说课"者在撰写说课稿时必须遵循一定原则并在说课时要注意几个关键点。

1. 说课应遵循的原则

1)科学性原则——说课质量的前提

科学性原则是教学应遵循的基本原则,也是说课应遵循的基本原则,它是保证说课质量的前提和基础。科学性原则对说课的基本要求主要体现在以下几个方面:

①教材分析正确、透彻;②学情分析客观、准确;③学习目标的确定符合课程标准要求、教材内容和学生实际;④教法设计与学法指导要紧扣课堂教学三维目标、符合课型特点和学科特点、有利于开发学生的发展潜能,可行性强。

2)理论联系实际原则——说课活动的灵魂

说课是说者向听者展示其对某节课教学设想或教学得失的一种方式,是教学与研究相结合的一种活动形式。因此在说课活动之中,说者不仅要说清其教学构想或教学得失,还要说清其构想或得失的理论与实际两个方面的依据,将教育教学理论与课堂教学实践有机地结合起来,做到理论与实践的高度统一。这主要体现在以下几个方面:①说课要有理论指导;②策略的设计应上升到理论高度;③学情分析要切合任教班级学生的实际。

3)实效性原则——说课效果的核心

任何活动的开展,都有其鲜明的目的。说课活动也不例外。说课的目的就是要通过"说课"这一简易、速成的形式或手段来在短时间内集思广益,检验和提高教师的教学能力、教研能力,从而优化课堂教学过程,提高课堂教学效率和质量,促进学生的发展。因此,"实效性"就成了说课活动效果的核心。为保证每一次说课活动都能达到预期目的、收到一定的实效,至少要做到以下几点:①目的明确;②针对性强;③准备充分;④评说准确。

4)创新性原则——说课活动的生命线

说课是深层次的教研活动,是教师将教学构想转化为教学活动之前(或之后)的一种课前预演(或课后反思),其本身也是一种集体备课。尤其是研究型说课,其实质就是集体备课。在说课活动中,说者一方面要立足自己的教学特长、教学风格。另一方面更要借助有同行、专家参与评说这样一个共同研究的良好机会,树立创新的意识和勇气,大胆假设,小心求证,探索出新的教学思路和方法,从而为不断提高自己的教学业务水平,不断提高课堂教育质量,进而促进自己的专业成长打下扎实的基础。只有在说课中不断发现新问题、解决新问题,才能使说课活动永远"新鲜"、充满生机和活力。

2.说课要避免的情形[①]

1)张冠李戴

师范生由于对"说课"理解不深、把握不准,而对上课有一定的感性认识,初次进行说课时容易将说课"异化"为上课,出现"张冠李戴"的现象。其实说课与上课完全是两码事。说课不同于普通的上课,上课主要是体现备课后的操作过程,重点是解决教什么、如何教的问题。而说课则主要是体现备课的思维过程,重点是不仅要解决教

[①] 沈建民.试论新课程背景下的"说课"[J].天津教育,2005,(11):46.

什么、如何教,更重要的是说清为什么这样做,有什么理论依据,说课的重点在于"说理"。当然,说课与备课也是不同的,它们的最大区别,可以用一句话来概括:备课是让看的人知其然,而说课是让听的人知其所以然。

2)照本宣科

在说课之前说者虽已充分准备了说课稿(或有关的多媒体课件),但在说课中如果说者照着说课稿(或多媒体课件)的内容——读给别人听,不敢面对听者,那么听者的注意力和思维无法被有效地引入到说者自己的说课之中。虽然表面上也能给人流畅的感觉,但听者不会受到感染,引起共鸣。鉴此,说课者在说课的过程中要按照自己心中预设的说课"腹稿"大胆地面对听者,通过与听者"眼神"的对话与交流以引起听者的共鸣。除此之外,"照本宣科"也指这样一种情形,即说者由于缺乏对教材内容进行"二次开发",而导致说的教学内容几乎就是教材上的内容。

3)虎头蛇尾

由于说课的时间一般控制在 10~15 分钟,但说课的内容涉及教学理念、学情分析、学习内容、重点难点、学习目标、教法学法、教学流程、板书设计及其原因说明等诸多方面。如果说者在说课过程中对说课的内容不分主次,不分详略,势必导致在说教学流程这个重要的内容上匆匆而过,出现说课中的"虎头蛇尾"现象。为此,教师在说课时对说课的各方面内容,不能平均使用力量,不能眉毛胡子一把抓,要分清主次。对一些听者易理解的条目或内容只要说清"是什么"既可,而不必再加"为什么"。应把主要时间和精力放在说"教学流程"这一版块上,需要说者向听者重点说明"是什么"(what)、"为什么"(why)和"怎么样"(how)。

4)华而不实

"以学生发展为本"是新课程所倡导的核心理念。目前有部分教师在说课中对学生学习情况的分析是针对学段的,也就是说,这样的学情分析对所有的同年级的学生是通用的。例如"本节课的教学对象是初一年级的学生,他们已处于由形象思维向抽象思维转化的阶段,他们好动、好奇、好想。在本节课之前,他们已学习了……。"这样笼统而华丽的学情分析虽具有一定的普适性,却缺乏初一年级具体任教班级学生的学习情况分析应具有的针对性。与"以学生发展为本"的课程与教学理念相比,这是"华而不实"的。从这个意义上来说,对教师,说课中的学情分析应要针对所教的具体班级学生,应具有针对性。

10.3 教师专业成长之"教学案例的撰写"

随着新课程的不断推进和深入实施,教学案例的撰写对教师综合素质的提高已显现出十分重要的作用。撰写教学案例已成为每位教师获得专业成长而必须掌握的基本技能之一。

10.3.1 教学案例的含义与特点

确切地理解教学案例的含义与特点是教师开发教学案例、从事案例研究并获得专业成长的前提和基础。如果不能准确地把握教学案例的特点并将教学案例的含义无限扩大化,混淆教学案例与教育案例,特别是与教学设计、课堂实录等的区别,那么撰写的教学案例就没有多大的价值。

1. 案例及其发展

案例译自英文"case"一词,它曾被翻译为"个案",鉴于历史上早有"个案研究",是心理学所采用的研究方法,因而"case"一词用作教学时便译成"案例"。由于案例(case)是个舶来品,因此最早给案例下定义的自然是外国人。劳伦斯认为,"案例是对一个复杂情境的记录。一个好的案例是一种把部分真实生活引入课堂从而可使教师和全班学生对之进行分析和学习的工具,它可使课堂讨论一直围绕只有真实生活中才存在的棘手问题来进行。但一个好的案例首先必须是一篇好报道"。汉森"愿意把案例说成是对真实事件的描写,其中所包括的内容,能足够引起大家思考和争论的兴趣,且富有启发性"。理查特却认为,"教学案例描述的是教学实践,它以丰富的叙述形式,向人们展示了一些包含有教师和学生的典型行为、思想、感情在内的故事"。舒尔曼则是这样来描述案例的,"一个案例,正确理解的话,不单单是一个事件或事故的报道。称某事为一个案例就相当于做一个理论断言——断言它是某事的一种情况或更大类中的一个例子"。

对案例的收集与开发在19世纪70年代最早被运用于哈佛法学院,后来依次被运用于哈佛医学院、商学院和教育学院。"在教育界,教师写作案例,并将案例运用于教师培训,是20世纪70年代的事。当时西方不少理论工作者有感于教育理论与教育实践之间存在的鸿沟现象,有感于抽象的教育理论与丰富的教育实践之间的巨大差异,鼓噪教师要成为研究者,要能够把行动和研究紧密地结合在一起。那么教师如何去从事研究,用什么样的方式来展示自身的研究就成了一个问题。显然,长篇大论的理论探讨并非教师所长,而生动的、鲜活的事例是教师宝贵的资源。于是,以发生在教师身边的事件为研究对象的案例就逐渐进入了研究者以及教师的视野。"[①]

2. 教学案例的含义

什么是教学案例(teaching case),目前国内教育理论界有两种比较典型的界说。第一种界说:教学案例是一个实际教学情境的描述,在这个教学情境中,包含有一个或多个疑难问题,同时也可能包含有解决这些的方法(郑金洲)。第二种界说:教学案例是指包含有某些决策或疑难问题的教学情境故事,这些故事反映了典型的教学思

---

① 参见郑金洲.教师如何做研究[M].上海:华东师范大学出版社,2005.159.

考力水平及其保持、下降或达成等现象。这类案例的搜集必须事先实地作业,并从教学任务分析的目标出发,有意识地择取有关信息,在这里研究者自身的洞察力是关键(顾泠沅)。如果我们从教师比较容易理解的第一种界说,即"教学案例是一个包含有教学问题或教学疑难情境在内的真实发生的典型性事件"来理解,那么教学案例至少包含以下三个层次:①教学案例是教学事件。教学案例是对教学过程中的一个实际情境的描述。它讲述的是一个故事,叙述的是这个教学故事的产生、发展的历程,它是对教学现象的动态性的把握。②教学案例是含有问题的教学事件。事件只是案例的基本素材,并不是所有的教学事件都可以成为案例。能够成为案例的事件,必须包含有教学问题或教学疑难情境在内,并且也可能包含有解决问题的方法在内。正因为这一点,案例才成为一种独特的研究成果的表现形式。③案例是真实而又典型的教学事件。案例必须是有典型意义的,它必须能给读者带来一定的启示和体会。案例与故事之间的根本区别是:故事是可以杜撰的,而案例是不能杜撰和抄袭的,它所反映的是真实发生的教学事件,是教学事件的真实再现。是对"当前"课堂中真实发生的实践情景的描述。它不能用"摇摆椅子上杜撰的事实来替代",也不能用"从抽象化、概括化的理论中演绎出来的事实"来代替。

由此可见,对教学事件的静态的缺乏过程把握的描述不能称之为教学案例;信手拈来的没有问题或疑难情境在内的教学事件不能称之为教学案例;没有客观真实基础、缺乏典型意义的教学事件也不能称之为教学案例。

3. 教学案例的特点

根据教学案例的含义,我们认为教学案例应具有如下特点:

(1)客观性。教学案例是写实的,是教学实践中具体事例的真实再现,有相对完整的教学情节。对事情发生的背景、教学活动的基本过程,要客观地描述,如实地介绍。不能对教学活动作笼统的、概括的叙述,更不能歪曲事实真相。评析要实事求是,就事论理,从事实中引出道理,不能脱离事实而空发议论。

(2)典型性。教学案例包含的一个或几个疑难问题,以及解决这些问题的方法与思考,是教师共同关注的热点、焦点,具有较强的代表性,体现教学现象与本质、个性与共性的统一,有揭示教学内在规律的典型性,能从中总结出带有普遍意义的结论,更好地指导教学实践。

(3)生动性。教学案例应该是一个能够很好地反映某种教育观点的教学故事,不仅要客观和典型,而且要具体和生动,必要时要包括一些戏剧性的冲突,使之鲜活有趣,有较强的可读性,让人读了感到"既在意料之外,又在情理之中"。

(4)实用性。教学案例不仅要叙述清楚而有情节,语言朴实而又生动,内容平实而又耐人寻味,可读性强,而且要具有现实意义、借鉴作用和探讨价值,能激起教师效仿,学习遇到类似事情如何应对的策略,能启发教师思考,能够让教师看出"故事"揭示的某些规律和本质,对教学工作有指导作用。

(5) 创新性。基础教育正处在转变教学思想、转变教师角色、转变教学方式、推进课程改革的新时代。教学案例应具有反映课改的新情况、新问题、新理念、新方法、新变化、新成果,揭示教学改革的新特点、新走向,从而启示人们开拓新思路、新策略,推动课改健康、深入地发展。

10.3.2 撰写教学案例的意义与策略

教学案例是教学问题解决的源泉;是教师专业成长的阶梯;是教学理论的故乡。从这个意义上来说,教师撰写教学案例并熟悉、掌握教学案例撰写的基本策略对于实现自身的专业成长等是非常有价值并且是必须的。

1. 撰写教学案例的意义

(1) 促进课改的深入发展。新课程处处体现着新理念。能否把新理念转化为教师的教学行为,是推动课改走向深入的关键。"转化"的方法有二:一是,用新理念寻找我们不端正的教学行为,并探求解决的途径;二是,借助新理念来评价和发展我们的教学行为,促使教学行为的创新。教学案例的撰写,是教师进行教学反思的外在表现形式,具有"转化"的功效,是促使理论与实践相沟通、相融合的最优方式。其"转化"的过程表现为:在教学实践中,教师用新理念反思自己的教学,选择茫然困惑的问题、蕴含有新理念闪光的事例撰写成教学案例,以个案分析法重新审视教师自己的教学思想与方法,更新教学观念,将理念转化为日常的教学行为,促进课堂教学质量的提高,促进课改的深入发展。

(2) 促进科研成果的交流与共享。在教学中开展叙事研究,对教学中的亮点或困惑进行理性反思,使之成为教学案例。它以书面形式反映教师的教学经历,以叙事展示理念,不仅是教师成就与成长的记录,而且是教师叙事行动研究的产物——科研成果。由于它主题鲜明,内容具体,形式活泼,以事论理,焕发出耐人寻味的魅力,给人以身临其境之感,易于学习和理解,因而,受到广大教师的青睐。许多学校组织教师对教学案例进行交流、讨论与共享,已成为开展校本培训、校本教研的一种新形式。它围绕交流的载体——某一教学案例,相互切磋,合作互动,不仅有利于启迪教师以批判的眼光重新打量自己日常的教学,矫正自己的教学行为,并把教学案例中的闪光点,转化为自身发展的资源和动力,引发教学创新;而且有利于培育教师的团队精神,形成相互探讨、彼此学习的教研之风,使新见解不断涌现,新思路不断形成。而科研成果的交流与共享,也在一定程度上促进广大教师教学能力的提高和自身专业素养的提升。

(3) 促进教师的专业成长。教师的专业成长,如过分偏重教育原理,难免空泛;如过分依赖经验,易致盲从。只有走教学与科研相结合的路子,在教学中研究、在研究中教学,既是教学者,又是研究者,才能不断提高教师自身的理论水平和实践能力。那么,具体操作的策略是什么呢?教学案例的研究与写作,恰好可以弥补上述"两者"

的缺失,是教师专业成长的有效形式和途径。正如有关课改专家所指出的"走向叙事研究——改变教师的写作方式"。"教育'叙事研究'的基本特征是以叙事、讲故事的方式表达作者对教育的解释和理解。"可见,教学案例的撰写正是"叙事研究"的一种类型。它需要有目的地对教学过程进行理性的观察和分析,并将教学问题的提出与解决问题的过程完整地叙述出来,体现从具体到抽象、从分析现象到认识本质的研究思路。"案例是理论的故乡"。一个好的教学案例,可以生动形象地说明一个教学理念,解读一个问题解决的策略,有利于教师深刻、生动地掌握教学理论。因而,教师进行教学案例的研究与写作的过程,就是一个主动学习、提高的过程。经常进行这种"叙事研究",实现教学与研究、教学与学习的一体化,必将促进教师的科研能力、写作能力与教学能力不断提高,专业素质快速提升,从而促进教师的专业成长。

2. 教学案例的撰写策略

教学案例不是教师的教学设计或教师个案,更不是简单的课堂实录。而是指包含有某些决策或疑问的一个真实的、已经发生的教学情景故事的描述并加以分析与评价的文章体裁。因此,初学教学案例写作的教师需要关注以下基本撰写策略[①]。

(1)提炼主题。写作教学案例的目的,是为了反映一种理念,明白一个道理,理解一个概念,学到一些策略。因而,教学案例也要有主题。所谓主题,就是教学事例所表达的基本思想,它直接关系到教学案例的成败与价值。一般而言,主题是教学事例本身所具有的丰富信息。主题的确立,是作者对教学事例中蕴含的新理念与新策略提炼的结果。由此可见,教学事例本身的价值,决定教学案例的生命,事例的选取极其重要。为此,我们要从众多的反思日记中,筛选采用那些大家关注的热点与焦点的问题,蕴含有新理念与新策略的、耐人寻味的事例,提炼出正确、集中、鲜明、深刻的主题。对于提炼主题,有以下几点要求:

● 主题紧扣案例。提炼主题必须以案例为基础,不能脱离案例随意确定。

● 定题具有新意。提炼主题要有创新精神,确定主题的角度要新颖,确定的主题,往往是既在意料之外,又在情理之中。

● 顺应时代发展。要与时俱进,要有利于解决当前课堂教学中急需解决的难点、热点问题,要符合素质教育、创新教育的精神,要适合课程改革的需要。

● 符合教育规律。要具有一定的教育理论水平,要符合教育学、心理学、教学论的基本原则。

● 具有指导意义。能引起大家对课堂教学中某些带普遍性的问题的关注,并能促使这些问题得到解决。不能局限于个别情境或特殊问题。选择的案例可以是一件小事,但要能以小见大。

---

① 参考谭振宪.怎样撰写教学案例[J].语文教学通讯·小学刊,2007,(1):61—62.

（2）选择类型。提炼、确立了主题后，就要进行定型的思考。定型，即在写作前，依据事例的数量与性质，确定选用哪种类型的教学案例。从目前刊物上发表的教学案例看，大致有以下四种类型：

● 单一片段型。一般是一个具体生动的教学片段与评析，反映一个新的教学理念。这类案例内容单一，短小深刻。

● 对比片段型。一般是同一个教学内容，两种不同教法的教学片段与评析组成，在比较中倡导新理念、新策略。这类案例对比鲜明，发人深省。

● 课时综合型。一般是由一节课中各具特点的几个教学亮点与评析组成，反映了一节课教学进程中不同的教学内容与策略。这类案例内容丰富，综合性强。

● 专题解读型。一般是围绕一个专题，由三四个不同的教学策略的案例与评析组成，对某一新理念较为全面的解读。这类案例主题突出，策略多样。

我们相信：随着教学案例写作的兴起与发展，必将创造出多种多样的案例类型。

（3）注重要素。教学案例的内容是多样的。形式为内容服务，其形式也应是多样的。然而，形式的多样化，也有其共同的表现形式，可以说"形式无定规，大体有常规"。教学案例的基本表现形式有以下四个要素：标题、背景、叙事、评析或反思。

● 标题。标题是教学案例的眼睛，是对教学案例内容或主题的揭示。一个好的标题，常常会起到画龙点睛的作用，能引起人们阅读的兴趣，并对教学案例内容或主题有个基本的了解。标题有单一式和复合式两类。单一式标题。只有一句话或一个短语，表达一种理念，做出一个判断，体现一种策略、说明一个道理，概括一种情景，提出一个问题，点明一个内容。如《"电磁感应定律"教学案例》。复合式标题，除主标题外，还有副标题——对正标题的内容加以说明、补充或限制。如《尊重个性　自主探究——〈阿基米德原理〉教学片段及评析》。

● 背景。教学案例总是在一定环境条件下产生的。为了让读者更好地理解教学案例的主题，要简洁、准确地向读者介绍教材版本、学制、学科、册数及课题，交代、说明教学案例是在什么背景情况下发生的。目的是，一方面让读者明白教学案例产生的原因；另一方面也为后文的解决方案及方案是否正确的评价提供了依据。

● 叙事。这是教学案例的主体部分，主要是描述事例发生、发展的过程。核心是把事情的来龙去脉写清楚，重点要把学生在教师引领下，怎样在对话互动中，发现、提出问题，思考、交流问题，解决问题的过程写具体，尤其是与主题有关的细节——学生的情绪反应与教师内心的感受，要进行实实在在的描述，成为教学实践的真实再现。要注意的是，既要实事求是，又要围绕主题，恰当取舍，不搞有闻必录。同时，要求叙事的语言力求朴实、简练，篇幅力求简短。

● 评析或反思。评析的主要任务，是对案例反映的主题内容进行理性的解读，评论其利弊得失，分析其价值意义，以揭示案例的内在规律，给人以启示。评析要实在，从事实本身出发，实事求是，说清道理，不脱离实际地空发议论。评析要中肯，透过现象看本质,有自己独到的见解,言之有据,言之有理。做到这两点要求,评析的操作要坚持以事论理,以理析事,事理交融,总结规律。其思路是:用先进的教学思想,审视师生互动,解决问题的发展脉络,捕捉师生具有创造性的典型行为,评析何处成功,哪儿闪亮,体现了怎样的教师观、学生观、教学观、目标观、资源观,为什么它是成功的、闪亮的,把教师的教学行为,提升到"说清其理论依据"的层面上,进而提炼出具有普遍意义的新理念、新策略。评析一般在案例的叙事之后评析。也有的边叙事边评说,语言朴实,文字简练,用括号或其他字体显示。也有的既有边叙边评,又有总评。

(4)积累素材。掌握了教学案例撰写的技巧,但不一定能写出好的案例。正如叶澜所说:"作文这件事离不开生活,生活充实到什么程度,才会做成什么文字"。"巧妇难为无米之炊"嘛,巧妇也需要有"好米",才能做出香喷喷的米饭。因此,我们不仅要懂得教学案例撰写的方法,更要注重创造、积累事例素材,善于找"米"下锅,才能写出优秀的教学案例。从现实的情况看,在教学案例的撰写中,其所以选择典型的事例很难,有这么几个原因:一是,有些教师运用新理念进行教学、也确实创造了许多的教学亮点,但没有养成写反思日记的习惯。没有及时记录下来,过后忘了而写作时又想不起来;二是,有些教师在公开课或有人听课时,注意应用新理念进行教学,可平时教学仍是"老一套",无法创造出典型的教学事例,写作时没有素材,难以成文;三是,有些教师在教学中注意对话互动,但考虑完成教案要紧,或者不善点拨,只要学生答对了,就满足了,马上予以肯定,继续照教案执教,学生发散思维得不到培养与发展,亮点无法在动态中生成。那么,怎样积累教学案例的素材呢?

● 营造生成环境。优秀的教学案例是在教学过程中生成的。因此,我们要坚持把新课程的理念转化为日常的教学过程与行为,为学生创设自由对话的平台——学生讲错了,没关系,允许出错,欢迎重答重做;提出异议,倡导争辩,允许保留;困难时,会得到善意的帮助;成功时,会得到热情的祝贺;标新立异时,会得到大家的喝彩。同时,要求教师扮演"主持人"、"引导者"的角色。在学生自主探究中,善于点拨引导,做学生思维的向导。当学生不知从何着手、久思不解、思维卡壳、浅思辄止时,要灵活地启发点拨,调整思维方向,或延缓评价,推动教学过程的深入发展。在这样的对话环境中,学生具有自由的、安全的心态,他们的对话热情就会不断高涨,个性思维就会不断活跃,教学亮点就会生成。

● 常写反思日记。反思被广泛地看作教师职业发展的决定性因素。只有教师自己才能改变自己。常写反思日记,积累实验的第一手材料,便于保存、翻阅、研究。写作追求"短、平、快"。短:短小精悍;平:平中见奇;快:快捷及时。一有所得,及时记下,有话则长,无话则短。养成反思习惯,以记促思,以思促教,每天实践一点,每天反思一点,每天进步一点,引导自己不断在反思中成长。日积月累,反思日记就能为撰写案例提供丰富的资源,同时把那些典型的、情节生动的、富有启发性的、含有一定新理念的教学反思,及时写成教学案例。

● 善于搜寻事例。一是,从反思日记中搜寻。平日养成反思习惯,有意地积累。翻翻反思日记,看看哪节课学生闪现出了智慧的火花、独特的见解,哪节课有什么亮点,特别是教得顺利、舒畅的地方值得回忆、思考。二是,从同伴评课中搜寻。翻翻评课记录,看看他人对自己公开课的评价,深入领会主要的优点、亮点是什么,对具体细节尽力回想,想想有什么好的生动事例可写。三是,从借鉴迁移中搜寻。大量阅读有关刊物上的案例或经验文章,多看多思,边读边想,触类旁通,举一反三。尽可能产生联想,即见到甲能想到乙。可以有意识地再实验、再创造,进行联想、迁移、重组、翻新等。

10.3.3　教学案例的写作模式

教学案例虽没有固定的写作模式,但从一些杂志精选的案例看,它主要由案例描述和案例分析(点评)两大部分组成,是以叙述为主议论为辅,两者紧密结合的一种文章样式。通过案例描述,使读者有所感;通过案例分析,使读者有所悟。新课程背景下的案例写作使案例描述和案例分析(点评)的内涵更加丰富,呈现出"乱花渐欲迷人眼"的繁荣景象。目前较常见的有如下几种写作模式[1]。

1. 经典模式:课例(教学片段)+分析(点评)

在日常教学中,教师们经常就某一节课的某一教学片段、教学环节或者疑难问题进行讨论、评议,并试图就此分析执教者的教学理念,同时结合该课例对为什么这样执教,有何可以借鉴的,怎样执教最为合理,还有何改进之处等达成比较一致的见解。当这样的教研活动之后,某位老师把这节课的某个特定片段、环节或疑难问题的教学情形描绘出来,并进行有针对性的具体分析,这就是典型的"课例(教学片段)+分析(点评)"案例。

这种案例写作的模式最为普遍,它经常给教学提供某种经验或诠释了某种教学理念。这样的案例因其引发分析的某个特定片段、环节或疑难问题具有典型性,所以能够给人启发、警示、借鉴。教师在日常教学中,能够通过阅读这样的案例,结合自己的教学实际,实现自身与案例的沟通、对话,对教学具有实际的指导意义。

2. 流行模式:独特的教学故事+精彩的点评

随着网络教学的盛行,许多教学录像广为流传,这就促进了一种案例写作模式的广泛使用,即"独特的教学故事+精彩的点评"。在日常教学中,有一些故事能够引起我们的关注、思考、反思、体悟,通过这个故事,我们能够发现什么或者更深入地发现什么,能够悟出什么或者得到特殊的启示,能够接受什么或者增长什么见识等等。

这类案例写作中,故事被要求是深刻的,有价值的,具有探究意义的。对这些故

---

[1] 赵洁.教学案例写作模式探微[J].新课程研究(教师教育),2007,(8):18.

事的剖析,具有极强的感染力、说服力,能够让我们明晰地意识到教育中的值得关注之处或者问题存在于哪里该怎么解决等。

3. 超越模式:课例、事件、活动或故事＋个体主观见解

在丰富多彩的案例写作模式中,有一种类似于教学叙事研究的案例。它随着新课程的实施而成为当前教学研究和培训的重要方式。这类案例扩大了案例写作的范畴,让教师置身于案例的世界中,一切教育教学活动都可以通过案例来呈现、诠释、评议。

它的写作层次是这样的:叙述某个课例、事件、活动或故事,在叙述的过程中附带着叙述者很强的主观色彩,在叙述中通过议论、抒情等表达叙述者的观点、看法、感受等。这是案例写作的一种特殊模式。它超越了经典的"案例＋分析"的模式,更强调教师个人风格以及个人观点的介入,允许对特定的课例、事件、活动或故事见仁见智,鼓励挑战权威。

4. 泛化模式:一段教学实录＋分析(点评)

这也是目前常见的一种案例写作模式。它首先是对某节课的教学过程的忠实记录,接着运用某种教育理念来分析这节课,借此说明一定的问题。这种案例写作非常简单,适合老师操作,让很多老师在与案例的亲密接触中获得成长、提高。这种泛化的案例写作往往对执教者本身的意义更大,所以,在新课程背景下,它对教师自身的专业成长具有特别的意义,是教师个体成长的核心因素之一。

值得一提的是,教学案例的写作模式虽丰富多彩,但教学案例写作也要遵循一定的规范。它被要求具有典型性,不是原原本本地记录下某节课,再写写评语。它是对已经发生的课例、事件、活动或故事进行讨论,不是"教学设计＋反思";它是具体的,不是把某一课例、事件、活动或故事作为引子,生发出对某一种教育现象的议论、分析等。

10.4 教师专业成长之"校本行动研究"

坚持加强教师培训,努力创建以校为本的教研制度,把课程改革和教师发展紧密结合起来是课程改革实验工作顺利开展的关键。朱永新专家认为,"教育科研应该从记录教育现象、记录自己的感受、记录自己的思路开始,把这一串串的'珍珠'用教育理论串起来,那就是一条非常美丽的项链。"校本研究与其说是教育发展对教师的要求,倒不如说是一个现代教师专业成长、提升生命价值的内在需要。教师如何做校本研究,如何做行之有效的校本研究,校本行动研究不失为一线教师实现自己专业成长的一种科研方向与定位。

10.4.1 行动研究的发展与本土化历程

1. 行动研究的诞生与发展

"行动研究"是个舶来品。起初,"行动"(action)和"研究"(research),在西方社

会科学工作者那里,是两个用以说明由不同的人从事的不同性质的活动的概念。"行动"主要是实践者、实际工作者的实践活动和实际工作;"研究"则主要指受过专门训练的专业工作者、学者专家对人的社会活动和社会科学的探索。最早把"行动"与"研究"两个词结合起来,表述为"行动研究"(action research)是20世纪40年代的事情。当时美国社会心理学家库尔特·勒温(K. Lewin,1890~1947)曾与他的学生一道,试图深入地研究人际关系,以提高人际关系的质量。勒温工作的一个重要方面,是关注社会冲突的实践背景,因此很多工作是与犹太人或黑人(实践者)合作进行的。这些实践者以研究者的姿态,在研究中积极地反思和改变自己的境遇。1946年,勒温把这种结合了实际工作者智慧和能力的研究称之为"行动研究",因而获得了"行动研究"之父的美誉。由此可见,行动研究是为了改变科学研究与实际生活长期严重分离的状况而提出的一条社会科学研究的新思路,这就是:研究课题来自实际工作者的需要,研究在实际工作中进行,研究由实际工作者和研究者共同参与完成,研究以解决实际问题、改善社会行动为目的。1946年,Lewin提出了"没有无行动的研究,也没有无研究的行动"的著名论断。随着"行动研究"实践的不断深入和发展,特别是研究者视角的不同,目前国外研究者对"行动研究"的理解有以下几种典型的说法:①行动研究即行动者用科学的方法对自己的行动所进行的研究。这种理解强调行动研究的"科学性",代表人物是美国的约翰·柯立尔(J. Collier)等人。②行动研究即行动者为解决自己实践中的问题而进行的研究。这种理解更关注行动研究对教育实践的"改进"功能,代表人物是英国的劳伦斯·斯腾豪斯(L. Stenhouse)。③行动研究即行动者对自己的实践进行批判性思考,以引起和改进行动。这种理解突出了行动研究的"批判性",代表人物是澳大利亚的凯米斯(S. Kemmis)等人。

2. 行动研究在中国的引介与尝试

在我国教育学与心理学界,"行动研究"一词在1982年就已经出现于一些介绍勒温心理学思想的心理学著作中,但直到20世纪90年代初行动研究才得到比较系统的介绍。至1995年前后,我国教育学与心理学界才对"行动研究"展开比较系统的反思并出现"做"行动研究的尝试。21世纪初,我国基础教育实施第八次课程改革。为了促进教师的专业成长,新课程改革倡导"以校为本的教学研究制度",强调教师对自己教育教学行为的分析与反思,于是结合新课程实践的"校本行动研究"便应运而生。基此,行动研究的本土化进程大致可分为如下几个阶段[①]:

(1)开始起步阶段(1982~1987年)

1982年,人民教育出版社出版的《西方近代心理学史》(高觉敷主编)一书介绍了"勒温的拓扑心理学"。其中提到"勒温认为,社会心理学的研究应面向社会实际问

---

① 参考刘良华. 校本行动研究[M]. 成都:四川教育出版社,2002.54—86.

题,并解决这些社会实际问题。他把这种解决社会实际问题的研究,称为'行动研究'。"1987年,《教育研究》杂志发表《向幼教科研工作者推荐行动研究法》(王坚红)。该文重点讨论了"行动研究的特点"、"行动研究法运用于我国幼教科研的意义"以及"行动研究要注意的问题"。

《向幼教科研工作者推荐行动研究法》一文发表之后的1987年至1991年期间,各种教育杂志对行动研究几乎保持沉默,可能的原因是人们信仰"教育科学的生命在于教育实验"而不是"行动研究"。

(2) 系统介绍阶段(1992~1994年)

1992年前后,行动研究旧话重提,并迅速成为与教育实验相提并论的关键词之一。如果说20世纪80年代仅限于行动研究的局部介绍,那么,20世纪90年代初则开始走向比较系统的介绍和评析。1992年,《华东师范大学学报》(教育科学版)发表了《对"行动研究"的研究》(张民选)一文,对行动研究是什么、有何特点、从哪里来、为何兴起、如何操作等问题,尤其对行动研究的特征以及行动研究的操作程序做了比较周全的评价。

继《对"行动研究"的研究》之后,有关行动研究的文章逐渐多起来。但人们对行动研究的评价基本上都在重复性地议论行动研究如何定义、有何特点、从哪里来、为何兴起、如何操作等问题。看来,要弄清行动研究是什么,除了"介绍",可能还需要更深入的"反思"。

(3) 深入反思阶段(1995~1999年)

1995年前后,人们对行动研究的兴趣逐渐开始由"介绍"转入比较冷静的"反思"阶段,这种转换的基本标志是行动研究开始作为方法论来对待,而不仅仅作为一种研究的"方法"。主流的研究方式由"介绍"进入对行动研究意义和价值的"反思"。在"反思"阶段,华东师范大学教育系1995年的博士学位论文《跨越教育理论与实践的鸿沟——关于教师及其行动理论的思考》(唐莹)一文独辟蹊径,从追寻"教育理论的心路历程"开始,对行动研究尤其是"教师行动研究"的合理性、可能性等问题做了比较深入的剖析。

1999年,《教育研究与实验》发表《什么是"行动研究"》(陈向明)一文。文章在总结前一段时间人们对行动研究的研究基础上,讨论了"行动研究的理论基础"问题。虽然该文也重复地介绍了"行动研究的定义与起源"、"行动研究的类型"、"行动研究的特点"、"行动研究的具体步骤和方法"等问题,但它特别提出了"行动研究的理论基础"问题,该文因此而含有比较深刻的反思意识。

(4) "做"行动研究阶段(20世纪90年代初至今)

20世纪90年代初,我国教育界开始出现"做"行动研究的种种尝试,影响较大者如"青浦实验"、"大学——小学教师合作研究"、"行动研究课程"等等,其中以"青浦实验"最为著名。"青浦实验"是以顾泠沅领导的上海市青浦县的一项大范围的教改行动研究,为大面积提高教学质量作出了有益的实践尝试和理论贡献。

2001年,《基础教育课程改革纲要(试行)》颁布,新一轮基础教育课程改革的实验工作随之启动。本次课程改革要求建立与新课程相适应的"以校为本的教学研究制度",强调教师对自己教育教学行为的分析与反思,并认为这是当前学校发展和教师成长的现实要求与紧迫任务,也是深化教育研究改革的方向和重点。在这样的背景和要求下,不少基础教育研究专家和教师开始注重自己的教学研究"向学校回归,向教师回归,向教学实践回归",于是出现了做"校本行动研究"的尝试与努力并取得了相应的研究成果。为教师的专业成长开辟了一条有效的通道。

10.4.2 校本行动研究的含义与特点

1. 校本行动研究的含义

在理解"校本行动研究"这一概念的含义之前,让我们再来回顾一下学者们对"行动研究"作出的不同界定,有的说:"行动研究是社会(包括教育)情境的参与者所从事的一种反思研究,它旨在改进参与者自己的社会(或教育)实践,改进实践得以进行的情境,促进对实践的正确理解。"这一定义指出了行动研究的反思性质和行动研究的目的。有的说:"行动研究是对具体社会情境的研究,它旨在提高该具体社会情境的行动质量。"这一定义指明了行动研究研究的对象和目的。还有的说:行动研究是"为了弄清现场面临问题的实质,引出改善事态的行动,由现场人员和研究者协作进行调查和研究,它最直接的目的在于改善实践。"这是一个行动研究的描述性定义,规定了行动研究的具体过程或程序。综合以上定义,我们可以归纳出行动研究的几个基本特征:①行动研究是在实践中、在行动现场中进行的研究;②行动研究是由实践者和研究者合作进行的研究,但主要是由实践者从事的研究;③行动研究的研究课题来自社会实践活动和实际工作者的需要,也就是说行动研究以实践中的具体问题为研究对象;④行动研究的研究成果为实践者理解和运用;⑤行动研究的最终目的是提高实践者对实践情境的认识水平,改进实践者的实践。

深入到教育教学领域,所谓"校本行动研究(school-based action research)",就是学校的教育教学工作者在本校的教育、教学实践中通过行动与研究的结合,创造性地应用教育理论去研究与解决不断变化的教育、教学实践中的具体问题,从而提高教育教学质量以及自身专业化水平的一种研究活动。它是有别于教育理论研究者运用规范的研究方法进行理论构建型的那种教育科研活动。从这个定义我们不难理解,"校本行动研究"除了"行动研究"的内涵外还应有以下三方面的含义[①]:"一是为了学校,二是在学校中,三是基于学校"。为了学校,意指要以改进学校实践、解决学校所

---

① 郑金洲.新课程背景下的校本研究[J].江苏教育,2005,(2):22.

面临的问题为指向;在学校中,意指要树立这样一种观念,即学校自身的问题,要由学校中人来解决,要经由学校校长、教师的共同探讨、分析来解决,所形成的解决问题的诸种方案要在学校中加以有效实施;基于学校,意指要从学校的实际出发,所组织的各种培训、所展开的各类研究、所设计的各门课程等,都应充分考虑学校的实际,挖掘学校所存在的种种潜力,让学校资源更充分地利用起来,让学校的生命活力释放得更彻底。

2. 校本行动研究的核心要素

教师个人、教师集体、专业研究人员是校本行动研究的三个基本要素,他们构成了校本行动研究的三位一体关系。教师个人的自我反思,教师集体的同伴互助,专业研究人员的专业引领是有效开展校本行动研究和促进教师专业化成长的三种基本力量。其关系可用图 10-2 所示①。

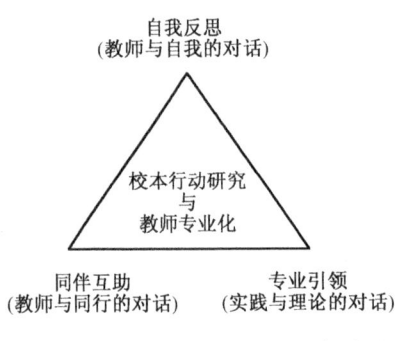

图 10-2 校本行动研究的基本要素关系图

自我反思是教师以自己的职业活动为思考对象,对自己在职业中所做出的行为以及由此而产生的结果进行审视和分析的过程。自我反思不是一般意义上的回顾(或回头看),而是反省、思考、探索和解决教师在教育教学活动中存在的各个方面问题,具有研究的性质。自我反思的目的在于寻求教师行动(或实践)的合理性。就其实质而言,自我反思是教师本人与自我的对话,是一种基于教育教学事实的自我诠释与追问;是一种理解与实践之间的内心对话。因此,教师的自我反思是开展校本行动研究的基础和前提,是开展校本行动研究的核心要素。校本行动研究只有转化为教师个人的自我意识和自觉自愿的行为,才能得到真正的实施。

校本行动研究强调教师在自我反思的同时开放自己,加强教师之间的专业切磋、协调和合作,共同分享经验,互相学习,彼此支持,共同成长。俗话说得好"三个臭皮匠,顶个诸葛亮",同伴互助有利于教师充分利用同伴的个体资源,以开阔自己的视野、激活自己的思维。同伴互助的实质是教师作为专业人员之间的交往、互动与合作,是教师与同行之间的对话,是校本行动研究的标志和灵魂。其基本形式有对话(信息交流、经验共享、专题讨论或辩论)、协作(指教师寻找伙伴共同承担责任完成对某个问题的研究任务,既有共同的研究目的,又有各自的研究责任)和帮助(指教育教学经验丰富、成绩突出的优秀教师对新任教师或教育教学能力需要提升的教师的指导)等。

---

① 钟启泉,崔允漷,吴刚平.普通高中新课程方案导读[M].上海:华东师范大学出版社,2003.273.

校本行动研究是在"本校"展开的,是围绕"本校"的实际问题进行的,致力于解决学校层面的问题,但要使校本行动研究向纵深可持续发展,它不仅仅要依靠校内的力量,还须依靠教研人员、科研人员和大学教师等专业研究者的参与和引领。通过专业研究者的参与和引领,教师在校本行动研究过程中一方面可以从专业研究者那里获得必要的研究技能,改变对教育教学的职业感情;另一方面可以提升自我反思和同伴互助的水平。专业引领就其实质而言,是理论对实践的指导,是理论与实践之间的对话,是理论与实践关系的重建。

自我反思、同伴互助、专业引领三者具有相对独立性,同时又是相辅相成、相互补充、相互渗透、相互促进的关系。只有充分地发挥自我反思、同伴互助、专业引领各自的作用并注重相互间的整合,才能有效地开展校本行动研究并促进的教师专业成长。

3. 校本行动研究的基本特点

针对"校本行动研究"这一概念的内涵和校本行动研究的基本要素,我们认为校本行动研究应具有以下几个基本特点:

其一,研究主体是教师。教育教学研究的实践表明,开展教育教学科学研究,教师有着得天独厚的优势。因为教师置身于现实的开放的动态的教育教学情景中,能够随时随地体察教育教学活动、背景以及有关现象的种种变化。显然,这是专业理论研究者所无法替代的。

其二,研究对象是教育教学实践中亟待解决的实际问题。它具有如下特性:(1)直接性。研究的问题必须是来自于教师自己的教育教学实践,是教师自己的直接经历和感受。(2)特殊性。研究的问题通常仅限于本校或本校的某个教学班,不具普遍性。(3)微观性。研究的问题多为教育教学实践中比较具体的微观问题。

其三,研究的首要目标是提高教育教学质量和效益,改进教育教学工作。与旨在揭示教育教学规律的理论研究和了解现状、提供参考建议的调查研究等不同,校本行动研究务求解决教育教学中的实际问题,改进教育教学工作。这既是教师开展教育科研的根本动力,也是教育科研的根本目的。

其四,研究的策略是在日常的学校生活和真实的课堂教学环境中,边行动边研究。由于教育教学过程是一个复杂、多变的动态过程,因此教师要经常反思自己在行动过程中所遇到的新问题。研究者应依据行动的实际情况,随时调整计划,完善行动,在良性的变革之中达到问题的解决,使教育教学的工作过程成为一个研究过程,使研究过程成为一个理智的工作过程,达到研究和行动的完美结合。

其五,研究过程具有系统性和开放性。系统性表现为校本行动研究的开展有一般的操作程序可循;开放性表现为校本行动研究的过程是一个螺旋式的发展过程。一般而言,校本行动研究是一个在发现问题的基础上由定题(确定主题)、计划(寻找解决方法)、行动(应用解决方法)、评价(分析结果)、反思(发展理论)五个环节构成的循环往复的运作系统。

10.4.3 校本行动研究的程序与案例

1. 校本行动研究操作的一般程序

新课程背景下的校本行动研究因要解决本校实施新课程过程中所遇到的教育教学中的具体问题的不同,其操作程序亦不尽相同,难以规定出一种万能的操作程序,当然也没有必要强求统一。但这并不是说,校本行动研究无章可循,可以随意地做。特别是对初涉校本行动研究的教师,如果一开始能按一定的操作程序对本校或本校中的某个教学班的教育教学进行行动研究,那么,就会有效地了解并熟悉校本行动研究。再通过自己创造性的运用和发展,有可能使校本行动研究不仅成为自己进行教育教学研究的一种有效的研究方法,而且也有可能成为自己的一种生存或生活的方式。从这个意义上来说,初涉校本行动研究的教师了解并熟悉校本行动研究操作的一般程序是非常必要的。基于这样的思考,参考有关的著作、文献并结合作者的肤浅理解,可为大家勾画出校本行动研究操作的一般程序,如图 10-3 所示。

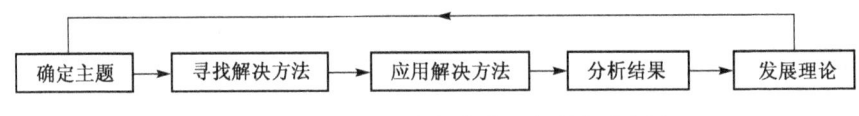

图 10-3 校本行动研究操作的一般程序示意图

需要说明的是,校本行动研究从教师在自己的教育、教学实践中发现问题并"确定主题"这一环节开始一直到自己对此主题进行理论上的探讨或初步的理性思考——"发展理论"这一环节外,图中上方的反向箭头表示在此研究过程中又有了新的发现,并进行下一轮的校本行动研究。这说明校本行动研究的过程是一个螺旋式的发展过程。

2. 校本行动研究的实施案例

教师怎样运用校本行动研究操作的一般程序(操作程序)进行新课程背景下教育、教学等方面的校本研究?下面以基础教育新课程中的必修课程之一——"综合实践活动"课程中涉及"环保"方面的题材为案例,以校本行动研究操作的一般程序为依据,具体地说明教师如何实施校本行动研究[①]。

(1) 确定主题

在实施新课程的背景下,教师首先要以积极、探究的态度观察自己身边的教育教学现象,包括教育教学中正在发生的现象(学生在思想品德方面的表现,学习方面的表现以及身心发展方面的表现等)。其次,还须对这些现象进行思考,作初步的分析,

---

① 详见沈建民,吴利敏.让教师在校本行动研究中成长——一则校本行动研究案例及解读[J].教育科学研究,2008,(8/9):93—94.

想一想,它是什么方面和性质的问题。在发现问题的基础上,教师要从所发现的问题中,确定、选择适合自己研究的、有价值的且明确的主题,了解待解决问题的本质和范围,诊断问题存在的原因,为拟定合适的计划、采取适当的行动、有效地解决问题奠定基础。

班主任王老师看到教室的地面上,学生的抽屉里,还有教室的垃圾筐里到处都是废纸,从学生的日常行为中发现自己班内学生乱扔纸张的现象非常严重。在此基础上她认识到找到解决学生乱扔垃圾的问题不仅可以让教室清洁起来,更为重要的是可以影响他们离开学校走向社会以后对待环境的态度。为此,王老师意识到作为班主任需要为学生培养并树立在实际生活中节约资源和环境保护的意识。于是王老师确定了"解决垃圾问题与有效树立环保意识的实践探索"这一校本行动研究的主题。

(2)寻找解决方法

凡事预则立,寻找到解决问题的好的方法是成功实施校本行动研究的条件之一。教师在确定了校本行动研究的主题后,应先拟订出寻找解决该问题的一些方法或途经。一般来说,教师可通过图书查阅、网上搜索和专家咨询等有效的方式和途径来了解前人的研究经验和研究成果并获得解决问题的有效方法。这是校本行动研究中不可或缺的一个环节。

王老师在确定了"解决垃圾问题与有效树立环保意识的实践探索"这一校本行动研究的主题后,开始寻找解决该问题的方法和途径。她通过查阅资料,向其他有经验的老师和校长咨询,以及从自己以往的经验中,认识到简单的批评和说理不但效果不佳,还有可能适得其反。所以王老师想在自己的指导下让学生自己进行调查、汇报,从实际问题出发,探索有效的教育方法。为此,她结合本校的实际情况,采用了以下解决方法:围绕主题,通过各种形式的活动让班内学生积极、主动地参与进来,并用学生的活动成果来进行自我教育。

(3)应用解决方法

校本行动研究以解决学校或班级内具体的实际问题为核心。寻找到合适的解决问题的方法固然重要,但只有将方法应用于实际问题的解决之中,不仅能够鉴别方法的可行性而且也有助于实际问题的解决。

王老师在确定了解决问题的方法之后,将方法应用于解决她所确定的主题之中。活动一:巧做算术。王老师通过收集教室内的废纸,让学生做计算(环保与数学相结合),先以她们班级40个人做计算,然后是全校2000人再来做计算,最后扩展到全国3000万小学生,当学生计算出来一天全国3000万小学生废弃掉的纸张能够做180万个本子的时候,学生们非常震惊。活动二:分组调查。王老师将全班学生进行调查分组。有的小组进行专家咨询,有的小组进行网络搜索,有的小组进行市民调查等。活动三:编演节目。王老师将学生上报的调查结果进行了初步的整理,在此基础上将有关内容制作成PowerPoint在班内进行适当的理论教育并重点指导学生在班内编演有关环保的节目,如说理小品、相声、快书串讲、歌曲改编等等。这些活动不仅激发了学生参与的积极性而且也增强了学生的主人翁意识。

(4) 分析结果

收集、整理和分析活动的结果是校本行动研究中一项十分重要的工作。因为它不仅直接影响着校本行动研究的质量,而且也影响着对研究的问题进行理论上的探讨或初步的理性思考——"发展理论"这一环节。因此,作为主持校本行动研究的教师,要学会用科学的方法和工具对活动结果进行分析,力求做到客观、完整、准确、有效。

王老师认为在这样一个校本行动研究的项目中,理论考试成绩并不是一项合适的指标。因为王老师想要改变的是学生对环保的态度(这是新课程所倡导的三维目标中的"情感态度与价值观"涉及的内容),这在通常的考试成绩中是反映不出来的。为此,她通过收集并且仔细查看学生在活动中完成的手工作品——书法、图表、绘画、小故事和漫画等,发现这些手工作品都与环境问题有关。另外,学生通过巧做算术、分组调查和编演节目等活动,特别在班内表演相关节目之后,王老师发现班内学生已对环境污染的冷漠态度得到了改变,他们对周围环境的污染问题变得敏感起来,因为她发现学生每天都在班里进行垃圾的分类回收工作。

(5) 发展理论

发展理论并不是说教师通过行动提出什么高深的教育教学理论,而是指教师通过行动,在对活动结果分析的基础上,对所研究的问题进行理论上的探讨或初步的理性思考。这不仅是教师能够做到的,而且也是校本行动研究区别于专家、学者的教育理论研究的本质所在。

通过对"解决垃圾问题与有效树立环保意识的实践探索"这个校本行动研究项目的初步研究,王老师认为,与简单的批评、说理相比,更奏效的方法是充分发挥学生的积极性和主动性,让学生亲自参与到活动中来,并对学生的活动加以有效地指导和引导,这些方法能够有效地改变学生对环境污染的冷漠态度,使他们树立"从保护自己生存的环境做起,来保护我们的地球"这样的环保意识。在此基础上,王老师进而认识到,在实施新课程的课堂教学中,要达成新课程所确立的三维目标中的"情感、态度与价值观"这类涉及非智力因素的目标,纸笔训练和测试这类办法也是不能奏效的,而让学生在有效获得基础知识和基本技能的同时,注重学生获得积极的情绪生活和愉悦的情感体验才是行之有效的方法。

3. 校本行动研究的注意事项

校本行动研究,以学校教育教学中的实际问题为导向,以解决实际问题为目标。因此,对尚未掌握教育科研基本方法的研究主体——教师来说,较难客观地诊断问题,并有效地评价结果。这无助于问题的解决。要使校本行动研究能在教师的专业成长中发挥其应有的功能,教师需注意以下几点:

●要选好可研究的问题。校本行动研究不回答普遍性的问题和一般的理论问题。它只研究学校中足以引起实际教育工作者困惑、影响教育教学某一方面的具体问题。

●要将各种观念或名词解释清楚。比如要研究"初中物理课发现法教学法是否比讲解法教学法能产生更好的效果",就须先讲清什么是"发现法"什么是"讲解法",以及"更好的效果"的具体定义。

●要拟订周密可行的行动计划。校本行动研究需要教师在参考前人的研究经验与成果的基础上,依据此时此地的需要,拟订周密可行的行动计划。

●要系统地收集各种资料。一方面,要按行动计划做好经常性的预定资料的收集和记录保存;另一方面,要注意收集和保存研究过程中出现的有价值的随机信息。

●要详细而客观地分析及解释资料。教师在分析资料时,应兼顾其在统计上的意义及实际意义,而后者尤为重要。在解释结果时,必须客观且特别注意所得资料的特殊性,不可主观作出适用于其他情境的推论。

为了更好地实施校本行动研究,希望教师在研究策略上,多争取专业研究人员和同伴的指导和帮助,开展合作研究,以提高校本行动研究的科学性;与此同时,还要加强教育科研理论知识的学习,增强科研意识,掌握科研方法,不断实践,逐步提高校本行动研究的水平与质量。

思考题

1. 教师专业成长的内涵是什么?教师的专业成长一般要经历哪几个阶段?
2. 何谓"说课"?如何使说课更有效果?
3. 什么是教学案例?教学案例与教育案例、教学设计、教学实录等有什么联系和区别?
4. 简述教学案例的写作模式,并撰写一份教学案例。
5. 什么是校本行动研究?校本行动研究与行动研究有什么联系和区别?
6. 制定一份校本行动研究实施方案。

【参考样例】

真菌在超重环境下的变异[①]

一、课题研究

研究目的:研究真菌在超重环境下是否变异。

---

① 教师指导学生进行"研究性学习"也是教师获得专业成长的重要途径或方式。由于篇幅限,在此仅借助"参考样例"的形式为大家展示高中物理"研究性学习"的过程及教师的指导,供大家参考。

课题来源：灵感起源于《海峡都市报》上的一则消息——"和平号"上细菌发生变异。据报道，"和平号"里的某些细菌已发生变异，由于无法估计若把它们带回地球将会引起什么后果，以及人们如何控制它们大量滋生的问题，再加上"和平号"本身设备的老化，因此决定销毁"和平号"。

实验仪器和材料：(1)木板、铝片、铁钉、用剩的笔芯；(2)载玻片、盖玻片、显微镜；(3)面包、马铃薯(200g)、葡萄糖(20g)、琼脂(20g)、纱布、锥形瓶(4个)、接种针。

研究过程：

(一)培养真菌

1. 真菌的来源

我们先把一块面包放在20℃左右的潮湿环境中，约24天，面包长出绿色霉点，又过几天，霉点逐渐扩大，成为菌落。由于面包缺少水分，霉菌呈现干枯状态，犹如钢笔水滴在纸上蘸开的样子，且从侧面看，明显呈毛状。后经老师指导，给面包喷水，经过一段时间，霉菌开始有较明显的毛状。

2. 培养基的制作

取去皮马铃薯200g，切成小块，加水1L，煮沸10min，纱布过滤，加20g琼脂和20g葡萄糖，再加热使其熔化，最后使其体积为1L，然后分别装入四个锥形瓶，再往其中一瓶放上几小撮原先长在面包上的青霉。

3. 真菌的生长过程

• 开始的3天，霉菌没有明显的变化；

• 第4天，将样品带到学校，马铃薯不小心(天热加震荡)断成两块，于是在瓶里翻来覆去搞了好一会，才把两块正面朝上拼好；

• 第5~6天左右，青色不见，原来的青色部位由白色覆盖，基座开始些许转黄。

• 又过了2天左右，青色再度出现在白色上面，范围比刚放时大多了，但周围仍有白色，底基变咖啡色，且青霉上有水珠出现，还有白菌丝在基上。

• 另外3瓶没有放菌，但都陆续出现菌，其中一瓶原先只有一个小黑点，后扩大(看似黑白霉)且后来又加入了白色枝毛状菌丝；一瓶目前有白色枝毛状菌；另一瓶恰也是青毒，但紧挨的是一圈白色菌(形似主瓶中的那种)，白色圈外一侧又有一群淡绿色菌落，现又发现有一小撮白菌丝(同前)与一个小黑点(同前)。

(二)超重环境下的实验

1. 理论准备

为了制造一个有别于常态的实验环境，我们咨询了指导老师，有没可能制造一个与"和平号"类似的环境即失重环境[①]。经过讨论，认为在我们现有条件下制造一个

---

① 学生原先的研究课题是《真菌在失重环境下的变异》，后来由于仪器制作上的困难，在指导教师的建议下改为同类拓展的问题研究，将"失重环境"改为"超重环境"。

失重环境比较困难,于是我们决定制造一个超重环境进行下一步研究。通过物理课本上的介绍,我们发现对航天员进行超重状态下的身体训练用的是离心旋转仪,所以我们决定动手制作一个这样的装置。

2. 自制离心旋转仪

把玩具车上拆下的电动机用铝片等固定在一个木板底座上,利用水笔心和果冻盒制作可以被电机带动的离心瓶,再用一个变压器提供低压电源,这样一个简易的离心旋转仪就制成了。

3. 实验过程

(1)挑取一小片菌落,放入果冻盒中,用细线将其固定在离心旋转仪上,接上电源,开始旋转。

(2)4月10日~4月14日,离心旋转仪工作正常。

(3)4月15日,旋转仪速度开始变慢,变压器有一定热度。

(4)4月16日下午,旋转仪就不能转动。其中一个果冻盒中琼脂块上的绿点逐渐变大,另一盒中的琼脂干枯了。

(5)观察青霉的形态:①取洁净载玻片,滴加棉蓝一滴;②用接种针挑取培养基上的青霉少许,置于载玻片的棉蓝内;③取洁净盖玻片一块,小心盖在液滴上,先将盖玻片一端与液滴接触,然后将整个玻片慢慢放下,避免产生气泡;④水浸片制好后,置于显微镜下先用低倍镜观察,再用高倍镜观察。分别观察超重状态和非失重(正常)状态下霉菌的两种内部结构。

(三)实验结果

(1)超重状态下的青霉比正常环境中的青霉长得更好。

(2)通过显微镜的观察,超重状态下生长的青霉与正常状态下生长的青霉其内部结构没有明显区别。

(四)结论分析

在实验之前,我们小组成员对于在超重状态下真菌的生长一致认为应该与常态环境下的生长有十分明显的区别,但实验结果与我们的设想相差很多,由于我们实验条件和实验时间的关系,我们还不能对这个课题下一个确定的结论。对于这个实验结果,我们认为以下的几个原因可能有较大的影响。

(1)我们根据书中制作马铃薯培养基后,分别装入锥形瓶时,没有将锥形瓶消毒灭菌,导致锥形瓶中长出多种菌来。

(2)青霉菌2天就可以换一代,我们培养了近一个月才进行观察,霉菌已经老化,营养成分缺乏,或由于自体的排泄物积累过多原因而引起异常形态,此时细胞繁殖已消失,形体膨大,构成液泡,染色力弱,有时菌体虽存在而实已死亡,因此观察不到正常的形态。

(3)我们自制的离心旋转仪采用一个小型的直流变压器,由于长时间不间断的工作,发热过大最终导致停止工作,使得在离心环境下模拟的超重环境,没有较长时间的保持下来,与真实的"和平号"生存空间有较大差异。

二、案例评析

"研究性学习"是一种像科学家一样工作的学习方式,形是"研究",但实是"学习"。本课题的研究正是体现了这样一种学习理念。纵观研究的全过程,从准备、实施到总结各阶段,让学生体验了科学研究的工作过程,充分发挥学生学习的自主性和能动性,有效地发展学生分析问题和解决问题的能力,培养他们团结协作、善于倾听他人的意见修正自己的观点的习惯,有意识地克服自己的弱点。从研究的内容和题材上看,这个小组的同学,不仅懂得学习课内的知识,还能关注社会、关注科技的发展,只有善于观察和思考才能提出一个好的研究课题。对于研究性学习的结果,我们没有必要过于重视是否得到正确的结论,关键在于这个学习过程的经历是否使自己得到了发展。从这一研究报告中看,这些同学对于在课堂上学到的知识十分恰当地应用于他们的研究中,而且还在研究过程中学会了一些新知识和方法,这些对于学生今后的发展将是终身受益的。

课题组成员:陈莹(组长)、王晓、严琰、林菁(福建师大附中99级高二6班)

指导教师:福建师大附中李明哲(物理)、胡越平(生物)

(本样例摘自由陈峰主编、高等教育出版社出版的《走进课堂——高中物理新课程案例与评析》第101至104页。)

参 考 文 献

书籍类：

[1] 钟启泉,崔允漷,张华.基础教育课程改革纲要(试行)解读[M].上海:华东师范大学出版社,2001.
[2] 钟启泉,崔允漷,吴刚平.普通高中新课程方案导读[M].上海:华东师范大学出版社,2003.
[3] 余文森,洪明.课程与教学论[M].福州:福建教育出版社,2007.
[4] 教育部基础教育司.走进新课程:与课程实施者对话[M].北京:北京师范大学出版社,2002.
[5] 李新乡,张德启,张军朋,王守江.物理教学论[M].北京:科学出版社,2005.
[6] 中华人民共和国教育部.全日制义务教育物理课程标准(实验稿)[S].北京:北京师范大学出版社,2001.
[7] 中华人民共和国教育部.普通高中物理课程标准(实验)[S].北京:人民教育出版社,2003.
[8] 张大昌.新课程理念与初中物理课程改革[M].长春:东北师范大学出版社,2002.
[9] 王泽农.初中物理新课程教学法[M].长春:东北师范大学出版社,2004.
[10] 廖伯琴,张大昌.普通高中物理课程标准(实验)解读[M].武汉:湖北教育出版社,2003.
[11] 新课程实施过程中培训问题研究课题组.新课程与学习方式的变革[M].北京:北京师范大学出版社,2001.
[12] 阎金铎,田世昆.中学物理教学概论[M].北京:高等教育出版社,1991.
[13] 阎金铎,田世昆.初中物理教学通论[M].北京:高等教育出版社,1989.
[14] 李龙.教学过程设计[M].呼和浩特:内蒙古人民出版社,2000.
[15] 张祖忻,等.教学设计——基本原理与方法[M].上海:上海外语教育出版社,1992.
[16] 连榕,罗丽芳.教育心理学概论[M].北京:北京大学出版社,2009.
[17] 胡百良.中学物理教学实践与研究[M].南京:江苏教育出版社,1999.
[18] 韩景春,沈建民.物理实验教学研究[M].香港:银河出版社,2002.
[19] 顾泠沅.教学改革的行动与诠释[M].北京:人民教育出版社,2003.
[20] 肖川.教师:与新课程共成长[M].上海:上海教育出版社,2004.
[21] 刘良华.校本行动研究[M].成都:四川教育出版社 2002.
[22] 韩立福.当代国际教育理论基础导读[M].北京:首都师范大学出版社,2006.
[23] 沈建民.教师的课程意识与专业成长[M].杭州:浙江大学出版社,2009.
[24] 朱慕菊.走进新课程——与课程实施者对话[M].北京:北京师范大学出版社,2002.
[25] 陈峰.走进课堂——高中物理新课程案例与评析[M].北京:高等教育出版社,2005.

文章类：

[1] 于海波,孟昭辉.如何理解课程[J].教育理论与实践,2004(1).
[2] 沈建民,谢利民.试论研究型课程生命活力的焕发——兼论研究型课程与基础型课程、拓展型课程的关系[J].课程·教材·教法,2001(10).

[3] 王洪泠.浅谈基于模块课程的高中物理教学[J].福建论坛,2007(4).
[4] 赵静.学习方式的变革与创新教育[J].学科教育,2002(8).
[5] 庞维国.论学生的自主学习[J].华东师范大学学报(教育科学版),2001(2).
[6] 赵光平.教室里的变革——探究性学习的故事[J].国家基础教育课程改革与实验通讯,2002(6).
[7] 余文森.树立与新课程相适应的教学观念[J].教育研究,2002(4).
[8] 沈建民.论基于新课程的教学过程及设计[J].课程·教材·教法,2003(9).
[9] 沈建民.课堂教学设计要关注并渗透学习策略[J].课程·教材·教法,2002(3).
[10] 沈建民.物理概念学习策略初探[J].物理教师,2000(9).
[11] 沈建民.高中物理学习策略及其教学对策浅探[J].教育科学研究,2002(5).
[12] 蔡铁权,钱旭鸯.教学设计概述[J].物理通报,2007(8).
[13] 沈建民,谢利民.以学生为本:现代课堂教学设计的基本理念[J].教育理论与实践,2002(8).
[14] 沈建民.论走向"学本"的课堂教学设计中的学习任务分析[J].物理教师,2003(1).
[15] 崔允漷.教学目标——不该被遗忘的教学起点[J].人民教育,2004(13/14).
[16] 杨开城.对教学设计理论的几点思考[J].教育研究,2001(5).
[17] 沈建民.现代课堂教学设计案例及解析——以"压力和压强"课为例[J].教育科学研究,2003(7/8).
[18] 沈建民,俞雪丽.探究案例的设计与解读——以"物体浮沉条件"的探究为例[J].物理教师,2004(6).
[19] 沈建民.新课程背景下课程资源的新视野[J].教学月刊(中学版),2006(6)(下).
[20] 殷晓静.课堂教学中的动态性生成资源研究[D].上海:华东师范大学,2004.
[21] 汪启思.论生成性课程资源的开发与利用[D].福州:福建师范大学,2007.
[22] 肖永强.浅谈高中物理教学中的例题设计[J].中学物理教学参考,2005(5).
[23] 沈建民.试论新课程背景下的"说课"[J].天津教育,2005(11).
[24] 谭振宪.怎样撰写教学案例[J].语文教学通讯·小学刊,2007(1).
[25] 赵洁.教学案例写作模式探微[J].新课程研究(教师教育),2007(8).
[26] 郑金洲.新课程背景下的校本研究[J].江苏教育,2005(2).
[27] 沈建民,吴利敏.让教师在校本行动研究中成长——则校本行动研究案例及解读[J].教育科学研究,2008(8/9).

附录1 课程实验项目[①]

实验1 力的合成与分解的实验研究

◆ 实验内容

(1)熟悉"力的合成分解演示器"的使用方法。

(2)利用"力的合成分解演示器"研究力的合成规律和力的分解规律。

◆ 实验目的

(1)知道"力的合成分解演示器"的设计原理以及使用方法。

(2)通过实验能正确得出力的合成规律和力的分解规律。

◆ 实验器材

力的合成分解演示器(J2152),弹簧秤,细线,白纸,笔,三角尺,量角器等。

实验2 验证牛顿第二定律

◆ 实验内容

(1)检验和调节电磁打点计时器的稳定性。

(2)验证牛顿第二定律。即质量一定时,加速度与作用力成正比;作用力一定时,加速度与质量成反比。

◆ 实验目的

(1)知道电磁打点计时器的构造和工作原理以及使用方法。

(2)能正确利用"倾斜法"平衡摩擦力,并能依据实验误差要求控制"外力质量"和"研究对象质量"。

(3)能按正确的程序进行实验。

(4)会从电磁打点计时器记录的纸带中得出实验数据、求得加速度。

[①] 高中物理新课程列出了高中生必做的十五个实验项目,它们是:实验一 研究匀变速直线运动;实验二 探究弹力和弹簧伸长的关系;实验三 探究求合力的方法;实验四 探究加速度与力、质量的关系;实验五 探究功与物体速度变化的关系;实验六 验证机械能守恒定律;实验七 测定金属的电阻率;实验八 描绘小电珠的伏安特性曲线;实验九 测定电源的电动势和内阻;实验十 练习使用多用电表;实验十一 传感器的简单使用;实验十二 探究单摆周期与摆长的关系;实验十三 测定玻璃的折射率;实验十四 用双缝干涉测光的波长(同时练习使用测量头);实验十五 探究碰撞中的不变量。鉴此,本教材以附录的形式简要地列出了与中学物理实验相关的14个课程实验,希望师范生在训练时要注意掌握实验的原理,能注重实验的反思(包括实验讨论、误差分析和实验拓展等),以获得更扎实的实验素养。

◆ 实验器材

附有定滑轮的平板,电磁打点计时器(J0203),低压电源(J1201—1),物理小车,天平,细线,钩码,导线,纸带,复写纸片等。

实验3 验证碰撞中的动量守恒的实验设计

◆ 实验内容

(1)认识并调节 J2135—1 型碰撞实验器。
(2)设计并验证弹性碰撞中的动量守恒。

◆ 实验目的

(1)知道 J2135—1 型碰撞实验器的设计原理。
(2)会正确调节 J2135—1 型碰撞实验器。
(3)能按正确的程序使用碰撞实验器验证正碰中的动量守恒。

◆ 实验器材

J2135—1 型碰撞实验器一套。

实验4 阿基米德原理的实验研究

◆ 实验内容

(1)利用阿基米德原理演示器演示阿基米德原理。
(2)设计另一种演示阿基米德原理的实验方案。

◆ 实验目的

(1)掌握演示阿基米德原理的实验设计方法。
(2)培养学生设计实验方案的能力。

◆ 实验器材

阿基米德原理演示器一套。

实验5 晶体的熔解和凝固特性的研究

◆ 实验内容

(1)安装 J—2259 型晶体的熔解、凝固实验仪。
(2)测定萘晶体的熔解点和凝固点。

◆ 实验目的

(1)知道初中开设"本实验"的实验目的。
(2)知道晶体的纯度、导热性和热传导速率的控制对实验误差的影响,并能在实验中正确运用。

(3) 培养学生规范地操作实验的素养。

◆ 实验器材

晶体熔解、凝固实验仪(J—2259),铁架台,酒精灯,萘晶体若干。

实验 6　测定金属电阻率的实验设计

◆ 实验内容

(1) 研究并制定"测定金属电阻率"的实验方案,并选择相应器材。
(2) 测定金属的电阻率。

◆ 实验目的

(1) 知道高中"测定金属的电阻率"实验的教学目的。
(2) 能根据实验条件和误差理论的分析来确定实验方案,选择恰当的实验器材进行实验设计。

◆ 实验器材

镍铬丝(直径 0.5mm、长 1.0m),螺旋测微器,直流伏特计(J0408),直流安培计(J0407),多用电表(J0411),滑动变阻器(J2354-2),干电池,电键,导线等。

实验 7　测定干电池的电动势和内电阻的实验设计

◆ 实验内容

(1) 分析并设计"测定干电池的电动势和内电阻"的实验方案。
(2) 测定干电池的电动势和内电阻。

◆ 实验目的

(1) 知道高中"测定电源的电动势和内阻"实验的教学目的。
(2) 能根据实验条件和误差理论的分析来确定实验方案,选择实验器材进行实验设计。

◆ 实验仪器

伏特表(J0408),安培表(J0407),多用电表(J0411),干电池,滑动变阻器(J2354-2),电键,导线等。

实验 8　静电实验的研究

◆ 实验内容

利用范氏起电机及有关仪器演示各种静电实验。

◆ 实验目的

(1) 知道"静电"两个特点——电量少、电压高。

(2)熟悉范氏起电机的使用方法。
(3)研究有关静电实验的演示方法。

◆ **实验器材**

范氏起电机(J2311),有关仪器。

实验 9　教学示波器的使用

◆ **实验内容**

(1)检查并调试示波器的工作性能。
(2)验证交流电压最大值和有效值的关系。
(3)用示波器和低频信号发生器演示并比较两个交变电流的波形。

◆ **实验目的**

(1)知道教学示波器和低频信号发生器的面板结构和各旋钮的功能。
(2)会正确操作示波器和低频信号发生器。
(3)能利用示波器和低频信号发生器演示不同的交流电波形。

◆ **实验器材**

教学示波器(J2459),低频信号发生器(J2462),低压电源(J1201),演示电表(J0402)。

实验 10　光的干涉、衍射和偏振的研究

◆ **实验内容**

(1)演示光的干涉现象。
(2)演示光的衍射现象。
(3)演示光的偏振现象。

◆ **实验目的**

(1)知道J2508型光的干涉、衍射、偏振演示器的构造,主要部件的功能,并能正确组装仪器。
(2)能在使用中正确选择、校正光路,使其得到清晰的干涉、衍射和偏振现象。

◆ **实验器材**

光的干涉、衍射、偏振演示器(J—2508),低压电源(J1201)。

实验 11　测定玻璃砖折射率的实验设计

◆ **实验内容**

(1)设计"测定玻璃砖折射率"的实验方案。

(2)测定玻璃砖的折射率。

◆ 实验目的

(1)进一步巩固光的折射定律。
(2)培养学生一定的实验设计能力。

◆ 实验器材

方木板,玻璃砖,图钉,大头针,白纸,量角器或圆规等。

实验 12　光电效应的实验研究

◆ 实验内容

(1)研究光电流与光强的关系。
(2)研究不同的入射光对光电效应的影响。

◆ 实验目的

(1)了解光电效应演示器的设计思想。
(2)进一步理解光电效应方程。
(3)进一步了解光电效应的基本规律。
(4)会正确操作光电效应演示器。

◆ 实验器材

光电效应演示器(J2517),滤色片。

实验 13　传感器的使用——验证牛顿第三定律

◆ 实验目的

验证牛顿第三定律

◆ 实验原理

对于每一个作用力,必然有一个反作用力。作用力与反作用力总是成对出现的,它们同时存在,同时消失,分别作用在两个相互作用的物体上。

◆ 实验器材

朗威®DISLab、计算机、力传感器等。

◆ 实验装置

见图附 1-1。

◆ 实验过程与数据分析

(1)将两只力传感器接入数据采集器;
(2)启动"组合图线"功能,点击"增加",增加图线"时间-力 1"与"时间-力 2";

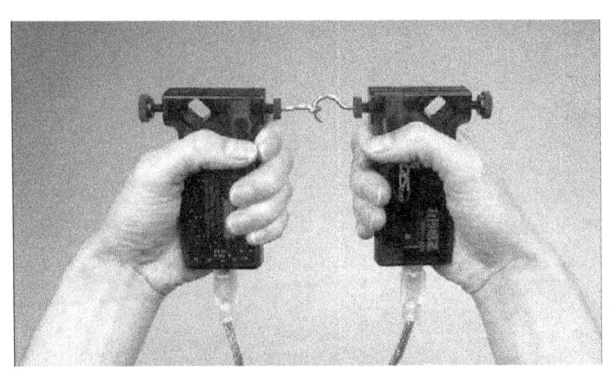

图附 1-1　实验装置图

（3）两手各持一只力传感器，让两传感器的测钩互相钩住，两手用力拉或压，得两条"力-时间"组合显示图线（图附 1-2）。观察发现两条图线基本重合，表示两力大小相等；

（4）选中其中一条图线，点击"设置"，设为"镜像显示"，对两个力的方向加以区别；

（5）返回实验界面，继续实验，可见两条图线以 x 轴对称（图附 1-3），说明两力方向相反；

（6）点击"停止"，将"采样频率"设置为"500 Hz"。让两只力传感器的测钩正对，相互敲击，获得另外两条以 x 轴呈上下对称的图线（图附 1-4）；

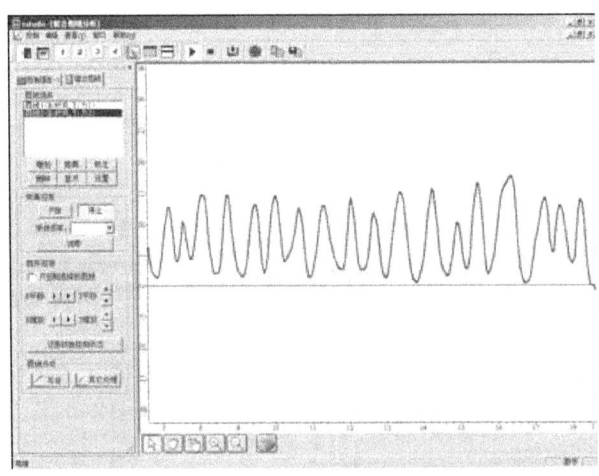

图附 1-2　通常显示模式下的组合波形

（7）结合实验结果，总结牛顿第三定律在实验中的体现。

◆ **实验建议**

（1）实验中应保持两传感器的手柄平行，注意测钩的角度，以免产生扭力；

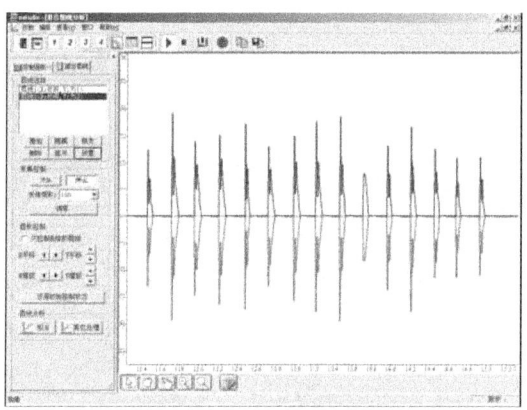

图附 1-3　将一条图线设置为镜像模式

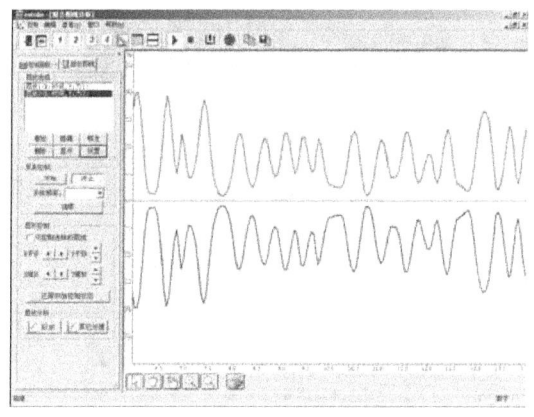

图附 1-4　镜像模式下的敲击图线

（2）取下测钩，设法在锁紧螺栓上固定上强力磁铁，重复实验，观察磁力是否符合牛顿第三定律；

（3）改变实验次序，尝试另外一种教学思路：先观察镜像图像，得出两力方向相反；再取消镜像模式，借助两图线的重合现象，验证两力大小相同；

（4）尝试引导学生画出上下不对称的图线，对应此时的操作手法分析图线不对称的原因，加深对正确操作方法的理解和认识。

实验 14　传感器的使用——验证法拉第电磁感应定律

◆ **实验目的**

验证法拉第电磁感应定律。

◆ **实验原理**

当穿过回路的磁通量发生变化时,回路中感生电动势的大小和穿过回路的磁通量变化率成正比。即 $E \propto \dfrac{\Delta \Phi}{\Delta t}$。

◆ **实验器材**

朗威®DISLab、计算机、电压传感器、线圈(用直径为 0.5mm 的漆包线绕 200 匝,也可用演示线圈代替)、条形磁铁、铁架台、标尺、透明胶带、导线若干。

◆ **实验装置**

见图附 1-5。

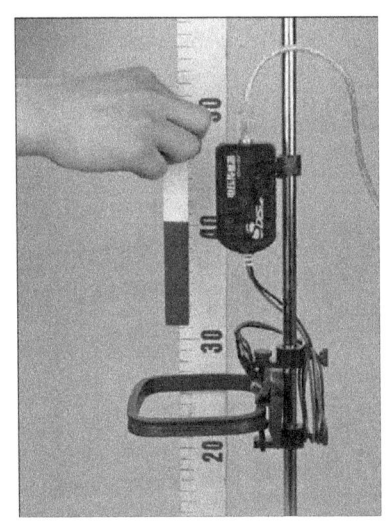

图附 1-5　实验装置图

◆ **实验过程与数据分析**

(1)将电压传感器接入数据采集器;

(2)把线圈水平固定在铁架台上,并连接电压传感器;

(3)打开"组合图线",添加"电压-时间"图线,将采样频率设为"50 Hz";

(4)手持条形磁铁,让磁铁在不同高度(先低后高)二次自上而下穿过线圈;

(5)利用"图线控制"功能回放实验图线,发现磁铁第一次穿过线圈时产生的电动势比第二次小(图附 1-6)。分析可知:虽然两次通过线圈引发的磁通量变化量 $\Delta \Phi$ 相同,但由于第二次穿过线圈的时间 Δt 短,即磁通量的变化率大,所以产生感生电动势也大;

(6)把两个条磁铁极性相同的部分并排放在一起并用胶带粘牢,手持磁铁,让磁铁在某一高度从线圈上方下落穿过线圈。再换成单条磁铁,让磁铁在同一高度上从线圈上方下落穿过线圈。

(7)利用"图线控制"功能回放实验图线,发现磁铁第一次穿过线圈时产生的电动势大于第二次(图附1-7),分析可知:虽然磁铁二次通过线圈的时间 Δt 大致相同,但由于第一次穿过线圈引起的磁通量变化量 $\Delta \Phi$ 大,即磁通量的变化率大,所以产生感生电动势也大;

(8)总结实验结果,验证法拉第电磁感应定律。

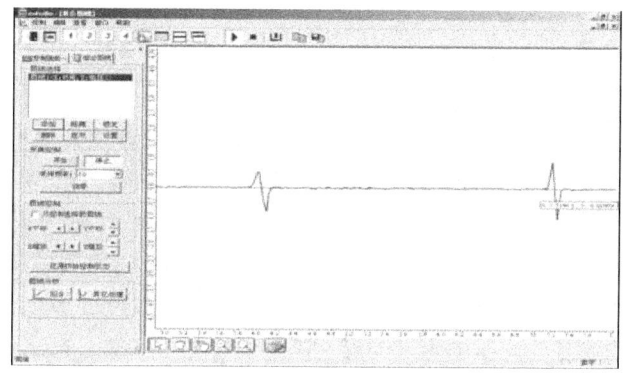

图附 1-6　第一次实验结果

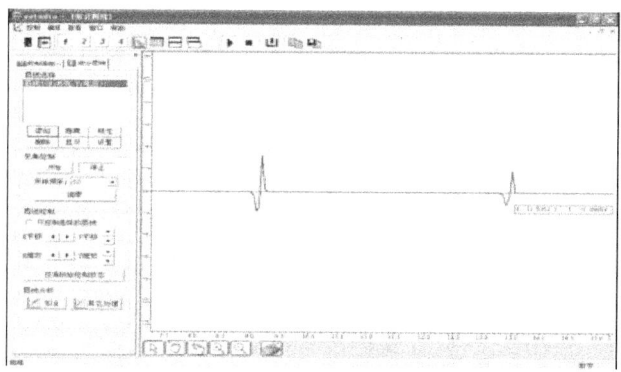

图附 1-7　第二次实验结果

◆ 实验建议

更换不同匝数的线圈(或用两个线圈串联在一起),研究线实匝数对感生电动势的影响。

附录2　实验测量中的准确度、有效数字和误差[①]

在中学物理实验中，除有一部分实验是定性地研究物体的运动和变化规律外，还有很多实验是定量地研究物理规律的。在这些实验中常常需要对一些物理量进行测量，这就涉及到物理实验测量中的准确度、有效数字和误差等概念及相关的知识。

1) 准确度

在任何一个物理量的测量中，由于仪器和观察者的感觉器官的限制，测量结果不可能是所测量的真实值，而只能是某种程序的近似值。这种近似的程度，通常用准确度表示，准确度可以用测量仪器的最小分度来表示。如，用最小分度是毫米的刻度尺来进行测量，准确度是 1mm，这表示测得的近似值与真实值之间相差不会超过 1mm。例如，用游标卡尺(目前有 10 分度、20 分度和 50 分度三种)来进行测量，准确度至少可达 0.1mm。这种准确度叫绝对准确度，它是由仪器的最小分度来决定的。

准确度还可用测量仪器的最小分度和被测量的大小之比的百分数来表示。例如，用游标卡尺测量厚 5 cm 的铁板，准确度至少可达 $\frac{0.1}{50}=0.2\%$，这表示测量结果与真实值相差不会超过真实值的 0.2%。这种准确度称为相对准确度，它不但决定于仪器的最小分度，而且决定于被测量的物体的大小和测量方法。在中学物理实验中，测量准确度一般要求达到 5%～1%。

根据测量的准确度的要求，可以决定在测量中应该采用什么仪器。用不同的仪器对不同的物理量进行测量，其准确度往往相差很大。在物理实验中，实验的最后结果往往是由测量的好几个物理量计算得出的。最后结果的准确度不会超过所测各量中的最低准确度。

2) 有效数字

在中学物理实验的测量中，无论使用任何准确度高的仪器进行测量，所得结果与真实值总有差别，是近似数。例如，用有毫米刻度的尺量出书本的长度是 184.2mm，最末一位数 2 是估计出来的，是不可靠数字，但它仍有意义，仍要写出来。这种常有一位不可靠数字的近似数字叫做有效数字。

[①] 高中物理新课程对"准确度、有效数字和误差"的基本要求是：(1)会正确使用刻度尺、游标卡尺、天平、秒表、电火花计时器或电磁打点计时器、弹簧秤、电流表、电压表、多用电表、滑动变阻器、电阻箱等实验仪器并正确读取数值。(2)知道有效数字的概念，会用有效数字表达直接测量的结果。间接测量的有效数字运算不作要求。(3)认识误差问题在实验中的重要性，了解误差的概念，知道系统误差和偶然误差；知道用多次测量求平均值的方法可减小偶然误差；能在某些实验中分析误差的主要来源；不要求计算误差。